Construction Technology of Multi-Tower Extradosed Cable-Stayed Bridge with Wide Girder

多塔宽幅矮塔斜拉桥建设技术

吴俊强　戴祖生　主编

章恒江　主审

人民交通出版社股份有限公司
China Communications Press Co.,Ltd.

内 容 提 要

本书对广东江肇高速公路西江大桥设计、施工与耐久性提升技术与经验进行了全面总结提升，凝练成体系化的成套建造技术。内容介绍了包含多塔长联脊骨梁矮塔斜拉桥纵向布型、横向体系设计的方法，混凝土配合比优化与外涂装双控的耐久性防护，季节性河流的临时栈桥建造，承台与箱梁的温控防裂，岩溶地区大直径桩基的施工，带肋箱梁的悬臂施工等多项先进技术。本书不仅展示了技术上取得的突破，也全面体现了设计与建造中的创新思维方式，可以为桥型优化拓展以及施工品质的进步提升提供借鉴。

本书可供从事桥梁设计、施工、科研的人员参考使用，也可供有关院校相关专业师生参考。

图书在版编目(CIP)数据

多塔宽幅矮塔斜拉桥建设技术 / 吴俊强，戴祖生主编. —北京：人民交通出版社股份有限公司，2016.11

ISBN 978-7-114-13281-0

Ⅰ. ①多… Ⅱ. ①吴… ②戴… Ⅲ. ①斜拉桥—桥梁工程 Ⅳ. ①U448.27

中国版本图书馆CIP数据核字(2016)第194326号

书　　名：多塔宽幅矮塔斜拉桥建设技术
著 作 者：吴俊强　戴祖生
责任编辑：曲　乐　尤　伟
出版发行：人民交通出版社股份有限公司
地　　址：(100011)北京市朝阳区安定门外外馆斜街3号
网　　址：http://www.ccpress.com.cn
销售电话：(010)59757973
总 经 销：人民交通出版社股份有限公司发行部
经　　销：各地新华书店
印　　刷：北京鑫正大印刷有限公司
开　　本：787×1092　1/16
印　　张：16.75
字　　数：389千
版　　次：2016年11月　第1版
印　　次：2016年11月　第1次印刷
书　　号：ISBN 978-7-114-13281-0
定　　价：50.00元
(有印刷、装订质量问题的图书由本公司负责调换)

《多塔宽幅矮塔斜拉桥建设技术》
编审委员会

序

PREFACE

随着桥梁工程的发展，在梁桥、拱桥、悬索桥等基本桥型基础上，各种组合体系桥梁不断涌现，极大地丰富了桥梁造型。矮塔斜拉桥作为一种新型的组合体系桥梁结构形式，凭借其受力特性和经济性能上的优势，在较多国家得到了广泛的应用。矮塔斜拉桥在我国起步较晚，但发展较快，其中较为著名的芜湖长江大桥是我国第一座矮塔斜拉桥，其公铁两用的荷载、312m的主跨、钢桁架混凝土板的主梁等都使其具有相当的独特性；福建漳州战备大桥采用三跨矮塔斜拉索，主孔跨径达到132m，是我国第一座典型混凝土矮塔斜拉桥。随后矮塔斜拉桥在我国交通行业得到了广泛的发展与应用。

江肇高速公路西江大桥经大量方案论证，最终采用了四塔长联、超宽幅脊骨箱梁的刚构体系混凝土矮塔斜拉桥，以对称悬臂浇筑法进行施工，这一桥型与沿线自然景观相协调，适应通航、桥位、地质、水文及交通需求，符合安全、实用、经济、美观的基本原则。创新的构造具有优异的受力性能，同时也为设计和施工带来较多技术挑战，例如缺乏可借鉴的成熟设计经验、耐久性提升技术与适配箱梁构造的悬浇工艺等。

本书编委会对西江大桥的设计、施工与耐久性提升技术与经验进行全面总结提升，凝练成体系化的成套建造技术。内容介绍了包含多塔长联脊骨梁矮塔斜拉桥纵向布型、横向体系设计的方法，混凝土配合比优化与外涂装双控的耐久性防护，季节性河流的临时栈桥建造，承台与箱梁大体积混凝土的温控防裂，岩溶地区大直径桩基的施工，带肋箱梁的悬臂施工等多项先进技术。本书不仅展示了技术上取得的突破，也全面体现了设计与建造中的创新思维方式，可以为桥型优化拓展以及施工品质的进步提升提供借鉴。

2016 年秋

前　言

FOREWORD

矮塔斜拉桥是介于斜拉桥和连续梁之间的一种组合体系桥型，该桥型在同等跨径桥型中具有受力优异、建造便利的特点。自1988年矮塔斜拉桥的设计理念提出后，先后在法国、日本发展壮大，引入我国后，得到了大范围的推广应用，为建设区域的经济发展作出了杰出贡献。

江肇高速公路西江大桥为适应线路宽度规划以及西江地质水文环境需求，设计选型为(128 + 3 × 210 + 128) m的超宽幅多跨矮塔斜拉桥，具有五孔长联、宽幅脊骨箱梁、刚构固结体系等鲜明的结构特点，建成时超宽长联并举的规模在我国尚属首例。西江大桥的建设单位为广东江肇高速公路管理中心，其中设计工作由广东省交通规划设计研究院股份有限公司(原广东省公路勘察规划设计院)完成，建造由广东省长大公路工程有限公司完成，同时同济大学、中交四航工程研究院有限公司作为科研单位共同参与建造技术攻关。

西江大桥进行了大量的技术创新，由于缺少已有先例的经验指导，面临体系与局部构造的合理设计挑战以及混凝土结构耐久性防护技术挑战，季节性河流及岩溶地质也为栈桥平台的实施、超大直径桩基的施工带来困难，创新的大体积承台及肋板箱梁则需要建立适配的工艺，通过参建各方及科研单位的通力合作，最终完善西江大桥的建造成套技术。

在广东省交通科技基金的支持下，编委会对设计、施工过程中取得的科研经验和成果进行了系统的总结，形成本书。本书基本体系如下：

第1章主要介绍了矮塔斜拉桥的发展现状、西江大桥的结构设计特点以及施工特点，并介绍了本书重点解决的技术难点。

第2章主要介绍了多塔长联矮塔斜拉桥的设计技术，包括典型结构尺寸，索数配置的合理取值，脊骨箱梁构造与配束优化，拉索体系设计及运营换索方法。

第3章主要介绍了基于广泛的现状调研与材料研发的耐久性提升技术，包括耐久性的相关标准与防护技术。

第4章主要介绍了基于性能的栈桥设计方法，包括工作状态、非工作状态及灾难状态三级设防的概念以及洪水影响下的共振对策等。

第5章主要介绍了岩溶不良地质情况下的桩基成孔工艺，以及漏浆、下沉困难、岩面倾斜的突发状况的处治方法，并结合现场实际对特殊串珠状溶洞以及地质塌陷灾害的处治工艺进行了介绍。

第6章主要介绍了承台以及主梁0号块大体积混凝土施工温度控制技术，重点介绍了掺料配合比、设置管冷措施、现场温控技术。

第7章主要介绍了针对带肋超宽箱梁的挂篮设计、拼装以及安全性能测试方法。

第 8 章主要介绍了针对带肋超宽箱梁的平衡悬臂施工方法、多孔跨合理合龙顺序、线形与应力控制方法。

随着经济进入高速增长的新常态，增长的交通量对于桥梁的设计与施工提出了新的要求，超宽幅、长跨径的桥梁形式，保障受力性能的施工技术与运营管养技术都将是未来桥梁的重要发展趋势。本书所著西江大桥完整的设计技术、施工技术以及耐久性防护技术，为多孔长联宽幅矮塔斜拉桥的建设提供技术支撑，也可以为其他类似桥梁的建设提供借鉴。

由于作者水平有限，书中不当之处在所难免，谨请读者批评指正！

编者

2016 年　秋　广州

目 录

CONTENTS

第1章 概 述

1.1 矮塔斜拉桥的发展

矮塔斜拉桥是介于斜拉桥和连续梁(刚构)之间的一种组合体系桥型。1980 年, Christian Menn 设计的甘特大桥(图 1.1)是目前认为的矮塔斜拉桥雏形,该桥 7 塔 8 跨,主跨 174m,全长 678m,其混凝土箱梁由预应力混凝土斜拉板"悬挂"在矮塔上,该桥的出现形成了斜拉桥的一个分支——板拉桥。1988 年法国工程师 Jacgues Mathivat 在设计位于法国西南的阿勒特达雷高架桥的替代方案时,首次明确地提出了 Extradosed Prestressed Bridge 的概念。他的主要设计构思为:跨度为 100m 的预应力混凝土箱梁和较低的索塔固结,斜拉索不是锚固在索塔上,而是穿过设置在索塔上的索鞍而锚固在主梁上。从外形上来说,该方案与斜拉桥相似;而从受力特性方面来说,斜拉索则与预应力混凝土体外索很相似,索鞍相当于体外索的转向块,并且这些拉索的拉应力变幅与一般的斜拉索相比大大地减少,因而可以不考虑拉索的疲劳而提高容许拉力值,同时拉索的竖向分力可以平衡梁体的自重引起的竖向荷载,可以达到减小主梁高度的目的,水平分力的作用与一般斜拉桥拉索水平分力作用一样,可以更好地抵消主梁靠索塔附近梁段负弯矩引起的拉力,但本方案并未实施。

虽然矮塔斜拉桥的方案未能在法国得到应用,但引起了日本工程师的重视,并将其付诸实践。日本于 1994 年建成了第一座真正意义上的矮塔斜拉桥——小田原港桥(图 1.2),其跨度为(74 + 122 + 74)m,桥面宽 13.0m,双塔双索面,塔、梁、墩固结,拉索通过塔顶的鞍座后锚固在主梁上。其后矮塔斜拉桥在日本得到迅速发展,先后建成了屋代南桥、北铁路桥、冲原桥、蟹泽大桥、新唐柜大桥等。

图 1.1 甘特大桥

图 1.2 小田原港桥

日本修建的矮塔斜拉桥已超过 20 座,桥梁跨径从初期小田原港桥的 122m 发展到长者桥的 292.2m。菲律宾于 1999 年建成了第二曼达—麦克坦大桥,其主跨为 185m,桥面宽 21m;老挝也于2000年建成了巴色桥，其跨度为143m，桥宽为11.8m；瑞士于1998年建成了森尼伯格桥（Sunniberg Bridge），为5跨连续的矮塔斜拉桥，主跨达140m。韩国于2005年建成了Pyung-Yeo Gyo桥，该桥为韩国第一座矮塔斜拉桥，其主跨为120m，双塔双索面；2006年建成了主跨110m的Kack-Hwa First桥。

我国矮塔斜拉桥建造起步稍晚，2000年建成的芜湖长江大桥是我国第一座钢桁梁的矮塔斜拉桥。该桥是一座公铁两用桥，铁路双线、公路四车道。在正桥部分，公路铁路上下分层布置，铁路在下层，公路在上层，公路面行车道净宽18m，两侧各设1.5m宽的人行道。铁路桥总长10511.3m，公路桥总长5681.2m，其中第四联为180m+312m+180m矮塔斜拉桥，是目前为止世界上跨度最大的矮塔斜拉桥。

2001年建成的福州漳州战备桥为3跨连续预应力混凝土箱梁矮塔斜拉桥，它是我国第一座预应力矮塔斜拉桥。该桥位于福建省漳州市区南部，跨越九龙江（西溪），北接市区主干道新华南路，南连南大道，为城市桥梁，主桥的孔跨布置为80.8m+132m+80.8m，采用塔梁固结，塔梁与墩分离，墩顶设支座的结构形式。

此后，厦门同安银湖大桥、兰州小西湖黄河大桥、江苏常澄高速常州运河桥等相继建成。随着国内这几座矮塔斜拉桥的修建，这种桥式已引起了桥梁工作者的重视，这几座矮塔斜拉桥在建造过程中所进行的科研工作，积累的设计、施工与管理经验，都为这种桥型在我国的进一步发展奠定了良好的基础。

近几年我国修建的矮塔斜拉桥，形式更加丰富，结构更加新颖。如2006年建成的河南开封黄河大桥，主桥上部结构为7塔8跨双索面预应力混凝土矮塔斜拉桥，桥跨布置为85.12m+6×140m+85.12m，桥面宽度为37.4m，桥梁长度以及7座塔的桥式和8孔数量，在国内居第一，在世界上居第二。

2006年建成的荷麻溪大桥，主桥上部结构为3塔2跨预应力混凝土矮塔斜拉桥，桥跨布置为125m+230m+125m，采用墩梁塔固结的方式，建成时是我国大跨度PC混凝土矮塔斜拉桥中单孔跨径排名第一的矮塔斜拉桥。

2008年完工的广西柳州静兰桥为6塔单索面7跨预应力混凝土矮塔斜拉桥，跨径布置为56m+5×94.3m+56m，全长583.5m，标准断面宽31m，塔、梁固结，墩、梁分离，主梁截面为单箱三室箱形梁。

2010年建成的重庆嘉悦大桥采用双塔双索面矮塔斜拉桥+连续刚构+连续梁的组合体系，跨径布置为66m+2×75m+145m+250m+145m，全长774m，标准梁宽28m，主梁结构分上下两层，下层人行道单侧宽3.5m，上层机动车道为双向六车道。

2010年建成的广东沙湾特大桥以及2012年建成的泸州茜草长江大桥，并列成为我国单孔跨径最长的混凝土矮塔斜拉桥，其中广东沙湾特大桥布置双塔单索面，桥跨布置为137.5m+248m+137.5m，桥面宽34m，塔高37.5m；泸州茜草长江大桥布置双塔双索面，主桥孔径布置为128m+248m+128m，桥宽34m，塔高25m，双侧主塔向上曲线展开，桥面布置为双向六车道。

2015年建成的南昌朝阳大桥，是7孔的波纹钢腹板矮塔斜拉桥，孔径布置为79m+5×150m+79m，桥面宽度为37m，上层为双向八车道，下层为人非通道，采用创新的波纹钢腹板的主梁形式是本桥的特色之一。

根据国际及我国国内矮塔斜拉桥的建设趋势可以看出，矮塔斜拉桥主要的发展趋势为：

(1)跨径逐渐增大

我国跨径312m的芜湖长江大桥和日本跨径275m的木曾川桥建成后,矮塔斜拉桥跨度进入300m级,目前很多地区桥梁建设方案比选中都增加了200m甚至300m主跨的矮塔斜拉桥方案,据部分研究显示,若采用钢箱梁、混合梁或者组合梁结构,其设计跨径可以达到400m左右。

(2)主梁材料多样化

采用大吨位预应力体系、高强轻质混凝土、钢混组合结构等,不仅能够起到减轻桥梁上部结构重量、优化主梁截面形式的作用,还能起到减少材料用量、降低工程造价、缩短施工工期的作用,如日本的木曾川桥主跨跨中采用100m钢箱梁,有效地减轻了主梁重量。

(3)多塔斜拉桥及曲线斜拉桥逐渐增多

矮塔斜拉桥具有塔矮、梁刚,兼具梁式桥和传统斜拉桥的特点,与连续刚构桥相比,可以有效减小混凝土收缩、徐变和温度变化引起的附加内力,与传统斜拉桥相比具有更好的抗风和抗震性能;多塔的矮塔斜拉桥也逐渐增多,如我国相继提出了跨径组合分别为120m + 190m + 216m + 190m + 120m = 836m的济阳黄河大桥比较方案和112m + 200m + 200m + 112m = 624m的佛山富湾大桥参选方案,以及同济大学李映等提出跨径为150m + 300m + 300m + 150m = 900m的某桥方案设计,在单跨小于400m时,多塔的矮塔斜拉桥更具竞争力。

(4)增设超宽横向体系

受经济发展增速及人口众多影响,我国道路规划建设时宽幅路所占比重较大,国内矮塔斜拉桥的设计受此影响,根据统计,为适应经济增速的发展需求,桥面宽度超过35m的超宽横向体系在矮塔斜拉桥中的运用逐渐增多,桥面宽度大都在30~40m之间,2003年建成的银川艾依大桥桥面宽度甚至达到了60m,成为世界上最宽的矮塔斜拉桥。

对于超宽矮塔斜拉桥,常用大悬臂构造或者双边箱构造,在方案比选中,综合考虑道路断面规划、桥塔、索面布置、基础布置及经济性要素,确定大悬臂箱梁适用桥宽范围为30~40m,而双边箱适用范围为40~60m。

根据科学预测、提前规划,宽幅道路与桥梁能够避免过多的繁复的拓宽工程,因此,增设超宽横向体系仍将是矮塔斜拉桥未来重要发展方向之一。

(5)重视耐久性设计

随着我国混凝土桥梁建设与养护经验逐渐积累,对于桥梁耐久性设计的重视程度也逐渐提高,工程界逐渐达成共识,引起桥梁病害的因素很多,涉及桥梁的勘探、设计、施工、使用、养护等各个方面,且因桥梁的结构类型、使用环境等的不同而不同。事实上,虽然重视耐久性设计是所有桥型发展的共同趋势,但刚度较大的PC矮塔斜拉桥耐久性问题尤为突出,更应当得到重视。

1.2　西江大桥设计方案

1.2.1　设计条件和标准

西江大桥(图1.3)隶属广东省江肇高速公路跨江工程,江肇高速公路位于珠江三角洲西部地区,是国家高速公路网珠三角环线高速公路的重要组成部分,是粤西、西南地区通往江门、珠海、澳门的一条快捷通道,也是江门市区重要的北出口通道。江肇高速公路呈南北走向,起于江门市杜阮镇,经鹤山市、高明区、高要市,止于四会市黄岗镇,接广贺高速公路。

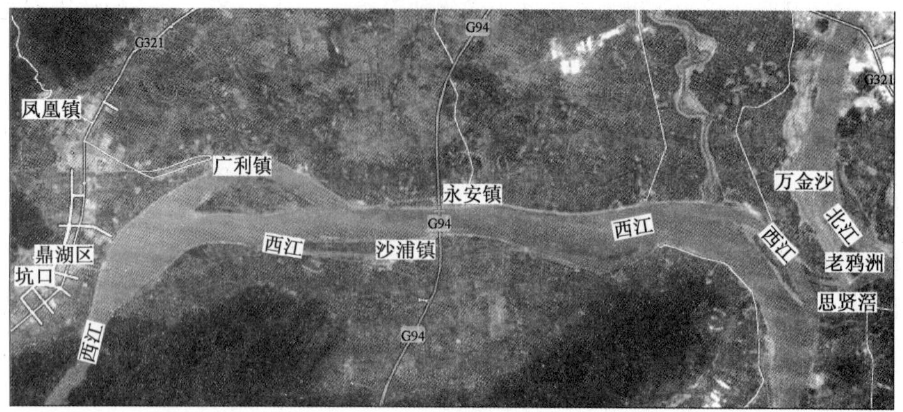

a)桥址

b)现场照片

图1.3　西江大桥

江肇高速公路全长107.7km,全线按双向六车道实施,路基宽度33.5m,设计速度为100km/h,总投资约87.35亿元,于2012年底建成通车。江肇高速公路的建设,对完善国家、广东省及珠江三角洲高速公路网,促进沿线地区经济的发展和旅游资源的开发,特别是肇庆市、江门市、佛山市高明区旅游资源的开发,促进珠江三角洲率先实现现代化具有重要的作用,同时对加强珠三角与周边地区的经济合作,建成以大珠三角为中心的综合交通枢纽具有十分重要的意义。

江肇高速公路西江大桥在沙埔镇及永安镇位置跨越西江,距离上游肇庆大桥约22.5km,距离下游金马大桥约15.5km,跨江主桥桥长共886m。

西江大桥桥址水文调查显示,所跨西江桥位常水位为2.66m,常水位时河面宽度约800m,中轴水深1.4～21.5m,水底高程-20.0～0.2m。汛期在6～9月,100年一遇的水位为14.90m;50年一遇水位为14.40m;20年一遇水位为11.50m。洪水流速:50年一遇1.614～2.876m/s,100年一遇1.688～2.94m/s,300年一遇1.90～3.00m/s。河床覆盖层情况为:29号～30号主墩段,覆盖层主要为卵石层,厚度18～20m,粒间充填物主要为砂、砾石,次为粉粒、黏粒;31号～32号墩段,覆盖层主要为细砂、粗砂、砾石及卵石层,31号墩处砂层厚度8～10m,卵石层厚度10～15m;32号墩处砂层厚度18～20m,卵石层厚度5～6m。

西江径流量大，年变幅小，水位高，汛期长，洪峰高，含砂量低，受潮流影响弱。雨水集中在春夏两季，汛期在 7 ~ 9 月，平均年降雨量为 1620.8mm，100 年一遇的流量 52000m^3/s，水位 14.90m，50 年一遇流量为 49300m^3/s，水位 14.40m。西江常水位为 2.6m，西江大桥最高通航水位为 11.5m。300 年一遇洪水流速 1.9 ~ 3m/s，100 年一遇洪水流速 1.688 ~ 2.94m/s，50 年一遇洪水流速 1.614 ~ 2.876m/s。

大桥所处河道平直，河面宽度约 800m，据水域地震反射波测量的江水深度，桥位中轴处水深 1.4 ~ 21.5m，水底高程 -19.9 ~ 0.2m。桥位所在地段两岸一级阶地的高程 1.5 ~ 2m，大堤顶面高程 12.6 ~ 12.9m。

地质调查显示，桥位区域主要为低山丘陵，沿线地层岩性复杂多样、特殊岩土发育，工程地质条件复杂。桥位区在 K84 + 150 以东地段处隐伏岩溶洞区，基底下石灰系石磴子组灰岩岩溶较发育。根据勘探资料，本次勘探共有 11 个钻孔钻遇岩溶，全部有溶洞，所揭露的溶洞多达 15 个，洞大小不一，洞高 0.3 ~ 3.3m。

桥位处砂层、卵石层厚达 18 ~ 37m，表层覆盖层松散，地层岩性复杂多样，处于隐伏岩溶洞区，基底下石灰系石磴子组灰岩溶洞及溶蚀裂隙集中发育且连通，4 个主墩中溶洞严重的桩基有：29 号墩 10 条桩有溶洞，最大溶洞 4.6m；30 号墩 7 条桩有溶洞；32 号墩有 10 条桩存在溶洞，3m 以上溶洞有 5 个，最大溶洞为 9.12m，串珠状溶洞有 3 个孔，且溶洞高程基本在同一高程上，部分溶洞互相连通。长期以来，在岩溶地区的各项工程建设中，场地内的各种岩溶形态，岩溶地下水及其他不良地质作用等都是影响地基稳定、工程质量和安全使用的主要因素，也是使用过程中的主要隐患。通常，岩溶地区地质构造十分复杂，各种时代、各种成因的岩溶非常发育，工程建设难度较大。在经济迅速发展的今天，世界各国对岩溶区资源开发日益加强，由此诱发的岩溶塌陷也日益频繁，成为岩溶区主要环境地质灾害，复杂的地质条件为西江大桥的设计、施工带来挑战。

设计选型为(128 + 3 × 210 + 128) m 的超宽幅多跨矮塔斜拉桥，多达 5 孔的布置以及超宽幅并举的构造在我国应用尚属先例，设计和施工过程中有很多困难需要克服。

西江大桥采用与所处线路相同的 100km/h 设计时速，为双向六车道高速公路技术标准，桥梁宽度为 38.3m，略宽于路基，桥面设置双向 2% 横坡，设计采用的技术标准如下。

(1)汽车荷载：公路-Ⅰ级。

(2)大桥设计基准期：100 年。

(3)桥涵设计洪水频率：1/300；相应设计水位：13.784m(1985 年国家高程系统)。

(4)地震：地震动峰值加速度系数为 0.089。

(5)通航标准：为Ⅰ级航道；设计最高通航水位：20 年一遇洪水位 11.524m(1985 年国家高程系统)。

通航净高：22m。

通航净宽：双孔单向通航 180m。

(6)设计基本风速：31.3m/s。

(7)船舶撞击作用：通航孔船舶吨级采用 3000t 海轮，横桥向撞击作用标准值 19600kN；纵桥向撞击作用标准值 9800kN。

1.2.2 桥型方案及结构体系

西江大桥桥长共886m,可采用斜拉桥、矮塔斜拉桥等结构形式,由于受岩溶不良地质影响,为减小基础受力,不宜采用长跨构造,综合考虑通航要求、地质条件,最终采用四塔五跨单索面矮塔斜拉桥形式,主跨设计为(128 +3 ×210 + 128) m,采用墩、塔、梁固结刚构体系,该桥是典型多塔宽幅单索面脊骨梁矮塔斜拉桥。桥梁孔跨布置如图1.4所示。

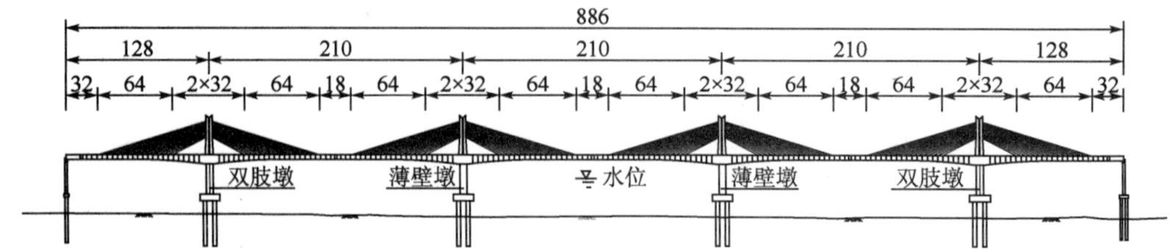

图1.4 西江大桥孔跨布置图(尺寸单位:m)

为增加结构刚度,采用墩塔梁固结的结构形式,在边墩位置设置1个纵向滑动、横向约束的支座,设置1个可双向滑动的支座,支座型号为GPZ(Ⅱ)盆式橡胶支座。

1.2.3 主塔及下部结构设计

1)主塔

主塔为独柱式钢筋混凝土结构,截面为八边形,并在顺桥向塔中刻深0.1m、宽0.7m的景观饰条。主塔高度为30.5m(含索顶以上4m装饰段),主塔截面等宽段顺桥向厚为5m,横桥向宽2.5m;塔底5m范围,顺桥向厚为5m,横桥向宽由2.5m渐变到3.1m。主塔一般构造图如图1.5所示。

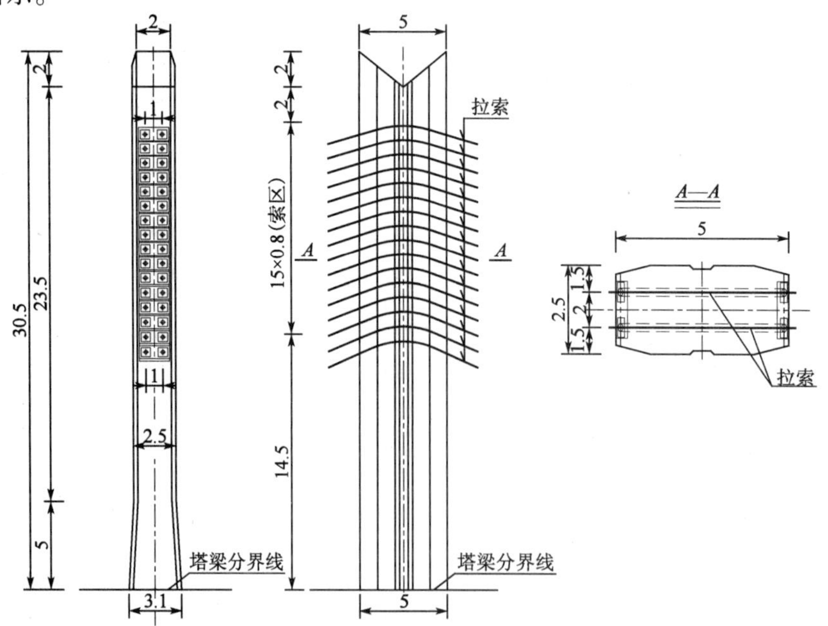

图1.5 主塔一般构造图(尺寸单位:m)

2）主墩

综合温度、混凝土收缩徐变、预应力次内力及船舶撞击的影响，29 号～32 号主墩采用差异设计。即受撞概率较大、位于中间 30 号和 31 号两个主墩采用单肢箱室主墩，外侧 29 号和 32 号两个受纵向力较大的主墩采用双肢实心主墩，从而在纵向主墩刚度和防撞能力间取得协调；双肢实心主墩间用一块 2cm 厚橡胶板分隔，兼作施工模板，确保主墩纵向柔度，同时使各主墩外观保持一致。薄壁墩与分肢墩一般构造图如图 1.6 所示。

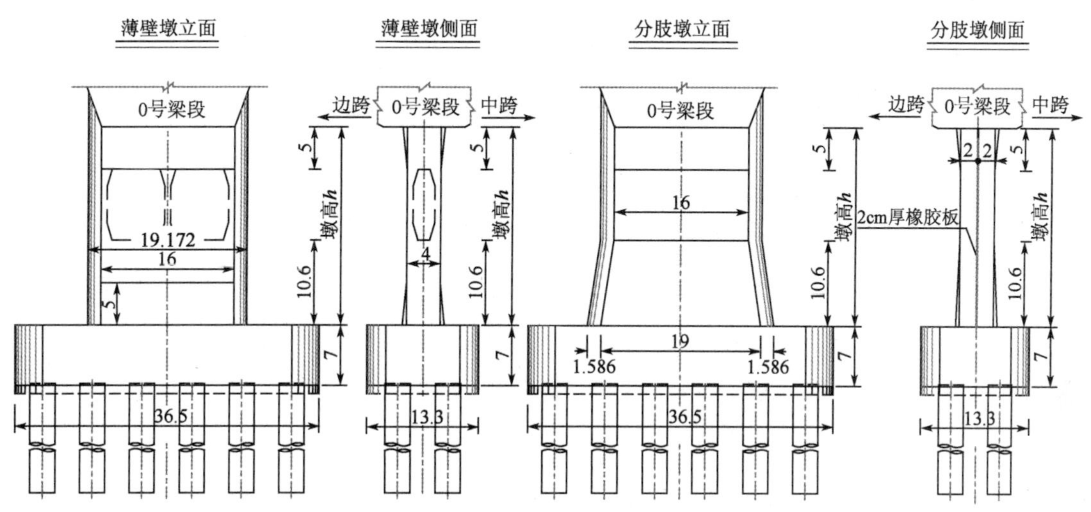

图 1.6 薄壁墩与分肢墩一般构造图（尺寸单位：m）

主墩采用圆端形承台，承台厚 6.0m，封底混凝土厚度根据施工阶段套箱内外水头差和施工荷载可适当调整。

主墩基础各采用 12 根 ϕ3.0m 大直径桩基，均按嵌岩桩设计。

3）过渡墩

过渡墩均采用板式墩身，墩身采用实心矩形，岸上 28 号过渡墩基础采用 4 根 ϕ2.5m 桩基；考虑防撞因素，水中 33 号过渡墩基础采用 8 根 ϕ2.5m 桩基，承台厚度为 4.5m。因主桥两侧引桥为小箱梁，墩顶设大挑臂帽梁。

4）下部结构防撞设计

船舶撞击荷载由下部结构直接承受，常水位下橡胶护舷对船舶撞击起消能作用。

1.2.4 预应力混凝土主梁设计

1）主梁结构

主梁采用预应力混凝土结构，采用变高度斜腹板单箱三室宽幅脊梁断面。主梁顶板宽 38.3m，悬臂长 8.15m，两侧设 5.15m 宽后浇带，以使脊梁断面、后浇加劲翼板构件受力特点和斜拉索力纵向传递更为清晰。结合人行道栏杆底座和箱梁翼板饰带，适当增强了翼板端小纵梁，以适应和优化宽幅脊梁断面受力特点。主梁一般构造图如图 1.7 和图 1.8 所示。

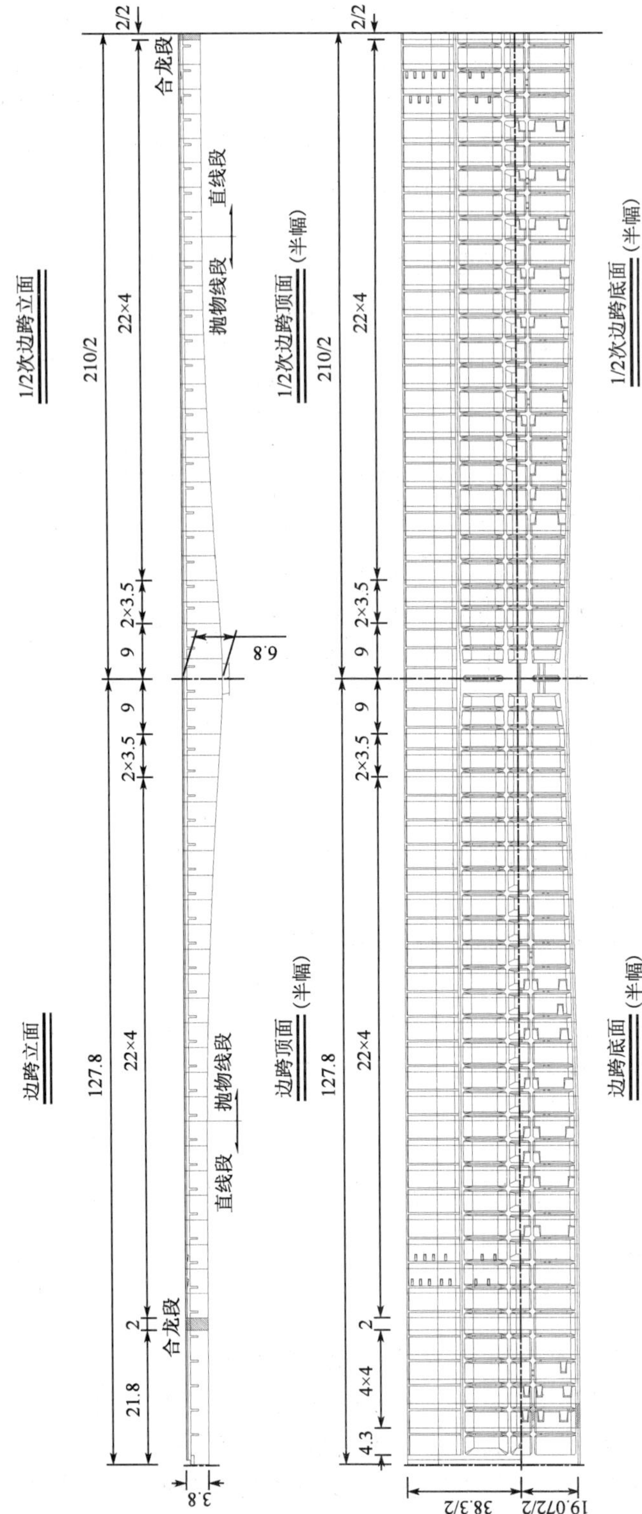

图 1.7 主梁一般构造图一（尺寸单位：m）

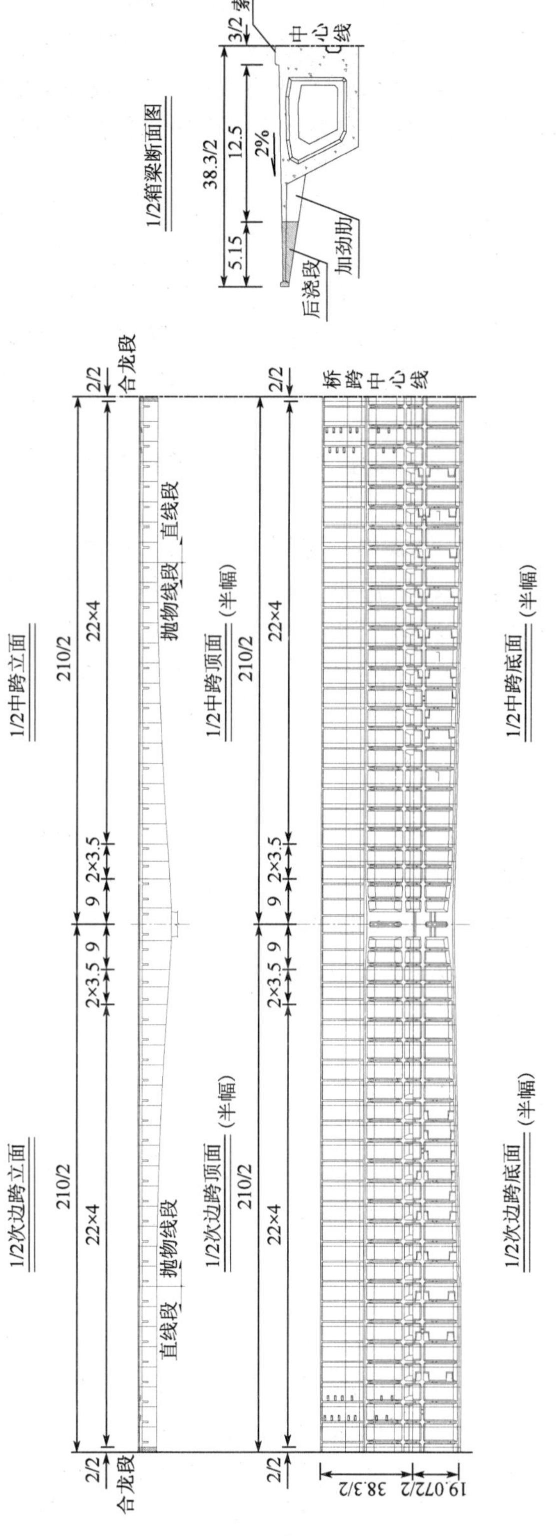

图 1.8　主梁一般构造图二（尺寸单位：m）

跨中梁高3.8m(含中央带凸出厚度0.3m),主塔根部梁高6.8m(含中央带凸出厚度0.3m),梁底曲线按1.8次抛物线变化。中跨直线段长66m,边跨直线段长56m。顶板板厚0.25m,底板板厚由跨中的0.3m变厚至塔根部的1.0m。边腹板在主塔根部向两边12.5m范围内由0.65m变厚至1.2m,其余部分板厚均为0.65m;中腹板在主塔根部向两边12.5m范围内由0.5m变厚至1.2m,其余部分板厚均为0.5m;由仿真分析确认扭转和弯剪作用下,边、中腹板间受力的不均匀性,两者采用差异设计。

悬臂翼板端部厚为0.2m,根部板厚0.45m,由于悬臂板长达8.15m,为满足其横向受力要求,悬臂板下设置加劲肋,横向受力结构形成T形梁,加劲肋端部梁高0.3m,根部梁高约为1.5m,梁高按直线变化,加劲肋间距3~4m。在拉索梁段和普通梁段均设置横隔梁。拉索梁段有斜拉索箱内横隔梁厚0.5m,无斜拉索箱内横隔梁厚0.3m;普通梁段横隔梁厚度各箱室均为0.3m,采用大挖空构造形式。主塔墩处中间箱室横隔梁由于塔墩梁传力需要,厚度为5m,两边室采用2.0m;边跨端横隔梁厚1.5m。

横坡设置:底板水平顶板设2%,通过边、中腹板不等高来处理。

2)预应力体系

主梁采用三向预应力体系。主梁纵向采用ϕ^s15.2mm钢绞线和JL32精轧螺纹钢筋,根据各跨受力特点对布束范围和张拉吨位适当调整。斜拉索下横梁配置3根12ϕ^s15.2mm钢绞线,端横梁配置5根15ϕ^s15.2mm钢绞线。桥面板配置4ϕ^s15.2mm钢绞线,间距0.3~0.5m不等。主梁的边、中腹板,有索区中横隔板配置JL32精轧螺纹钢筋,根据各部位受力差异,其数量和排列有所不同。

1.2.5 斜拉索设计

斜拉索采用ϕ^s15.2mm填充型环氧涂层钢绞线斜拉索,标准强度为1860MPa,斜拉索规格分别为43-ϕ^s15.2mm和55-ϕ^s15.2mm,采用钢绞线拉索群锚体系。斜拉索为单索面双排索,布置在主梁的中央分隔带处。塔根两侧无索区长64m,边跨无索区长32m,中跨无索区长18m,梁上索距4.0m,塔上索距0.8m,斜拉索在塔上采用分丝管锚固结构。全桥共128根斜拉索。拉索体系构造如图1.9所示。

1.3 西江大桥施工方案

西江大桥施工周期历时39个月,主桥上部及下部施工难点存在较大差异,主要包括季节性河流施工临时设施的建造、岩溶地区下部结构施工以及上部宽幅脊梁的悬臂浇筑三个方面。

1.3.1 栈桥施工

主桥水中施工部分主要为4个主墩(29号~32号墩)。根据施工的需要,施工期间拟采用单孔双向通航方案,即以31号孔作为通航孔进行通航。因此本项目栈桥分成两部分:南岸(沙浦岸)、北岸(永安岸);4个主墩分别搭设主墩施工平台。

西江大桥常水位2.66m,根据近期(2008-07-20—2008-07-30)实际观测,高潮水位4.6m,但是每年洪水期水位较高。本项目栈桥平台设计考虑抗洪水,因此栈桥平台面高程定于+8.5m,

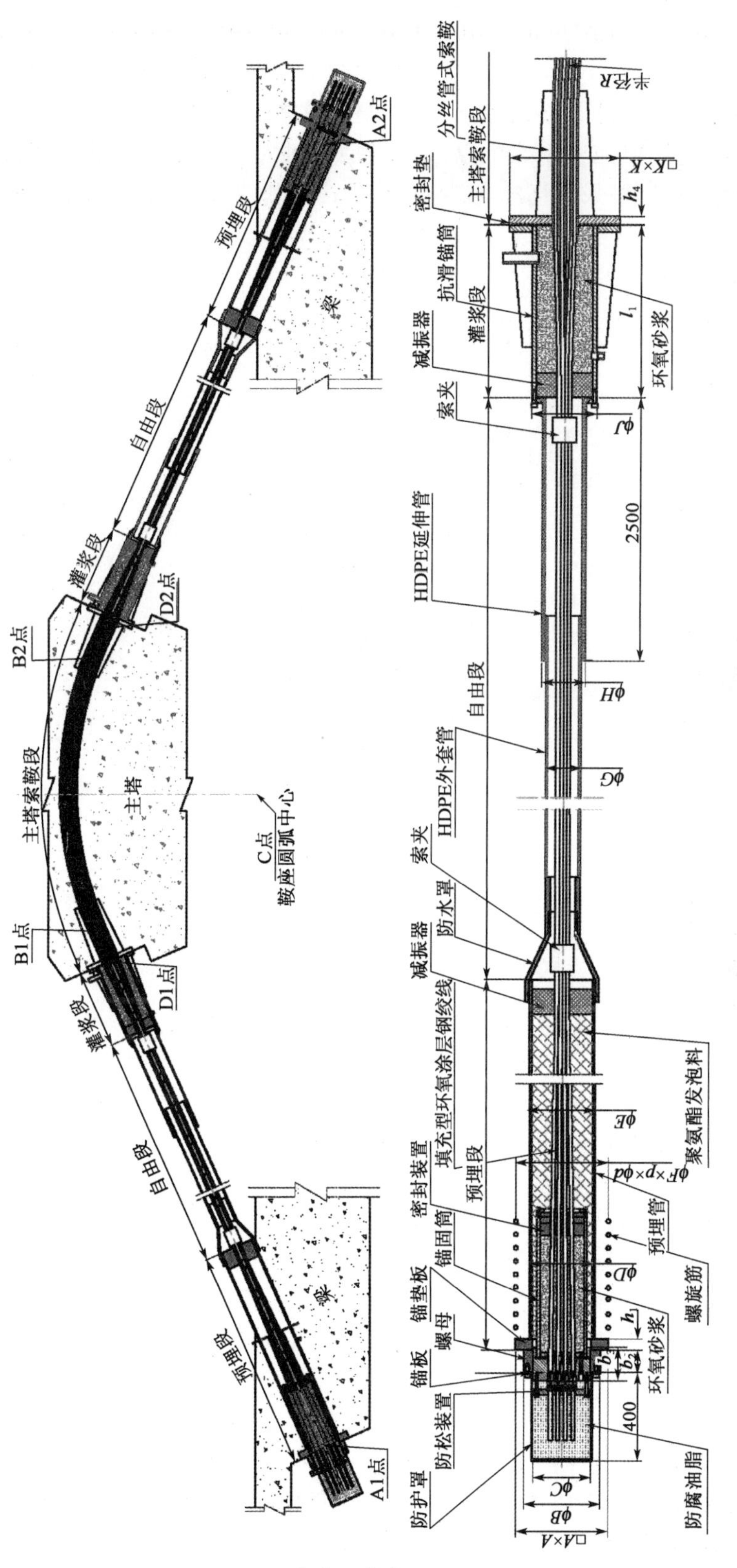

图 1.9 拉索体系构造(尺寸单位:mm)

下河堤的栈桥需要放坡。

1）栈桥设计

西江为季节性河流，桥位常水位水深达 23m，洪峰来时，水深可达 35m，水位高差变化达 12m，汛期水流湍急，流速达 3.0m/s 以上，对钢管桩的冲击力较大，且带来了共振的风险，危及作业平台的安全，设计中采用直桩与斜桩协作的栈桥基础形式，保证结构安全渡洪。平台布置图如图 1.10 所示。

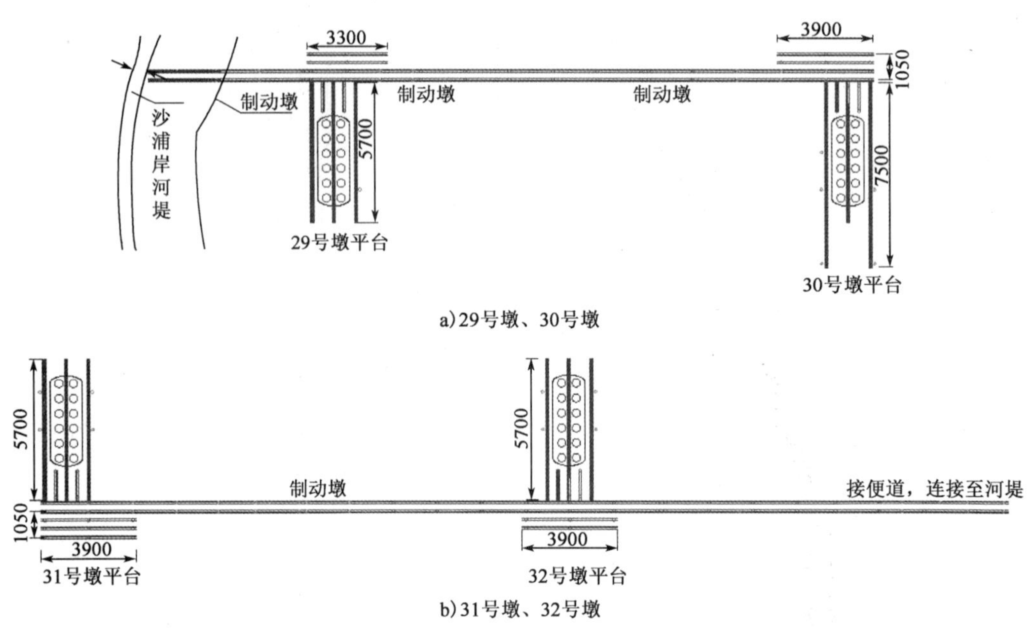

图 1.10 平台布置图（尺寸单位：mm）

2）栈桥施工

（1）钢管桩施工

首先，按照设计长度再加上 2m 的预留长度将钢管桩驳接，使用打桩船直接打到设计高程，钢管驳接焊缝采用满焊，并在钢管桩四周加焊 4 块加劲板，加劲板采用满焊。在钢管桩底部，加 60cm 长刃脚，刃脚部分采用同支撑钢管桩相同厚度、直径的废旧钢管桩加工，钢管桩底部及竖向焊缝采用满焊。钢管桩的驳接一定要顺直。

浅滩部分的钢管桩采用 50t 汽车吊和 60t 振动锤施工。测量人员将钢管桩位置放样，在钢管桩位置挖不浅于 50cm 的坑，便于施打钢管桩。

水中钢管桩采用打桩船施工，通过计算，最后钢管桩贯入度应小于 80cm，施工时通过入土深度及贯入度双重控制。

钢管桩施打到位后，测量组在桩身上放样出钢管桩顶的设计高程，施工人员按高程割平钢管桩。

（2）焊接横联

横联部分可预先按设计长度开好料，钢管桩施打完毕，测量人员测完高程，可预先在钢管桩上用钢板焊接托盘（或者以点焊固定），将预先开好料的横联放置其上，松开吊钩后再施焊，以减少浮吊使用时间。焊缝采用满焊。

(3)安放工字钢与贝雷梁

提前在岸上将工字钢开好料,并采用点焊将两条工字钢焊接在一起,组成双拼,在钢管桩开口内安放工字钢,并将工字钢与钢管桩之间连接牢固。

贝雷梁在岸上按节段拼装,安装好第一段梁后需要马上用槽钢卡住贝雷梁,第二段梁用浮吊吊住就位,贝雷销连接,接好后马上固定贝雷梁,依次重复此过程直到整条贝雷梁架设完毕,贝雷梁间设置横联。

(4)铺设波纹板

在工字钢上铺设波纹钢板作为平台,钢板长方向与工字钢垂直,波纹钢板以点焊固定。

(5)焊接栏杆等

栈桥两侧设置1.2m高栏杆,栏杆立柱使用槽钢,水平方向使用5″水管。栏杆全部喷漆,颜色为红白相间。

1.3.2　桩基施工

主桥采用超大直径桩基,在岩溶区域实施时面临的技术风险较高,施工中通过建立完备的预案措施及精细化施工过程,确保工程的顺利实施,桩基施工的主要工艺如下。

1)护筒制造及下沉

护筒根据设计图纸将A3钢板卷制成型,在焊接平台上进行焊接。在定出桥墩的纵横向轴线后,安装护筒导向架,第一节段护筒吊起并下放到导向架内,采用单个振动锤振动下沉。

2)钻孔及事故预案

在准备措施完成后,对桩机和桩架进行水平和垂直校正,然后进行钻孔作业,开钻时应先在孔内灌注泥浆,通过护筒脚时应慢速进尺,当护筒脚为软弱土层时尤其应注意孔壁的稳定,防止漏浆及塌孔等现象。

正常钻进的过程中,冲程大小和泥浆稠度应按通过的土层情况掌握。当通过砂、砂砾石或含砂量较大的卵石层时,宜采用1~2m的中小冲程,并加大泥浆浓度,反复冲击使孔壁坚实,防止坍孔。

江肇西江大桥处于岩溶地区,桩基施工是整个工程的难点。结合其他工程施工经验,施工时作如下要求:

(1)对于充填型溶洞,根据地质资料当钻进至溶洞顶部50cm左右时,应减缓钻进速度,同时投入片石和黏土,反复冲击,让黏土和片石充分挤入溶洞内壁,这样反复抛填片石冲挤,使片石往桩孔四周的溶洞区内排挤,直至桩孔外溶洞区内挤满片石且通过溶洞。

(2)对于无充填溶洞,在冲进过程中,对照每孔的钻探资料,快接近溶洞顶板位置时,冲击钻头操作要平稳,尽可能少碰孔壁,进入溶洞顶板时严格控制冲程:溶洞顶板高度较大时,采用较大冲程,高度较小时采用小冲程,冲程小于1m。在进入溶洞顶板后(如顶板上一层为黏土、亚黏土层时,也可在进入岩面之前约1m时套护筒,用振动锤振到岩面)及时套用直径小一级的护筒,并辅以振动锤施打(尽可能嵌岩)。然后改用与所套用护筒相匹配的冲锤继续钻进,慢慢穿过顶板,在冲进过程中按一定比例投入黄土及片石来封堵裂隙。

(3)对于复杂的大溶洞,可采用ϕ30cm的冲锤小冲程先击穿顶板(观察溶洞漏浆情况),再改用原来冲锤钻进。在穿过顶板进入溶洞时,极可能发生急骤漏浆,应尽快投入袋装黄土和

片石,使其以最快速度沉入孔底,用冲锤挤压,封堵裂缝或充填溶洞并及时补充优质泥浆。

在溶洞内钻进时采用先回填再进尺,边回填边进尺,反复在此处每冲进 60cm 投入足够的片石、黄土挤密填筑溶洞并形成较为坚实的护壁,钻进时控制进尺和冲程,避免打空锤、掉锤、卡锤等现象。

在遇到下一层溶洞时,及时套用更小一级的护筒,护筒刃脚是位于下一层溶洞的顶板还是直接穿过该层溶洞置于底板处,由具体情况决定。

3)掏渣

破碎的钻渣,部分和泥浆一起被挤进孔壁,大部分靠掏渣筒清除出孔外,故在冲击相当时间后,应将冲击锥提出,换上掏渣筒,放入孔底掏取钻渣,倒进钻孔外的倒渣沟中。在开孔阶段,为使钻渣进入孔壁,可待钻进 4 ~5m 后再掏渣。正常钻进每班至少应掏渣一次。

4)清孔及钢筋笼下放

冲孔达到图纸规定深度后,且成孔质量符合图纸要求并经监理工程师批准,立即进行清孔。为防止冲孔的任何塌陷,清孔时应保持孔内水位在地下水位或河流水位以上 1.5 ~2.0m;清孔时应将附着于护筒壁的泥浆清洗干净,并将孔底沉渣及泥砂等沉淀物清除。清孔后孔底沉淀厚度符合图纸规定值及规范要求。

清孔达到要求后进行钢筋笼下放工作,钢筋笼按照有关规范的规定,根据购置的主筋长度分节制作。在钢筋制作棚内按图纸要求放样制作主筋、加强箍筋、螺旋箍筋,并绑扎、焊接。钢筋笼起吊安装时,保证不变形,骨架进入孔口后,应将其扶正徐徐下放,严禁摆动碰撞孔壁。

5)二次清孔

钢筋笼下放好后,下放灌注混凝土的导管,采用正、反循环方法清孔,以达到设计和招标文件、技术规范关于孔底沉淀厚度的要求。

6)灌注水下混凝土

导管选用无缝钢管制作,直径为 25 ~30cm,在灌注混凝土之前须通过试验检测其水密性、承压和抗拉性能是否符合要求,以保证混凝土灌注过程中不漏水、不爆管。漏斗、储料槽用 8mm 的 A3 钢板和型钢制成,容积需满足首批混凝土的灌注量 12.3m^3。

灌注水下混凝土要求导管埋深保持在 2 ~6m 之间,最终混凝土的顶面要高出桩顶设计高程 80cm 以上,以保证桩头混凝土质量。

1.3.3 承台施工

西江大桥主墩承台,横桥向长 36.5m,纵桥向宽 13.3m,高 6.5m。承台混凝土需安装套箱进行浇筑。

1)钢套箱的设计

套箱主要由上承重结构(体系转换前为工字钢、转换后为牛腿)、吊杆、侧模、预制混凝土底板、混凝土底梁及内撑梁等组成。设计计算时主要考虑 3 种工况:

①套箱下放时,考虑结构自重、水流的冲击,无浮力状态。

②水下封底混凝土浇筑完但未凝固时,考虑结构自重、封底混凝土自重、水浮力。

③浇承台第一层混凝土时,所有重力考虑由桩基钢护筒和封底混凝土的摩擦力、承重牛腿

和水浮力共同分担。

吊装及钢套箱系统如图 1.11 所示。

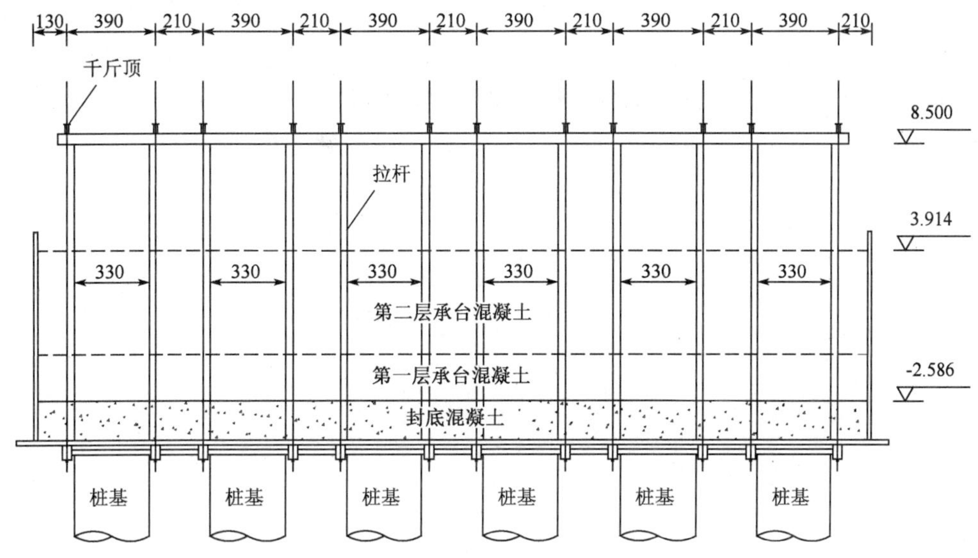

图 1.11 吊架及钢套箱系统(尺寸单位:cm;高程单位:m)

2)承重系统的施工

①焊接牛腿:在主墩桩基础施工过程中,在低潮位时焊接安装临时安装牛腿,主墩桩基混凝土灌注完后立即拆除承台范围内的桩基施工平台,将桩基护筒割平。

②安装底梁:平台拆除完后,将底梁直接安放在安装牛腿上,采用槽钢将主梁进行横向联系。

③安装底板:底板共 28 块,为方便安装,底板与底板预留 16cm 的湿接缝,底板与护筒之间预留 8cm 空隙。底板与护筒间的空隙通过预先加工好的环形箍进行封堵。环形钢箍预先放在底板上,等到套箱下放完毕后再派潜水员下水进行安装锁紧。

④上承结构的安装:待套箱侧模安装完成后,便可以进行上承结构的安装。

⑤安装吊杆:上承重安装好后,穿上吊杆并拉紧。在安装吊杆时,应注意先将体系转换牛腿工字钢和垫板及螺母一起穿上并随套箱一起下放。

⑥体系转换浇筑完第一层封底并抽干水后,在桩基护筒上焊接牛腿,将上承重体系转换到牛腿上。

3)模板安装施工

套箱的底板安装完成后,便可进行模板的安装,分两层进行加工和安装。模板利用龙门吊进行吊装,模板应根据测量组预先在底板上放样出的承台轮廓线进行定位安装。模板拼装完成后马上安装外圈梁和内撑系统,外圈梁和内撑的安装必须按照图纸中的顺序进行。

4)套箱的下放

模板整体安装固定好后便可进行套箱的整体下放等工作,用 50t 螺旋千斤顶下放套箱。具体做法为:在下放前先将套箱向上提起 5cm,然后割除牛腿,开始下放。用 48 个 50t 的螺旋千斤顶,每 2 个为一组,通过千斤顶反力梁分别控制 48 条吊杆,顶升千斤顶,反力梁采用工字钢。依靠该 48 条吊杆上的反力梁档位螺母提住整个套箱,然后松开各吊杆上承重螺母,使之上移 10cm 左右，慢慢松千斤顶，吊杆上承重螺母重新受力时，整个套箱已被下放 10cm 左右，按照该步骤直至下放到位。

5）封底混凝土

灌注封底混凝土施工成败，对于承台套箱施工有相当的意义，封底混凝土不仅起隔水作用，还利用它的自重与桩基的摩擦力抵抗浮力，所以要求封底混凝土浇筑质量均匀度好，不能出现薄弱地方，以免引起漏水等问题，特别是桩基钢护筒周边的封底质量尤其重要。套箱封底质量的好坏直接影响到承台的施工质量及工期。封底混凝土导管布置如图 1.12 所示。

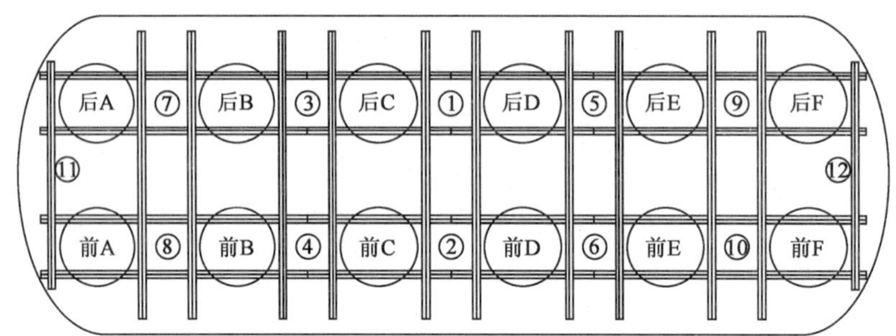

图 1.12　封底混凝土导管布置

西江大桥主墩承台封底分两次进行，第一次封底 1.4m 厚，为水下封底，第二次封底 0.3m 厚，采用干封，在完成第一次封底后焊接牛腿进行体系转换。二次封底为干封，是普通的混凝土浇筑工作，在此不做详细介绍，下面重点介绍第一次封底情况。

灌注点按照扩散半径为 4.5m 布置，共 12 个灌注点，按照顺序从中间向两端对称灌注。灌注设备包括 3 台混凝土输送泵（1 台为备用），泵管 250m，4 台混凝土运输车，储料斗 4 个，12 套漏斗导管。

6）承台施工与大体积混凝土温度控制

（1）第一层混凝土施工

浇筑第一层混凝土对于承台套箱有很大的意义。第一层混凝土的浇筑成功，可以说套箱施工的基本问题得以解决。为保证一层混凝土浇筑成功，在技术工艺上应采取适当的措施：①浇筑时间（潮汐时间的掌握）；②浇筑顺序；③混凝土配合比（初凝时间、坍落度）等。浇筑顺序为从中间往四周进行。

混凝土配合比：初凝时间要求 10 ~ 11h，坍落度 18 ~ 22cm，和易性好。

混凝土的振捣：采用插入式振动器振捣，每隔 30 ~ 50cm 一个振捣点。混凝土按一定厚度、顺序、方向分层浇筑，应在下层混凝土初凝或能重塑前浇筑完成上层混凝土。振动器与侧模保持 5 ~ 10cm 的距离；插入下层混凝土 5 ~ 10cm；每一振捣部位的振捣时间不能过长或过短，应振捣到该处的混凝土停止下沉，不再冒气泡，表面平坦、泛起浮浆为止；每一处振动完毕应边振动边徐徐提出振动棒；应避免振动棒碰撞模板、钢筋及其他预埋件。对桩基及模板周边的混凝土应加强振捣。输送泵管分布于内撑梁顶。

（2）第二层混凝土施工

在浇筑第二层混凝土时，可从上水往下水方向平铺浇筑，二层混凝土的方量比较大，混凝土的方量约 2100m^3，浇筑混凝土的时间长，要求混凝土的各项性能都能满足要求，以保证混凝土浇筑后的质量;在浇筑第二层混凝土之前要确保墩身预埋钢筋的位置准确。

浇筑混凝土前,应对模板、钢筋和预埋件进行检查,做好记录,符合设计要求后方可浇筑。承台混凝土属于大体积混凝土,在混凝土内埋设冷却水管用流动的冷水降低混凝土温度。浇筑前对安装好的混凝土冷却管进行试通水,防止管道漏水、阻塞。

(3)温度控制

埋设管冷措施以及温度测点,实时监测内部及表面温度变化,与温控设计指标进行校验,在出现温差或温升异常时及时进行保温及管冷措施调控,控制承台大体积混凝土温升,提高承台实施质量。

1.3.4 墩塔结构施工

30号、31号墩墩高30.42m,分6次浇筑,29号、32号墩墩高27.66m,分5次浇筑,采用定型钢模板立模浇筑;桥塔高30.5m,分6节浇筑;采用翻模施工。在墩塔内均设置劲性骨架,分节段施工的主要流程如下:预埋劲性骨架、钢筋→结合面凿毛→绑扎钢筋→模板安装→浇筑混凝土→养生拆模→下一节施工。

1)劲性骨架设计

针对墩塔的截面形式及钢筋布置等特点,内置由型钢焊接组成的劲性骨架,作为钢筋、模板施工的承载结构。劲性骨架标准节段高度根据施工分节段划分,节段之间采用焊接连接。

2)劲性骨架加工安装

劲性骨架拟在加工场内采用短线法分段加工制作,每个节段考虑加工成4块,分块通过平板车运输至墩身位置安装;待安装调整好平面位置及高程后再焊接两块之间的横向联系。

劲性骨架用汽车吊从场内起吊,用平板车和工作船运至主塔施工地点,由塔吊起吊安装。为保证骨架运输吊装过程中不变形,起吊时采用4个吊点进行。

3)模板制作与安装

钢结构模板由专业的模板厂制作,采用与0号块模板同步设计的方式进行,以便于模板的通用。标准模板主要有1.8m×1.5m,1.8m×1.2m,1.8m×0.9m,共计制作4套。模板进场后必须进行预拼检查模板的平整度及接缝。

每节模板初装完成后施工工人自检和施工员检查合格后,由测量组用全站仪检查其纵横向的平面位置,按测量要求调整模板位置、垂度,直到符合要求。经监理检查合格后准备浇筑混凝土。混凝土浇筑完成后一天,开始拆模,第一节施工完毕后,拆除模板进行翻模前,必须在模板增加竖向肋,以防止模板拆除时变形严重,并兼作模板吊装的吊点。每次拆模预留最上一节模板,保持其不松动;拆下来的模板用塔吊提升,安装到预留模板上。按此多次施工,直至施工完成。墩身模板安装时,每次均要由测量组严格控制模板偏位,这样,不仅可避免施工中模板偏位失控,难于调整,而且可保证墩身线条顺直。

4)混凝土的浇筑与养生

混凝土采用拌和站集中拌制,混凝土车运送至施工平台,输送泵泵送至工作面。在墩身4个角及大面中间安置串桶共10道(防止混凝土离析,混凝土自由倾落高度不宜超过2m),混凝土通过串筒进入模板。

为保证混凝土有良好的可泵性,对混凝土原材料、配合比等都有严格的规定,以满足墩身

混凝土施工以及适合混凝土的泵送要求。

对墩身混凝土浇筑配备数量足够的插入式振捣器,使其振动能力大于混凝土浇筑能力。混凝土浇筑时,由工班长统一指挥振动,配6名熟练振捣工。

混凝土浇筑完后,采取外部湿润,顶面盖湿麻袋进行混凝土养护。对墩顶混凝土外露面,待表面收浆,凝固后即用麻袋覆盖,并定人经常在模板及麻袋上洒水。混凝土养护时间在常温下不少于7昼夜。

在下一次混凝土浇筑之前,混凝土表面必须凿毛,凿毛时在模板边1cm的范围内不凿,以免因凿毛而造成混凝土连接部分成锯齿,影响墩身外观。

1.3.5 上部结构施工

1)总体流程

矮塔斜拉桥以悬臂施工方法为主,悬臂施工法最早主要用于修建预应力T形刚构桥,由于悬臂施工方法的优越性,后来被推广用于预应力混凝土悬臂梁桥、连续梁桥、斜腿刚构桥、桁架桥、拱桥及斜拉桥等。西江大桥采用平衡悬臂施工方法,总体施工流程(图1.13)详述如下:

(1)下部结构施工:主要进行主墩及边墩钻孔桩及承台、主墩及边墩施工,并设置主墩旁临时托架。

(2)主塔及0号块施工:施工主塔以及主梁0号块,进行中跨侧与边跨侧挂篮的安装工作。

(3)无索区悬臂浇筑阶段:采用挂篮对称悬浇主梁节段,张拉梁体纵、横、竖向预应力,架设边跨临时支架并浇筑边跨现浇段。

(4)有索区悬臂浇筑及边跨合龙阶段:采用挂篮对称悬浇主梁节段,张拉梁体纵、横、竖向预应力,安装张拉斜拉索,悬浇结束后进行边跨合龙,拆除边跨支架,张拉预应力钢筋。

(5)次中跨合龙段施工:合龙骨架安装前按照设计要求施加顶推力,安装劲性骨架并浇筑混凝土,张拉梁体纵、横及竖向预应力束。

(6)正中跨合龙段施工:合龙骨架安装前按照设计要求施加顶推力,安装劲性骨架并浇筑混凝土,张拉梁体纵、横及竖向预应力束,对称拆除挂篮。

(7)桥面及附属工程:对桥面工程及附属结构进行施工,缠包斜拉索,全面竣工验收。

2)0号块施工

(1)施工准备

0号块操作平台搭设流程如下:材料准备→焊接钢管桩→安装贝雷梁→铺设工字钢→铺设三脚架、方木→焊接护栏→挂设安全网。

(2)安装底模及侧模

0号块底模采用木夹板或者大块钢模拼装,两端坡度用三脚架加垫板来形成。

外侧模板采用桁架支撑,先在平台上拼装成一整体,用槽钢作模板纵横骨架,外侧模板由塔吊吊装。模板安装完成后由测量组复核,调整到符合要求。

(3)绑扎底板、腹板钢筋及布置预应力筋管道

先绑扎底板底层钢筋,然后安装腹板钢筋,之后套装竖向预应力筋管道及竖向预应力筋;完成以后,开始绑扎底板顶层钢筋;完成后开始绑扎横隔板钢筋,安装预应力锚垫板及其他预埋构件。

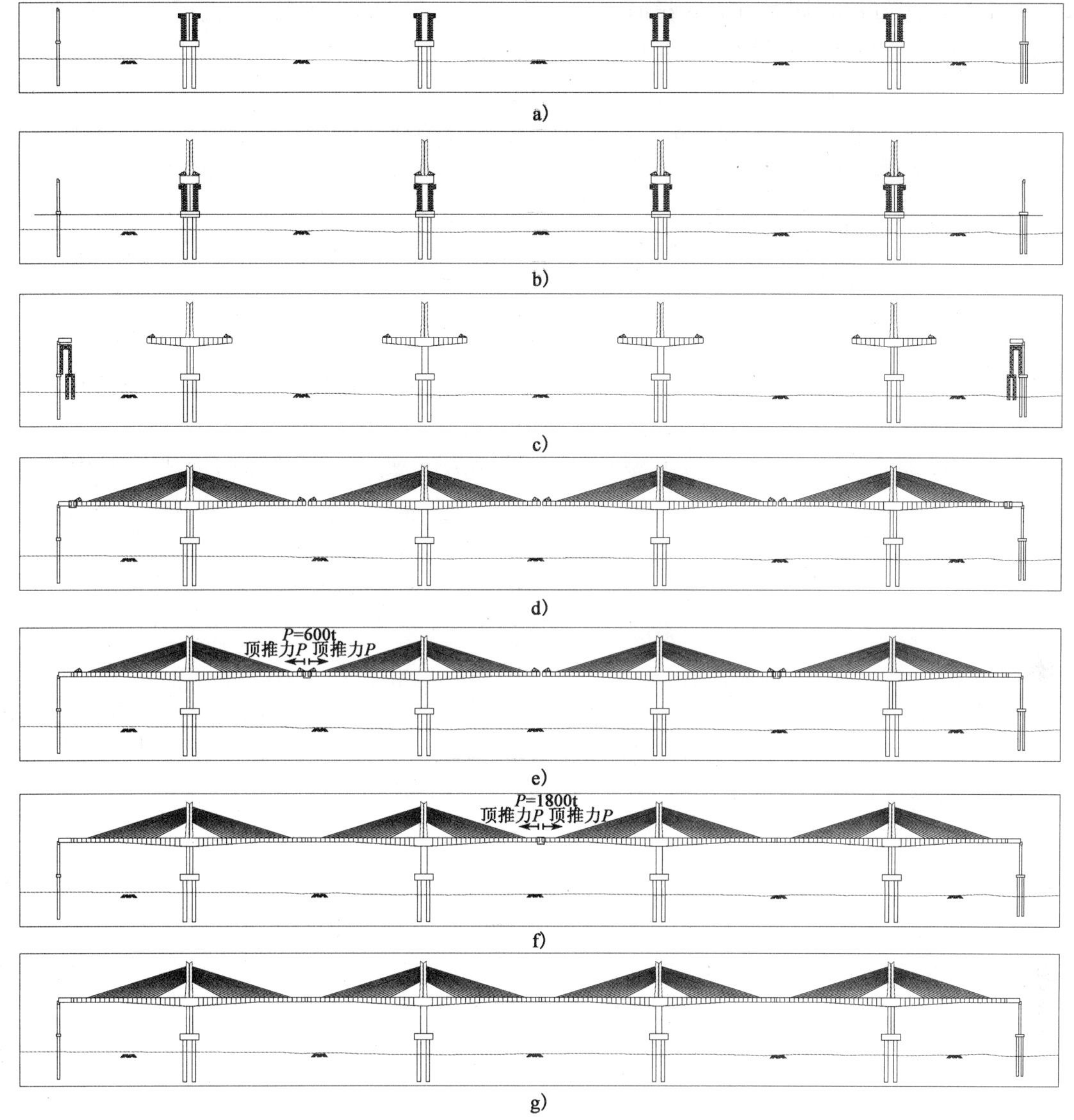

图 1.13　主要施工流程图

(4)安装腹板内模、横隔板模板及底板、腹板端模

底、腹板钢筋绑扎完后,安装腹板及模隔板内模,之后安装底板端模及腹板端模。内模及端模采用组合钢模和木模。最后安装顶板模板。内侧模与外侧模之间用对拉螺钉连接,同时内侧模之间也用钢管和螺钉对称固定。

(5)绑扎顶板钢筋及顶板预应力管道

测量放样后,开始绑扎顶板钢筋,之后进行顶板预应力管道的布置。预应力钢筋采用的塑料波纹管安装后,应注意避免焊渣对塑料波纹管的熔透,造成波纹管穿孔。

竖向预应力钢筋安装时,可将管道底部的压浆嘴连通,竖向预应力钢筋采用在顶部压浆工艺。

竖向预应力钢筋采用 JL32 高强精轧螺纹钢,强度 785MPa;主桥箱梁斜拉索区纵向预应力钢筋采用 JL32 高强精轧螺纹钢,强度 930MPa。安装时注意不要用错材料。

(6)安装端模及翼板侧模

安装端模及翼板侧模,用方木条支撑牢固。安装有关预埋件和预留孔。

(7)浇筑混凝土

浇筑顺序:先浇筑底板,然后再浇筑两个中腹板,再浇筑两个边腹板,浇筑腹板时,每浇筑 1m 高就需要浇筑另一个腹板,如此反复,最后浇筑顶板。0 号块两端需对称浇筑(相邻腹板的混凝土高差不超过 1m)。

(8)拆模、后浇段浇筑

待混凝土强度达到 85% 后,方可拆除内模;第二次混凝土浇筑完以后再统一拆除外模。0 号、1 号块两端混凝土必须达到 100% 的设计强度时方可进行张拉。

箱梁后浇段与梁段浇筑滞后 5 个阶段进行,在塔吊位置,须预留缺口。

(9)预应力施工

预应力施工基本要求:

①混凝土强度达到设计强度的 100%,并且养护时间不小于 5d 时,方可进行张拉,纵向预应力筋采用双端张拉,横向预应力筋采用单向交错张拉,竖向预应力筋采用顶端单端张拉。

②管道压浆采用真空辅助压浆,水泥强度不得小于 40MPa。

③纵向预应力钢绞线、横向预应力钢绞线以及精轧螺纹钢筋采用塑料波纹管成孔,采用相应锚具及相应的张拉千斤顶,竖向精轧螺纹钢筋锚固必须采用测力扳手。

张拉完成后,进行预应力管道压浆,管道采用真空压浆,压浆前必须将孔道积水排除干净。搅拌出浆口需经过筛,压浆应饱满,压浆配合比必须经过试验确定及现场监理签认。水泥浆需做试件,并填写压浆记录。

3)标准段施工

墩塔单侧悬臂浇筑分节数量为 24 节。长度为 $2 \times 3.5\text{m} + 22 \times 4.0\text{m}$。按全断面考虑,悬臂浇筑节段的最大重量达到 432t,其中翼板重 37t。有索区为 7 号 ~22 号块,无索区为 1 号 ~6 号块、23 号块、24 号块。每节段在距离前端 1m 处设一横隔板,无索区横隔板为中空环状设计,有索区为全封闭设计,对应横隔板位置翼板设横向加劲肋,斜拉索锚头置于横隔板处。

标准段混凝土工程与预应力工程参建 0 号块的施工,实施中主要面临超宽幅箱梁构造的施工挑战,通过细致的研究及现场实测工作,完善了宽幅挂篮悬浇、翼缘板后浇及线形控制的专项施工工艺,以下将着重展开介绍。

(1)挂篮设计

挂篮结构形式采用菱形挂篮(图 1.14),其受力结构体系为:后锚的拉力和悬浇块自重、挂篮底篮及模板自重等,由吊带传至挂篮前端的作用力,通过前支点支撑相互平衡,达到挂篮整体稳定的状态;在稳定状态下,桁架各构杆件为二力杆,主要承受拉、压力。菱形挂篮结构简洁、受力明确,桥体硬化并达到足够的强度后,液压装置把挂篮向前推进,然后再浇筑新的一段桥体,施工方便。

挂篮设计基本参数:

①挂篮主体结构,按浇筑混凝土块件最大重量为 440t 设计,采用 4 片主桁。

②挂篮适应浇筑混凝土块件长度 2.5 ~5m,浇筑高度 3.0 ~7.0 m,最大浇筑顶板宽度 38.3m、底板宽度 19.072m。

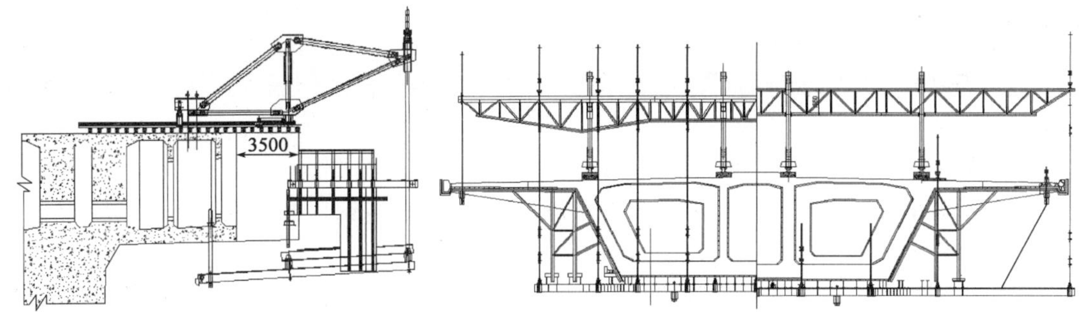

图 1.14　超宽幅挂篮构造图(尺寸单位:mm)

③挂篮起步长度规定:挂篮连体起步长度 9m,挂篮分体起步长度 14m。

④挂篮采用间歇式前移,每行程 1.1m,时间约 2min。

(2)翼板后浇筑方案

根据西江大桥主桥箱梁构造特点,选择翼板后浇筑方案:将箱梁结构分为主体和翼板两部分,挂篮施工中只浇筑主体部分及 3m 宽翼板,其余 5.15m 宽翼板作为后浇筑部分。

经综合考虑及比选、设计院复核计算,满足受力情况下,选用全断面浇筑方案,箱梁主体部分和翼板部分一次性浇筑成型。这样能有效降低人员、设备、材料的投入,减少安全隐患,简化施工工序,加快施工进度,有利于施工质量的控制。

(3)线形控制

根据各施工步骤计算箱梁各节点立模高程 = 箱梁顶面设计高程 + 预拱度值 + 施工调整值,其施工调整值,包括挂篮及温差引起的变位。除科学预测外,加强现场控制力度是保障线形平顺的另一必要措施。

矮塔斜拉桥属于高次超静定结构,箱梁受日光照射,顶板与底板由于温度差变形不一致引起长悬臂下坠。因此,采用绝对高程立模则有可能因温度场原因产生误差,而采用相邻节段间的相对高差立模则可能出现偶然误差的积累,因此本项目在每节梁段边箱中间最前端预埋控制标杆作为复测控制点,采用绝对高程进行立模的同时采用相邻节段间的相对高差进行复测,确保立模高程的准确性。

(4)施工过程中多项措施控制

①对每套挂篮主桁都进行对拉试验,测出其弹性变形,为确定立模高程提供基本依据。

②严格控制混凝土重度, 尽量使梁段混凝土各龄期的强度和弹性模量指标与计算采用值接近,减少实际值与计算采用值之间的误差。

③严格控制预应力筋张拉力的准确度和张拉时混凝土的龄期要求(龄期达到5d 以上且强度达到设计要求) 。

④定期观测温度对悬臂端挠度的影响,早晨进行初测,下午 5:00 后进行复测, 以消除温度影响,从而为全桥的立模高程和线形调整提供依据。

⑤定期对全桥 4 个主墩各梁段的高程和线形进行联测,控制合龙精度。

⑥加强观测，准确控制，消除挂篮与滑道之间、滑道与钢枕之间、钢枕与梁顶混凝土之间的非弹性变形影响，通过多次观测得知这方原因造成的挂篮前端沉降高达5～8mm，施工中必须加以考虑才能达到准确控制的目的。

4）边跨现浇段及合龙段施工

边跨现浇段采用钢管桩与贝雷梁支撑的方式进行浇筑，合龙段则采用吊架进行施工，施工的流程及工艺如下。

（1）边跨现浇段施工

正式施工前做如下几个方面的准备工作，材料准备→焊接钢管桩→安装贝雷梁→铺设工字钢→铺设方木→焊接护栏→挂设安全网。

边跨现浇箱梁底模采用木夹板拼装。由于浇筑混凝土时贝雷梁弹性挠度和支架下沉，故需通过荷载试验消除塑性变形，并且底模高程需考虑弹性沉降量。之后在底板放出中线，复测高程。

外侧模板采用钢模板进行拼装，其支撑架为水管支架。水管支架先在平台上搭设好之后，然后再在其上铺设方木与模板。

底、腹板钢筋绑扎完后，安装腹板及横隔板内模，之后安装底板端模及腹板端模。内模及端模采用木模。最后安装顶板模板。内侧模与外侧模之间用对拉螺丝连接，同时内侧模之间也用钢管和螺丝对撑固定。

在完成内部预埋件安装后，安装端模及翼板侧模，浇筑并振捣混凝土，待混凝土强度达到85%后，方可拆除内模；现浇箱梁混凝土必须达到100%的设计强度时方可进行张拉。

（2）合龙段施工工艺

①边跨合龙。

拆除29号、32号墩底篮，南北侧挂篮上部结构后退4m至23号块处锚固，在现浇支架接长贝雷梁并锚固在29号、32号墩24号块上作为边跨合龙吊架。

②次中跨合龙。

29号与30号墩次中跨合龙：30号墩南岸侧底篮前移并锚固充当合龙吊架，拆除北侧底篮，将南北侧挂篮上部结构后退4m至23号块处锚固。

31号与32号墩次中跨合龙：31号墩北岸侧挂篮前移并锚固充当次中跨合龙吊架，北侧挂篮上部结构后退4m至23号块处锚固。

底篮前移步骤：24号块施工完成→下放底篮至滚轮箱上→前移挂篮50cm→吊点转换（在挂篮前压杆上设置钢丝绳挂住底篮纵梁）→下放前吊带使底篮重量全部通过钢丝绳传递至主桁上→拆除前吊带→前移挂篮180cm（底篮中心线和合龙段中心线重合）→提升底篮并锚固→挂篮上部结构后退至23号块位置。

③中跨合龙。

将31号墩南侧底篮前移并锚固充当中跨合龙吊架，挂篮上部结构后退4m至23号块处锚固，采用水箱配重。

（3）合龙前顶推

浇筑24号块前，在箱梁端面预埋好千斤顶垫板和劲性骨架预埋件。

次中跨合龙时施加水平顶推力600t，正中跨合龙时，施加水平顶推力1800t；顶推由8台千斤顶分5级(30%、50%、80%、90%、100%)完成,每完成一级加载,测量墩身及箱梁断面各观测点水平位移和竖直位移,确保箱梁顶推过程中保持稳定。

在每个塔肢顶面沿纵横向中心轴设置4个反光片测点,实时监测顶推力对墩及墩顶偏位的影响。

1.3.6　斜拉索施工

1)挂索前准备工作

HDPE管作为斜拉索的第一层防护保护层,是拉索防腐措施的一个重要组成部分。因此,HDPE管的焊接质量是很重要的,它不仅需要承受吊装施工的临时荷载,而且直接影响着HDPE管在正常使用过程中的耐久性。本方案主要描述制作HDPE管的过程。HDPE管的焊接需要由熟练工人操作并使用管材对焊机把每段9m长的管子焊至所需长度。HDPE管的焊接如图1.15所示。

a)

b)

图1.15　HDPE管的焊接

2)锚具安装

本项目每套斜拉索锚具组件,包括1块锚板、1个螺母、43或55个锥形密封垫、1个密封压板、1个灌浆筒、2块分丝板、1块密封垫、1个挤压板、1个压板和6个M10内六角螺钉、6个M18内六角螺钉。现场施工人员需按图示顺序对锚具组件进行正确组装。锚具组装顺序如图1.16所示。

锚具组装好并检验无误后,在挂索施工前,需将锚具预先固定到箱梁内锚垫板上。由于本项目锚具组装件比较重,所以依靠人工固定锚具比较困难,因此需采用合适的方式进行操作。可采用在锚具组装件上预穿的引棒两端安装单孔锚板和夹片,在预埋管出口处利用手拉葫芦牵引,提升锚具组装件。待其贴紧锚垫板后,利用压板将锚具压紧在锚垫板上。

3)挂索施工

挂索施工前,需要在桥面适当位置安装钢绞线放线架、牵引机、导向轮、切割工作平台以及切割和镦头的相关设备,需要在塔柱外索鞍两侧附近安装工作平台和塔吊。

利用汽车吊将HDPE套管吊装就位后,进行钢绞线的穿索。本项目由于斜拉索规格较大并拉索较长,施工时采用机械方法穿钢绞线,通过卷扬机、滑轮形成一个闭环,可以连续穿索节省时间。汽车吊如图 1.17 所示。

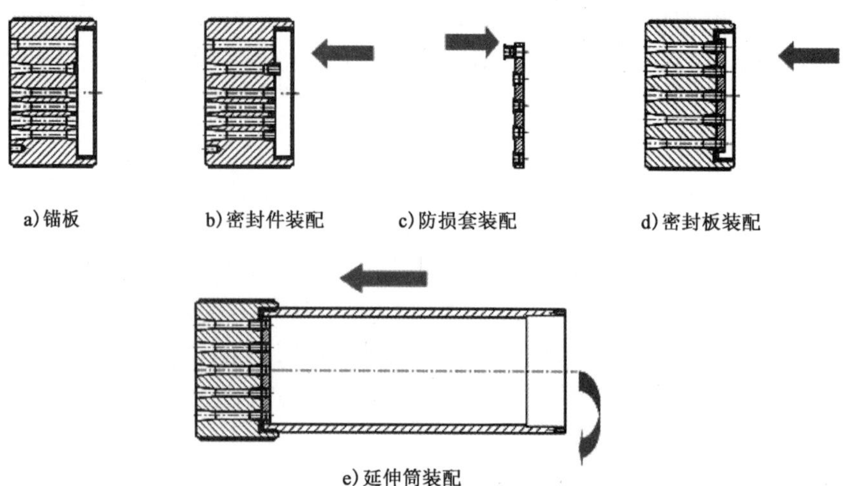

图 1.16　锚具组装顺序示意图

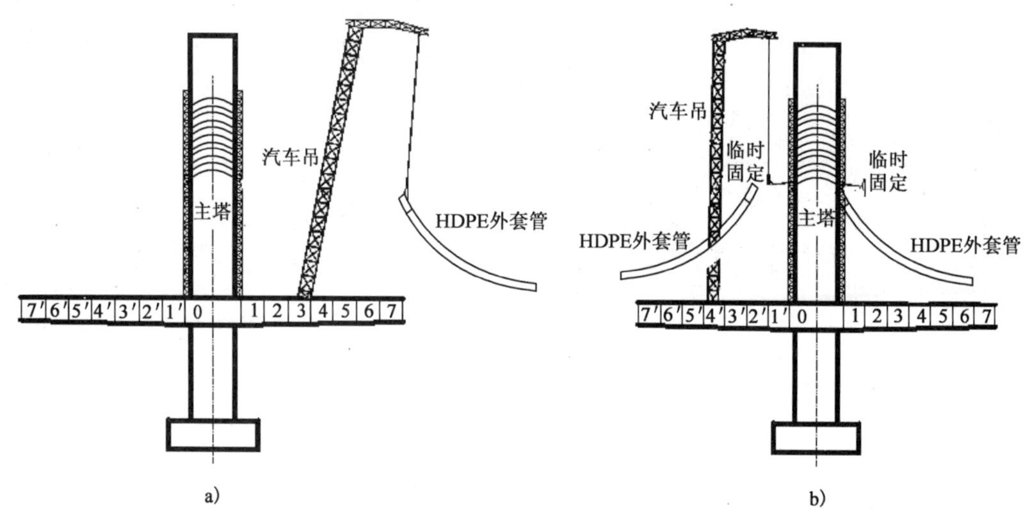

图 1.17　汽车吊示意图

4)斜拉索张拉

斜拉索所有钢绞线穿索及初张拉结束后,即可进行索力平均张拉和整体调索。索力平均张拉采用单孔千斤顶和多孔反力架进行;整体调索采用大型千斤顶对斜拉索进行整体张拉。

对于钢绞线群锚拉索,钢绞线经过单根初张拉后,由于后张拉的钢绞线对先前张拉的钢绞线索力有影响,因此各根钢绞线的实际索力并不完全相等,需要对各根钢绞线进行重新张拉,尽可能使每根钢绞线的索力控制在设计允许的范围内。

索力平均张拉,可采用分级张拉的方式进行。本项目计划采用分级张拉方式进行张拉,张拉索力一般分为三级。

5)现场索力检测

第二级张拉结束后,利用千斤顶随机检测钢绞线索力。将千斤顶安装到多孔反力架上进行张拉,油压表读数指针逐渐上升,当其突然下降或听见夹片响声时(此时夹片脱离锚具,由千斤顶承担钢绞线的拉力),即停止张拉并持荷,记录此时油压表读数,并将该读数与设计张拉力比较。若两者相等或十分接近,说明该钢绞线张拉索力准确;若两者偏差较大,则必须再次进行补张拉调索。

6)斜拉索调索

大多数情况下,斜拉索施工时必须进行索力调整,即调索。调索,包括使拉索索力增加的调索和使索力降低的调索。本项目中,为提高施工效率、节约工期,采用大型千斤顶进行整体调索。调索,在单根钢绞线索力平均张拉后进行。

本项目整体调索的方式为:利用工作锚具和整体张拉千斤顶,将一索中43根钢绞线一起夹持并张拉到规定索力时,工作锚具上的螺母脱离锚垫板,旋合螺母使其重新贴紧锚垫板后,整体张拉千斤顶回油卸载,使锚具承压。

7)附件安装及防腐保护

斜拉索张拉完毕后,可进行附件安装和防腐处理。本项目附件安装和防腐处理工作,主要包括:抗滑锚筒安装、索夹安装、减振器安装、锚具内灌注环氧砂浆、延伸管安装、预埋管内灌注防腐油脂、防水罩安装、保护罩安装和灌注防腐油脂。

1.4 西江大桥设计施工关键问题

西江大桥设计采用多塔、混凝土脊骨箱梁、刚构体系的长联超宽幅矮塔斜拉桥结构形式,建造采用挂篮对称悬浇、截面分次浇筑、顶推合龙的施工方案。结合前述矮塔斜拉桥的发展不难发现,西江大桥结构设计在宽幅、大悬臂、大跨、长联等方面突破了目前的工程实践,在施工中面临着结构成桥内力控制、局部应力耐久控制与线形控制等一系列困难,具体需要解决的关键问题如下。

(1)体系与局部构造的合理设计

根据矮塔斜拉桥梁受弯、受压和索受拉共同承受竖向荷载的特点,可以理解为矮塔斜拉桥的索对梁起加劲作用,超过梁体承载力部分的荷载应由索来承担,因此,可以人为调整两者的分配比例。当梁体较刚,承载力较大时,可减少斜拉索,弱化斜拉索的作用;反之,梁体较柔,承载力较小时,可增加斜拉索,强化斜拉索的作用。很显然,两者分配比例的不同直接影响到梁的尺寸,进而影响到索的用量、索布置范围等。这样,可根据实际情况,合理选择各部分尺寸,使设计自由度更大;另外,从纯经济角度看,一定存在一个最合理的比例,使得全桥的经济性最优。

多孔构造、超宽幅带来的恒活载增加以及刚度变化,势必影响结构的受力形态,目前针对矮塔斜拉桥的研究尚未在以上几个方面进行突破。西江大桥孔跨数目、跨径长度以及桥面宽度的组合方式在国内外尚属首例,传统设计经验是否仍然适用尚不确定,通过选取合理体系参数、优化预应力、优化索力以控制长联混凝土结构的收缩徐变、温度效应仍是多塔矮塔斜拉桥体系设计的关键。

受经济发展增速影响,我国道路规划建设时宽幅路所占比重较大,超宽幅将成为桥梁设计发展的新趋势,结构将同时具备横纵双向受力的特性。由于传统设计更注重纵向体系,横向体

系的设计理论以及合理构造的研究较少，西江大桥运用脊骨箱梁，仍存在合理构造设计、横向合理配束等关键技术问题需要突破。

(2)混凝土结构耐久性防护技术

桥梁耐久性差、服务寿命短、全寿命经济性指标差等问题与人们最初的设计和规划预期有很大差异，已经严重影响了其正常服务功能的发挥，并且给养护、维修等后期运营管理工作带来难以承受的巨大经济和社会负担。

很多桥梁病害与施工质量低劣有关，但在承认施工存在问题的同时，也不可否认，在桥梁设计中还有许多可以改进的地方。许多设计人员往往只满足于规范对结构强度计算上的安全度需要，而忽视从结构体系、结构构造、材料、结构维护，以及从设计、施工到使用全过程中经常出现的人为错误等方面，去加强和保证结构的安全性、耐久性。

此外，桥梁的耐久性病害和原因并不完全是一一对应的，往往一个因素是诱发病害的主要起因，其他因素则加速或促进病害的发展。现有的混凝土耐久性的研究成果与结构的设计、施工控制以及结构剩余寿命评估等存在脱节，即材料层面的研究成果未能与结构层次的研究有机结合，对实践中迫切需要解决的结构耐久性问题缺乏有效的指导。

西江大桥位于重要线路江肇高速公路，如何保证其使用寿命及使用期间的安全、耐久及维护管理的经济性问题，是建设前必须深思熟虑的关键问题之一。因此，针对西江大桥结构与材料特点进行耐久性有关问题的研究有十分紧迫的现实意义。

(3)基于性能的栈桥平台设计

栈桥、水中施工平台是常用的桥梁施工临时结构，在桥梁施工、大坝施工、港口及渡船码头等工程中大量应用。这类桥梁施工临时结构的设计施工，由于荷载、环境条件不同，设计没有统一规范可以遵循，一般参考类似工程设计经验，因而可能出现设计欠妥或者很难做到经济性和安全性同时考虑。

由于所跨越西江河道较宽，多塔设置基础数量较多，栈桥作业面增加，作业时长增大，栈桥使用中面临的风险更大，主要风险体现在河流水位高差变化大、河床摆动不稳定、洪水期船舶失控概率高等方面。此外，如果按传统的临时结构施工方法，主要考虑最不利情况下的安全问题，可能造成临时结构投资的大幅度增加。

通过结合西江大桥的施工特点及环境特点，建立栈桥合理布置形式、栈桥跨径、合理管桩布置的设计方法，针对主要风险如洪水、漂浮物及船撞的风险控制方法，针对长联栈桥的抗洪水共振方法，存在需解决的体系化的技术挑战。

(4)岩溶复杂地质条件超大直径桩基施工

西江大桥基础位于岩溶发育区，岩溶地区面积辽阔，长期以来，在岩溶地区的各项工程建设中，场地内的各种岩溶形态、岩溶地下水及其他不良地质作用等都是影响地基稳定、工程质量和安全使用的主要因素，也是使用过程中的主要隐患。

对于深水、超大直径桩基础理论及实践水平，在我国已有了很大的发展，施工技术日益完善。但此类结构往往应用于跨大江大河的大型桥梁工程中，对于强岩溶地区，采用深水超大直径钻孔桩这类情况，一般是采取回避方式的，即在桥位选择、结构设计中，避免这种综合情况的出现。

西江大桥桥址基岩溶洞及溶蚀裂隙集中发育，溶洞及裂隙多且连通，覆盖层为厚度 17 ~

37m 的易坍塌、强透水性砂层及卵石层,岩面倾斜,岩体强度高,地质条件极其复杂。同时,桥位水深流急,水位变化大,桥位常水位水深达 23m,洪峰来时,水深可达 35m。主墩桩基为 ϕ3.0m超大直径桩基,深水、覆盖砂层厚、溶洞裂隙发育、超大直径桩等组合在一起,目前的技术手段很难满足工程实际需要,必须进行有针对性的系统研究,避免可能出现的工程事故。

(5)基于耐久性要求的大体积混凝土温控

大体积混凝土的内部蓄热严重,容易造成体系内部开裂以及表面温差开裂,对结构的耐久性造成不利影响。西江大桥的承台以及主梁 0 号块为典型的大体积混凝土,为提高结构的耐久性,需对内部温度与应力状态展开相关控制工作。由于环境温度变化的随机性,对结构的影响往往是难以预料的,常规温控往往难以取得预期的成效,建立综合材料层、措施层、理论层、现场监测层的体系化温控方法十分必要。

(6)超宽幅矮塔斜拉桥对称悬臂施工

西江大桥特殊的多塔长联刚构体系以及横纵双向的脊骨梁构造,为施工带来了新的挑战。一方面需保障结构受力状态符合设计预期,施工中的合龙方式、内力与线形控制精度,与施工误差存在较大关联,施工精度的要求、保障的工艺措施、监测与控制方法等一系列的技术难题亟须攻克。

另一方面超宽幅、带肋、斜腹板的构造形式影响挂篮设计、行走以及浇筑实施。常规挂篮形式已很难满足要求,必须对结构形式进行改进优化,解决好挂篮施工整体稳定性、扭曲变形、挂篮同步移机性、箱梁线形控制等一系列难题。

第 2 章　多塔宽幅脊骨梁矮塔斜拉桥设计

西江大桥主桥为 128m + 3 × 210m + 128m 四塔五跨单索面矮塔斜拉桥，主梁断面为单箱三室宽幅脊骨梁断面，桥宽 38.3m，箱梁挑臂长 8.15m，挑臂下纵向每 4m 设 30cm 厚横向加劲肋。该桥为国内联长最长、桥宽最宽的单索面矮塔斜拉桥。相比以往的工程实践，本桥孔跨数目、跨径长度以及桥面宽度的组合方式在国内外尚属首例，传统设计经验是否仍然适用尚不确定，在结构体系、纵向受力、横向受力等方面需要开展深入的研究，选用合理体系参数。设计过程中，在结构体系方面，针对边中跨比例、塔高等关键设计参数进行了比选，针对合理受力状态开展了研究，并对合龙过程进行了分析和研究。在纵向受力方面，针对宽幅脊骨梁的特点，总体研究了恒、活载作用下宽幅梁的剪力滞，分析了活载作用下偏载系数的特点，优化了断面设计和预应力配置。同时，针对横向受力，分析了大悬臂结构的受力特性，并结合施工要求，分析了分次浇筑对结构性能的影响。最后，对桥塔局部锚固构造、拉索性能、后期更换等问题进行了探讨。

2.1　多塔矮塔斜拉桥结构体系

2.1.1　概述

根据国内外关于矮塔斜拉桥结构体系的研究，以及已有矮塔斜拉桥工程经验，矮塔斜拉桥的主要结构参数取值范围可以概括如下：

(1)边中跨比值在 0.56 ~ 0.62 之间，平均为 0.60，而斜拉桥的边中跨比值一般为 0.4，连续桥的边中跨比值一般为 0.5 ~ 0.6。

(2)索塔高度与主跨比值，对于双塔三跨和多塔多跨而言，大多在 1/14 ~ 1/7.4 之间，平均为 1/9.6，相当于悬索桥的索塔高度，只为斜拉桥塔高的 1/2 左右。

(3)如采用等截面主梁，高跨比在 1/42 ~ 1/35 之间，平均为 1/37，芜湖长江大桥为钢桁组合梁，高跨比达 1/23；如采用变截面主梁，支点高跨比在 1/40 ~ 1/23.3 之间，平均 1/33.8，跨中高跨比值为 1/68.8 ~ 1/52.3。

(4)塔根部无索区长与主跨径比值在 0.11 ~ 0.22 之间，平均值为 0.17。跨中无索区长与主跨径比值在 0.07 ~ 0.4 之间，日本木曾川桥和揖川桥的跨中钢箱梁无斜拉索，其值较大达 0.37 ~ 0.4，PC 箱梁的跨中无索区平均值为 0.13。边跨无索区与边跨跨径比值在 0.1 ~ 0.48 之间，数值较离散。

(5)拉索最小倾角大致在 1/5.22 ~ 1/2.6 之间，平均值为 1/3.65。

(6)拉索应力幅值比常规斜拉桥拉索应力幅小，因此拉索允许应力较常规斜拉桥拉索允许应力要大，一般取拉索极限应力的60% ~70%。而常规斜拉桥中的拉索应力仅为40%。

以上结论对于常规双塔结构适用性较高，但采用多塔后，结构构造参数更为多变，在恒、活载作用下效应变异更加复杂。图2.1统计了自1980年至2011年国外修建的32座以及国内修建的35座矮塔斜拉桥的桥跨、桥宽规律。从图中可见：在跨度方面，国内的工程实践主要集中在200m以下，大跨相对较少；而在桥面宽度方面，国外集中在20m左右，而国内的桥面则更宽，普遍集中于25m以上。西江大桥主跨达到210m，桥面宽度也达到了38.3m，国内外类似的跨径和桥宽组合难以找到。

图2.2为矫塔斜拉桥塔数分布图。从图中可见，国内外矮塔斜拉桥多数采用双塔结构，三塔以上桥型较少。受到多塔斜拉桥建设的鼓励，多塔矮塔斜拉桥在2006年以后逐渐开始建设，50%的多塔矮塔斜拉桥建成于2006年后。同时，众多大桥设计中也增设了多塔矮塔斜拉桥的对比方案，如济阳黄河大桥提出跨径组合为(120+190+216+190+120)m的四塔矮塔斜拉桥参选方案，佛山富湾大桥提出(112+200+200+112)m的三塔矮塔斜拉桥参选方案。受力分析表明，单跨在400m以内时，多塔矮塔斜拉桥相对于连续梁可有效减小混凝土收缩、徐变和温度变化引起的附加内力，相对于斜拉桥具有较好的抗风和抗震性能，良好的受力性能成为多塔矮塔斜拉桥逐渐增多的原因。多塔矮塔斜拉桥正逐渐受到工程界的重视。

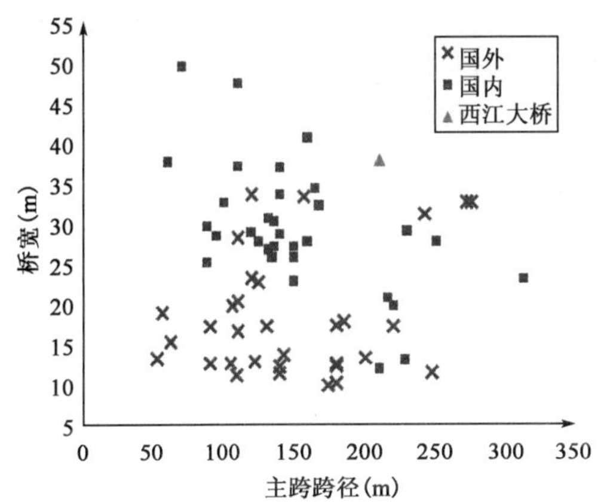

图2.1　矮塔斜拉桥主跨跨径与桥宽分布图

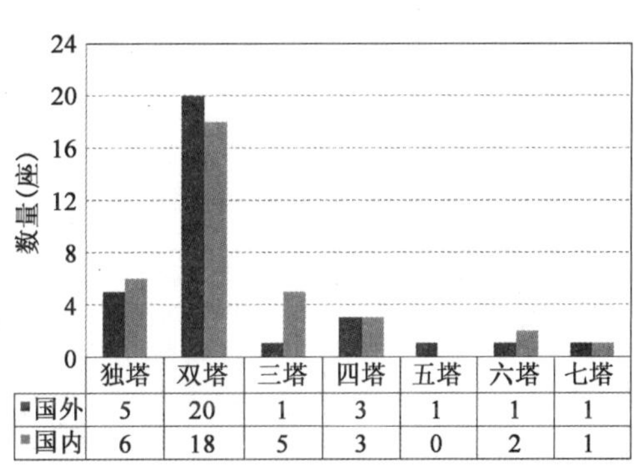

图2.2　矮塔斜拉桥塔数分布图

因此，大跨、长联、宽幅是本桥突出的特点，体系研究中应充分考虑这些特点，进行关键设计参数的影响研究，确定最优的结构设计参数。结构合理体系的建立应是在分析结构在各种参数影响下的力学性能变化规律后，以安全性与经济性为约束条件确定；它是结构参数及约束形式优化的主要方向，也是设计的基础与关键。影响矮塔斜拉桥受力性能的主要参数有：塔高、中跨无索区长度、近塔无索区长度、边中跨比、拉索与体内束配备比例等。关于这些参数对体系性能的影响已有较多的研究工作，但绝大多数限于传统两塔三跨结构，而西江大桥独特的体系特点，使得最优参量可能产生一定的变动，主要体现在以下三个方面：

(1)四塔五跨布置形式，混凝土收缩徐变以及温度效应可能更加显著。

(2)宽幅单索面布置形式，桥宽达到了38.3m，在已建矮塔斜拉桥中为最宽桥型，采用单索面布置形式，拉索与体内束差异性力学性能表达将更为明显。

(3)脊骨梁的应用，影响主梁及主塔刚度分配，综合多塔设置，同样对体系性能产生不确定性影响。

以上结构特征,使得构件间相互影响因素更为复杂,传统合理取值范围对多塔结构可能并不适用,因此必须对结构特征影响下结构性能表达及合理体系参量设置范围进行深入分析,指导设计与工程实践达到最优状态。

基本的研究方法为:基于参数化梁单元有限元分析,以造价、长期结构受力性能等为优化目标,选取对结构整体受力性能影响巨大的塔高、中跨无索区长度、近塔无索区长度、边中跨比等主要设计参数进行敏感性分析,进行合理体系关键参数取值范围研究,为工程设计提供参考,优化多跨连续刚构体系矮塔斜拉桥的总体布置方案。

塔矮、梁刚的矮塔斜拉桥结构,设计时其控制参量主要是主梁的挠度、弯矩和斜拉索的索力;为此,在不改变主梁刚度和主梁截面配筋的前提下,研究矮塔斜拉桥塔高、边中跨无索区长度、边中跨比等设计参数改变时,主要关注主梁关键截面挠度、弯矩和斜拉索索力等荷载响应的变化规律,进而得到矮塔斜拉桥的边中跨比、塔高、中跨无索区长度、近塔无索区长度等主要设计参数的合理取值范围。

2.1.2 边中跨比影响

以西江大桥原设计为基础,保持中跨跨径 L 和次中跨跨径、斜拉索布置等结构参数不变,通过改变端部无索区长度 L_d 实现边跨跨径 l 的变化;重点分析边中跨比的变化对主梁关键截面弯矩、挠度、应力及索力的变化等力学参数的影响。边中跨比计算图式如图 2.3 所示。不同分析模型的边中跨比变化如表 2.1 所示。

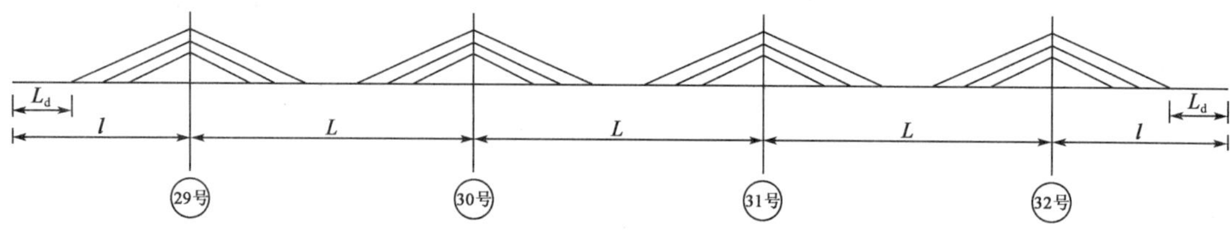

图 2.3 边中跨比变化计算图式

边中跨比值变化表

表 2.1

模型编号	1	2	3(设计方案)	4	5
边跨跨径 l(m)	120	124	128	132	136
端部无索区长度 L_d(m)	25	29	33	37	41
边中跨比 l/L	0.571	0.590	0.610	0.629	0.648

注:L 为主跨跨径,L = 210m。

边中跨比变化受力性能对比如图 2.4 所示。

随边跨跨径从 120m 增大至 136m,边中跨比 l/L 相应从 0.571 变化到 0.648,主梁塔根处最大负弯矩基本保持 0.72×10^6kN · m 不变;中跨跨中最大正弯矩、边跨四分点最大正弯矩、主梁最大正应力都单调增大,中跨跨中最大正弯矩由 0.78×10^5kN · m 增大到 0.82×10^5kN · m(增大 5.1%),边跨四分点最大正弯矩由 0.73×10^5kN · m 增大到 1.80×10^5kN · m(增大 146.6%),主梁最大正应力由 16.2MPa 增大到 16.6MPa (增大 2.5%),次中跨跨中最大正弯矩单调减小，由 0.97×10^5kN·m 减小到 0.90×10^5kN·m（减小7.2%），主梁跨中最大挠度基本不变。

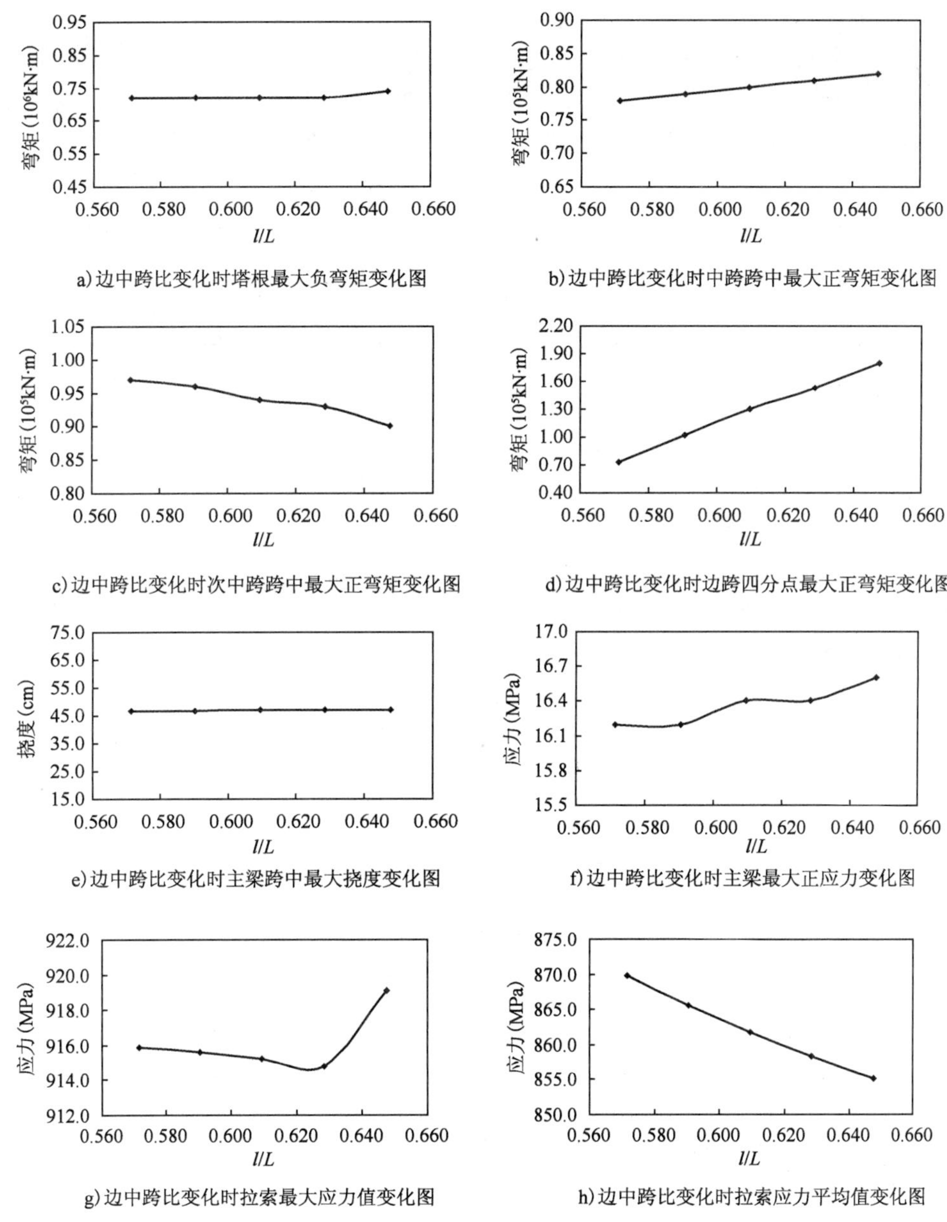

a）边中跨比变化时塔根最大负弯矩变化图

b）边中跨比变化时中跨跨中最大正弯矩变化图

c）边中跨比变化时次中跨跨中最大正弯矩变化图

d）边中跨比变化时边跨四分点最大正弯矩变化图

e）边中跨比变化时主梁跨中最大挠度变化图

f）边中跨比变化时主梁最大正应力变化图

g）边中跨比变化时拉索最大应力值变化图

h）边中跨比变化时拉索应力平均值变化图

图2.4　边中跨比变化受力性能对比

由图2.4可见，主梁边中跨比变化对边跨四分点正弯矩的影响巨大。这主要是由于边跨跨径增大的同时，边跨端部无索区长度增大，使得边跨四分点距离布索区越来越远，拉索抵抗边跨主梁增大部分荷载作用越小，即边跨主梁增大部分荷载主要由边跨主梁承担。

当边跨跨径从120m增大至136m，边中跨比 l/L 相应从0.571变化到0.648时，拉索最大拉应力先由915.9MPa减小至914.8MPa（减小0.1%），再增大到919.1MPa（增大0.5%），拉索应力平均值由869.8MPa减小至855.2MPa（减小1.7%）。主梁边中跨比的改变对拉索索力值的影响很小。

2.1.3 塔高影响

以西江大桥设计方案为基础，不改变拉索在主梁和桥塔上锚固点的间距，通过改变近塔根第一对拉索在桥塔上锚固点至桥面的距离 h 来实现有效塔高 H 的变化。塔高变化计算图式如图2.5所示。

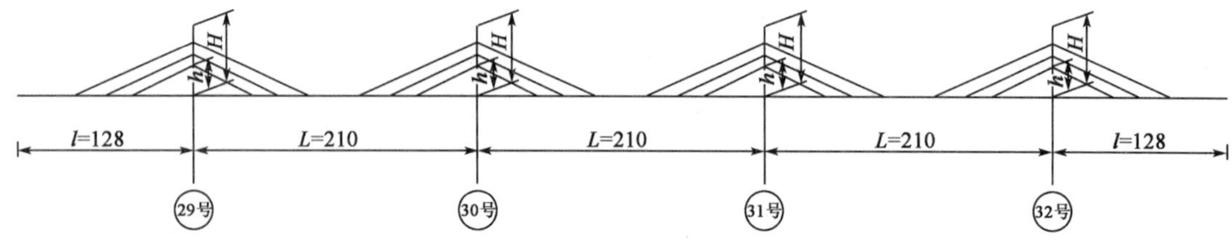

图2.5 塔高变化计算图式（尺寸单位：m）

改变结构参数后，对结构进行施工阶段的计算和成桥初期、成桥后期（3年）运营阶段的计算。施工阶段计算荷载考虑自重、预应力、混凝土收缩和徐变、临时施工荷载等；运营阶段荷载考虑汽车荷载、支点沉降、制动力、温度力等作用及影响。

分别按四塔塔高同步变化和保持边塔不变、同步改变两个中塔高度进行分析，不同分析模型的 h、H 值及相应塔跨比变化，见表2.2。

h、H 值变化表 表2.2

模型编号	1	2	3（设计方案）	4	5
h(m)	10.8	12.8	14.8	16.8	18.8
H(m)	25.6	27.6	29.6	31.6	33.6
塔跨比(H/L)	0.122	0.131	0.141	0.150	0.160

注：L 为主跨跨径，L = 210m。

四塔塔高同步变化受力性能对比如图2.6所示。

四塔塔高同步变化时，随着四塔塔高的同步增大，主梁塔根处最大负弯矩、中跨跨中最大正弯矩、次中跨跨中最大正弯矩、边跨四分点最大正弯矩、主梁最大挠度都呈现递减的趋势，而主梁最大正应力则先减小后增大。由图2.6可知，当四塔塔高 H 同步从25.6m增大到33.6m，塔跨比从0.122增大到0.160时，主梁塔根处最大负弯矩由 1.09×10^6kN·m减小到 0.46×10^6kN·m（减小57.8%），中跨跨中最大正弯矩由 0.96×10^5kN·m减小到 0.68×10^5kN·m（减小29.2%），次中跨跨中最大正弯矩由 1.06×10^5kN·m减小到 0.82×10^5kN·m（减小22.6%），边跨四分点最大正弯矩由 1.39×10^5kN·m减小到 1.23×10^5kN·m（减小11.5%），主梁最大挠度由50.4cm减小到44.10cm（减小12.5%）。主梁最大正应力则由18.5MPa减小到16.4MPa（减小11.3%），再增大到18.5MPa（增大11.3%）。

由此可见，由于塔高增大，斜拉索的倾角变大，使得索力竖直分量增大，也就是说，塔高增大的同时拉索分担竖向荷载的能力增大。塔高变化对主梁塔根处负弯矩的影响很大，对主梁中跨跨中正弯矩、次中跨跨中正弯矩也有一定的影响，对边跨跨中正弯矩、主梁挠度的影响则相对较小，而主梁最大正应力的变化规律说明当塔跨比 H/L 取值在 0.13～0.14 附近范围时，结构整体受力较为合理。

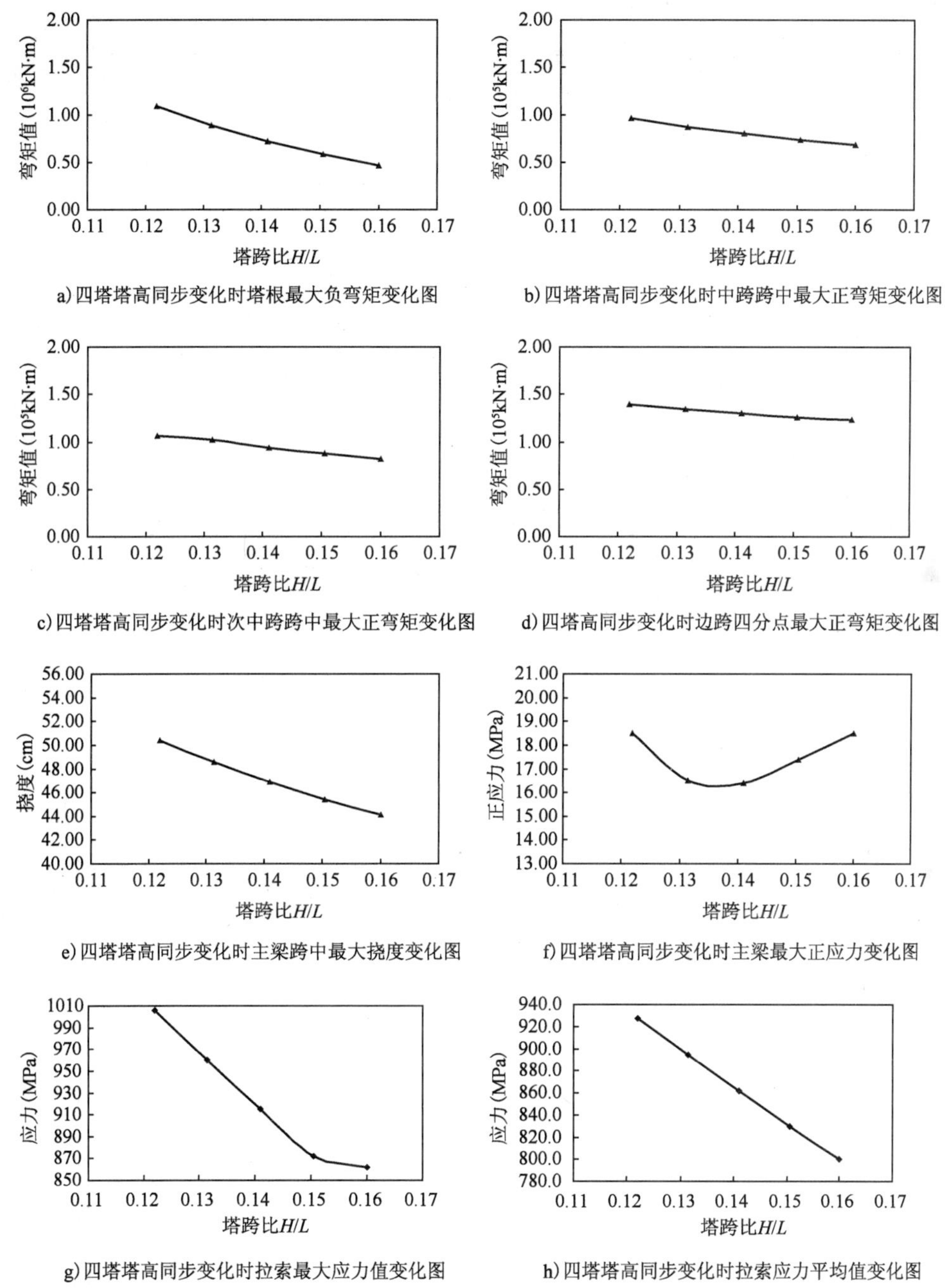

a) 四塔塔高同步变化时塔根最大负弯矩变化图

b) 四塔塔高同步变化时中跨跨中最大正弯矩变化图

c) 四塔塔高同步变化时次中跨跨中最大正弯矩变化图

d) 四塔塔高同步变化时边跨四分点最大正弯矩变化图

e) 四塔塔高同步变化时主梁跨中最大挠度变化图

f) 四塔塔高同步变化时主梁最大正应力变化图

g) 四塔塔高同步变化时拉索最大应力值变化图

h) 四塔塔高同步变化时拉索应力平均值变化图

图 2.6　四塔塔高同步变化受力性能对比

由索力变化可知，当四塔塔高 H 同步从 25.6m 增大到 33.6m，塔跨比从 0.122 增大到 0.160时，最大拉应力和应力平均值均不断减小，这是因为随着塔高增大，斜拉索倾角不断变大，拉索分担竖向荷载的能力增大，较小的索力值即可提供较大的索力竖直分量。由图 2.6g)、h)可以看出，当塔跨比从0.122增大到0.150时，拉索最大拉应力由1005.6MPa减小到871.7MPa（减小13.3%）；当塔跨比从0.122增大到0.160时，拉索应力平均值由927.6MPa减小到800.1MPa（减小13.8%）。当塔跨比超过0.150后，拉索最大应力值变化很小，这表明塔跨比$H/L<0.150$时，通过改变塔高来改善拉索索力是比较有效的。

对称塔高同步变化受力性能对比如图2.7所示。

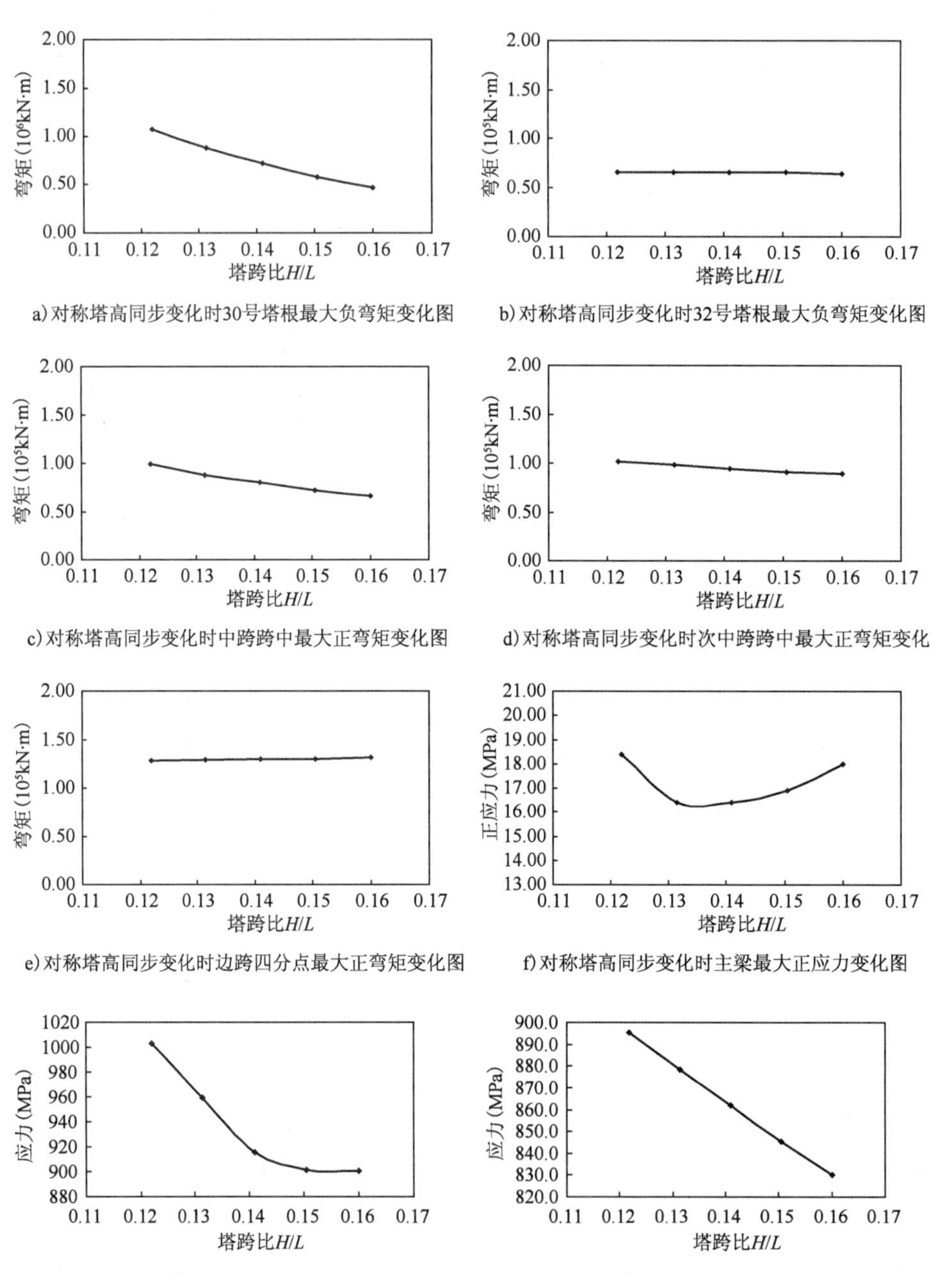

a）对称塔高同步变化时30号塔根最大负弯矩变化图

b）对称塔高同步变化时32号塔根最大负弯矩变化图

c）对称塔高同步变化时中跨跨中最大正弯矩变化图

d）对称塔高同步变化时次中跨跨中最大正弯矩变化图

e）对称塔高同步变化时边跨四分点最大正弯矩变化图

f）对称塔高同步变化时主梁最大正应力变化图

g）对称塔高同步变化时拉索最大应力值变化图

h）对称塔高同步变化时拉索应力平均值变化图

图2.7 对称塔高同步变化受力性能对比

对称塔高同步变化时，随着中间30号、31号桥塔对称塔高的同步增大，30号塔根处主梁最大负弯矩、中跨跨中最大正弯矩、次中跨跨中最大正弯矩、主梁最大挠度都递减，主梁最大正应力先减小后又增大，这与四塔塔高同步变化时的趋势一致，变化幅度也基本相同。而32号塔根处主梁最大负弯矩和边跨四分点最大正弯矩则基本保持不变。这是因为相对于常规斜拉桥而言，矮塔斜拉桥结构刚度很大，从而使得中间两塔的塔高变化对边跨受力的影响较小。当中间30号、31号桥塔对称塔高同步从25.6m增大到33.6m时，拉索最大拉应力由1003.3MPa递减到900.9MPa（减小10.2%），拉索应力平均值由895.5MPa减小到830.0MPa（减小7.3%），其变化规律与四塔同步变化时一致。

综上分析，对于单索面刚构体系矮塔斜拉桥，塔高与主跨跨径的比值 H/L 取在0.13～0.14附近范围时，结构整体受力较为合理。

2.1.4 无索区长度影响

进行中跨无索区长度分析时，保持近塔无索区长度 L_t 和其他结构参数不变，通过调整斜拉索在主梁上的间距来实现中跨无索区长度 L_z 的改变，计算分析中跨无索区长度 L_z 的改变对主梁关键截面弯矩、挠度、应力及索力的变化等力学参数的影响。由于矮塔斜拉桥是对称结构，改变中跨无索区长度的同时，也改变边跨端部无索区长度 L_d。无索区长度变化计算图式如图2.8所示。中跨无索区长度 L_z 值变化见表2.3。

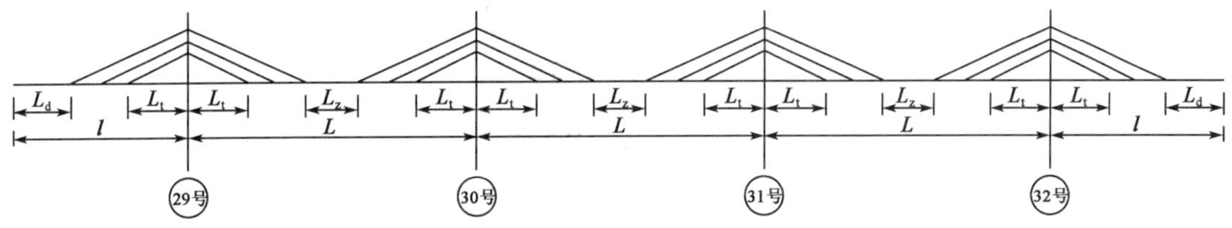

图2.8 无索区长度变化计算图式

中跨无索区长度 L_z 值变化表 表2.3

模型编号	1	2	3（设计方案）	4	5
梁上索距（m）	4.4	4.2	4.0	3.8	3.6
L_z（m）	8	14	20	26	32
L_z/L	0.038	0.067	0.095	0.124	0.152

中跨无索区长度变化受力性能对比如图2.9所示。

由图2.9a)～f)可知，随着中跨无索区长度从8m增大至32m，中跨无索区长度与主跨跨径之比 L_z/L 相应从0.038变化到0.152，主梁塔根处最大负弯矩、边跨四分点最大正弯矩都逐渐减小，中跨跨中最大正弯矩、次中跨跨中最大正弯矩、主梁最大挠度都单调增大，而主梁最大正应力则先减小后又增大。

当中跨无索区长度从8m增大至32m时，主梁塔根处最大负弯矩由 0.84×10^6kN·m减小到 0.59×10^6kN·m（减小29.8%），中跨跨中最大正弯矩由 0.50×10^5kN·m增大到 0.97×10^5kN·m（增大94.0%），次中跨跨中最大正弯矩由 0.65×10^5kN·m增大到 1.13×10^5kN·m（增大73.8%），边跨四分点最大正弯矩由 1.36×10^5kN·m减小到 1.21×10^5kN·m（减小

11.0%），主梁跨中最大挠度由 34.5cm 增大到 59.8cm（增大 73.3%）。主梁最大正应力则由 17.6MPa 减小到 16.4MPa（减小 6.8%），再增大到 17.6MPa（增大 7.3%）。

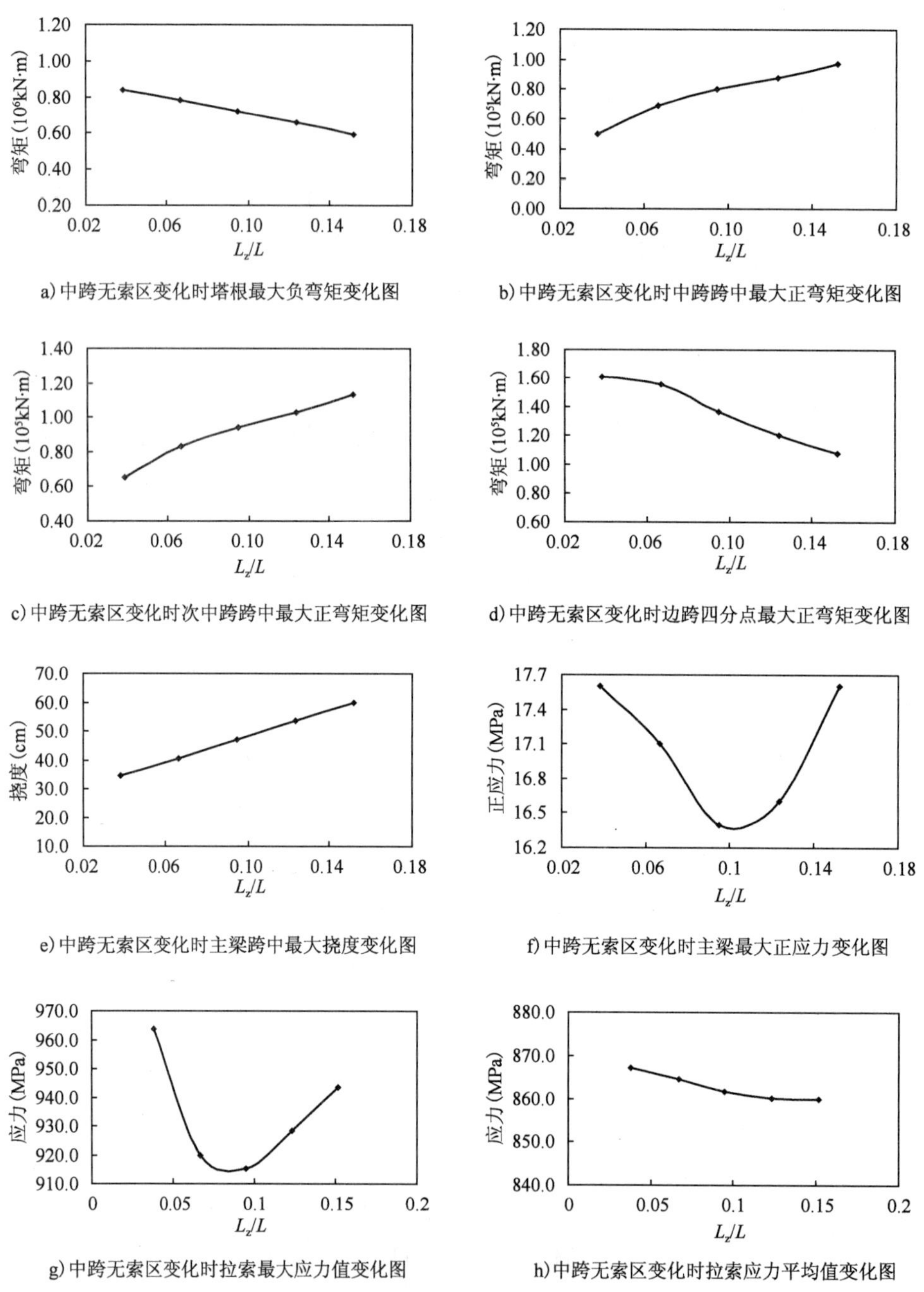

a）中跨无索区变化时塔根最大负弯矩变化图

b）中跨无索区变化时中跨跨中最大正弯矩变化图

c）中跨无索区变化时次中跨跨中最大正弯矩变化图

d）中跨无索区变化时边跨四分点最大正弯矩变化图

e）中跨无索区变化时主梁跨中最大挠度变化图

f）中跨无索区变化时主梁最大正应力变化图

g）中跨无索区变化时拉索最大应力值变化图

h）中跨无索区变化时拉索应力平均值变化图

图 2.9　中跨无索区长度变化受力性能对比

由此可见，中跨无索区长度变化，对中跨跨中正弯矩和次中跨跨中正弯矩的影响，要比对主梁塔根处负弯矩的影响大，对主梁挠度也有很大的影响，而对于边跨四分点正弯矩的影响则较小。主梁最大正应力的变化规律说明，当中跨无索区长度与主跨跨径之比 L_z/L 取值在

0.09~0.12附近范围时,结构整体受力较为合理。

由图2.9g)、h)可知,当中跨无索区长度从8m增大至32m,中跨无索区长度与主跨跨径之比L_z/L从0.038变化到0.152时,拉索最大拉应力先由963.8MPa减小到915.2MPa(减小5.0%),再增大到943.3MPa(增大3.0%),拉索应力平均值由867.2MPa减小到859.9MPa(减小0.8%)。由此可见,拉索最大拉应力和拉索应力平均值的变化均较小,表明中跨无索区长度的改变对索力的影响并不明显。

进行近塔无索区长度分析时,保持中跨无索区长度L_z和其他结构参数不变,通过调整斜拉索在主梁上的间距来实现中跨无索区长度L_t的改变,计算分析中跨无索区长度L_z的改变对主梁关键截面弯矩、挠度、应力及索力的变化等力学参数的影响。近塔无索区长度L_t值变化见表2.4。

近塔无索区长度 L_t 值变化表 表2.4

模型编号	1	2	3(设计方案)	4	5
梁上索距(m)	4.8	4.4	4.0	3.6	3.2
L_t(m)	23	29	35	41	47
L_t/L	0.110	0.138	0.167	0.195	0.224

近塔无索区长度变化受力性能对比如图2.10所示。

由图2.10a)~f)可知,随着近塔无索区长度从23m增大至47m,近塔无索区长度与主跨跨径之比L_t/L相应从0.110变化到0.224时,主梁塔根处最大负弯矩迅速增大,中跨跨中最大正弯矩、次中跨跨中最大正弯矩、边跨四分点最大正弯矩以及主梁跨中最大挠度都单调减小,主梁最大正应力则先减小后又增大。当近塔无索区长度从23m增大至47m时,主梁塔根处最大负弯矩由0.29×10^6kN·m增大到1.14×10^6kN·m(增大293.1%),中跨跨中最大正弯矩由0.90×10^5kN·m减小到0.51×10^5kN·m(减小43.3%),次中跨跨中最大正弯矩由1.08×10^5kN·m增大到0.64×10^5kN·m(减小40.7%),边跨四分点最大正弯矩由1.34×10^5kN·m减小到1.22×10^5kN·m(减小9.0%),主梁跨中最大挠度由53.2cm减小到40.9cm(减小23.1%)。主梁最大正应力则由18.9MPa减小到16.4MPa(减小13.2%),再增大到18.9MPa(增大15.2%)。

由此可见,近塔无索区长度变化对主梁塔根处负弯矩的影响巨大,对中跨跨中正弯矩、次中跨跨中正弯矩的影响也较为明显,对边跨四分点正弯矩基本没有影响。而主梁最大正应力的变化规律说明,当近塔无索区长度与主跨跨径之比L_t/L取值在0.15~0.17附近范围时,结构整体受力较为合理。

相对于中跨无索区长度变化,近塔无索区长度的改变对结构的影响较为明显,因此,设计中通过调整近塔无索区长度来改善结构受力性能将更为有效。

由图2.10g)、h)可知,当近塔无索区长度从23m增大至47m,近塔无索区长度与主跨跨径之比L_t/L相应从0.110变化到0.224时,拉索最大拉应力由970.5MPa减小至872.7MPa,减小了10.0%,拉索应力平均值由914.9MPa减小至819.4MPa,减小了10.4%。由此可见,近塔无索区长度变化对拉索最大拉应力和拉索应力平均值均有一定的影响,表明调整近塔无索区长度可以作为改善索力的一个有效措施。

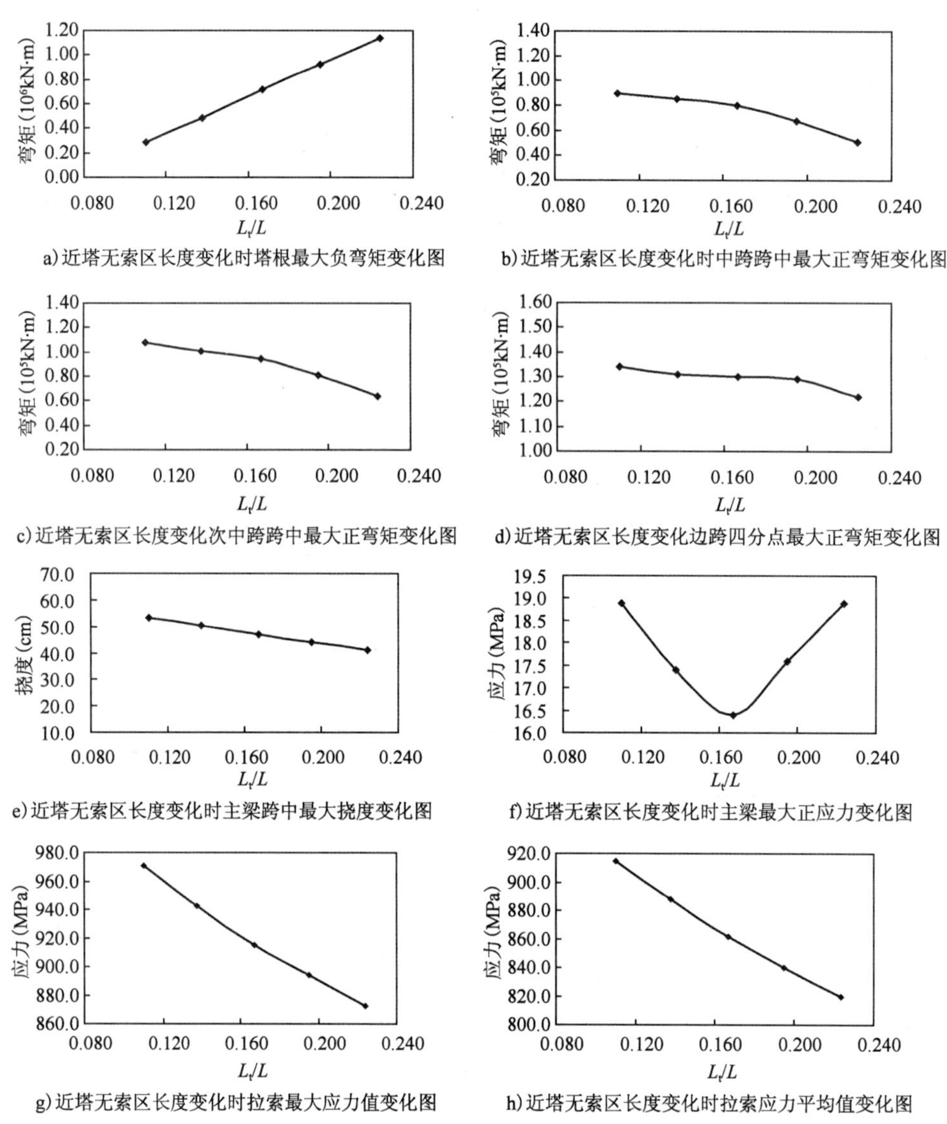

a）近塔无索区长度变化时塔根最大负弯矩变化图

b）近塔无索区长度变化时中跨跨中最大正弯矩变化图

c）近塔无索区长度变化次中跨跨中最大正弯矩变化图

d）近塔无索区长度变化边跨四分点最大正弯矩变化图

e）近塔无索区长度变化时主梁跨中最大挠度变化图

f）近塔无索区长度变化时主梁最大正应力变化图

g）近塔无索区长度变化时拉索最大应力值变化图

h）近塔无索区长度变化时拉索应力平均值变化图

图 2.10　近塔无索区长度变化受力性能对比

2.1.5　斜拉索与预应力配置比例影响

常规矮塔斜拉桥设计，采用如下的方法确定预应力配合比：先通过调整拉索索力来控制结构内力状态，然后根据内力大小来确定预应力筋的用量。拉索和预应力钢筋的用量是相互影响的，拉索用量多，则预应力筋可以少些；反之亦然。在工程实践中，很难严格按上述方法进行。

为了明确预应力配合比对主梁受力状态的影响程度，这里选取成桥初期状态下进行分析。确定不同预应力配合比的原则是：在该预应力配合比下，成桥初期跨中的竖向位移是相同的。有限元模型中，预应力筋的变化通过调整初张力实现，斜拉索的变化则是通过索力来实现。在相同的跨中竖向状态下，预应力筋和斜拉索的配置状况是不同的，据此来考察预应力配合比对主梁受力状态的影响程度，并考察在不同的预应力配合比下主梁的受力状态。

为了研究体内预应力配置数量对主梁跨中竖向位移的影响，研究在原设计基础上，考虑了体外预应力配置数量减少20%、10%，增加10%、20%时结构的位移响应。同样地，考虑了体外预应力配置数量在原设计基础上减少20%、10%，增加10%、20%时结构的位移响应。

通过分析，体外预应力对于调节结构的受力性能（主梁跨中竖向位移）的效率要远高于体内预应力，达到20倍左右；而多配置体外预应力对于结构的经济性能也是有好处的。因此，建议在多跨刚构体系矮塔斜拉桥设计过程中，应该充分利用斜拉索，用斜拉索来承担全部或大部分恒载，使得结构的体内预应力配置数量达到最小。而对于正常使用状态下的活载，则由斜拉索和预应力共同承受。

斜拉桥的拉索和主梁预应力筋，由于拉索的偏心距远大于梁内预应力钢筋的偏心距，从主梁截面应力影响上来说，索力的调整远较预应力调整有效；然而，由于拉索的费用要比预应力钢筋的费用高得多，为其2.6~4.0倍，以二者的总费用来看，增加预应力来平衡应力有一定意义，但因梁内预应力钢筋的偏心距小于拉索的偏心距，效果不会太明显。而对矮塔斜拉桥而言，由于塔较矮，其拉索与梁内预应力筋的偏心距的差距远较斜拉桥小，梁内预应力筋的变化对主梁截面应力和索筋的综合费用的敏感性高。所以怎样确定预应力配合比，从而在满足结构受力的情况下，使拉索和预应力筋总费用最小是很值得研究的。

在不考虑施工因素、工程管理因素影响条件下，采用如下的简化计算方法考察结构经济性能：假设斜拉索单位重量的单价为体内预应力钢束单位重量价格的3倍，不妨设预应力钢束每吨单价为1，则斜拉索的每吨单价为3，则前述三种不同预应力配合比拉索和预应力筋的总费用计算见表2.5。通过以上计算可知，方案一的拉索和预应力筋的总费用最小。由此可见，提高体外预应力筋的配置数量，可在成桥初期结构跨中位移相同的条件下提高结构的经济性能。

拉索和预应力筋的总费用计算表　　表2.5

预应力配合比	斜拉索用量(t)	预应力筋用量(t)	总费用(万元)
方案一	1283	718	4567
方案二	1270	898	4708
方案三	1257	1078	4849

通过参数化分析，明确了塔跨比、中跨无索区长度、近塔无索区长度、边中跨比、拉索数量对四跨宽幅脊骨梁矮塔斜拉桥体系性能的影响，并获得各参数合理取值范围如图2.11所示。由此可以看出，多塔刚构体系矮塔斜拉桥除边中跨比仍可参考既有研究结论外，其余参量的合理取值范围均有所缩小。以上系统性的研究结论在本桥的设计工作中得到了运用并取得了较好的成果，可为同类工程体系参数优化提供借鉴。

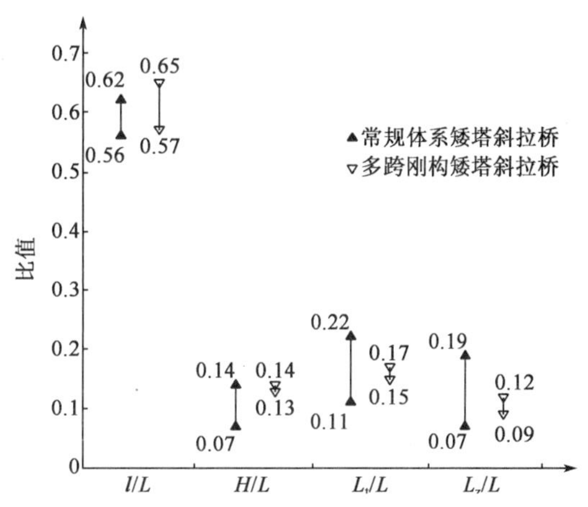

图2.11　合理参数取值对比

l-边跨跨度；L-中跨跨度；H-塔高；L_t-塔根无索区长；L_z-跨中无索区长

2.1.6　合理受力状态确定

西江大桥采用刚构支承体系，还兼具多

跨、多索面弹性支撑的特点,除抵抗车辆活载作用外,结构超静定次数的增大使得收缩徐变产生的附加内力以及温度作用响应持续增大。其次,索束对于结构性能影响并不相同,拉索及体内束又与收缩徐变作用耦合,对结构产生更为不确定的影响。结构合理受力状态的确定具有一定的复杂性。

以下将以西江大桥设计方案为基础,对索力、预应力、徐变等作用进行参数分析,研究参数变化对结构性能的影响,从而得到多跨刚构体系矮塔斜拉桥成桥以及运营期的合理受力状态,为设计以及施工优化确定方向。分析采用空间杆系有限元进行,考虑施工阶段影响,分析工况说明见表2.6。

分析工况说明 表2.6

<table>
<tr><th>合理受力研究阶段</th><th>研究内容</th><th>工况编号</th><th>工况说明</th></tr>
<tr><td rowspan="6">成桥初期</td><td rowspan="3">索力作用</td><td>工况一</td><td>索力较设计统一增大10%</td></tr>
<tr><td>工况二</td><td>索力与设计保持一致</td></tr>
<tr><td>工况三</td><td>索力较设计统一减小10%</td></tr>
<tr><td rowspan="3">预应力作用</td><td>工况四</td><td>预应力较设计统一增大10%</td></tr>
<tr><td>工况五</td><td>预应力与设计保持一致</td></tr>
<tr><td>工况六</td><td>预应力较设计统一减小10%</td></tr>
<tr><td rowspan="9">成桥后期</td><td rowspan="6">徐变作用</td><td>工况七</td><td>索力较设计统一增大10%</td></tr>
<tr><td>工况八</td><td>索力与设计保持一致</td></tr>
<tr><td>工况九</td><td>索力较设计统一减小10%</td></tr>
<tr><td>工况十</td><td>预应力较设计统一增大10%</td></tr>
<tr><td>工况十一</td><td>预应力与设计保持一致</td></tr>
<tr><td>工况十二</td><td>预应力较设计统一减小10%</td></tr>
<tr><td>混凝土收缩</td><td>工况十三</td><td>混凝土收缩</td></tr>
<tr><td rowspan="2">温度作用</td><td>工况十四</td><td>升温10℃</td></tr>
<tr><td>工况十五</td><td>降温10℃</td></tr>
</table>

通过工况对比分析,得到成桥初期以及成桥后期受各种作用影响如下:

1)斜拉索配置数量

斜拉索配置数量的改变对于主梁跨中竖向位移、墩顶截面弯矩、墩顶截面应力有很明显的影响。斜拉索竖向分力是多跨刚构体系矮塔斜拉桥竖向承载力的重要组成部分,而对水平方向受力性能的影响比较微弱。原设计方案的斜拉索索力使成桥初期的主梁截面弯矩分布合理。斜拉索配置数量对弯矩影响如图2.12~图2.14所示。

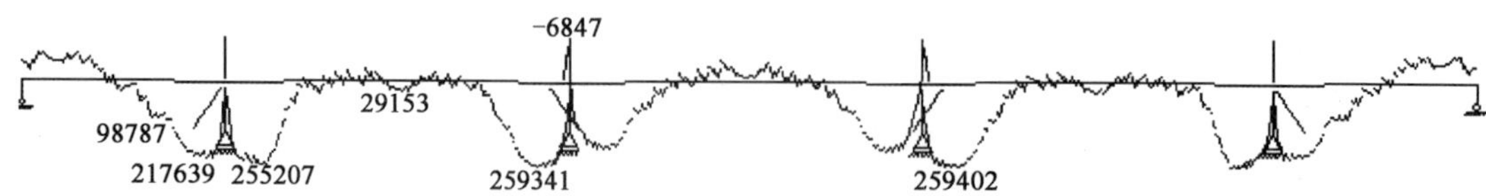

图2.12 工况一弯矩图(索力较设计增大10%)

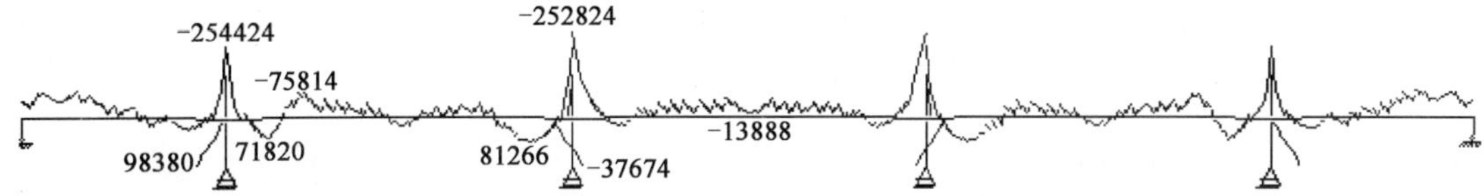

图 2.13 工况二弯矩图(索力与设计相同)

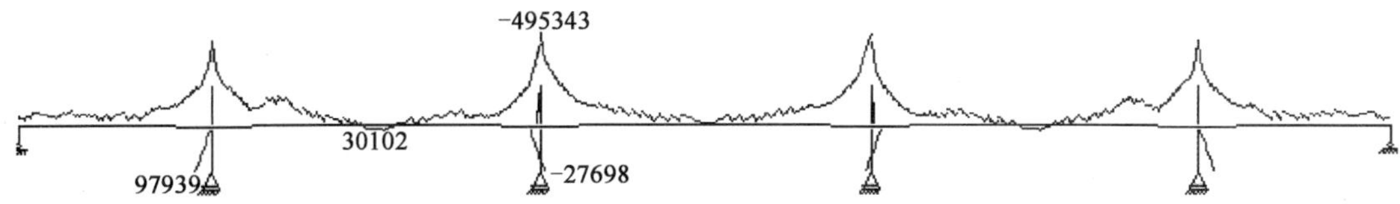

图 2.14 工况三弯矩图(索力较设计降低 10%)

2)预应力配置数量

预应力配置数量的改变对于主梁弯矩的影响效果不是很明显,预应力对改善主梁弯矩的效率远远小于斜拉索。预应力配置数量对弯矩影响如图 2.15 ~ 图 2.17 所示。

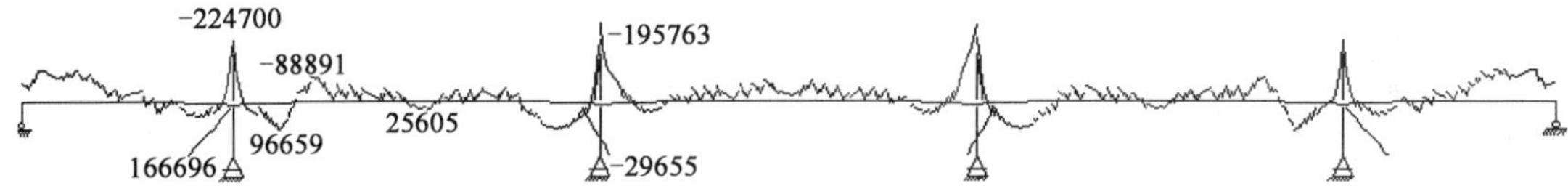

图 2.15 工况四弯矩图(预应力较设计增大 10%)

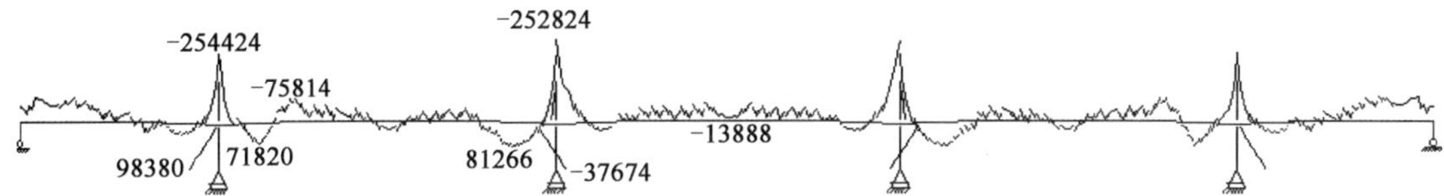

图 2.16 工况五弯矩图(预应力与设计相同)

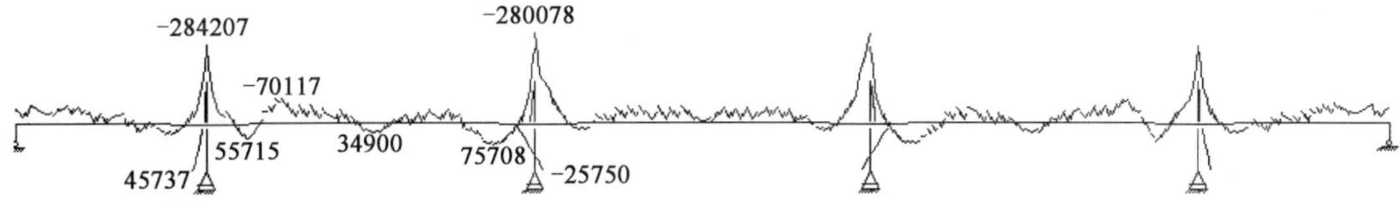

图 2.17 工况六弯矩图(预应力较设计降低 10%)

3)徐变效应

徐变效应对跨中竖向位移、边塔塔根截面弯矩和边塔塔根截面最大应力影响比较微弱,影响幅度在 5% 以内。预应力配置比例变化引起的徐变效果要大于斜拉索,这是因为预应力产生轴向应力的效率高,对结构徐变影响较大。如图 2.18、图 2.19 所示。

4)收缩和温度荷载效应

收缩和温度荷载效应类似于徐变效应。西江大桥徐变效应是收缩效应的 2.5 ~3 倍,且与降温 10℃效果相当。结构弯矩图如图 2.20、图 2.21 所示。

综上所述，应综合考虑收缩、徐变、温度等作用，对主梁、桥墩的内力、应力及变形进行分析，优化索束布置，使主梁处于均匀受力状态，降低桥墩截面内力，使多塔刚构体系矮塔斜拉桥处于合理受力状态。

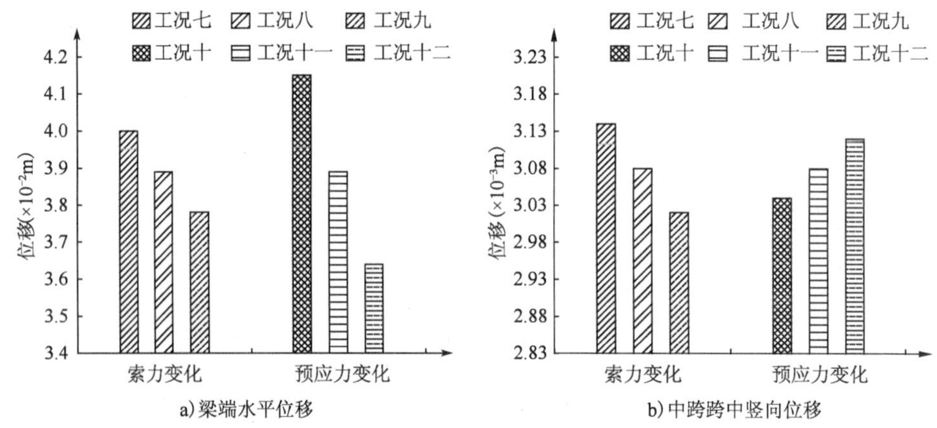

图 2.18　徐变作用产生的位移

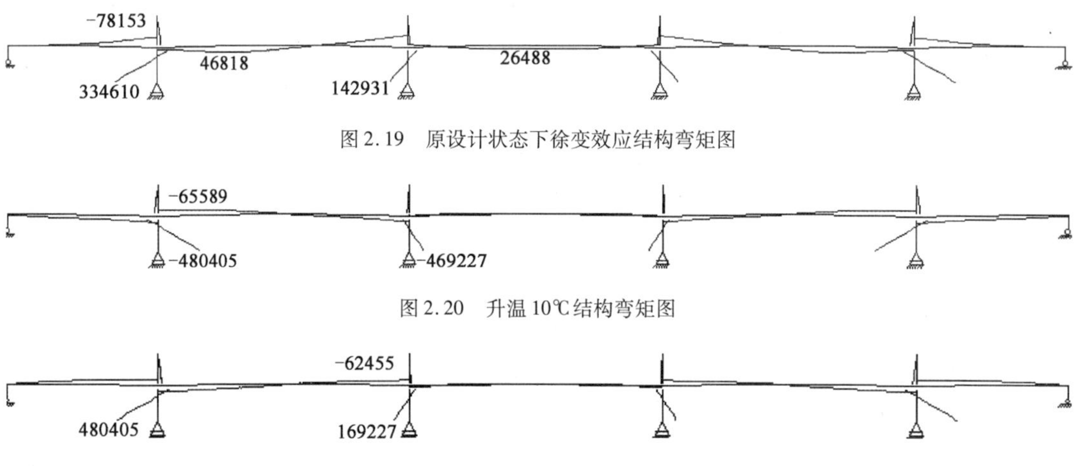

图 2.19　原设计状态下徐变效应结构弯矩图

图 2.20　升温 10℃结构弯矩图

图 2.21　降温 10℃结构弯矩图

2.1.7　合龙顺序分析

西江大桥全桥共有 2 个边跨合龙段、2 个次中跨合龙段、1 个中跨合龙段。结构体系复杂，施工期的体系转换方式对结构的初始成桥受力状态影响较大。以下将参考多跨连续刚构桥的合龙工艺，通过对比不同合龙工艺下桥梁结构的受力状态，对合龙顺序及合龙措施进行分析，以保证成桥结构施工期间的安全性。

本桥常规的合龙顺序为先次边跨后中跨，以下将首先分析在这种工序下施加顶推力和不施加顶推力状况下结构的内力位移响应，验证合龙顶推力的有效性；进而比较在先中跨后次边跨合龙顺序下的合龙顶推力，最后对两种不同的合龙工艺对比分析。多塔矮塔斜拉桥合龙顺序如图 2.22 所示。两种流程如下：

(1)流程 A：边跨合龙，然后次中跨合龙前顶推，最后正中跨合龙前施加顶推。

(2)流程 B:边跨合龙,然后正中跨合龙前顶推;最后次中跨合龙前施加顶推。

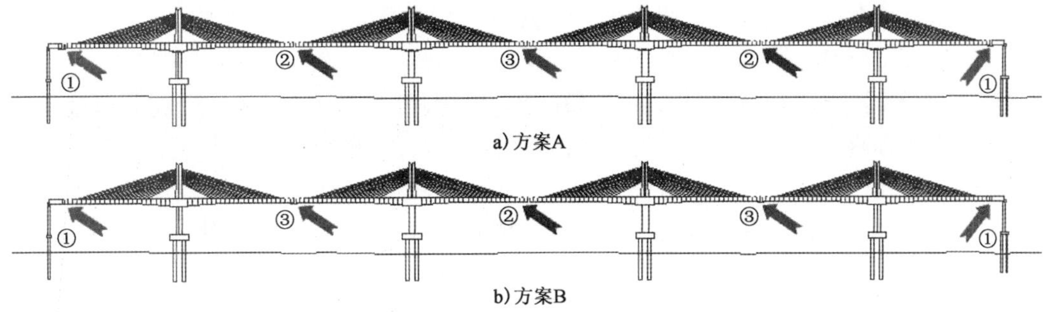

a)方案A

b)方案B

图 2.22　多塔矮塔斜拉桥合龙顺序

顶推,主要是改善后期墩内的剪力,图 2.23 说明了流程 A 中主墩剪力的成分。在这个方案中顶推力的大小和施加顺序为:先边跨合龙然后次中跨合龙顶推 6000kN,正中跨合龙再顶推 18000kN。顶推力应能将收缩徐变产生的 50% 剪力和预应力次剪力全部顶开,即边墩 17000 ~ 18000kN,中间墩平均约 3800kN 基本消除,这样计算得到的两次顶推力分别是 6000kN 和 18000kN。

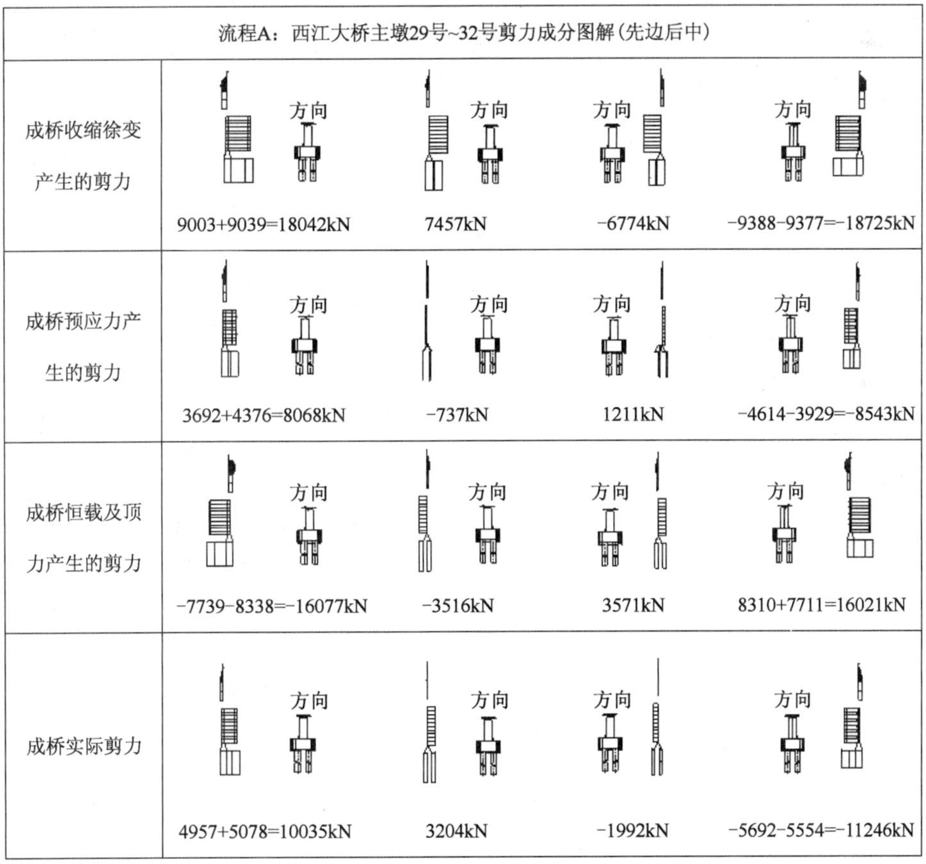

流程A：西江大桥主墩29号~32号剪力成分图解(先边后中)				
成桥收缩徐变产生的剪力	方向 9003+9039=18042kN	方向 7457kN	方向 -6774kN	方向 -9388-9377=-18725kN
成桥预应力产生的剪力	方向 3692+4376=8068kN	方向 -737kN	方向 1211kN	方向 -4614-3929=-8543kN
成桥恒载及顶力产生的剪力	方向 -7739-8338=-16077kN	方向 -3516kN	方向 3571kN	方向 8310+7711=16021kN
成桥实际剪力	方向 4957+5078=10035kN	方向 3204kN	方向 -1992kN	方向 -5692-5554=-11246kN

图 2.23　流程 A 合龙顺序下主墩剪力成分图解

在A流程的第一次顶推中，顶推处梁端会产生上翘的现象，同时塔柱出现剪切变形，边跨由于已经合龙，因此变形较双侧均自由的中间塔柱和梁来得小。

考虑通过压载解决这个问题，表2.7为水平顶推6000kN和竖向施加1000kN时的结构变形情况。合龙段湿重通过水箱预压，在浇筑中予以置换，可利用该水箱系统。通过理论分析可以发现：顶推过程有A中3.34cm的向上位移差需要消除，这样根据该点刚度，推算A中处需181.4kN额外的压载系统，叠加本身需要加载的680kN(1/2合龙段重量)，应在靠近边跨悬臂端A边处准备680kN水箱系统，在靠近中跨悬臂端A中处准备86t水箱系统。

第一次顶推结构变形 表2.7

水平顶推力6000kN作用时结构位移情况表(cm、rad)					铅垂保向力1000kN作用时结构位移情况表(cm、rad)				
位置	A边	A中	B边	B中	位置	A边	A中	B边	B中
水平	-3.11	4.88	-4.48	9.92	水平	-0.95	2.50	-2.29	7.27
竖向	5.97	15.69	6.16×10^{-3}	2.10×10^{-4}	竖向	-9.04	-18.42	-1.10×10^{-2}	-8.20×10^{-3}
转角	5.69×10^{-4}	-1.47×10^{-3}	3.99×10^{-4}	-1.54×10^{-3}	转角	1.44×10^{-3}	-2.40×10^{-3}	5.05×10^{-4}	-1.54×10^{-3}

顶推过程中，逐级施加顶推力，同时逐级增加水箱荷载。顶推完成后，压载系统到其设计中压载吨位，锁住合龙劲性骨架；然后可按设计要求浇筑合龙段混凝土，浇筑过程中逐步卸去水箱荷载。等强后，张拉部分次边跨预应力系统。

按这样的施工思路，可使得塔顶被顶开的水平位移量分别为B边的2.92cm和B中的3.67cm，而两侧支顶面悬臂端绝对位移量几乎为零。

在第二次顶推中，用同样测试荷载(两组)作用(表2.8)，由于结构基本上是对称的，因此顶推过程中正中跨两侧悬臂端上翘的位移量基本相同，顶推完毕后，梁端相对转角为$2\times6.46\times10^{-4}$rad，即4.44′，基本可以保证顺利合龙；由于该处仍然有重力置换的680kN水箱系统，如果利用其与顶推同步施加，则顶推工艺上的安全性更有保证：顶推完成后上翘的绝对位移量降至向上1.9cm，相对位移量为零；靠中跨塔顶水平位移则为4.7cm。

测试荷载下结构的变形表 表2.8

水平顶推18000kN(cm、rad)			铅垂保向力1000kN(cm、rad)	
位置	A中	B中	A中	B中
水平	-4.14	-5.85	-0.41	-1.70
竖向	7.61	1.29×10^{-2}	-8.41	-1.19×10^{-2}
转角	6.46×10^{-4}	4.64×10^{-4}	1.40×10^{-3}	4.71×10^{-4}

在B流程中，采用同样方法确定顶推力，即将收缩徐变的50%剪力和预应力次剪力全部顶开，即边墩留下9000~10000kN，中间墩平均留下约3500kN，计算表明，为达到这样的目的，两次顶推力分别是8600kN和16000kN。图2.24为流程B合龙顺序下主墩剪力成分图解。

以下用计算方法对顶推过程进行模拟，第一次顶推时施加4000kN的顶推力(表2.9)，顶推处梁端会产生明显的上翘现象，同时塔柱呈现剪切变形，这点同流程A是一样的。不同的是：由于均为外部静定结构，位移量较A流程的边跨侧大；同时由于结构对称，因此两侧顶推面上翘的位移量值基本相同。

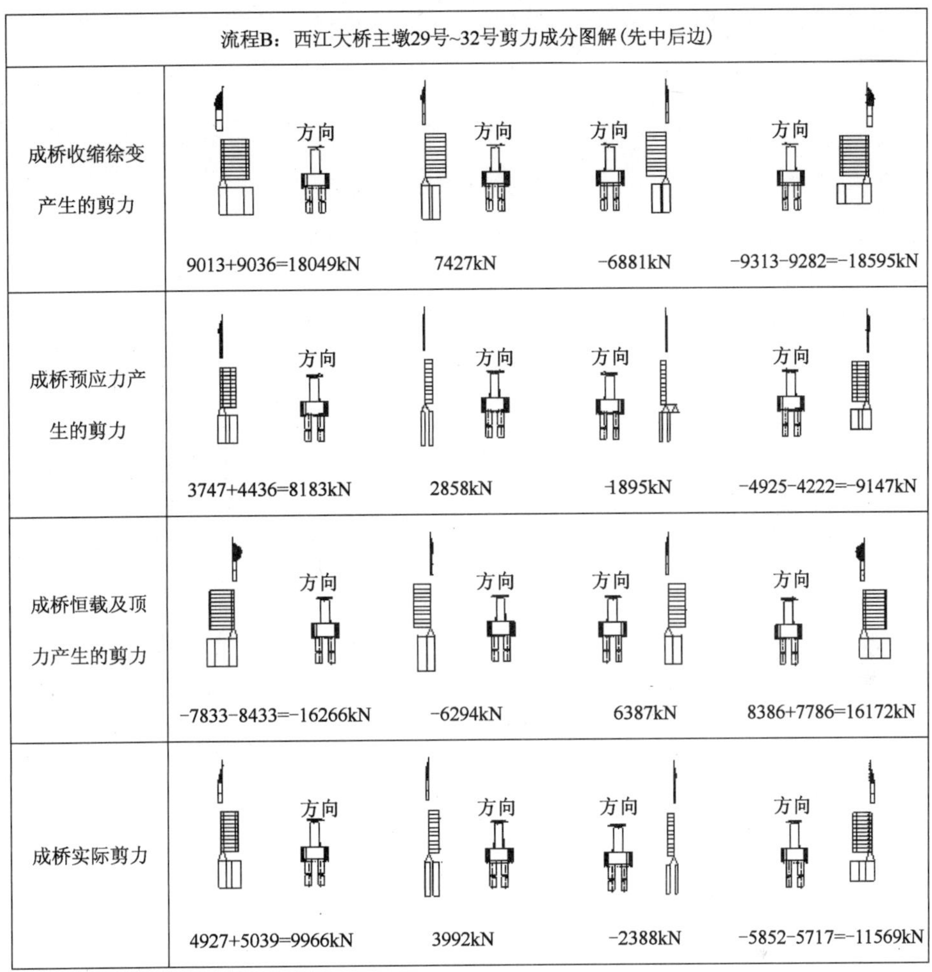

图 2.24　流程 B 合龙顺序下主墩剪力成分图解

第一次顶推结构变形　　表 2.9

位置	水平顶推 4000kN(cm、rad) A	水平顶推 4000kN(cm、rad) B	铅垂保向力 1000kN(cm、rad) A	铅垂保向力 1000kN(cm、rad) B
水平	3.25	6.61	2.50	7.27
竖向	10.46	1.40×10^{-4}	-18.42	-0.01
转角	-9.80×10^{-4}	-1.02×10^{-3}	-2.40×10^{-3}	-1.54×10^{-3}

顶推完毕后，梁端相对转角为 $2\times14.7\times10^{-4}$rad，即 10.1′，考虑到此处合龙仍然有重量置换的 680kN 水箱重力系统，如果利用其与顶推同步施加，则顶推工艺上的安全性更有保证：顶推完成后上翘的绝对位移量降至向上 3.2cm，相对位移量为零；塔顶水平位移则为 5.0cm。

第二次顶推次边跨（表 2.10），在合龙段悬臂端两侧产生的竖向位移差 17.1cm，为消除该变形，需要压载，考虑 680kN 原压载置换合龙段湿重配载，实际需要消除 16.8cm，这样需在 A1 点处（即靠近边跨的悬臂端端部）附加压载 1790kN（对称位置左右侧略微不对称的平均结果)，即便这样，顶推与配重压载系统同级施加后，悬臂端绝对位移量还有向下的6.9cm，悬臂端之间相对位移量为零；塔柱被顶开了6.2cm。

由表2.9可见：流程B中由于中塔刚度的有限，顶推后将产生较大的位移，使得顶推力和变形的控制难度较大。

两组测试荷载下结构的变形表 表2.10

水平顶推16000kN时结构位移情况表(cm、rad)					铅垂保向力1000kN作用时结构位移情况表(cm、rad)				
位移	A1	A2	B1	B2	位移	A1	A2	B1	B2
水平	-8.31	0.36	-11.97	0.03	水平	-0.96	0.02	-2.31	1.59
竖向	16.06	-0.99	1.66×10^{-2}	1.74×10^{-3}	竖向	-9.13	-8.70	-1.11×10^{-2}	-9.48×10^{-3}
转角	1.54×10^{-3}	2.31×10^{-4}	1.07×10^{-3}	6.74×10^{-5}	转角	1.46×10^{-3}	-1.45×10^{-3}	5.10×10^{-4}	-5.50×10^{-4}

表2.11比较了两种不同主梁合龙顺序对主梁内力及线形的影响。经比较后，推荐实际工程中采用较为稳妥的流程A。

两种合龙方案比较 表2.11

比较项目	次中跨加载消除的位移差(cm)	压载重力(kN)	顶推同步性	绝对顶推力(kN)	后期内力效果
流程A	3.34cm	180	无要求	18000	达到预期目的
流程B	16.8cm	1790	第二次须同步	16000	达到预期目的
较优者	A	A	A	B	相当

2.2 宽幅脊骨梁纵向受力性能

2.2.1 脊骨梁构造与配束

西江大桥采用大悬臂脊骨梁构造形式，跨中梁高3.8m，主塔根部梁高6.8m，梁底曲线按1.8次抛物线变化，主梁宽38.3m，大悬臂宽8.15m(含5.15m后浇段)，顶板厚0.25m，底板厚0.3~1.0m，翼缘板下每隔4m布置一道加劲肋，主梁一般尺寸如图2.25所示。主梁体系具有如下特点：

(1)主梁为宽幅脊梁，顶底板普遍较薄，悬臂较长，首先会加剧剪力滞效应，其次边载偏心距增大，也会加剧扭转和偏载效应。

(2)考虑箱梁超宽构造施工不便，进行横向分次浇筑，断面索束受力并不均匀。

(3)单索面矮塔斜拉桥体系，索力传递不均匀，成为纵向受力不均匀原因之一。

(4)悬臂施工各截面剪力滞效应随荷载及边界的变化产生变化。

脊骨梁的钢束布置规律与常规箱梁较为相似，悬臂施工负弯矩钢束布置在边腹板、中腹板与顶板交界区域的各板件内部，底板钢束则布置在靠近边腹板、中腹板的底板内，除此之外，考虑悬臂分次浇筑时，预应力在横向上传递的不均匀性，在后浇悬臂以及顶板其他位置布置纵向预应力粗钢筋，如图2.26所示。

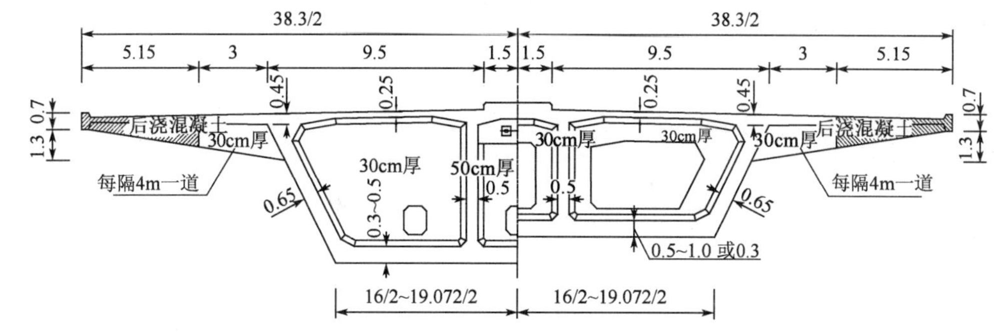

图 2.25 主梁一般尺寸构造图(尺寸单位:m)

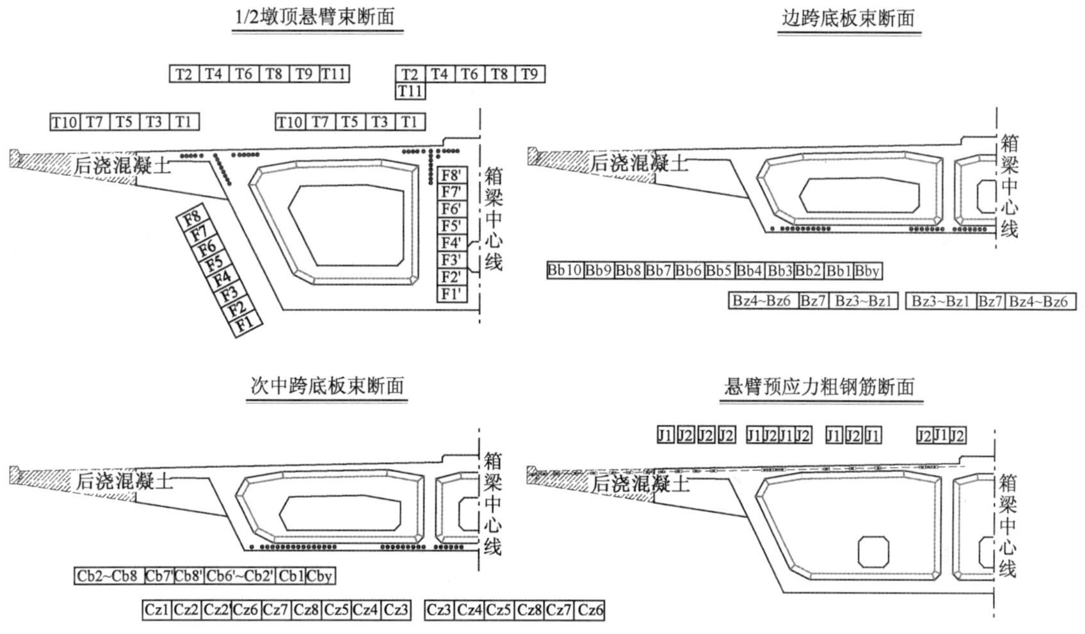

图 2.26 钢束在截面上的布置图

断面钢束数量的多少需根据索力和预应力优化进行确定,对于常规斜拉桥而言,由于拉索的偏心距远大于梁内预应力钢筋的偏心距,从主梁截面应力影响上来说,索力的调整远较预应力调整有效,然而由于拉索的费用要比预应力钢筋的费用高得多,为其 2.6 ~4.0 倍,以两者的总费用来看,增加预应力来平衡应力有一定的意义,但因梁内预应力钢筋的偏心距远小于拉索,因此效果不太明显,在斜拉索布置数量具有足够富余度的时候,可微量减少钢束的配备数量,对于长联矮塔斜拉桥,仍然会有较为可观的经济效益。

体内钢束优化的原则,除需考虑受力性能、经济性外,还需要保障运营期主梁应力分布均匀,其次保障施工期间主梁不得出现较大的拉应力。综合如上的优化原则,对钢束线形或数量做了如下更改:

(1)更改了悬臂施工阶段 T1 ~ T8 钢束的型号,减少了钢绞线根数。

(2)取消了原 T9 短束,增加了 T9 ~ T11 长负弯矩钢束。

(3)第一次浇筑截面上的预应力粗钢筋总量由原先的72根降低为28根。

(4)腹板束(F)、次边跨底板束(Cz、Cb)、中跨顶板束(Zz、Zb)以及边跨底板束(Bz、Bb)钢绞线根数略有降低。

优化后施工阶段主梁下缘拉应力基本控制在1MPa以内(原设计为1.8MPa),成桥阶段上缘的压应力则从原先的17.4MPa降低为目前的15.4MPa,下缘压应力则基本维持在原先的18.3MPa水平左右,优化后既保障了结构处于合理受力状态中,又满足了施工要求,且预应力钢筋用量显著降低,获得了较好的经济效益。

2.2.2 剪力滞系数计算分析

箱梁纵向受力不均匀性主要受剪力滞效应以及偏载效应影响。关于剪力滞理论以及翼缘板有效工作宽度的研究,早在20世纪20年代就开始了,虽然对剪力滞问题提出了较多的理论,如弹性理论解法、比拟杆法、能量变分法、数值分析法等,但这些方法大多依赖于假定位移函数,计算结果偏理想化,新结构以及分节段受力特性使得传统算法存在较多的不足之处。

宽幅脊骨梁截面由顶底板和腹板构成,其纵向受力的不均匀性包括顶底板纵向受力的不均匀性,即顶底板纵向剪力滞效应,以及边、中腹板纵向受力不均匀性。西江大桥桥梁主截面为单箱三室箱形断面,桥面宽度为38.3m,箱梁挑臂长8.15m(其中设5.15m后浇带)。在同类型桥梁中,桥面宽度和挑臂长度均较大,剪力滞效应明显,应对其顶底板纵向剪力滞效应进行研究。截面腹板处于弯剪扭作用下,在偏载作用下,受力状态复杂,应当明确腹板纵向受力不均匀性,并应对配束方案对结构主梁纵向受力不均匀性改善的有效性进行验证。

当利用剪力滞系数描述应力分布不均匀特性时,仅考虑了断面中最大应力和平均应力的关系。随着断面形式的变化,以及关键工况的增多,单一的剪力滞不能全面描述断面应力分布不均匀的问题,因此研究中将进一步引入断面位置的不均匀系数,全面描述断面应力不均特性。

A点的应力不均系数定义λ_A为:

$$\lambda_A = \frac{\sigma_A}{\overline{\sigma}_s} \tag{2-1}$$

式中:σ_A——考虑剪力滞效应所求得的A点最大正应力;

$\overline{\sigma}_s$——沿横桥向积分得到的箱梁顶板(底板)平均正应力。

计算采用ANSYS实体有限元分析软件进行,模型整体及局部图如图2.27、图2.28所示。

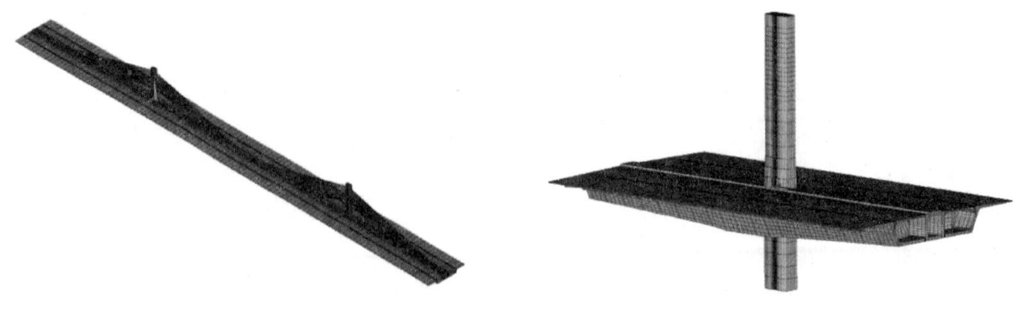

图2.27 模型视图　　图2.28 模型局部

为了充分研究施工阶段体系及荷载变化对主梁剪力滞效应的影响,设定了如下十个工况,并选取了主梁五个关键截面进行分析。计算分析中的主要工况见表2.12。

关键计算工况及工况说明　　表2.12

工况	说　　明	工况	说　　明
工况一	第一段后浇带施工前悬臂状态	工况六	独塔最大双悬臂状态
工况二	第一段后浇带施工完成后悬臂状态	工况七	边跨合龙
工况三	无索状态下最大双悬臂	工况八	次边跨合龙
工况四	张拉首根斜拉索后悬臂状态	工况九	中跨合龙
工况五	施工完一半拉索区梁段状态	工况十	桥面系施工完成状态,成桥状态

关键截面选取包括无索区典型节段(无索区,最大悬臂节段)、S1(近塔侧)拉索区节段截面、S16(远塔侧,最大悬臂节段)拉索区节段截面。

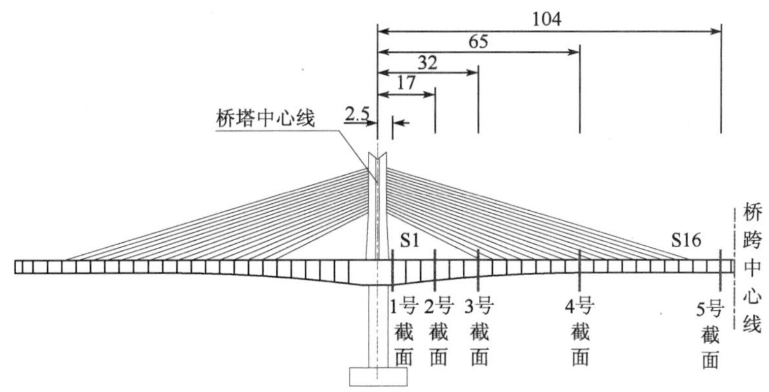

图2.29　截面位置示意图(尺寸单位:m)

对各截面在自重、预应力、索力效应影响下的变形及应力分布规律进行分析,如图2.30所示。

对应力不均匀系数以及剪力滞系数均进行计算分析。以工况十为例,关键截面应力不均匀系数如图2.31~图2.35所示。有限元分析表明,施工过程中,部分工况下的剪力滞系数较高,但随着预应力以及斜拉索的张拉,在大桥合龙、成桥状态下,除主塔根部截面外,大部分截面的剪力滞系数均处于合理状态。对于箱梁顶板,基于初等梁理论的剪力滞系数为1.23(4号截面),基于空间分析得到的应力不均匀系数为1.46(3号截面)。对于箱梁底板,基于初等梁理论的剪力滞系数相对较大,最大剪力滞系数为2.25(3号截面),这主要与杆系计算得到的底板应力较小有关。基于空间分析得到的应力不均匀系数总体均较小,除3号断面局部达到1.46外,最大应力不均匀系数为1.14(4号截面)。根据应力不均匀性分析可以看出,脊骨箱梁断面的顶底板空间应力状态基本上处于合理状态,未出现局部应力过大的情况,满足结构安全性要求。分段浇筑的脊骨箱梁断面的顶底板纵向受力不均匀性主要通过预应力钢束以及斜拉索的合理布束进行改善。脊梁设计时布束应参照纵向应力分布趋势进行优化。

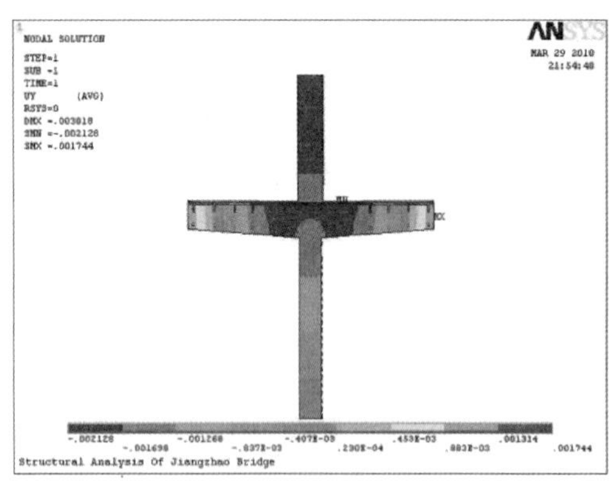

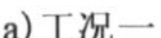

a)工况一

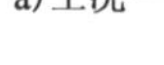

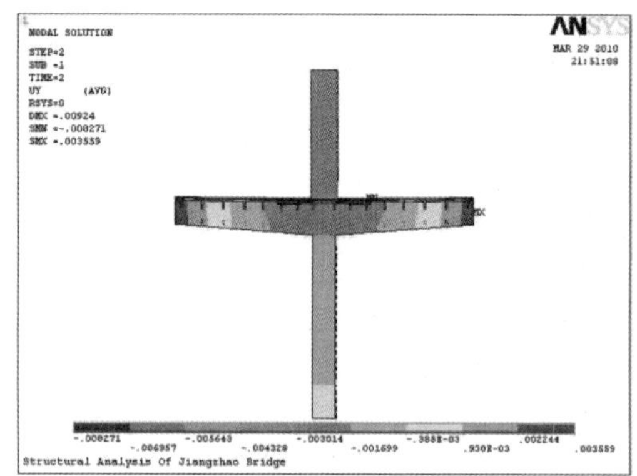

b)工况二

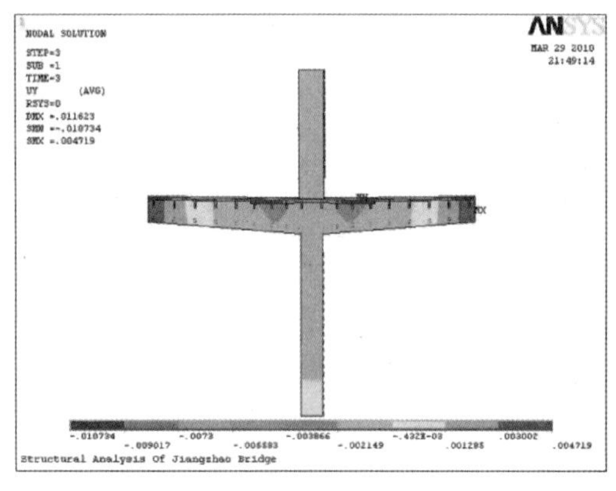

c)工况三

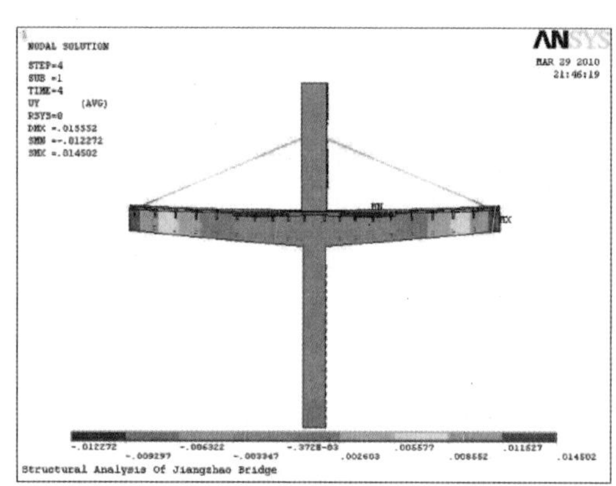

d)工况四

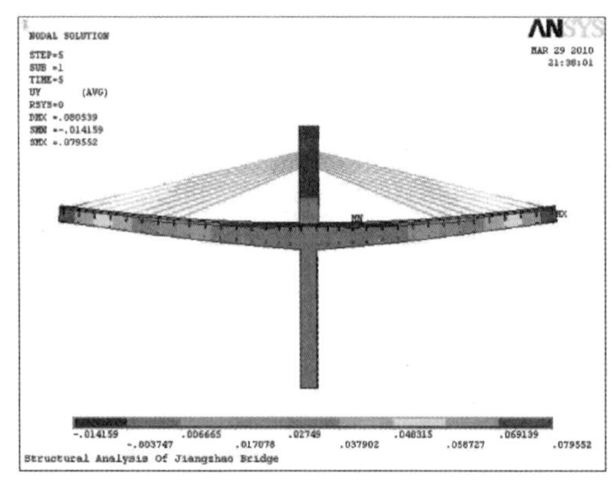

e)工况五

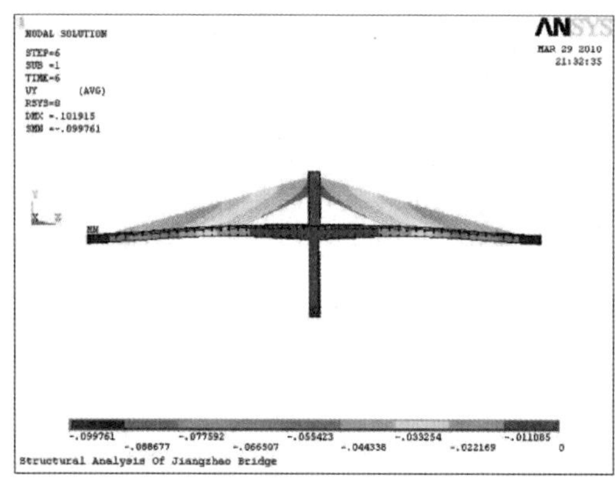

f)工况六

图2.30　悬臂施工各工况变形图

不同工况下顶底板应力不均匀系数与剪力滞系数见表2.13～表2.16。

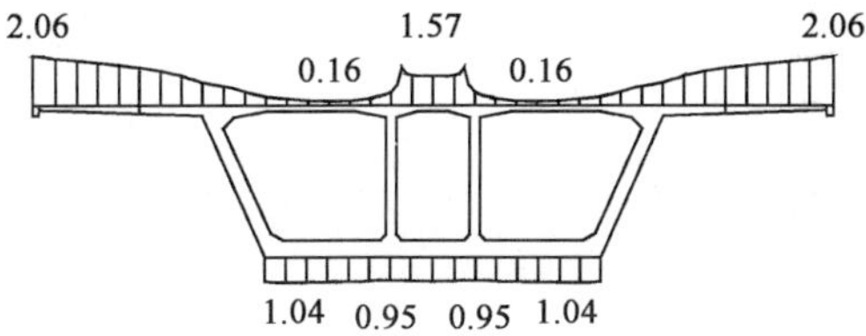

图 2.31　工况十下 1 号截面应力不均匀系数

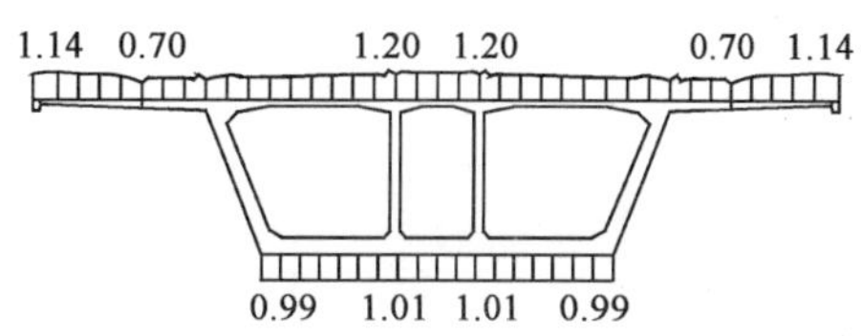

图 2.32　工况十下 2 号截面应力不均匀系数

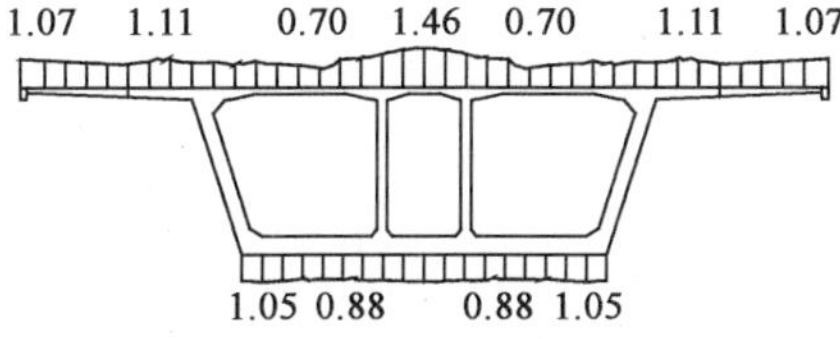

图 2.33　工况十下 3 号截面应力不均匀系数

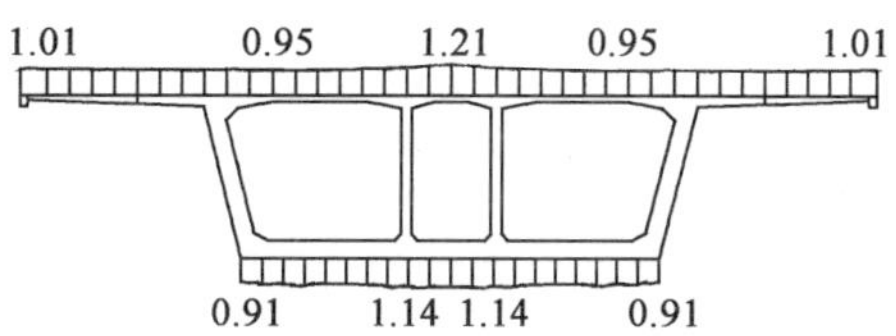

图 2.34　工况十下 4 号截面应力不均匀系数

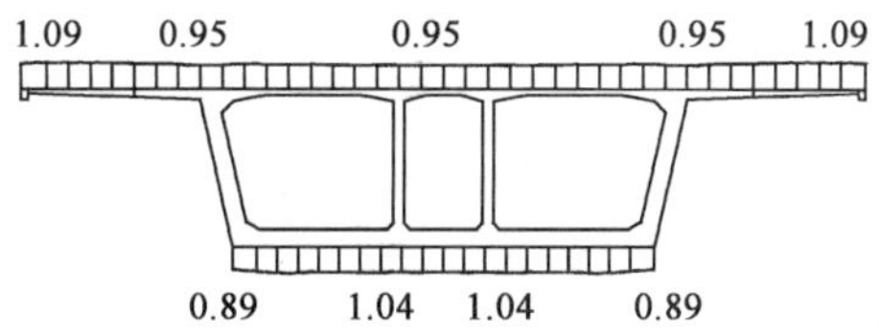

图 2.35　工况十下 5 号截面应力不均匀系数

顶板应力不均匀系数　　表 2.13

工况＼截面编号	顶板				
	1 号截面	2 号截面	3 号截面	4 号截面	5 号截面
工况一	1.57	1.42	—	—	—
工况二	2.65	1.39	—	—	—
工况三	2.58	1.33	—	—	—
工况四	2.21	1.21	2.78	—	—
工况五	1.98	1.17	1.34	—	—
工况六	2.30	1.21	1.53	1.29	—
工况七	1.74	1.21	1.55	1.29	—
工况八	1.81	1.18	1.40	1.22	1.11
工况九	1.91	1.18	1.37	1.21	1.12
工况十	2.06	1.2	1.46	1.21	1.09

底板应力不均匀系数　　表 2.14

工况＼截面编号	顶板				
	1 号截面	2 号截面	3 号截面	4 号截面	5 号截面
工况一	1.21	1.18	—	—	—
工况二	1.23	1.1	—	—	—

续上表

截面编号 / 工况	顶板				
	1 号截面	2 号截面	3 号截面	4 号截面	5 号截面
工况三	1.21	1.06	—	—	—
工况四	1.23	1.17	1.4	—	—
工况五	1.17	1.15	1.14	—	—
工况六	1.05	1.02	1.04	1.06	—
工况七	1.08	1.01	1.03	1.07	—
工况八	1.05	1.02	1.06	1.11	1.02
工况九	1.04	1.02	1.07	1.13	1.02
工况十	1.04	1.01	1.05	1.14	1.04

顶板剪力滞系数 表 2.15

截面编号 / 工况	顶板				
	1 号截面	2 号截面	3 号截面	4 号截面	5 号截面
工况一	1.33	1.60	—	—	—
工况二	2.10	1.23	—	—	—
工况三	1.90	1.18	—	—	—
工况四	1.32	1.14	1.35	—	—
工况五	1.25	1.25	1.32	—	—
工况六	1.05	1.26	1.64	1.62	—
工况七	0.77	1.5	1.28	1.46	—
工况八	0.79	1.27	1.31	1.19	0.71
工况九	0.84	0.98	1.16	1.24	0.73
工况十	0.75	1.13	1.13	1.23	0.83

底板剪力滞系数 表 2.16

截面编号 / 工况	顶板				
	1 号截面	2 号截面	3 号截面	4 号截面	5 号截面
工况一	2.16	1.43	—	—	—
工况二	2.09	1.37	—	—	—
工况三	1.61	1.23	—	—	—
工况四	2.50	1.77	1.99	—	—
工况五	1.79	1.33	1.02	—	—
工况六	1.58	1.86	2.53	2.27	—
工况七	1.46	1.62	2.15	1.95	—
工况八	1.41	1.9	1.89	1.58	0.85
工况九	1.56	1.75	2.06	1.46	0.86
工况十	1.65	2.18	2.25	1.51	0.76

2.2.3　剪力滞系数实桥试验

为明确脊梁断面、后浇加劲翼板构件受力特点和斜拉索力纵向传递是否清晰，在有限元分析的基础上，针对宽幅脊骨梁纵向受力不均匀性以及后浇翼板连接性能及其与脊骨受力性能关系进行试验监测研究，对顶底板纵向剪力滞效应进行进一步分析和完善，并就本桥主梁配束方案、斜拉索索力对结构主梁纵向受力不均匀性改善的有效性进行验证。

监测断面选择，应至少包括墩顶断面、无索区与拉索区相交附近、拉索区中部(包括锚固断面和非锚固断面)和跨中断面，合计五种典型断面类型，监测截面如图2.36所示。

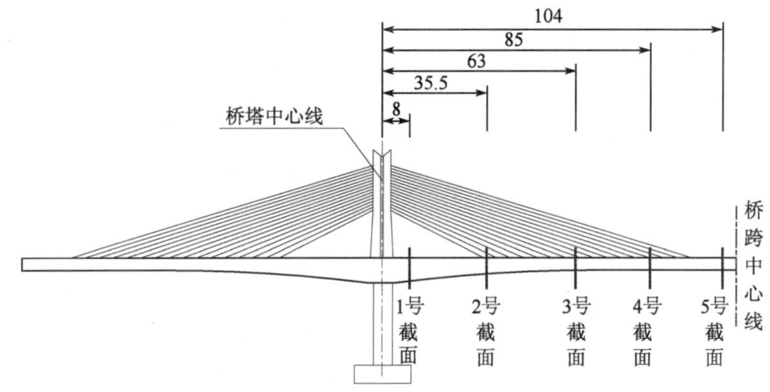

图2.36　监测截面(尺寸单位：m)

断面的测点布置，应考虑反映断面剪力滞和横向应力分布特点。因此，测点应覆盖腹板与顶底板交接、后浇翼板等典型位置，并应同时测试横向和纵向应力。各监测断面的测点布置方案，如图2.37所示。

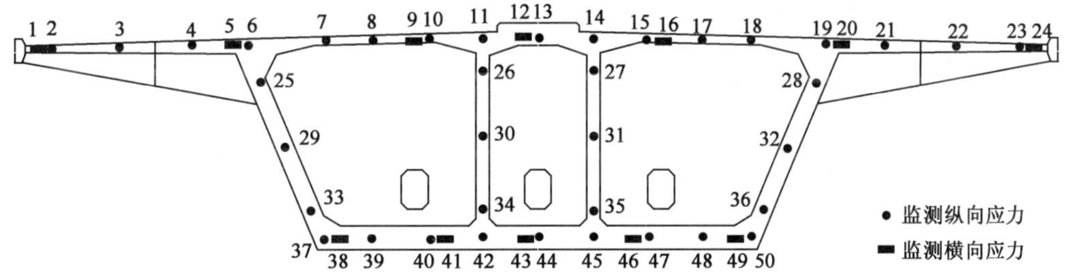

图2.37　关键断面测点布置图

其中每个典型断面共50个测点，包括38个纵向应力测点和12个横向应力测点。此方案基本覆盖了主要的应力变化区域，反映了断面应力分布不均匀特性，能够比较全面地反映断面应力分布和变化过程。

为了充分研究各种荷载效应对主梁剪力滞效应的影响，对全桥施工过程进行应力监测。实桥监测中，悬臂翼缘板为后期拼装而成，拼装施工落后主梁脊骨施工5个阶段。根据试验进展，提取试验中观测断面的试验数据进行分析。

截面一、截面二部分工况应力分布如图2.38所示。

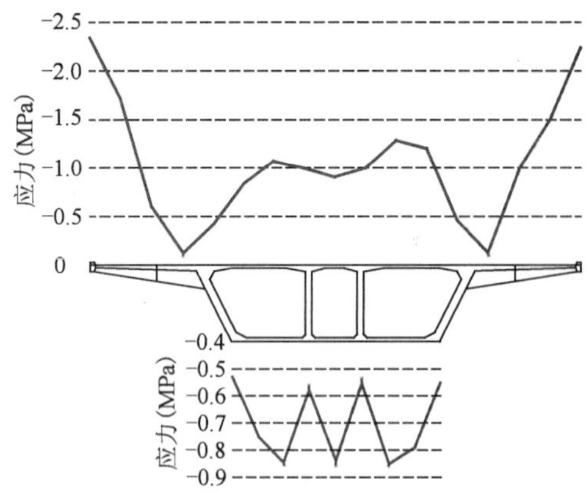

a) 0号块预应力张拉后1号截面应力

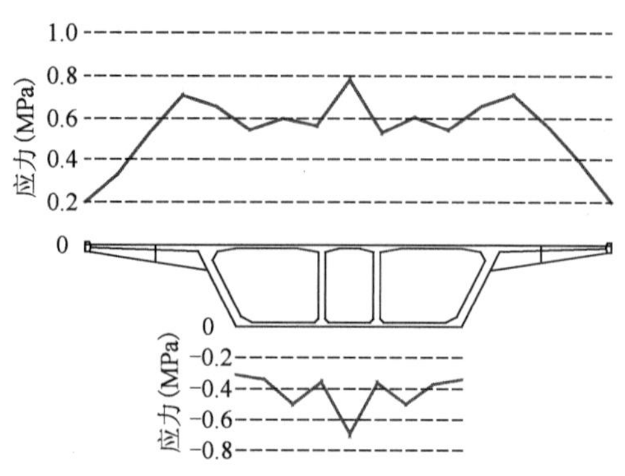

b) 1号块浇筑后1号截面应力

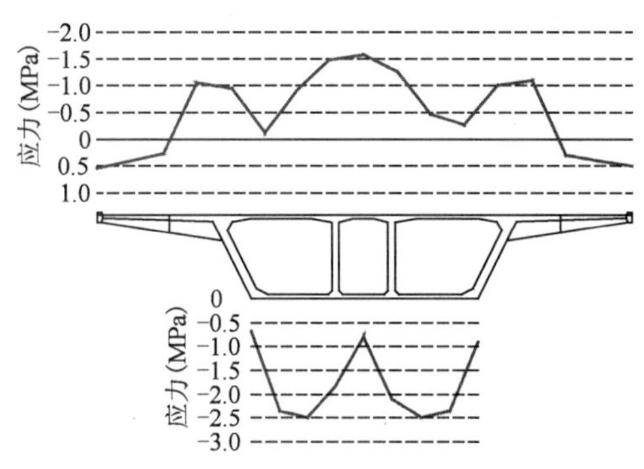

c) 5号块预应力张拉后1号截面应力

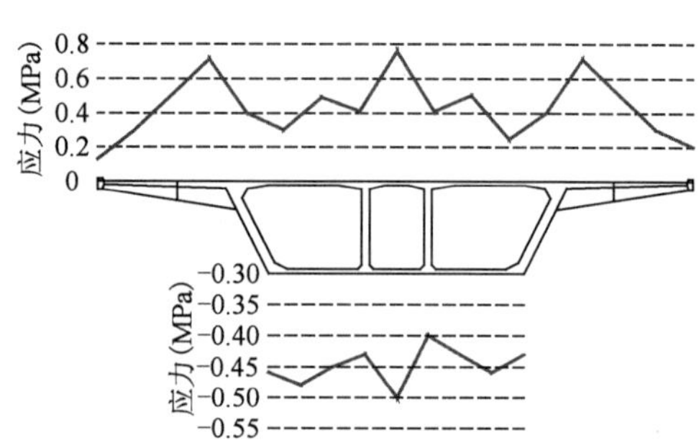

d) 6号块浇筑后1号截面应力

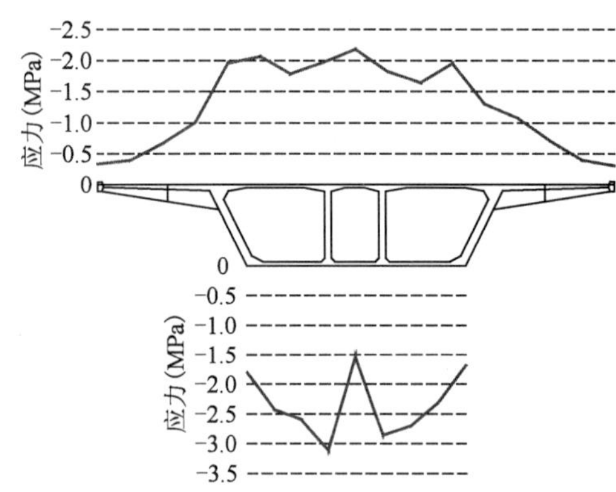

e) 6号块预应力张拉后1号截面应力

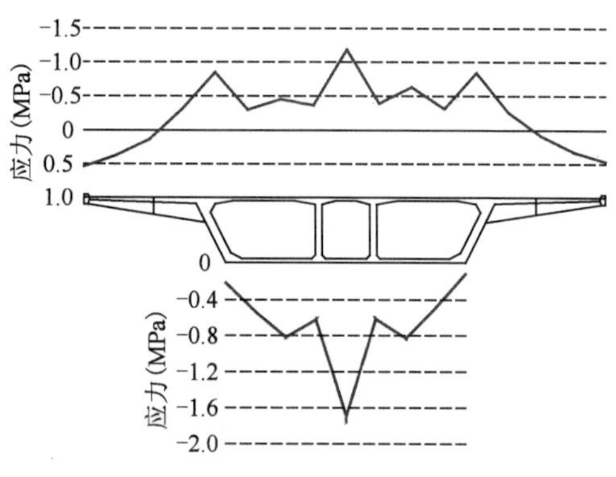

f) 8号块预应力张拉后2号截面应力

图 2.38

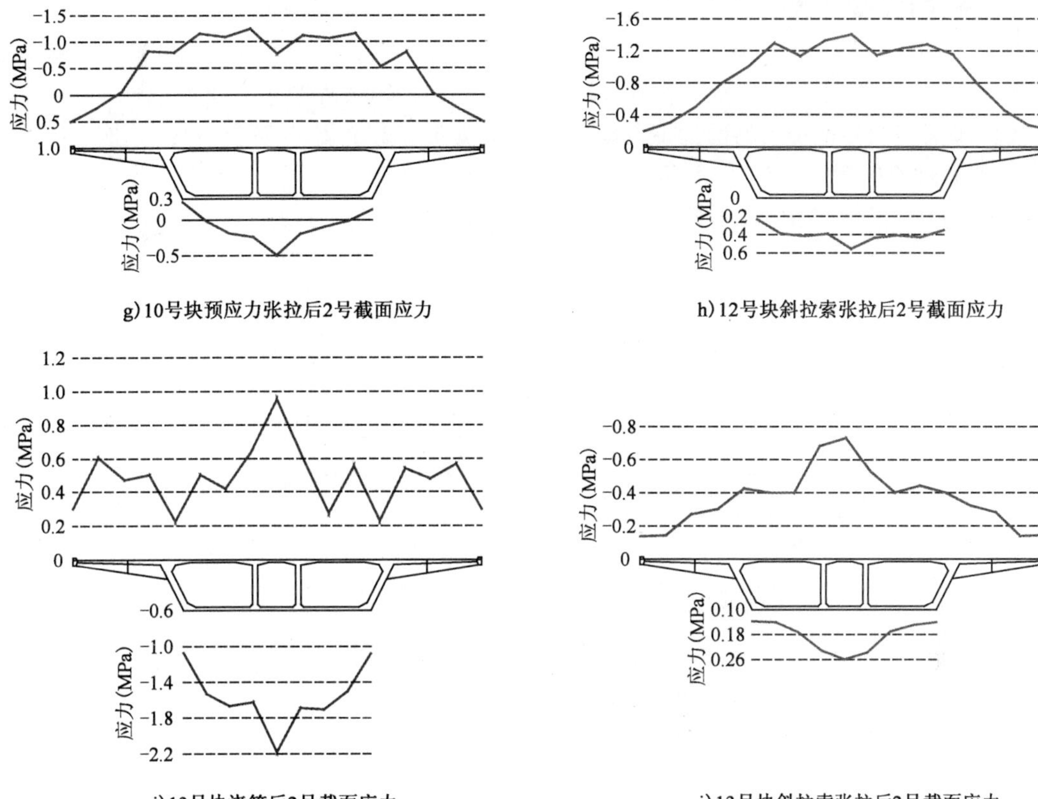

g)10号块预应力张拉后2号截面应力　h)12号块斜拉索张拉后2号截面应力

i)13号块浇筑后2号截面应力　j)13号块斜拉索张拉后2号截面应力

图 2.38　截面一、截面二部分工况应力分布对比图

部分工况实测数据与有限元理论计算的对比,如图 2.39 ~ 图 2.41 所示。经试验测试,得到各截面实测应力值,通过有限元计算结果进行对比,得出以下结论:

(1)已有的实测数据表明,张拉主梁脊骨预应力在主梁脊骨部分产生压应力,并存在一定的剪力滞效应,后拼翼缘板上分配到的压应力较小,部分工况下出现阶段性的较小拉应力。

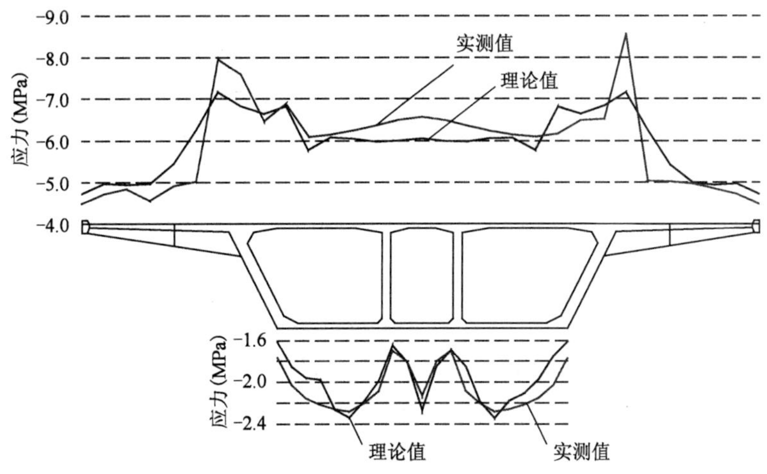

图 2.39　截面一顶、底板应力分布对比图(最大无索悬臂工况)

(2)张拉斜拉索工况下,拉索附近截面在顶板位置受压,远离截面中心位置应力减小,这也在一定程度上反映了斜拉索索力在主梁截面上的传递路径:索力在截面上传递时,主梁脊骨承受较大应力,自脊骨梁中腹板至翼缘板端部,顶板应力呈线性递减。

(3)现场实测分析得到的剪力滞与理论计算的剪力滞分布基本吻合。其中,顶板应力分布实测值和理论值偏差较小,实际拼装后,底板实测应力值略大。同时,实测值和理论计算值均说明索力在截面上传递时,主梁脊骨承受较大应力,翼缘板应力较小,翼缘板平均应力约为主梁脊骨应力水平的1/3。

(4)从不同施工工况实测结果对比分析可见,本桥主梁配束方案、斜拉索索力对结构主梁纵向受力不均匀性起到了一定的改善作用。

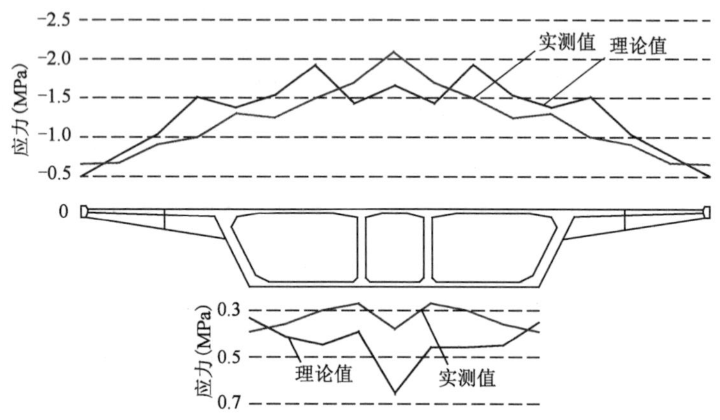

图2.40 截面二顶、底板应力分布对比图(张拉4号索后)

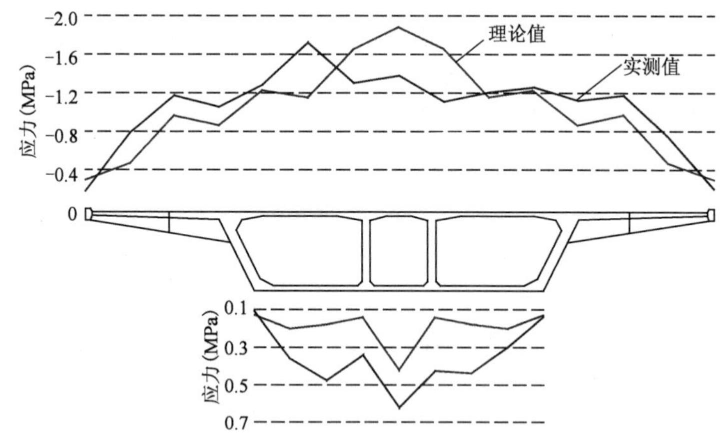

图2.41 截面二顶、底板应力分布对比图(张拉5号索后)

2.2.4 偏载系数计算分析

在箱梁桥的设计中,通常引入偏载系数来考虑偏心荷载对截面内力的影响。计算偏载系数的方法有经验系数法、偏心压力法以及修正的偏心压力法等,各方法在计算中都具有一定的局限性,对于横向加劲脊骨梁适用能力较差。

为了研究在不同偏载作用情况下的偏载放大系数变化情况，本文采用实体有限元分析方法，设计了三个加载工况，即分别考虑两车道、四车道、六车道在偏载情况下的箱梁的偏载效应，选择车道荷载进行加载，横桥向按《公路桥涵设计通用规范》(JTG D60—2015)中车辆荷载布置形式进行布设。在每个工况中都采用对称布载和偏载两种方式，然后通过比较两种加载方式的箱梁应力响应来研究箱梁的偏载效应。其中偏载是考虑每种车道数前提下的极偏方式加载。

在纵桥向选取4个关键截面进行偏载作用下正应力分布情况研究，图2.42、图2.43分别示出部分工况下的各截面对称及偏载加载时的纵向正应力。

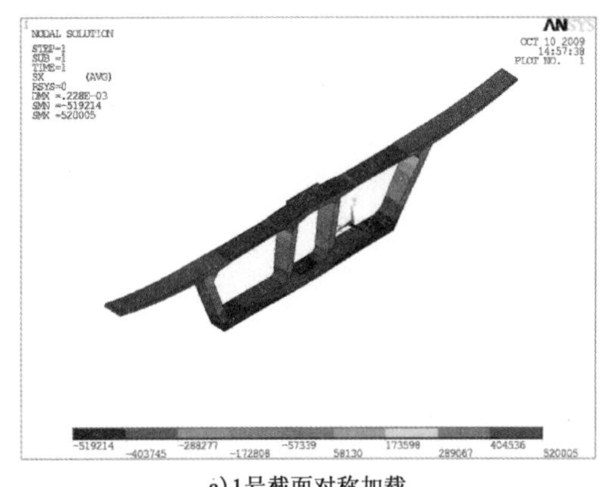

a) 1号截面对称加载

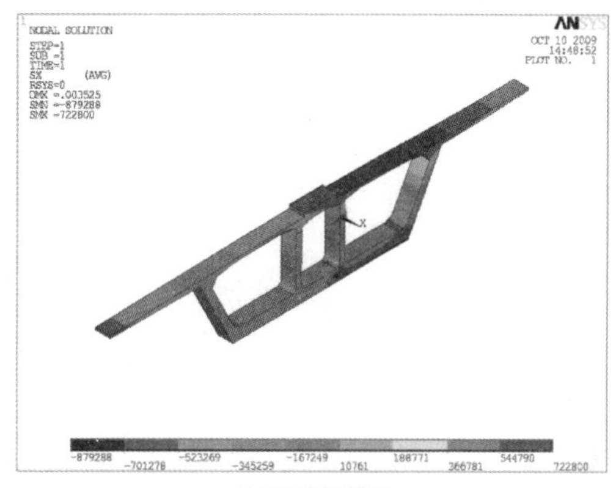

b) 1号截面偏载

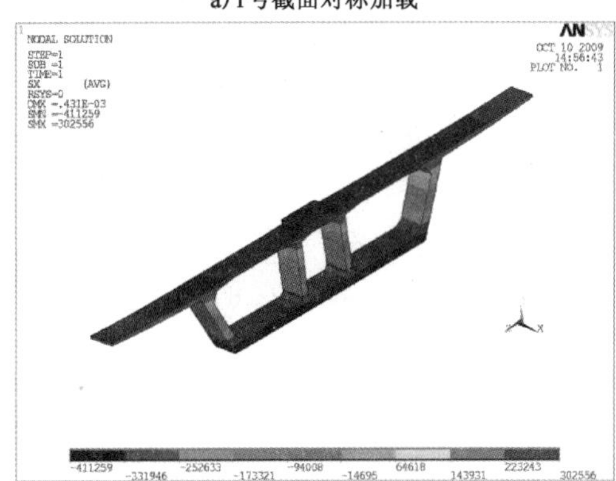

c) 2号截面对称加载

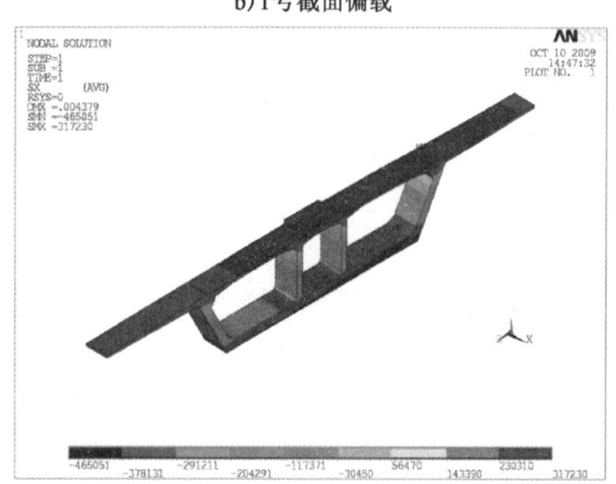

d) 2号截面偏载

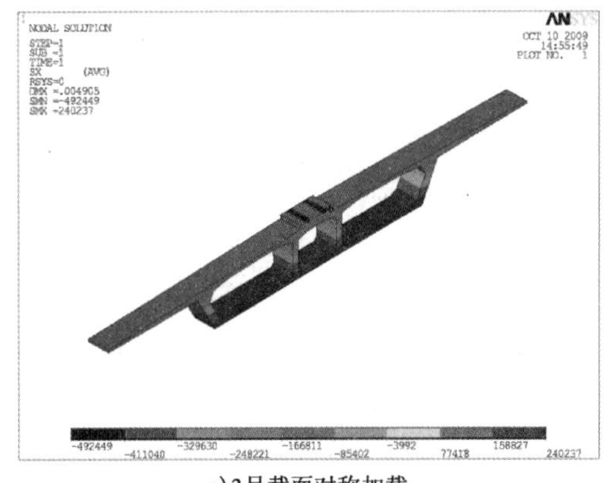

e) 3号截面对称加载

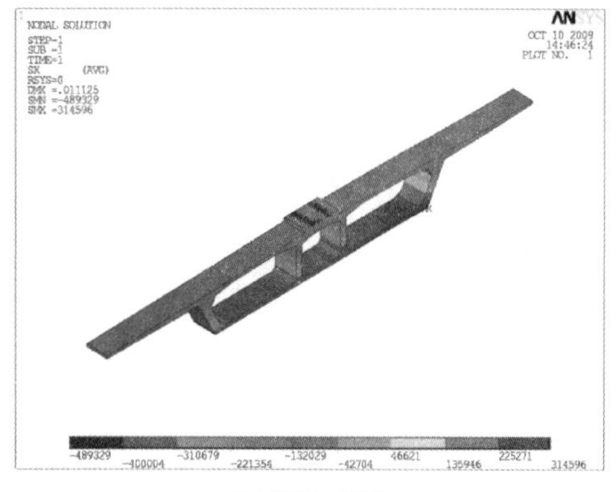

f) 3号截面偏载

图　2.42

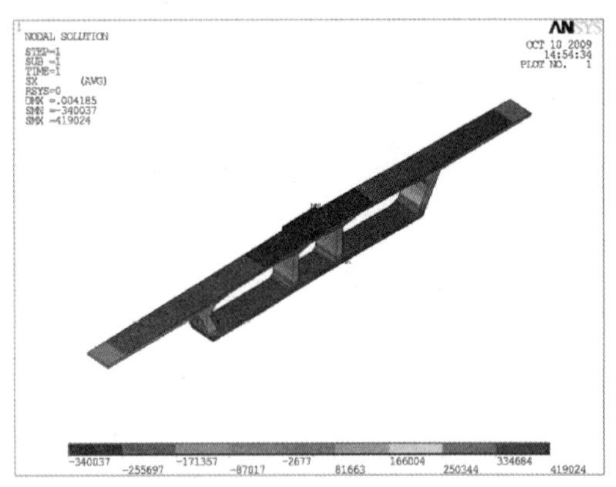

g)4号截面对称加载

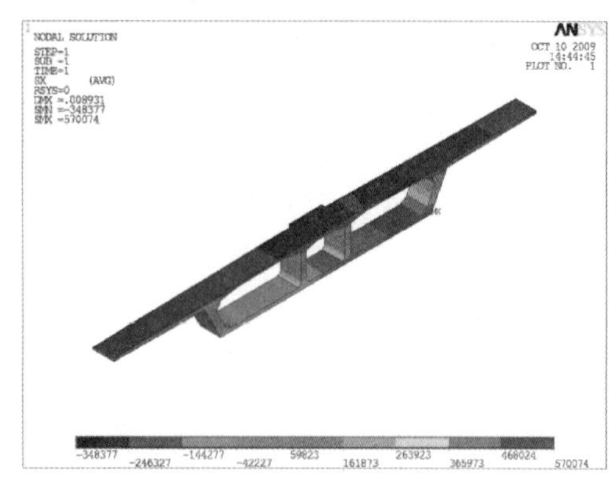

h)4号截面偏载

图 2.42　工况一各截面正应力对比

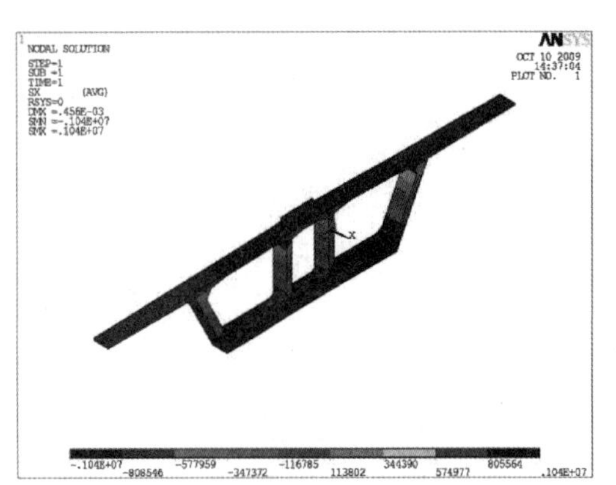

a)1号截面对称加载

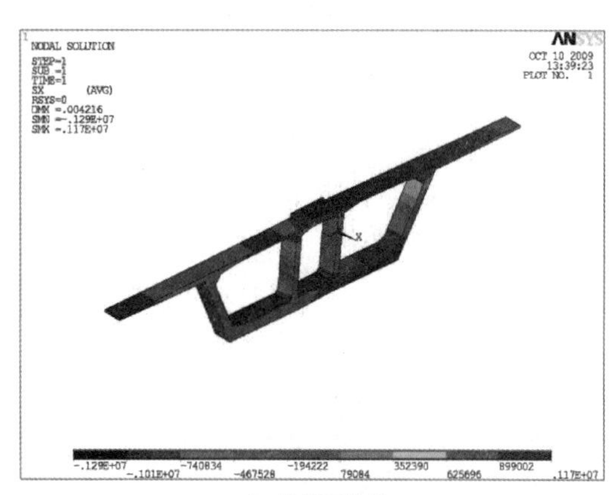

b)1号截面偏载

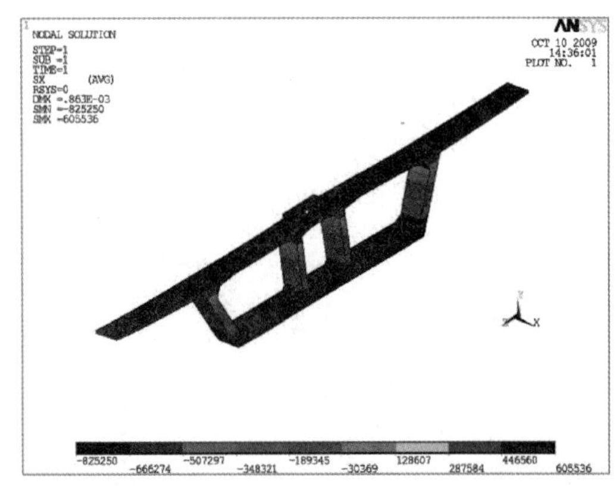

c)2号截面对称加载

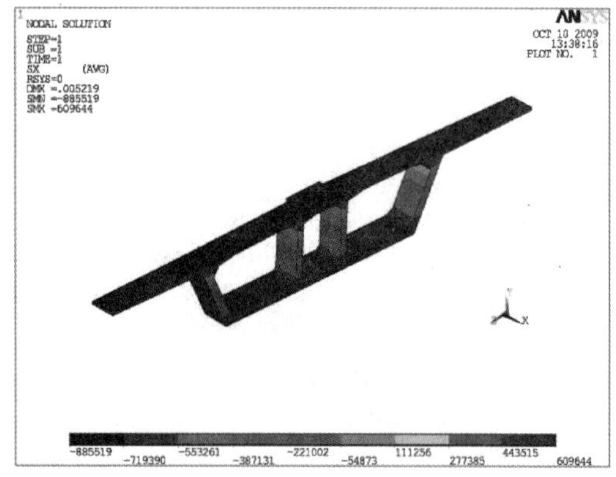

d)2号截面偏载

图　2.43

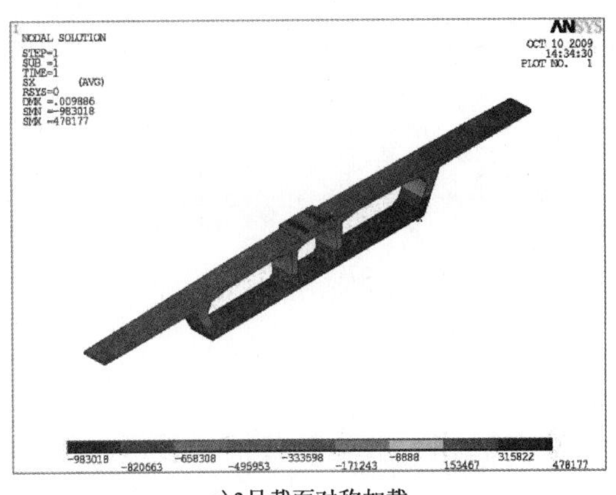

e) 3号截面对称加载

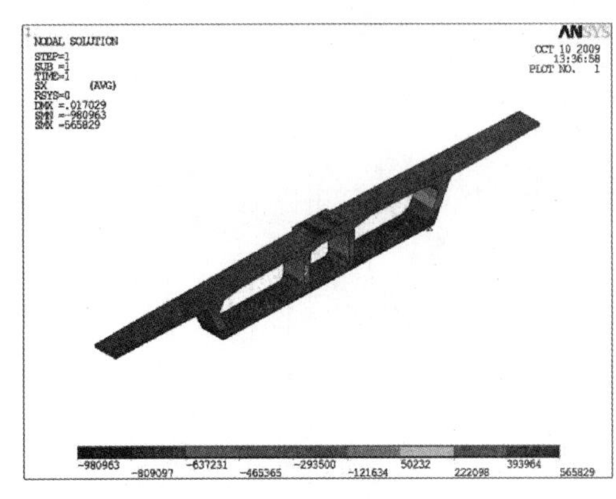

f) 3号截面偏载

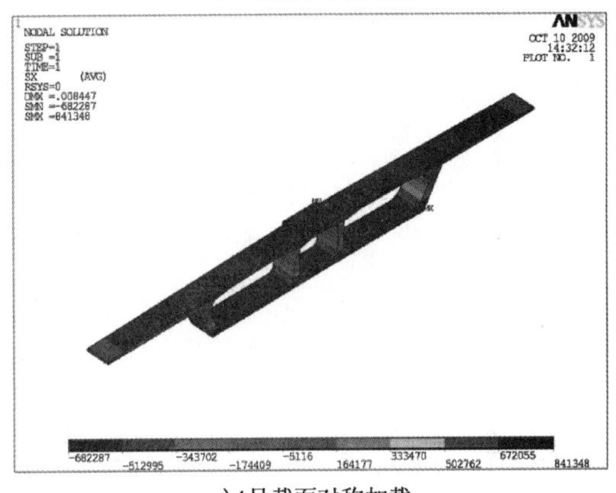

g) 4号截面对称加载

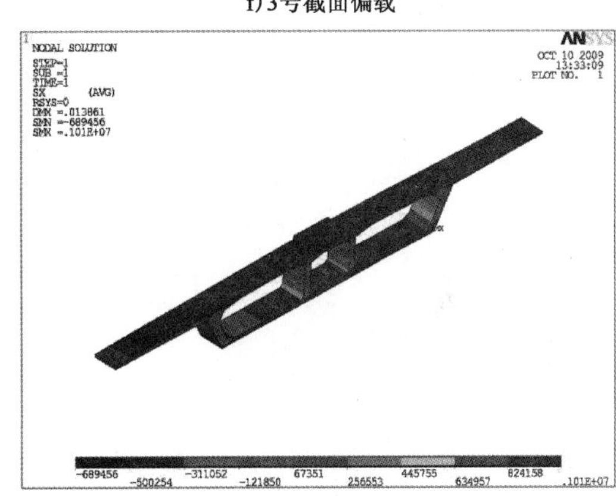

h) 4号截面偏载

图2.43　工况二各截面正应力对比

分析得到各车道加载工况下腹板的偏载系数，如表2.17所示。虽然两车道偏载系数是最大的，但其荷载总量却是最小的，活载产生的应力也是最小的，而六车道偏载系数虽小，但是总体应力水平较高，如果结构腹板按照最大的偏载系数设计，会导致多车道效应估算偏大，影响结构的经济性能，因此有必要对偏载系数进行修正。修正结果如表2.18所示。

偏载系数汇总　　表2.17

车道数	部位	腹板类型	偏载系数		
			跨中无索区	有索区	近塔无索区
2	上部	左外腹板	1.49	1.50	1.75
		左中腹板	1.04	1.00	1.43
		右中腹板	0.93	0.95	1.04
		右外腹板	0.81	0.81	0.57
	下部	左外腹板	1.30	1.39	1.42
		左中腹板	1.09	1.20	1.25
		右中腹板	0.90	0.96	1.02
		右外腹板	0.69	0.74	0.62

续上表

车道数	部位	腹板类型	偏载系数		
			跨中无索区	有索区	近塔无索区
4	上部	左外腹板	1.25	1.25	1.31
		左中腹板	1.04	1.01	1.19
		右中腹板	0.96	0.97	0.82
		右外腹板	0.89	0.87	0.69
	下部	左外腹板	1.18	1.18	1.26
		左中腹板	1.07	1.07	1.01
		右中腹板	0.94	0.93	0.99
		右外腹板	0.83	0.81	0.75
6	上部	左外腹板	1.04	1.04	1.06
		左中腹板	1.02	1.02	1.00
		右中腹板	0.99	0.98	1.00
		右外腹板	0.96	0.95	0.94
	下部	左外腹板	1.04	1.04	1.06
		左中腹板	1.02	1.02	1.00
		右中腹板	0.99	0.98	1.00
		右外腹板	0.96	0.95	0.94

偏载系数修正 表2.18

车道数		2			4			6		
类型	部位	偏载系数	横向折减系数	修正偏载系数	偏载系数	横向折减系数	修正系数	偏载系数	横向折减系数	修正系数
外腹板	上	1.75	1.00	1.06	1.31	0.67	1.06	1.11	0.55	1.11
	下	1.42	1.00	0.86	1.26	0.67	1.02	1.05	0.55	1.05
中腹板	上	1.43	1.00	0.87	1.19	0.67	0.97	1.06	0.55	1.06
	下	1.25	1.00	0.76	1.07	0.67	0.87	1.02	0.55	1.02

注:修正偏载系数(n 车道)=偏载系数(n 车道)×车道数(n 车道)×横向折减系数(n 车道)/(六车道数×六车道横向折减系数)。

主要的结论可概括为:

(1)对于宽箱梁单索面斜拉桥,活载在横向分布的不确定性,使得结构存在偏载效应,设计时需要考虑活载偏载效应的影响。

(2)不同车道数下,结构的偏载效应不同,车道数越小,偏载效应越明显。

(3)不同位置的腹板,偏载效应不同,外腹板偏载效应大于内腹板。

(4)通过计算分析不同工况不同截面的腹板偏载效应系数,设计中可参考取用。西江大桥边腹板的偏载系数为1.11,中腹板的偏载系数为1.06。

2.3　宽幅脊骨梁横向受力性能

2.3.1　横向构造与设计难点

西江大桥箱梁采用了脊骨梁的形式，相比于常规箱梁，脊骨梁的主要结构特点为：

（1）结构采用大悬臂、小箱梁的特殊结构形式，桥墩仅支撑有限面积的脊梁，下部结构占用空间小，材料使用量得到了降低。这样在扩宽桥面宽度的同时，又改善了桥下净空条件，非常适合交通量大的城市桥梁的建设。

（2）脊骨梁的脊梁中每隔一段距离配置横隔板，使得截面具有很大的抗扭刚度，而畸变变形非常小，在施工阶段以及成桥运营阶段都展现出很好的稳定性。

（3）脊骨梁可选择的现代化施工方法较多，如整体吊装、悬拼施工以及逐段架设等，在施工过程中可以不阻断交通，场地要求不高，施工进度容易把握。

为了解决桥面横向受力的问题，脊骨梁设计中多在沿着纵桥向每隔一段距离向外延伸成对悬挑肋梁（简称肋梁）并且在悬挑肋梁中施加横向预应力；悬臂板即桥梁行车道板，为横向传力结构，将外部车辆荷载传递至脊梁上。由于横向梁肋以及纵向腹板能够提供较大的支承刚度，因此肋间桥面板可以做得较为轻薄。

当然，这种长悬臂带肋板的构造也使得主梁空间受力趋于复杂，主要体现在：

（1）随着脊梁悬臂增宽，桥面板内多呈现横、纵双向剪力滞效应。由于脊骨梁悬臂板特别长，作为梁的一部分，悬臂板将参与主梁的纵向弯曲，在索力、预应力、自重、活载作用下，剪力滞效应出现较多的不确定性；同时悬臂板将板上的荷载横向传递给脊梁时产生横向弯曲，即还存在横桥向剪力滞效应问题。同时，施工过程中截面应力分布也表现出受施工阶段影响以及随时间变化的特性，采用传统的分析方法已经不能满足设计要求。悬臂横向受力分布如图2.44所示。

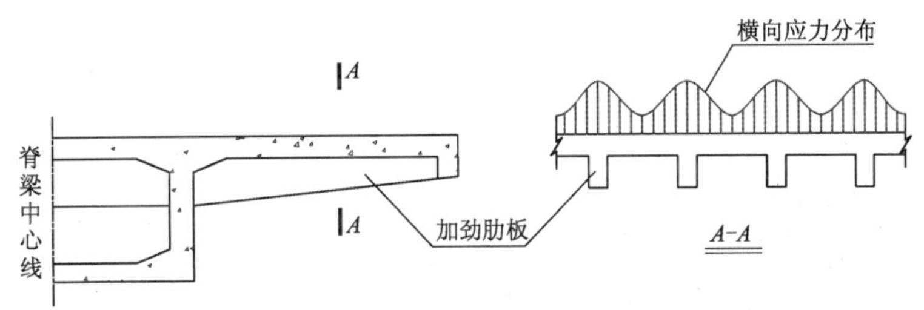

图2.44　悬臂横向受力分布示意图

（2）实现手段上，为减轻吊装重量、提高吊装稳定性，宽幅脊梁大多采用预制拼装或后浇筑的施工方法，后浇悬臂段参与全断面受力的作用机理以及横向加劲肋、混凝土收缩徐变等因素对桥面板受力性能的影响需要得到进一步研究。

（3）目前，针对新老混凝土联合作用的研究多集中在新旧桥拼接时机，大多数采用梁格法或实体有限元法进行差异龄期分析，提出配筋原则以抗衡收缩荷载。西江大桥悬臂差异浇筑过程中，龄期可控，因此研究的目的是提出最大容许差异龄期，控制差异收缩量，保障结构的局部耐久性能，与拓宽研究存在较大差异。

2.3.2 使用阶段大悬臂受力性能

西江大桥脊骨梁悬臂翼板长达8.15m，为满足其横向受力要求、弱化剪力滞效应，悬臂板下设置加劲肋构成“T形梁”，加劲肋端部高0.3m，根部梁高约为1.5m，梁高按直线变化，加劲肋间距3~4m。宽幅脊梁横向钢束布置间距为40cm一道，考虑箱梁悬臂后浇，采用长短束交错布置，长短束竖弯线形见图2.45，一束钢束内含4根Φ15.24预应力钢绞线。

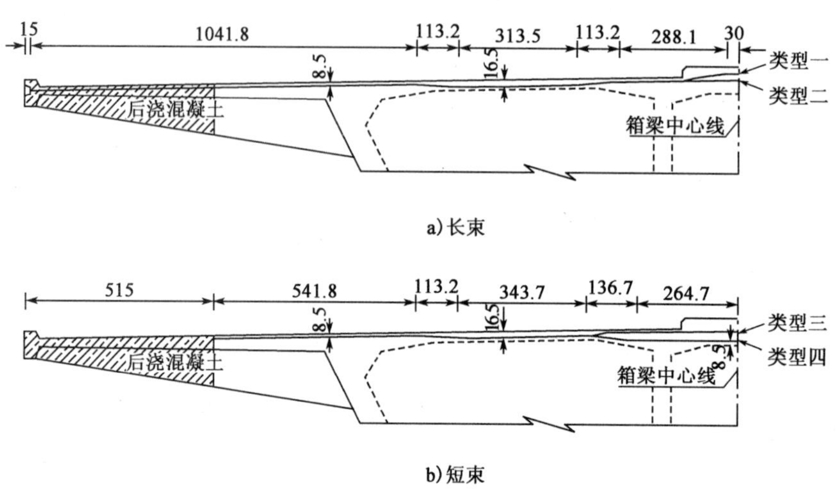

图2.45 横向钢束布置形状(尺寸单位:cm)

由于长翼板和加劲肋共同组成的结构体系横向受力性能较为复杂，研究中通过精细计算，分析横向配筋和配束合理性，保障长悬臂结构的安全与耐久。箱梁模型如图2.46所示，预应力模型如图2.47所示。

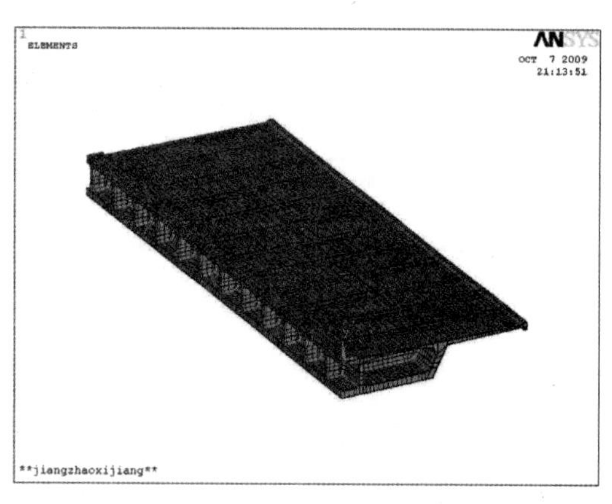

图2.46 箱梁模型(Solid45单元)

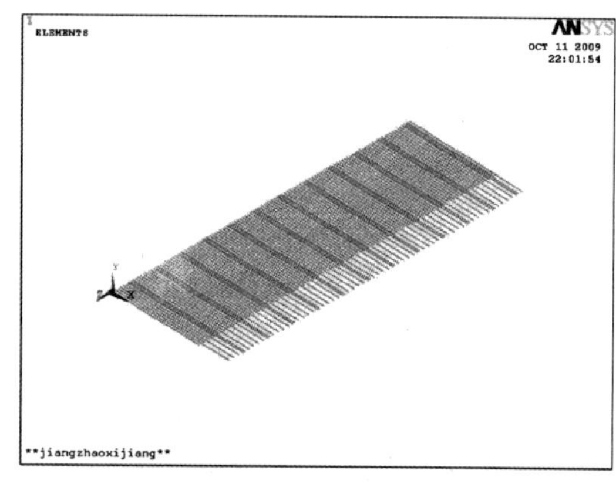

图2.47 预应力模型(Link8单元)

选取210m跨的跨中截面两侧各24m梁段建立精细化实体有限元模型，长度共计48m。并综合考虑箱梁横隔板、翼板加劲、普通钢筋、横向预应力筋以及顶、底板和腹板的局部厚度变化等因素，建立精细化分析模型。由于主要关注箱梁翼板在汽车及恒载作用下的效应情况，分析模型边界取在箱梁中线处截面施加横桥向对称约束，并取靠近箱梁中线处部分节点施加固结约束。

车辆荷载按照《公路桥涵设计通用规范》(JTG D60—2004)选取55t标准车辆作用于箱梁翼板最不利位置,计算分析箱梁偏载作用下横向受力性能。车辆荷载布置情况如图2.48所示。

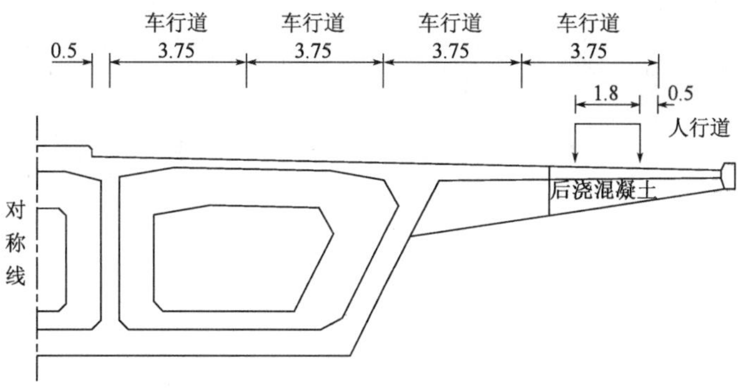

图2.48　车辆荷载作用位置(尺寸单位:m)

在汽车单独作用下,箱梁横桥向应力情况如图2.49所示。从图中可以看出,在车辆作用下,悬臂板上最大拉应力在1MPa左右,受影响范围基本是车辆荷载所跨的节段,翼板加劲对车辆荷载的传递具有很好的帮助作用。

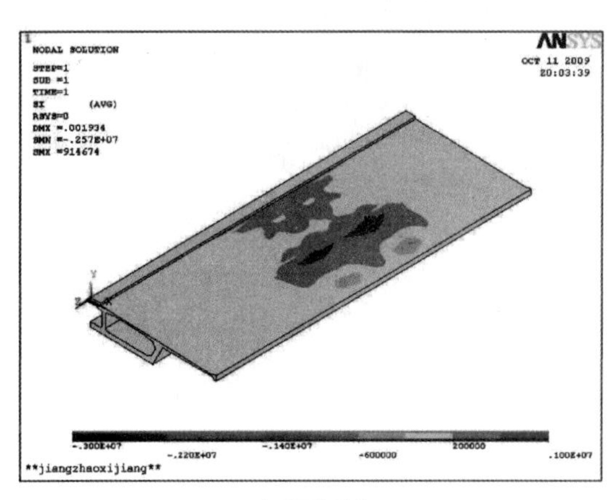

a)顶面视图

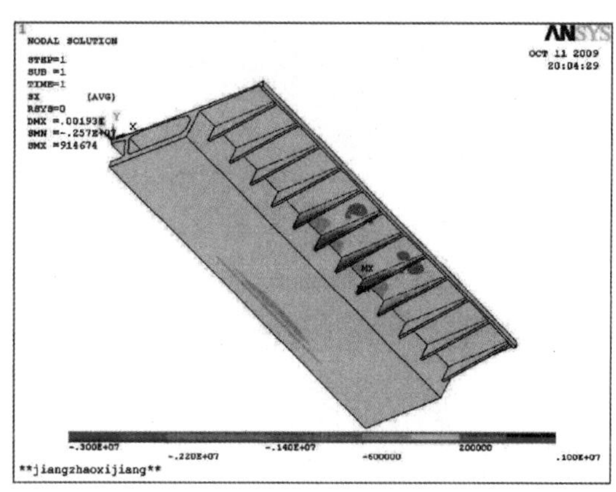

b)底面视图

图2.49　汽车作用下箱梁横桥向应力

在车辆荷载作用下,悬臂根部的横桥向剪力滞系数如图2.50所示。通过剪力滞系数曲线可以明显地观察到翼板加劲对改善翼板受力的影响。通过配置翼板加劲,可以使翼板受力明显改善。

在此基础上,综合考虑结构自重、铺装层重量、人行道板以及防撞设施重量、55t车辆荷载和顶板横向预应力等作用下翼板的空间应力分布情况,以确定翼板的安全性能,翼板横桥向的应力分布如图2.51所示。

分析表明:翼板加劲能够承担大部分翼板荷载,并对翼板提供支承,翼板类似于架设在“加劲墩”上的桥面系,其横向受力性能得到极大改善。而横向预应力的配置使得翼板在最不利荷载综合作用下,翼板根部截面仍具有2~4MPa压应力储备,使翼板的安全性得到保证。可以认为翼板加劲和目前横向预应力对于改善翼板横向受力、保证结构安全性是合理有效的。

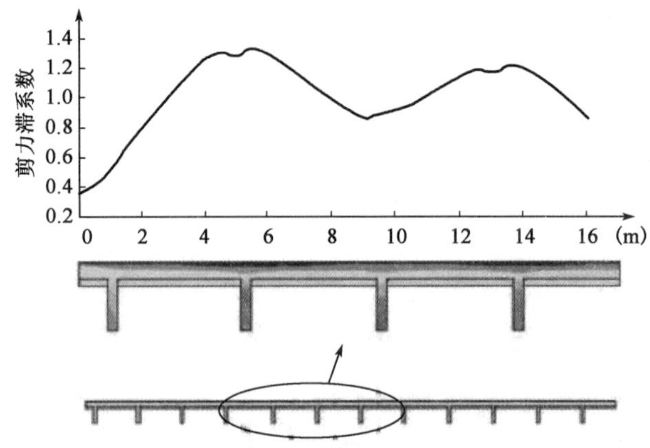

图 2.50　汽车作用各节段翼板根部横桥向剪力滞系数

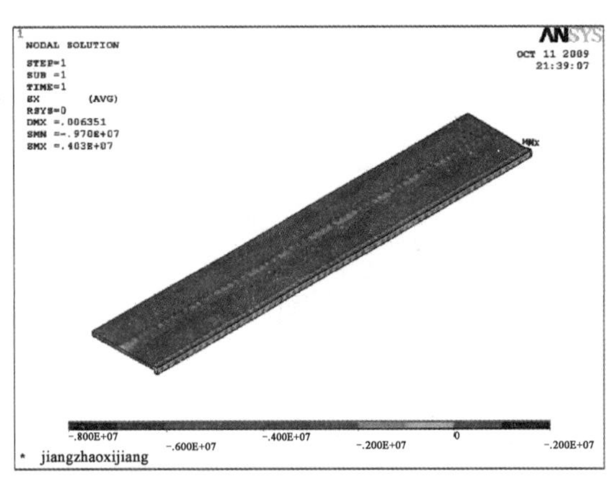
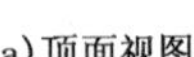

a) 顶面视图

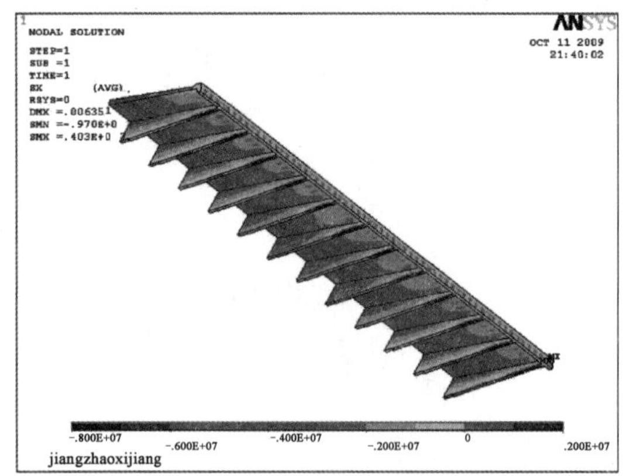

b) 底面视图

图 2.51　综合荷载作用下翼板横桥向应力

横向受力性能的研究明确了荷载横向传递规律,结合受力状态分析,提出横向预应力配束原则,对荷载综合作用下大悬臂板的安全性进行了验算,计算表明翼板在最不利使用活载作用下仍有一定的压应力储备,保障了翼板受力安全及耐久性能。

2.3.3　施工阶段分次浇筑龄期差控制

西江大桥由于桥宽较大,剪力滞效应显著,主梁挑臂长,翼板带横隔梁,传统的挂篮施工已经很难完成主梁全截面一次浇筑。设计方案中考虑采用悬臂板后浇的方法,但该方法施工时,主梁的同一截面将会出现两种不同龄期的混凝土,由此产生的差异收缩极易导致梁体收缩裂缝。综合比较主梁两种浇筑方案,得到表 2.19 所示差异。

整体浇筑方案的主要局限是挂篮在宽度、悬臂长度,以及拉索的轴力滞后等方面,但在施工工序、施工进度及施工人员、设备、材料的投入方面具有优势。同时,采用一次浇筑,有利于控制线形及外观,有利于翼板实体结构质量的控制,可以减少安全隐患。

两种浇筑方案比较　表 2.19

比较项目	浇筑节段重	挂篮要求	受力性能	施工过程
整体浇筑	较重	宽度大，悬臂长	拉索轴力滞后现象较为严重	工序简单，进度快
后浇悬臂板	较轻	宽度小，悬臂短	差异收缩极易导致梁体收缩裂缝	工序复杂，进度慢

分次浇筑是将箱梁结构分为主体和翼板两部分，挂篮施工中只浇筑主体部分及3m宽翼板，其余5.15m宽翼板作为后浇筑部分，随后在这一部分的基础上再现浇悬臂板（或滞后连接），如图2.52所示。这样，在主梁的同一截面上，将会出现两种不同龄期的混凝土，混凝土凝固过程中会伴有自身收缩。不同龄期混凝土将会由于龄期差而产生相对的差异收缩，会在结合面附近区域产生收缩自应力。

龄期差越大，则收缩自应力越大，由收缩产生的收缩变形也越大，龄期滞后的一侧将产生拉应力。而混凝土的抗拉性能很差，一旦其拉应力超出允许值则混凝土会开裂。因此需要尽可能缩短构件上混凝土的龄期差，而延后后浇悬臂板的时间对施工组织安排很有好处。因此，需要在两者之间找到一个最佳的结合点，即：在不产生严重的收缩裂缝的情况下先浇段与后浇段之间的最大时间差。以下将考虑多种不同浇筑间隔下对结合面的收缩应力，为最终施工方案的确定提供支持。

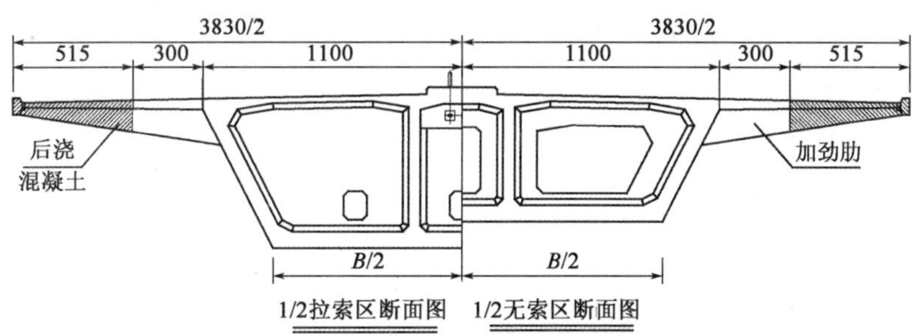

图2.52　横向分次浇筑范围图（尺寸单位：cm）

因此，需要重点分析龄期差的影响。龄期差的基本分析方法为，根据现场工序安排假定箱梁与翼缘板龄期差异情况，然后根据规范计算两构件的收缩应变差，将应变换算为降温荷载施加在后浇段上，降温荷载的计算如式（2-2）所示。

$$\Delta T = \frac{\varepsilon_{t,t_1} - \varepsilon_{t,t_0}}{\alpha} \tag{2-2}$$

式中：ε_{t,t_1}——后浇段收缩应变；

ε_{t,t_0}——先浇段收缩应变；

α——混凝土线膨胀系数。

计算选取六个跨中等截面处标准节段（17号~22号）24m的区段进行分析，计算模型采用Solid45模拟混凝土单元，Link8模拟钢筋网单元，利用对称性取半结构分析，模型如图2.53所示。

分析中考虑了四种情况下的混凝土收缩应力，对应的施工情况如图2.54所示。情况一：后浇悬臂段与先浇脊骨同时（龄期差为零）浇筑；情况二：后浇悬臂段滞后先浇脊骨一个节段（10d）浇筑；情况三：后浇悬臂段滞后先浇脊骨两个节段（20d）浇筑；情况四：后浇悬臂段滞后先浇脊骨三个节段（30d）浇筑。

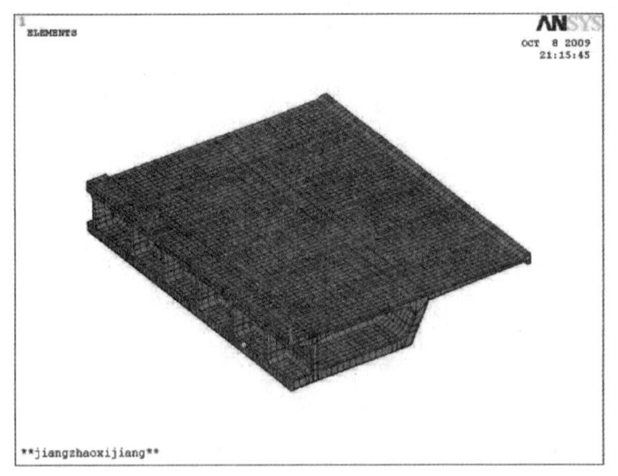

a)箱梁有限元模型

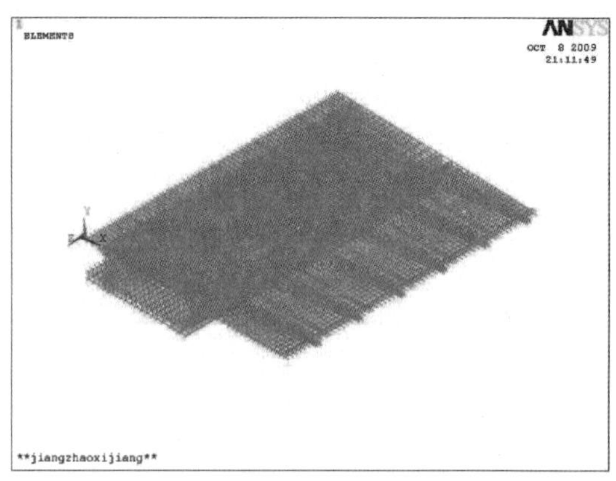

b)箱梁中的普通钢筋网

图2.53　龄期差影响分析的有限元模型

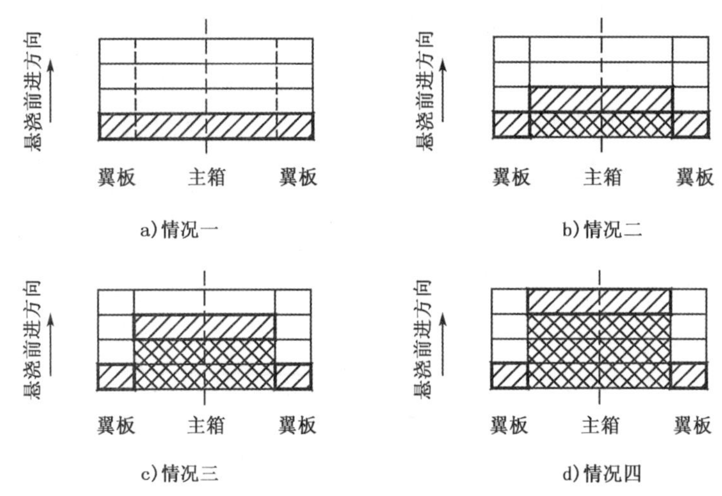

a)情况一　b)情况二　c)情况三　d)情况四

图2.54　各情况浇筑节段示意图

图例：▨ 正在实施；⊠ 已经完成。

图2.55～图2.57为收缩作用下箱梁纵向应力分布图。计算表明，箱梁后浇翼板部分收缩效应明显，其余部分收缩效应较小；在翼板浇筑分段处，由于新老混凝土龄期不同造成的结合面收缩效应相对较为明显。

通过对比不同浇筑方案可以看出，随着翼板两侧混凝土浇筑时间间隔的增加，结合面收缩应力有所增大，但增大幅度不大；两边同时浇筑时，结合面纵桥向收缩应力最大值达2.06MPa，浇筑时间间隔分别为10d、20d和30d时，相应的应力最大值分别为2.49MPa、2.65MPa和2.77MPa。这说明由于结合面两侧混凝土浇筑时间差对结合面收缩效应影响远不如两侧板件厚度差异的影响大。

图2.58～图2.60为收缩作用下箱梁竖向应力分布图，计算表明，现浇翼板部分收缩效应明显，其余部分收缩效应较小；在翼板浇筑分段处，由于新老混凝土龄期不同造成的结合面收缩效应相对较为明显。

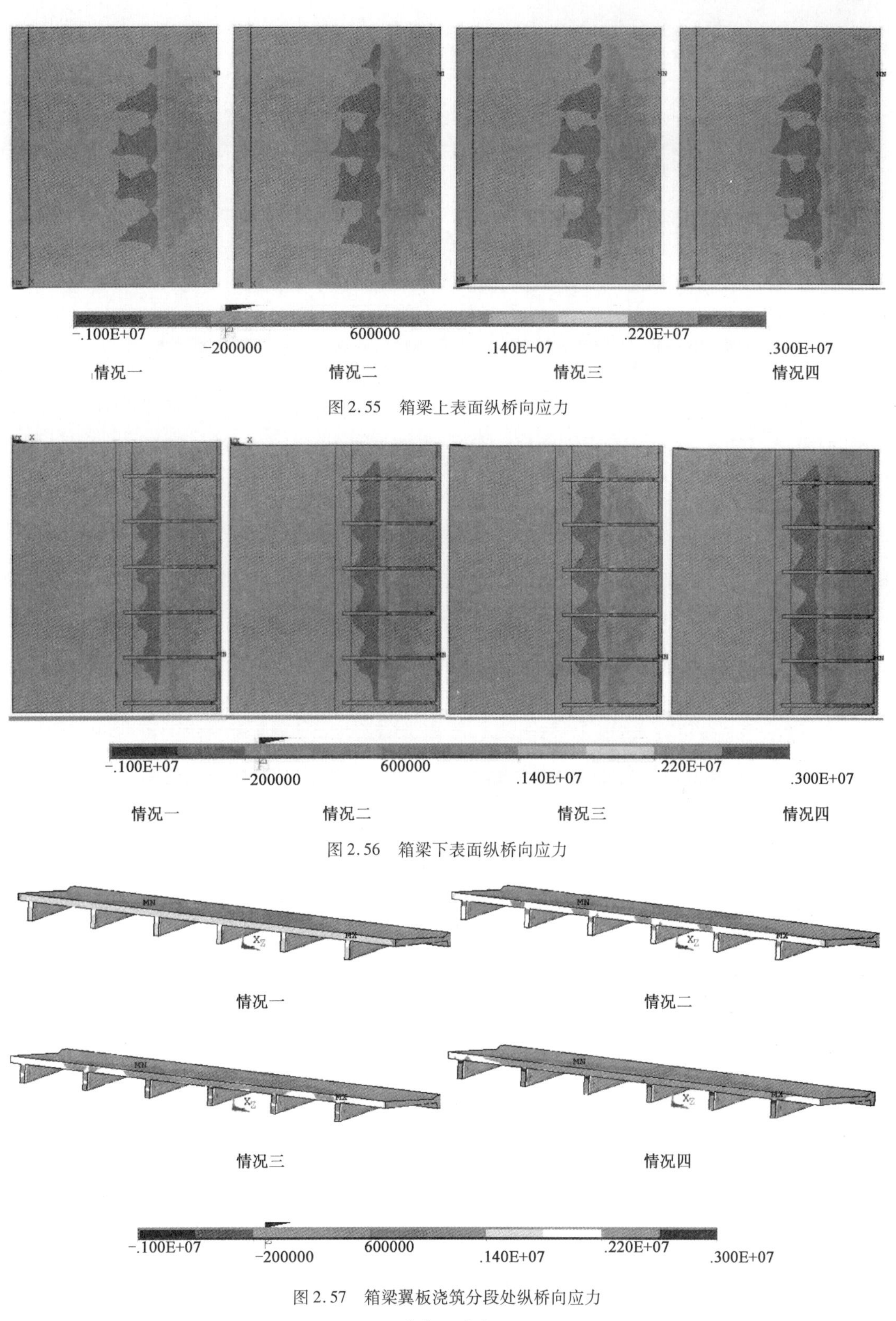

图2.55　箱梁上表面纵桥向应力

图2.56　箱梁下表面纵桥向应力

图2.57　箱梁翼板浇筑分段处纵桥向应力

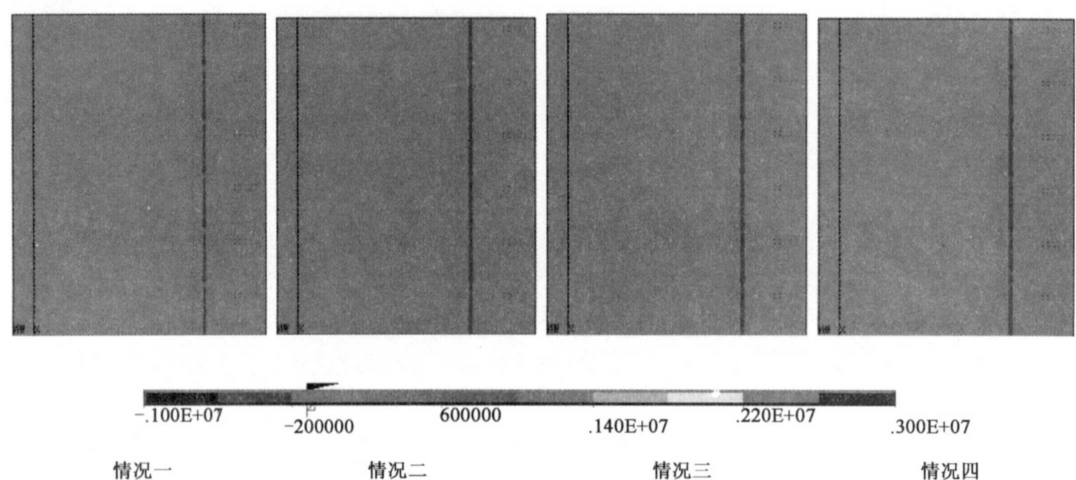

图 2.58　箱梁上表面竖向应力

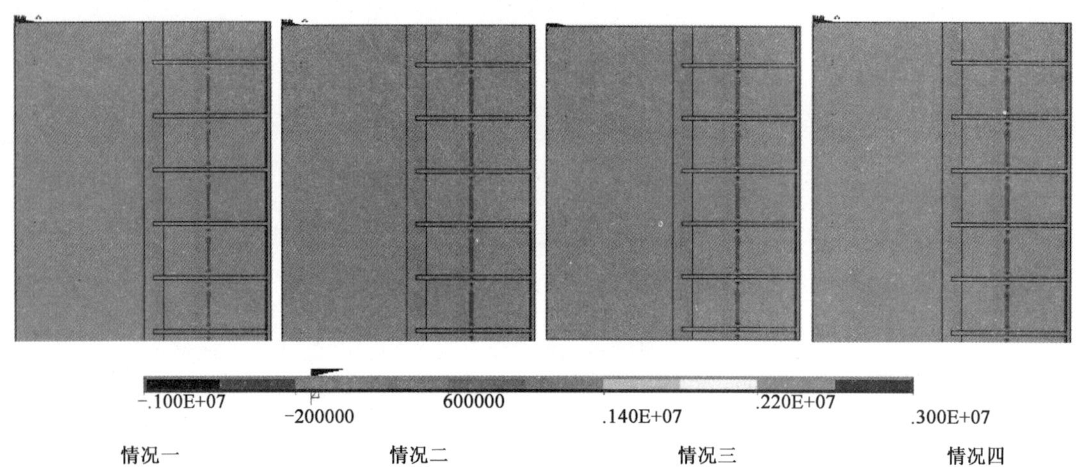

图 2.59　箱梁下表面竖向应力

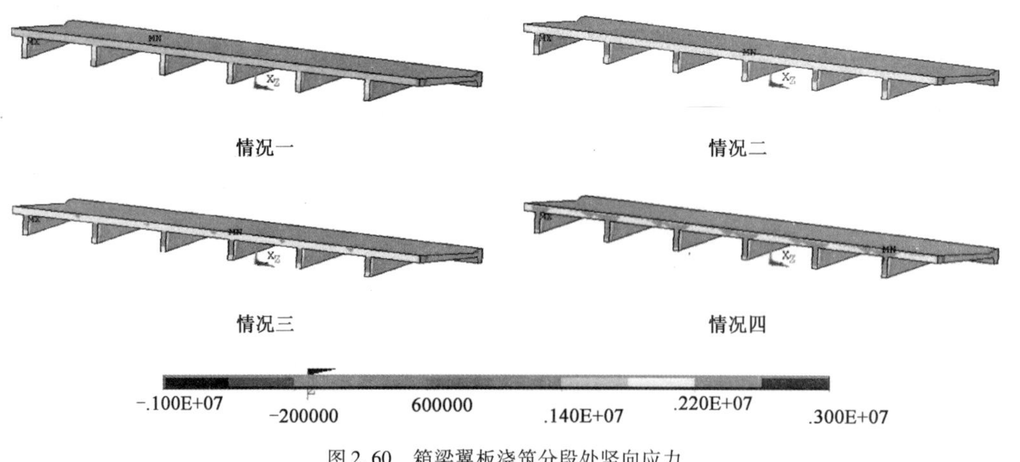

图 2.60　箱梁翼板浇筑分段处竖向应力

通过对比不同浇筑方案可以看出，随着翼板两侧混凝土浇筑时间间隔的增加，结合面收缩应力有所增大，但增大幅度不大；两边同时浇筑时，结合面竖向收缩应力最大值达 1.93MPa，浇筑时间间隔分别为 10d、20d 和 30d 时，相应的应力最大值分别为 2.35MPa、2.51MPa 和 2.62MPa。

图 2.61 ~ 图 2.63 为收缩作用下箱梁横桥向应力分布。

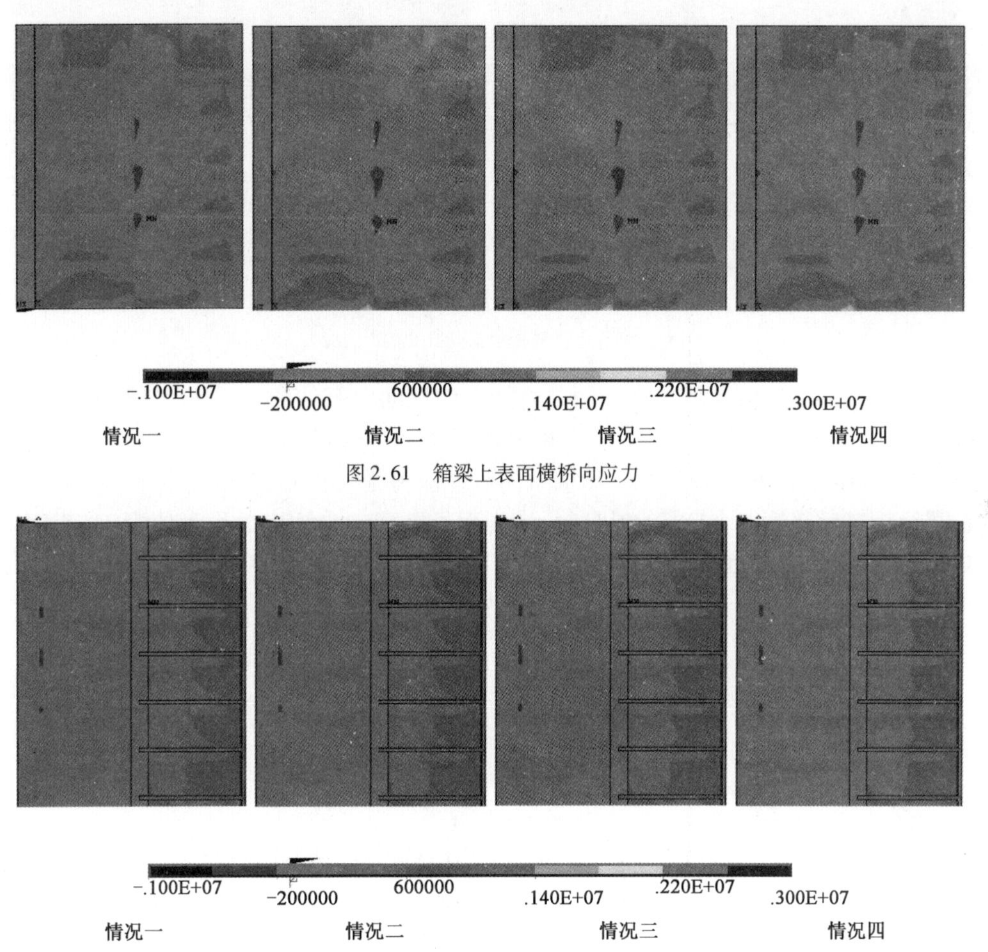

图 2.61　箱梁上表面横桥向应力

图 2.62　箱梁下表面横桥向应力

以上计算表明，由于结合面两侧混凝土浇筑时间差对结合面收缩效应影响远不如两侧板件厚度差异的影响大。从表 2.20 可以看出，在收缩单项作用下，箱梁横桥向收缩效应比起纵桥向、竖向收缩效应要小得多，这是由于老混凝土对新混凝土的约束效应主要集中在纵桥向和竖向，而对新混凝土横桥向收缩几乎没有影响。

收缩单项作用下翼板应力分布汇总（单位：MPa）　　表 2.20

应力方向 \ 工况	情况一	情况二	情况三	情况四
纵桥向	2.06	2.49	2.65	2.77
横桥向	1.20	1.26	1.29	1.32
竖向	1.93	2.35	2.51	2.62

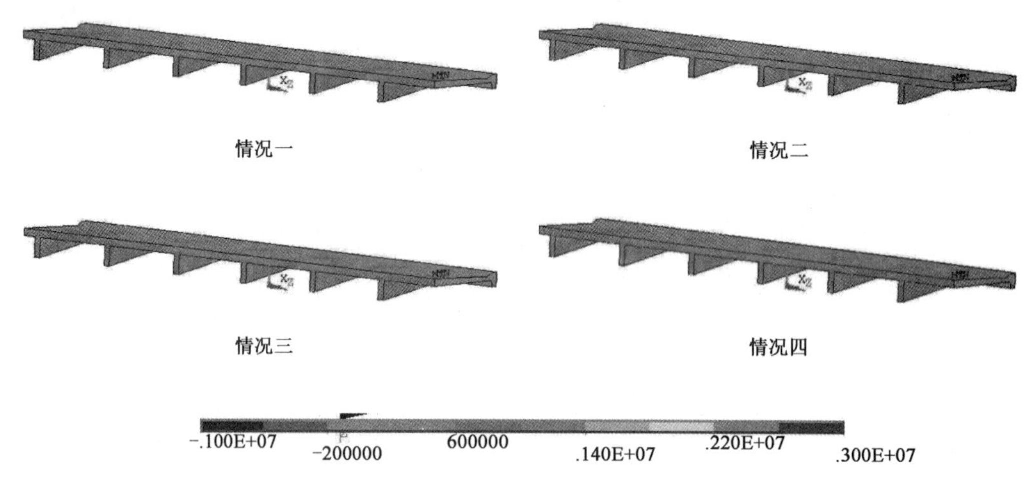

图 2.63　箱梁翼板浇筑分段处横桥向应力

通过对不同龄期差情况下先浇断面与后浇断面三向收缩应力分析发现，对于结合面处纵桥向收缩应力和竖向收缩应力，随着翼板两侧混凝土浇筑时间间隔的增加，结合面收缩应力有所增大，增大幅度达到 21% ~36%。而横桥向收缩应力增大较小，增幅在 5% ~10%。

在翼缘板滞后浇筑三个节段(30d)时，结合面上纵桥向收缩应力最大值为 2.77MPa，竖向收缩应力最大值为 2.62MPa。主梁混凝土为 C60，抗拉强度标准值为 2.85MPa，故认为，在翼缘板滞后浇筑三个节段范围内，新老混凝土龄期差异不会引起结合面上产生收缩开裂。

2.4　拉索系统及换索设计

2.4.1　斜拉索设计标准

西江大桥斜拉索采用 $\phi^{s}15.2$mm 填充型环氧涂层钢绞线斜拉索，标准强度为 1860MPa，斜拉索规格分别为 43-$\phi^{s}15.2$mm 和 55-$\phi^{s}15.2$mm，采用钢绞线拉索群锚体系。斜拉索为单索面双排索，布置在主梁的中央分隔带处。塔根两侧无索区长 64m，边跨无索区长 32m，中跨无索区长 18m，梁上索距 4.0m，塔上索距 0.8m，斜拉索在塔上采用分丝管锚固结构。全桥共 128 根斜拉索。

斜拉索是部分斜拉桥的重要支撑构件，它承受着桥梁的恒载、活载及其他可变荷载和偶然荷载的作用，汽车活载又会引起拉索轴向拉应力的变化，产生应力幅，斜拉索产生疲劳破坏。所以斜拉索设计时需满足荷载的静力强度要求和汽车活载引起的疲劳强度要求，对上述两种强度应分别进行验算。

《公路斜拉桥设计细则》(JTG/T D65-01—2007)中对斜拉桥拉索的静力强度允许应力取值规定为：

运营状态下拉索安全系数不小于 2.5，即

$$[\sigma] \leqslant 0.4f_{pk} \tag{2-3}$$

施工状态下拉索安全系数不小于 2.0，即

$$[\sigma] \leq 0.5f_{pk} \tag{2-4}$$

式中：$[\sigma]$——斜拉索的允许应力值(MPa)；

f_{pk}——斜拉索的标准抗拉强度。

世界其他各国桥梁规范中拉索静力强度安全系数大都取2.0～2.5之间，可以说拉索静力安全储备大于斜拉桥其他上部结构构件的安全储备，其他构件的安全系数一般在1.67左右。这主要是由于斜拉桥拉索的活载应力幅大都在100～200MPa之间，所以要求斜拉桥拉索上限应力$R_{max}=0.4f_{pk}$、在200万次循环荷载作用下的疲劳强度要大于200MPa。如果将拉索的允许应力提高，则在上限应力$R_{max}>0.4f_{pk}$的某一应力状态下，200万次疲劳强度就不一定能保证达到200MPa，所以说疲劳作用对斜拉索静力强度允许应力取值起到制约作用。

关于矮塔斜拉桥拉索的静力允许应力值，国内外设计建造的铁路矮塔斜拉桥拉索静力允许应力值一般采用(0.4～0.45)f_{pk}，与斜拉桥相同，这是因为铁路活载较公路活载大而引起的应力幅值大所致。公路部分斜拉桥拉索活载应力幅只有斜拉桥的1/4～1/3，公路矮塔斜拉桥拉索静力允许应力值一般采用(0.5～0.6)f_{pk}，大部分采用0.6f_{pk}，其值与体外索大致相同。美国工程师协会斜拉桥委员会于1990年颁布的《斜拉桥设计指南》给出了拉索及拉索组成材料的疲劳试验数据，如图2.64所示，随着拉索设计容许应力值即应力上限的提高，其抗疲劳强度逐渐降低，两者呈反比关系。也就是说，矮塔斜拉桥拉索设计时，静力强度的提高是以适度牺牲拉索的抗疲劳强度来换取的。

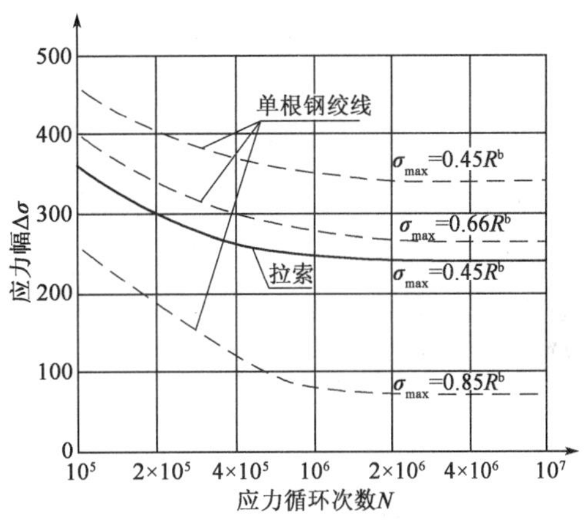

图2.64　直径15mm钢绞线和拉索S-N曲线图

国际预应力混凝土协会(FIP)对预应力筋疲劳强度的定义是，持续200万次循环试验后，破断的预应力筋的截面积不大于试验开始初始截面积的5%。对斜拉索，美国规范规定为2%、200万次的加载，相当于设计疲劳寿命为100年的斜拉索疲劳荷载每天加载55次。

矮塔斜拉桥的拉索和普通斜拉桥的拉索的构造、锚固基本一致，不同之处在于两者在使用过程中的应力变幅不一样，使得取用的安全系数不同，而应力变幅是决定疲劳强度的关键因素。

公路桥梁正常使用状态下汽车荷载对拉索产生变幅循环荷载效应，是一个随机过程。正是这种使用期间的汽车活载对拉索产生疲劳作用，所以进行拉索疲劳强度设计时，应以正常使用状态下的活载应力幅作为疲劳设计的荷载效应。

1990年，由交通部组织在全国4条有代表性的国道干线上进行了正常使用状态下的汽车荷载调查，统计分析结果表明：一般运行状态下，汽车活载效应实测统计值仅为设计标准活载效应的30%，密集运行状态汽车活载效应实测统计值达设计标准活载效应的55%。

显然，不能用公路桥梁规范规定的设计标准活载应力幅进行疲劳强度计算，偏于安全计，同时考虑到组成索体的工艺过程及力学作用使索疲劳强度降低(制束效应)，以及索体的锚固构造使索的疲劳强度进一步折减(锚固效应)，可取60%设计标准活载应力幅值进行疲劳强度计算。国内外部分矮塔斜拉桥的最大活载应力幅统计见表2.21。

最大活载应力幅 表2.21

编号	桥梁名称	国家	结构体系	活载应力幅(MPa)
1	漳州战备桥	中国	塔梁固结体系	42.0
2	惠青黄河公路大桥	中国	刚构体系	33.2
3	冲原桥(Tsukuhara)	日本	刚构体系	37.3
4	保津桥(Hozu)	日本	刚构体系	33.0
5	都田川桥(Miyakodagawa)	日本	刚构体系	24.0
6	新名西桥(Shinmeisei)	日本	刚构体系	26.0
7	日见桥(Himi)	日本	刚构体系	49.8
8	士狩大桥(Shikari)	日本	塔梁固结体系	45.0
9	小田原港桥(Odawara)	日本	刚构体系	38.2

研究中采用基于Weibull分布的拉索疲劳可靠度理论,取最大活载应力幅值的60%进行疲劳可靠度分析。

结构的疲劳问题涉及诸多不确定因素,这使得结构的疲劳寿命可以用一个随机变量表示,通常认为其服从对数正态分布或Weibull分布,Weibull分布比对数正态分布更符合疲劳破坏的规律。

二参数Weibull分布概率密度函数为:

$$f(N) = \frac{k}{c}\left(\frac{N}{c}\right)^{k-1}\exp\left[-\left(\frac{N}{c}\right)^{k}\right] \tag{2-5}$$

式中:N——疲劳寿命,以循环次数表示;

c——特征寿命;

k——形状因子。

由此可导出结构疲劳寿命的均值μ_N及变异系数δ_N分别为:

$$\begin{cases}\mu_N = c\Gamma\left(1+\dfrac{1}{k}\right)\\ \delta_N = \dfrac{\left[\Gamma(1+2/k)-\Gamma^2(1+1/k)\right]^{0.5}}{\Gamma(1+1/k)}\end{cases} \tag{2-6}$$

式中,伽玛函数$\Gamma(x) = \int_0^{\infty}\exp(-t)\cdot t^{x-1}\mathrm{d}t$。

变异系数δ_N可近似为:

$$k = \delta_N^{-1.08} \tag{2-7}$$

学者A. H- Ang等测得了27个结构构造细节的变异系数,均值为0.53。

可靠度函数为:

$$P(N) = 1 - F(N) = \exp\left[-\left(-\frac{N}{c}\right)^{k}\right] \tag{2-8}$$

式中：$F(N)$——Weibull 概率分布函数。计算时一般考虑 N 为设计疲劳寿命（或结构预期寿命），一般取为 2×10^6 或 10^7。

对于结构某构造细节，其 S-N 曲线可表示如下：

$$N\cdot S^b=C \tag{2-9}$$

式中：S——应力幅；

N——应力循环次数；

b、C——与构造细节相关的常数。

对于钢绞线斜拉索，铁道部科学研究院的马林根据 20 多组国产钢绞线的疲劳试验结果，给出了预应力钢绞线 S-N 曲线方程的建议表达式：

$$\lg N=13.84-3.5\lg S \tag{2-10}$$

即 $b=3.5$，$C=1013.84$。

Weibull 变量 N_p 大于某一数值 N_q 的概率为：

$$P(N_p>N_q)=\int_{N_q}^{\infty}f(N_p)\mathrm{d}N_p=\exp\left[-\left(\frac{N_q}{c}\right)^k\right] \tag{2-11}$$

化简得到：

$$\ln c=\frac{-1}{k}\ln\left(\ln\frac{1}{p}\right)+\ln N_q \tag{2-12}$$

通常所用 S-N 曲线，其存活率（即可靠度）为 50%，式(2-12)中取 $p=0.5$，并将式(2-9)代入得到：

$$\ln c=\frac{-\ln(\ln 2)}{k}+\ln(S^{-b}C) \tag{2-13}$$

将式(2-13)代入式(2-8)得到最终的疲劳可靠度公式如下：

$$P(N)=\exp\left\{-\left[\frac{N}{CS^{-b}\exp(-\ln\ln 2/k)}\right]^k\right\} \tag{2-14}$$

根据式(2-14)只要确定拉索的应力幅值 S，即可得到相应的疲劳可靠度。

拉索编号如图 2.65 所示。采用杆系平面有限单元法，计算活载作用各塔每束拉索的应力幅 S，见表 2.22，活载应力幅所占索力比例较小，拉索最大应力占抗拉强度的 0.44～0.47，分布相对较为均匀。

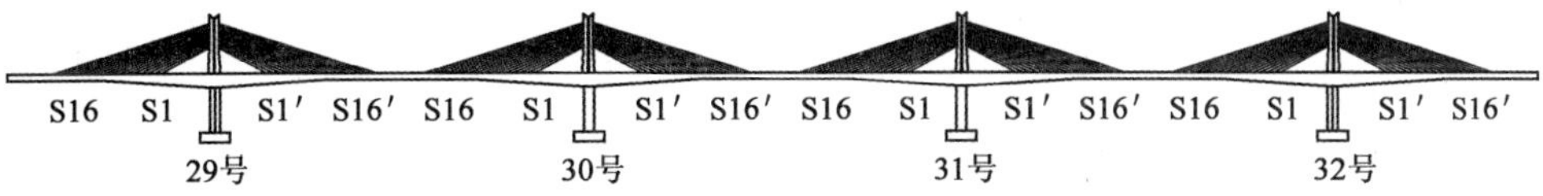

图 2.65　拉索编号

拉索最大活载应力幅 表 2.22

拉索编号		拉索最大应力(MPa)	最大应力/抗拉标准强度	最大活载应力幅(MPa)
29 号墩	S16	846.3	0.46	30.0
	S15	844.6	0.45	27.9
	S14	854.1	0.46	26.6
	S13	834.0	0.45	25.7
	S13′	829.1	0.45	29.8
	S14′	838.2	0.45	29.8
	S15′	817.3	0.44	29.8
	S16′	828.4	0.45	29.7
30 号墩	S16	874.3	0.47	35.4
	S15	861.6	0.46	34.7
	S14	881.3	0.47	34.3
	S13	871.1	0.47	34.0
	S13′	856.0	0.46	33.9
	S14′	865.0	0.47	34.1
	S15′	844.3	0.45	34.6
	S16′	856.1	0.46	35.2
31 号墩	S16	863.8	0.46	35.2
	S15	851.5	0.46	34.6
	S14	871.7	0.47	34.1
	S13	862.2	0.46	33.9
	S13′	868.3	0.47	34.0
	S14′	878.3	0.47	34.3
	S15′	858.3	0.46	34.7
	S16′	870.6	0.47	35.5
32 号墩	S16	837.6	0.45	29.8
	S15	825.6	0.44	29.8
	S14	845.6	0.45	29.8
	S13	835.6	0.45	29.8
	S13′	844.4	0.45	25.7
	S14′	853.1	0.46	26.5
	S15′	832.1	0.45	27.9
	S16′	843.5	0.45	30.0

据统计,实测公路活载强度一般仅能达到设计活载的 13%,特殊情况下达 37%。因此,不能用公路桥梁规范规定的设计标准活载应力幅进行疲劳计算。偏于安全计,取最大活载应力幅值的 60% 进行疲劳可靠度分析。

根据表 2.22 的索力计算结果，得到活载作用下每一根斜拉索的应力幅 S，应用基于 Weibull 分布的疲劳可靠度公式，即可计算出每根斜拉索的疲劳可靠度，查标准正态函数表可得到相应的疲劳可靠指标，现将部分斜拉索的分析结果列于表 2.23。

拉索疲劳可靠度 表 2.23

拉索编号		最大活载应力幅(MPa)	最大活载应力幅×60%(MPa)	疲劳可靠度	可靠指标
29 号墩	S16	30.0	18.0	0.9⁶864	5.18
	S15	27.9	16.7	0.9⁶919	5.21
	S14	26.6	16.0	0.9⁶940	5.22
	S13	25.7	15.4	0.9⁶954	5.22
	S13′	29.8	17.9	0.9⁶869	5.18
	S14′	29.8	17.9	0.9⁶869	5.18
	S15′	29.8	17.9	0.9⁶869	5.18
	S16′	29.7	17.8	0.9⁶874	5.19
30 号墩	S16	35.4	21.2	0.9⁶589	4.93
	S15	34.7	20.8	0.9⁶628	4.95
	S14	34.3	20.6	0.9⁶652	4.96
	S13	34.0	20.4	0.9⁶675	4.98
	S13′	33.9	20.3	0.9⁶685	4.98
	S14′	34.1	20.5	0.9⁶663	4.97
	S15′	34.6	20.8	0.9⁶628	4.95
	S16′	35.2	21.1	0.9⁶575	4.92
31 号墩	S16	35.2	21.1	0.9⁶575	4.92
	S15	34.6	20.8	0.9⁶628	4.95
	S14	34.1	20.5	0.9⁶663	4.97
	S13	33.9	20.3	0.9⁶685	4.98
	S13′	34.0	20.4	0.9⁶675	4.98
	S14′	34.3	20.6	0.9⁶652	4.96
	S15′	34.7	20.8	0.9⁶628	4.95
	S16′	35.5	21.3	0.9⁶561	4.92
32 号墩	S16	29.8	17.9	0.9⁶869	5.18
	S15	29.8	17.9	0.9⁶869	5.18
	S14	29.8	17.9	0.9⁶869	5.18
	S13	29.8	17.9	0.9⁶869	5.18
	S13′	25.7	15.4	0.9⁶954	5.22
	S14′	26.5	15.9	0.9⁶942	5.22
	S15′	27.9	16.7	0.9⁶919	5.21
	S16′	30.0	18.0	0.9⁶864	5.18

注：表中疲劳可靠度小数点后 9 的位数以其右上角的数字表示，例如 0.9^4123 即表示 0.9999123。

根据公路桥梁的目标可靠指标建议值,考虑结构细节性质以及矮塔斜拉桥斜拉索的重要性,根据《公路工程结构可靠度设计统一标准》(GB/T 50283—1999),目标可靠指标取为4.7。从以上计算结果可以看出,31号墩拉索S16′的活载应力幅值最大,其疲劳可靠指标为4.92,亦大于目标可靠指标,故可认为西江大桥拉索的疲劳可靠指标满足要求。

用α表示拉索设计容许应力值与抗拉标准强度的比值,根据以上分析,当$\alpha=0.5$时,拉索最大活载应力幅为21.3MPa。

由于斜拉索的抗疲劳强度随其设计容许应力值的提高而逐渐降低,为了进一步得到单索面矮塔斜拉桥斜拉索设计容许应力值的合理取值,可假定α和拉索活载应力幅成反比,选取具有代表性最不利的31号墩S16′拉索,得到α分别取0.55、0.6、0.65时的活载应力幅,通过应用基于Weibull分布的疲劳可靠度公式,计算相应的疲劳可靠度和可靠指标,结果如表2.24所示。根据公路桥梁的目标可靠指标建议值,考虑结构细节性质以及矮塔斜拉桥斜拉索的重要性,根据《公路工程结构可靠度设计统一标准》(GB/T 50283—1999),目标可靠指标取为4.7,将计算所得可靠指标与目标可靠指标进行对比。

拉索S16′疲劳可靠度分析 表2.24

α	0.5	0.55	0.6	0.65
活载应力幅(MPa)	21.3	23.4	25.6	27.7
疲劳可靠度	0.9^6561	0.9^6156	0.9^5842	0.9^5728
可靠指标	4.92	4.79	4.66	4.54

从计算结果可以看出,当$\alpha=0.6$时,拉索疲劳可靠指标为4.66,略小于目标可靠指标4.7,考虑到最大活载应力幅的取值较为保守,可以认为拉索设计容许应力值与抗拉标准强度之比取为0.6时疲劳可靠指标也是满足要求的,因此,单索面矮塔斜拉桥拉索设计容许应力值取为$0.6f_{pk}$也是合理的,这一分析结果与《公路斜拉桥设计细则》(JTG/T D65-01—2007)中给出的矮塔斜拉桥斜拉索容许应力建议值相一致。

应用基于Weibull分布的疲劳可靠度公式,对西江大桥斜拉索在活载作用下的疲劳可靠度进行分析表明,单索面刚构体系矮塔斜拉桥斜拉索在活载作用下的应力幅值较小,疲劳可靠度有较大保障,拉索不会产生疲劳破坏,斜拉索设计容许应力值采用$0.6f_{pk}$是合理的,研究结论可为同类工程提供借鉴。

2.4.2 桥塔鞍座设计

矮塔斜拉桥索鞍区是一个关键传力部位,其基本功能是让拉索以不间断的方式连续通过索塔,并通过黏结锚固使拉索锁定,将斜拉索的作用力传递至桥塔。由于受强大索力影响,鞍座区局部应力可能超限引起压碎或者开裂,进而影响耐久性能。本桥中混凝土宽幅单索面构造,使得拉索索力较大,为减小鞍座受力,将拉索分为两股,分别从塔柱内穿过,需对鞍座局部受力性能进行分析,以确保结构受力可靠。

此外,对于矮塔斜拉桥,主梁和斜拉索共同承受荷载作用,斜拉索是重要的受力构件。然而,斜拉索在使用过程中,由于腐蚀、疲劳、施工质量和车辆撞击等原因,受力性能会逐渐恶化,不适合继续承载。设计中必须考虑结构的可持续性,预设可更换构造,储备足够的承载富余,为换索提供可行性。桥塔及索鞍构造图如图 2.66 所示。

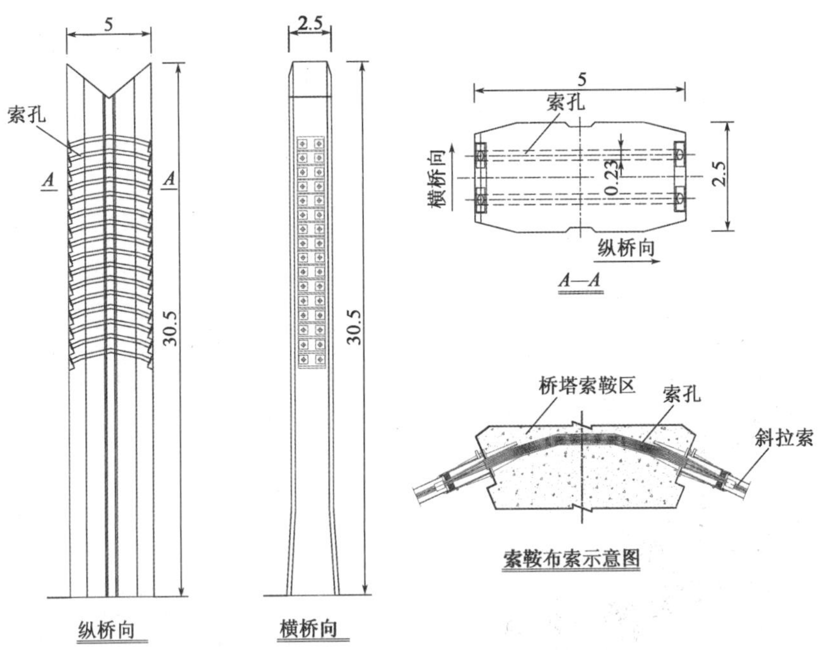

图 2.66 桥塔及索鞍构造图(尺寸单位:m)

西江大桥主塔为独柱式钢筋混凝土结构,截面为八边形,并在顺桥向塔中刻深 0.1m、宽 0.7m的景观饰条。主塔高度为 30.5m(含索顶以上 4m 装饰段),主塔截面等宽段顺桥向厚为 5m,横桥向宽 2.5m;塔底 5m 范围,顺桥向厚为 5m,横桥向宽由 2.5m 渐变到 3.1m。

斜拉索采用 ϕ^s15.2mm 填充型环氧涂层钢绞线斜拉索,斜拉索规格分别为 43-ϕ^s15.2mm 和55-ϕ^s15.2mm,斜拉索为单索面双排索,跨越桥塔鞍座,在内部穿孔 23cm。

采用大型有限元分析软件 ANSYS 对索塔锚固区局部受力性能进行分析,如图2.67、图 2.68所示。混凝土塔柱采用 Solid45 单元模拟。考虑到计算规模,采用级次网格进行划分,在鞍座处进行细化。

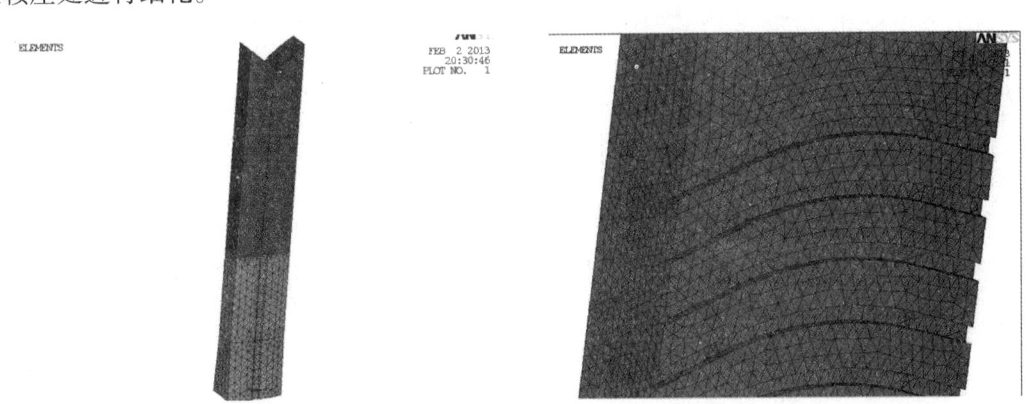

图 2.67 索塔整体有限元模型图

图 2.68 索塔锚固区断面有限元模型图

索鞍式锚固区中斜拉索绕过塔柱，并且该锚固区中的斜拉索索力通过鞍座锚体传到塔柱上，会在鞍座锚体与混凝土塔柱接触的圆弧面上产生较大的压应力。等效力计算简化如图2.69所示。

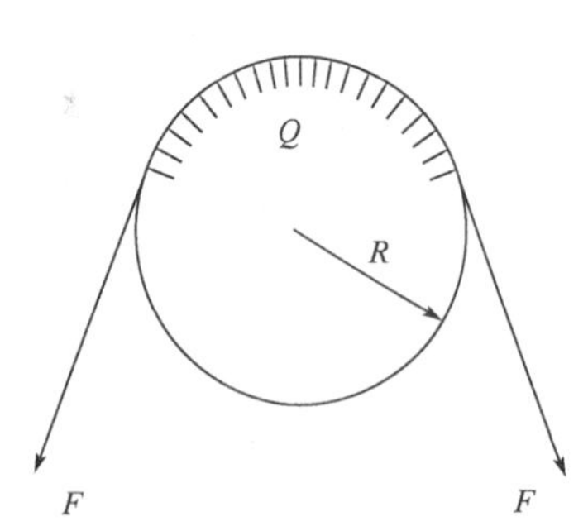

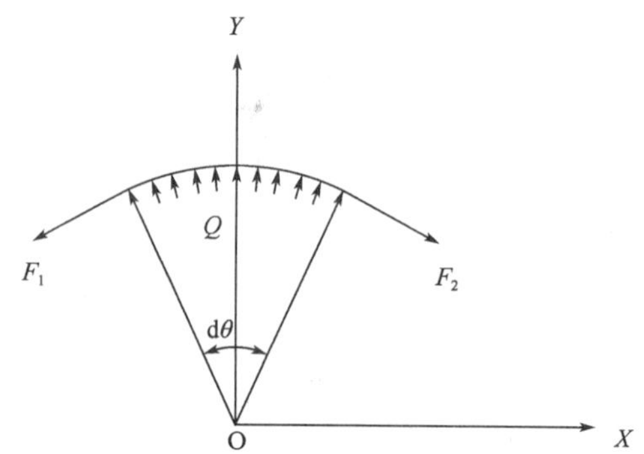

图2.69　索塔局部分析受力简化图式

研究中对成桥运营状态以及换索状况的索塔锚固区响应特性分别进行了分析，部分代表性计算结果如图2.70、图2.71所示。

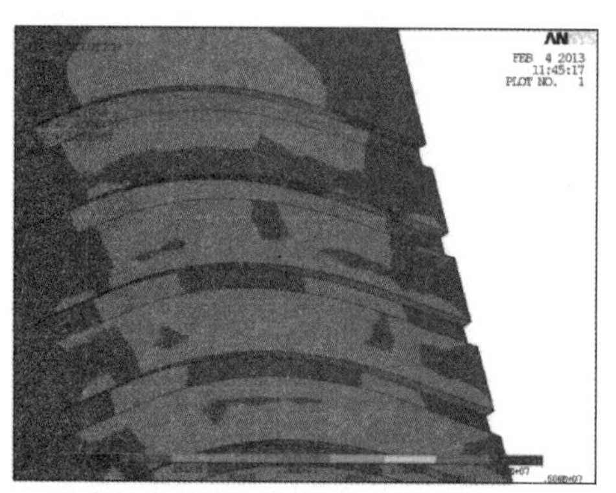

a)顶部鞍下混凝土主拉应力图

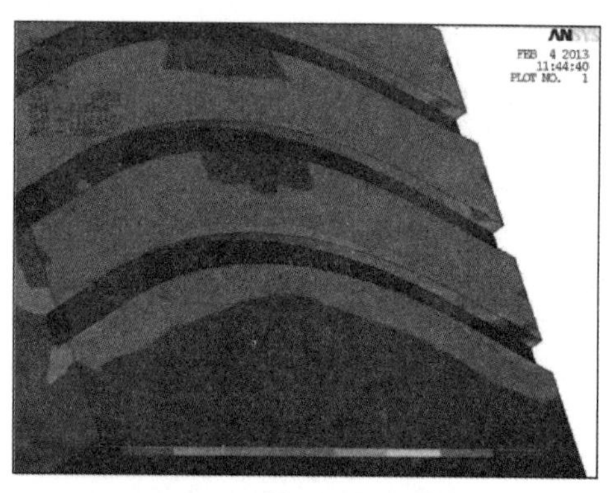

b)底部鞍下混凝土主拉应力图

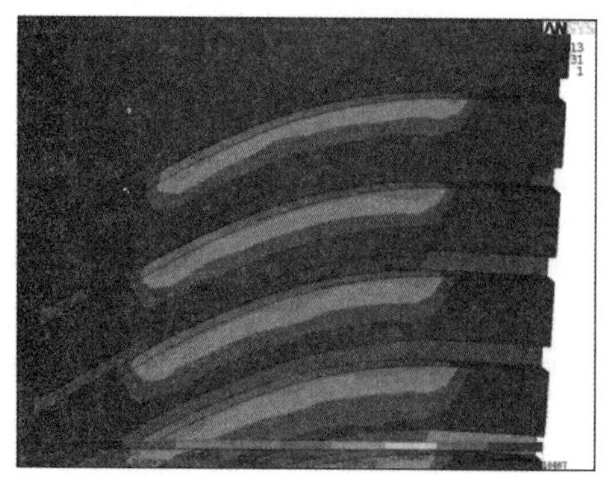

c)顶部鞍下混凝土主压应力图

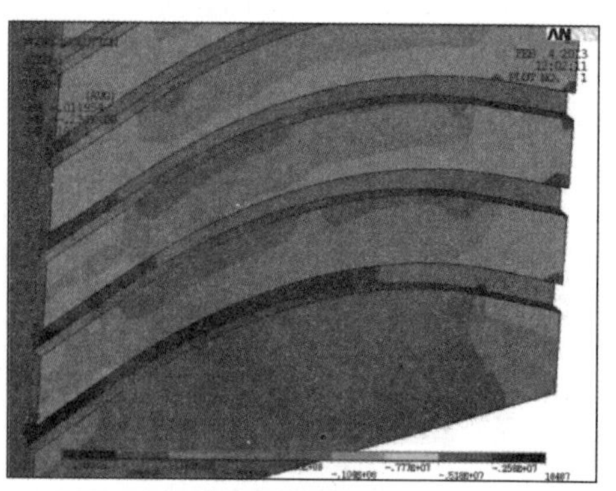

d)底部鞍下混凝土主压应力图

图2.70　成桥运营状态索塔锚固区应力响应

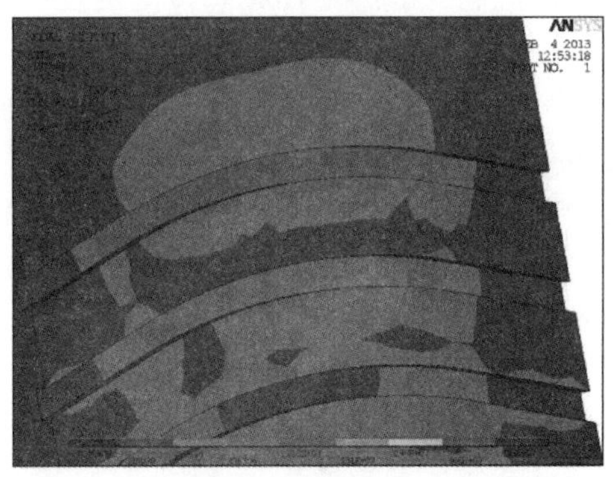

a)顶部鞍下混凝土主拉应力图

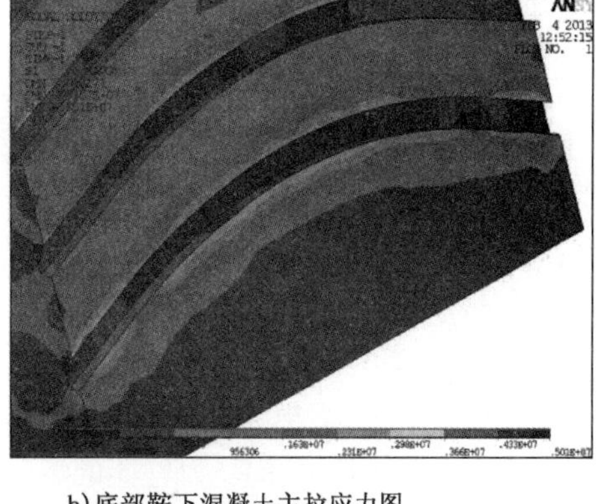

b)底部鞍下混凝土主拉应力图

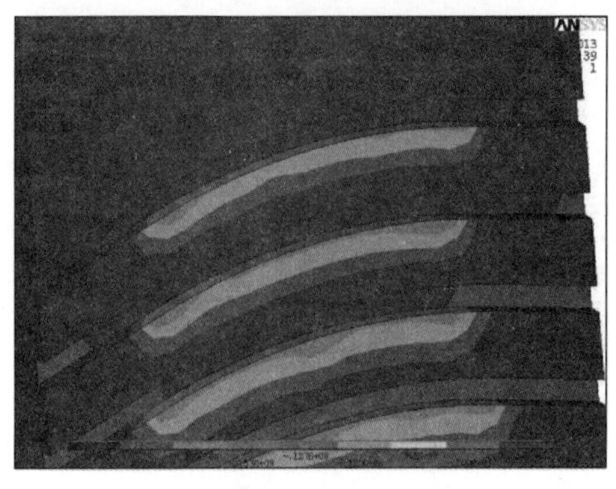

c)顶部鞍下混凝土主压应力图

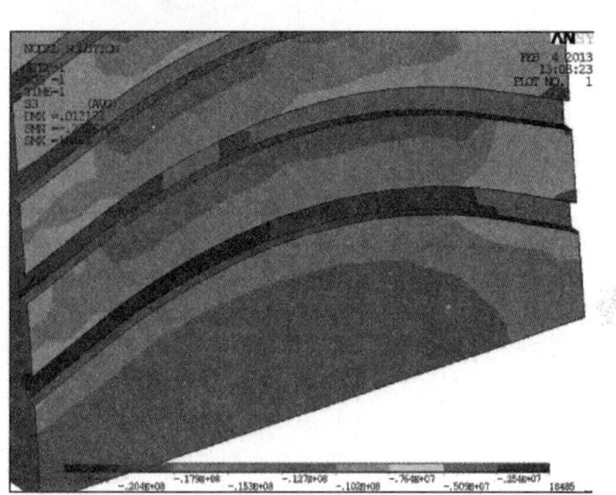

d)底部鞍下混凝土主压应力图

图 2.71　换索状态索塔锚固区应力响应

成桥运营状态下,全锚固区处于受压状态。主压应力从上到下依次增大,最大主压应力为24.1 MPa,在最下端的 S1 号拉索处。大部分区域主压应力在 5 ~ 15MPa 之间。无明显应力集中区域。从局部上看,锚固区顶部鞍下混凝土总体主压应力在 3 ~ 5MPa 之间,与鞍座直接接触的圆弧段局部主压应力在 5 ~ 10MPa 之间。底部鞍下混凝土主压应力明显增大,达 7 ~ 15MPa。

换索状态下,索塔整体上基本受压,在下端的局部很小区域,主拉应力最大数值达到 5.01 MPa,影响范围较小。

在鞍下混凝土最下缘,受到最大的主拉应力。从总体上看,主拉应力状况和最不利状态基本上一致。但 S1 号索鞍下混凝土的上缘,原来拉应力为 0.3MPa 左右,现在主拉应力增加到 2 ~ 3MPa,这个影响不能忽略,它是由横桥向不平衡的索力总体效应产生的,局部未受显著影响。

2.4.3　运营养护换索设计

对于部分斜拉桥,主梁和斜拉索共同承受荷载作用,斜拉索是重要的受力构件。然而,斜拉索在使用过程中,受力性能会逐渐恶化,不适合继续承载。造成斜拉索损伤的因素及不利影响主要有:

(1)斜拉索的腐蚀。当斜拉索腐蚀严重时,其静力强度和疲劳抗力大大下降,已不可能按照规范取值或原来试验的疲劳极限对斜拉索进行疲劳抗力评估。尽管斜拉桥是按照超静定结构体系设计的，能经受某单根拉索的突然破坏。可是，如果破坏是由于腐蚀引起的，则力的进一步重分配可能引起更多拉索的破坏，剩余拉索结构的整体性也会被破坏，结构有可能渐次破坏。

(2)斜拉索的疲劳。除了拉索的风振、雨振引起拉索的疲劳外，在桥面活载作用下，斜拉索与主塔、主梁锚固点处存在疲劳问题，其表现为：斜拉索因为受到横向挤压和反复弯折产生疲劳；锚具因承受拉索传递过来的活载而产生疲劳。导致索塔、主梁锚固点处疲劳抗力衰减的因素较多，包括锚固的构造细节、力学作用及外界腐蚀等。拉索疲劳会引起强度降低和拉索的突然断裂。

(3)其他因素，如施工质量和车辆撞击等都会引起拉索受力性能的改变。拉索受到破坏后，可采用换索的方法，更换新拉索，以保证结构运营的安全性。

为了对比各拉索对结构受力性能的影响程度，首先选取具有代表性的16对拉索进行斜拉索敏感度分析，设定初始索力为100kN，对指定拉索更改索力为200kN，查看对主梁竖向位移的影响程度，通过对比分析各拉索敏感度，为选择合理的换索顺序提供依据。如图2.72～图2.74所示。

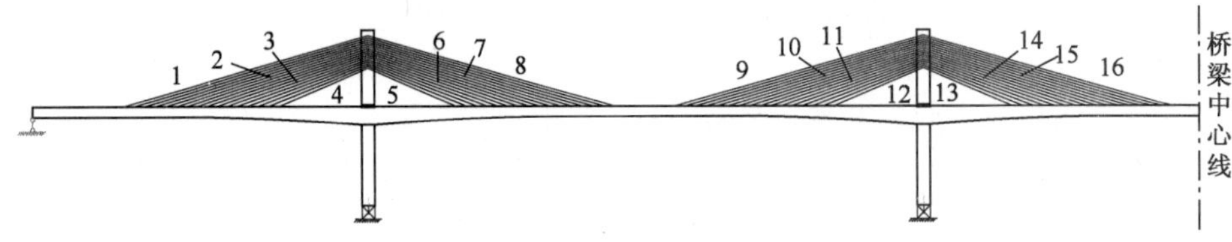

图2.72 选用拉索编号

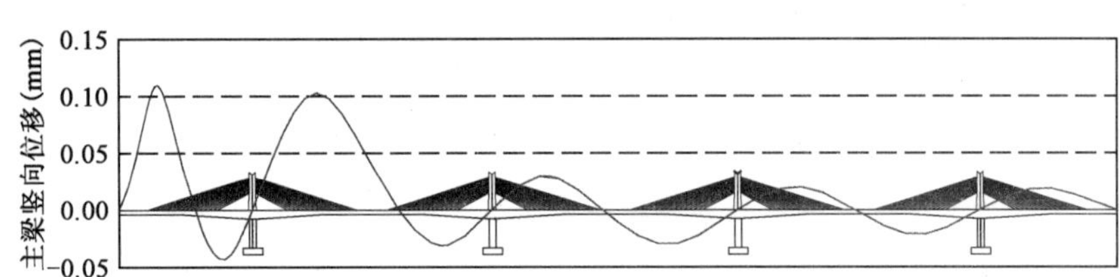

图2.73 1号拉索对主梁竖向位移影响曲线

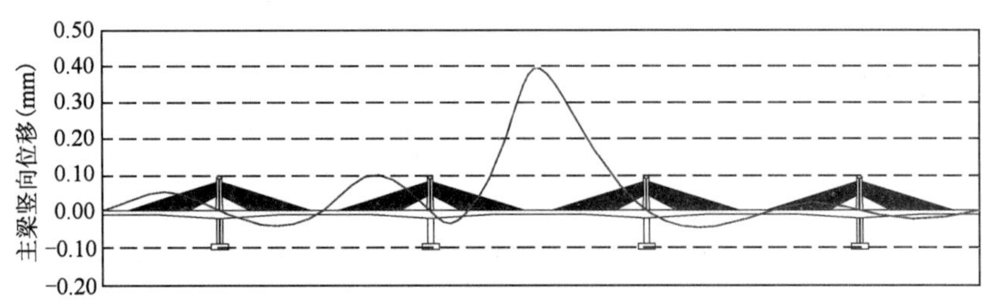

图2.74 16号拉索对主梁竖向位移影响曲线

合理的换索顺序应根据实际情况确定。一般来说，腐蚀最严重的拉索其承载能力大大降低，换索过程中，卸下一根索，全桥索力将按一定规律重新分布，其临近索的索力一般会增大，对于腐蚀严重的拉索可能难以承受。因此确定换索顺序时，首先更换严重腐蚀的拉索。研究假设各拉索的腐蚀程度相同，仅从力学性能上对换索的顺序做一分析。

1号拉索位于边塔(1号塔)最外侧，当索力由100kN变化为200kN时，1号拉索与主梁交点处主梁的竖向位移明显增加，上升了0.1mm。索力的增加使得塔顶向1号索方向移动，塔梁固结处发生偏向拉索方向的转角位移，塔根处1号拉索侧的主梁发生向下位移，而另一侧发生向上的位移；与塔顶相连的次中跨拉索随主塔发生位移，索力增大，带动次中跨跨中主梁向上位移0.1mm。其他各跨的响应与连续梁桥类似，位移情况呈波浪形状。

16号拉索位于中塔（2号塔）最内侧，是最接近中跨跨中的一根拉索，当索力由100kN变化为200kN时，16号拉索与主梁交点处主梁的竖向位移明显增加，上升了0.4mm。索力的增加使得塔顶向16号索方向移动，塔梁固结处发生偏向拉索方向的转角位移，塔根处16号拉索侧的主梁发生向下位移而另一侧发生向上的位移。由于拉索作用于跨中，故主梁的竖向位移大致是对称的。

对比1号斜拉索和16号斜拉索对主梁竖向位移的影响，可以发现拉索索力增大，直接引起拉索两端——主梁和主塔塔顶发生偏向拉索的位移。而中跨跨中拉索索力变化要比边跨外侧索力变化对主梁竖向位移的影响要明显地多，本节中计算结果分别为0.4mm和0.1mm，差别很大。这体现了多塔部分斜拉桥斜拉索敏感度的不同。

按照相同的方法，考察1号~16号拉索索力变化对主梁竖向位移的影响，对主梁竖向位移影响较大的斜拉索，如8号索、9号索和16号索，均是作用在桥跨跨中的斜拉索，即跨中区域斜拉索对主梁竖向位移的敏感度要高于主塔附近斜拉索。基于这一认识，制定合理的换索顺序。

由于内侧拉索的敏感度要低于外侧拉索的敏感度，在换索过程中，当内侧斜拉索被卸下时，主梁的变形较小，对周边拉索及全桥的受力性能影响小。因此，在换索过程中，应该用新拉索来承受较大的结构变动，而对于较小的结构受力性能上的变化由老的斜拉索来承受。即换索时，应该先换内侧斜拉索，以使经过一段时间使用的桥梁结构经受较小的扰动，最后更换外侧斜拉索。

为保证换索过程中主梁及主塔受力均衡，换索施工应对称、依次进行。江肇西江大桥为多塔矮塔斜拉桥，其斜拉索锚固方式不同于传统斜拉桥。传统斜拉桥斜拉索锚固于锚箱上，拉索之间是独立的。矮塔斜拉桥斜拉索通过主塔索鞍段锚固于主塔上，斜拉索是连续通过塔顶的。因此，对于矮塔斜拉桥，换索是“成对”进行的，根据敏感性分析结论，更换体系受力最为敏感的最外侧索，分别讨论中断交通以及不中断交通情况下更换一对、两对及三对拉索时主梁承载性能，换索工况如图2.75~图2.81所示。

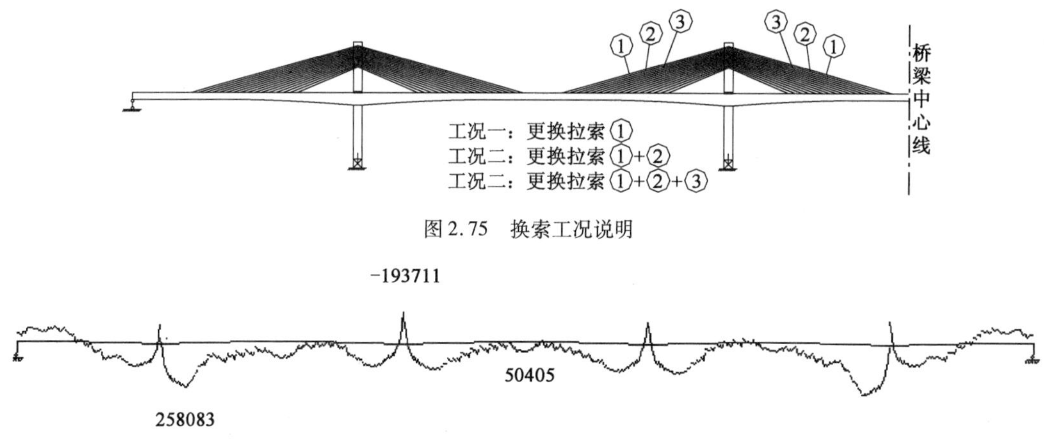

图2.75　换索工况说明

图2.76　工况一中断交通换索主梁弯矩图

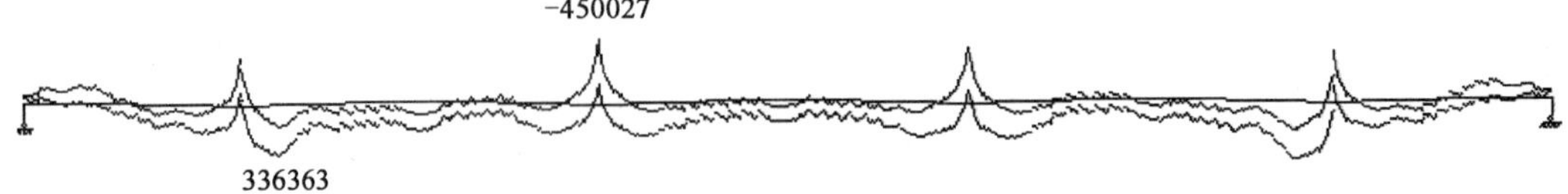

图 2.77　工况一不中断交通换索主梁弯矩包络图

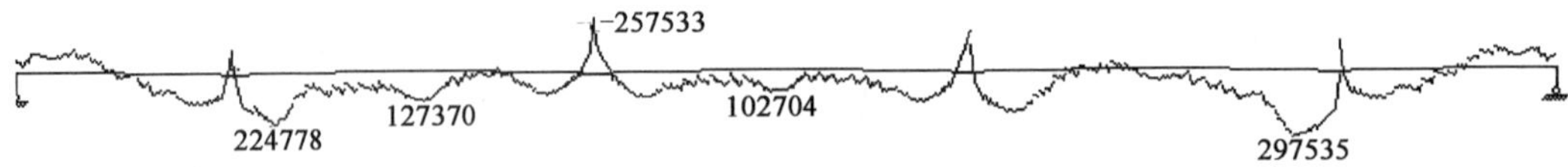

图 2.78　工况二中断交通换索主梁弯矩图

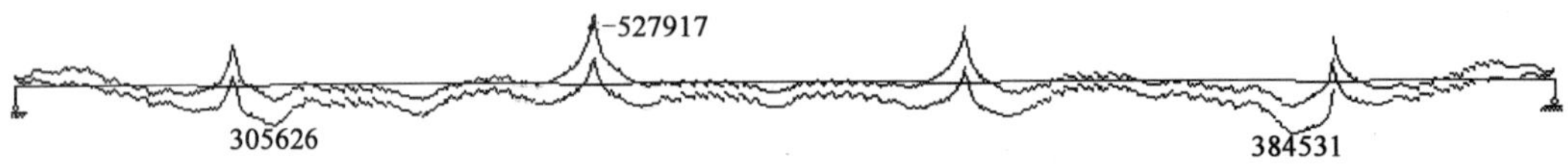

图 2.79　工况二不中断交通换索主梁弯矩包络图

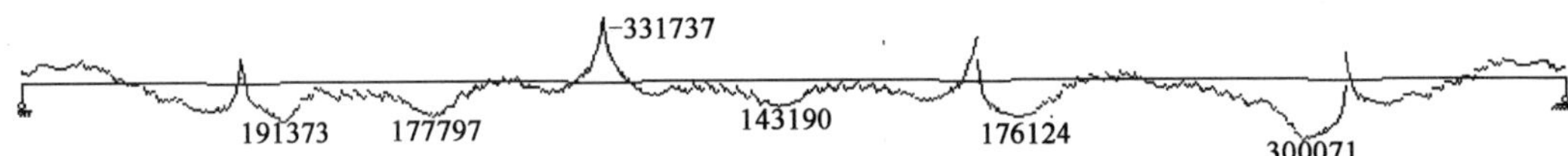

图 2.80　工况三中断交通换索主梁弯矩图

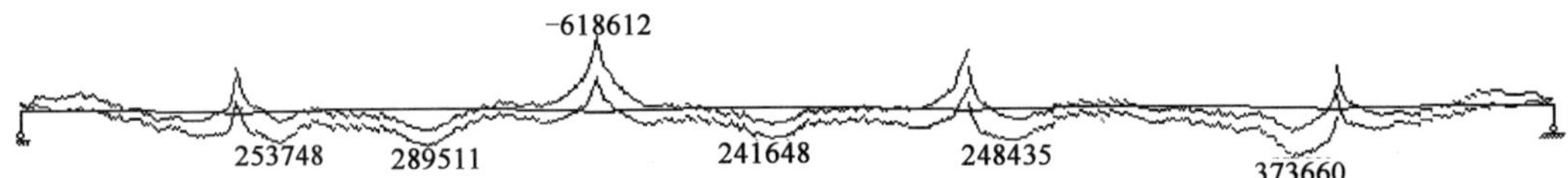

图 2.81　工况三不中断交通换索主梁弯矩包络图

根据各计算工况可知，结构完全满足不中断换索条件要求，确定换索顺序的同时要考虑方便施工组织，换索顺序最好按拉索的位置依次进行，这样可以使换索工作平台的移动循序渐进，在换索实施中具体办法如下：

(1)在中断交通的条件下换索，如果施工控制得当并注意实时监控，最多可以同时换三对斜拉索。此时，中塔塔顶水平位移为 1cm，中跨跨中竖向位移为 8cm，弯矩达到 1.085×10^{5}kN·m，截面最大应力达到 12.9MPa，但均满足受力要求以及位移限制条件。但考虑到换索风险较大，且应保留一定的安全富余，如果不是工期有特殊要求，采用最多同时换两对斜拉索的换索方法。

(2)在不中断交通的条件下，考虑到荷载的不确定性，建议采用每次只换一对斜拉索的换索方法，此时跨中截面压应力也已经达到 16.1MPa。

(3)从受力角度出发，换索顺序应该尽量由内侧向外侧进行。实际操作过程中采用何种换索顺序以及优先更换的索面选择应由实际观测的拉索腐蚀程度等因素综合确定。

第 3 章　桥梁耐久性设计与防护技术

桥梁耐久性问题正在日益引起重视,耐久性差、服务寿命短、全寿命经济性能低等问题的出现,严重影响了桥梁正常服务功能的发挥,并且给养护、维修等后期运营管理工作带来巨大经济和社会负担。西江大桥位于珠江三角洲西部地区,是国家高速公路网珠三角环线高速公路的重要组成部分,如何保证其使用寿命及使用期间的安全、耐久及维护管理的经济性问题,是建设前必须深思熟虑的关键问题之一,对于促进高速公路达成建设使命具有十分深远的意义。大桥在设计过程中,开展了对桥址区域的环境作用特性调查、混凝土结构耐久性病害调查等基础调研工作,在材料、构造等多方面开展了耐久性设计工作,进行了后期防护工作的研究。

3.1　环境作用特性的调查与分析

环境调查是耐久性研究的基础,本桥设计过程中,除了对西江大桥所处环境进行细致的调查与分析,同时对类似环境中的桥梁混凝土结构腐蚀破坏情况也进行了调查和检测。研究类似公路桥梁耐久性现状和影响因素,从而确定最佳的耐久性保证方案。

3.1.1　桥址区域环境作用调查

西江大桥位于肇庆市鼎湖区永安镇与沙浦镇之间,桥位跨越西江主干流,北岸属肇庆市鼎湖区永安镇,南岸属高要市沙浦镇。西江大桥 K83 + 180 ~ K84 + 000 通过西江,河道平直,河面宽度约 800m,据水域地震反射波测量江水深度,桥位中轴水深 1.4 ~ 21.5m,水底高程 - 20.0 ~ 0.2m。桥位所在地段两岸一级阶地的高程 1.5 ~ 2m,大堤顶面高程 13m 左右。

本区地处北回归线之南,属亚热带季风气候,雨水充沛,阳光充足,气候温和,少霜无雪,四季长青,年平均气温 21.8 ~ 23.2℃,12 月 ~ 次年 2 月最低气温 1 ~ 10℃,6 ~ 8 月最高气温 36 ~ 38℃。本区常年多东、东南、东北风,冬季受寒潮侵袭则刮北和西北风,风力 4 ~ 5 级,7 ~ 9 月有台风袭击。多年平均 1 ~ 4 次,风力常达 6 ~ 9 级,最大达 12 级。

桥位地表径流发育,河流属于珠江水系的西江干流。西江径流量大,年变幅小,水位高,汛期长,洪峰高,含砂量低,受潮流影响弱。西江干流枯水平均比降:德庆至思贤滘段 0.03‰,雨水集中在春夏两季,汛期在 7 ~ 9 月,平均年降雨量为 1620.8mm,100 年一遇的流量 5200m^3/s,水位 14.90m,50 年一遇流量为 49300 m^3/s,水位 14.40m。桥位经过西江江面宽约 800m,桥位中轴线水深 1.4 ~ 21.5m,水底高程 - 19.9 ~ 0.2m,水底地形为由北岸向江中心逐渐变深,江中间到近南岸水底较平缓,水深一般在 12.0 ~ 14.0m 之间,靠南岸江水最深;江水水底地形与桥位中轴线形态总体而言基本一致,江水深度稍有差别。桥位地下水主要靠大气降水和江水径流补给,地下水位埋深较浅。

3.1.2 类似桥梁耐久性状态调查

选取了与西江大桥环境类似的两座混凝土桥梁进行耐久性调查，分别是广肇高速公路西江大桥（金马大桥）、佛开高速公路西江大桥（九江大桥）。工程资料调查包括相关水文气象、勘探、设计、竣工资料（包括混凝土配合比、配筋、设计强度等级、保护层厚度等）；若该工程混凝土结构采用耐久性措施（如防腐涂层），还需对耐久性措施和实体耐久性状况进行调查。

1）桥梁基本状况调查

调查得到两座桥主要设计参数、气象及主要耐久性措施如表3.1～表3.3所示。根据这些条件，确定了后续调查的主要内容。调查中针对桥梁受环境影响较大的区域（干湿交替区、水位变动区、大气污染区）的混凝土构件进行了检测，重点检测主桥墩承台、墩身、防撞栏，并抽检部分副桥墩或者引桥墩（以下统称桥墩）。主要的检测内容包括：

桥梁概况 表3.1

桥梁名称	桥梁概况
九江大桥	佛开高速公路九江大桥是广东省佛山市至开平高速公路上的一座特大型桥梁，它跨越南海和鹤山交界处宽1200m的西江干流，全桥长为1819.16m，桥面横向为分离式。九江大桥主桥为六孔一联的大跨度预应力混凝土连续梁，南段边孔为多孔预应力混凝土等截面连续梁，北段边孔为四孔一联的等截面预应力混凝土连续刚构。九江大桥主体工程于1996年10月竣工，1996年12月通车，至调查时已投入使用13年，2008年统计的日均车流量约为40000辆
金马大桥	广肇高速公路金马大桥是广州至肇庆高速公路上的一座特大型桥梁，它跨越三水和高要交界处的西江干流，全桥长为1912.6m，采用独塔斜拉桥与刚构联合体系，主跨22×283m，斜拉桥梁塔墩固结，主梁采用梁板结构。大桥主体工程于2001年2月竣工，2002年8月通车，2008年统计的日均车流量为20000辆

桥梁所在区域气象情况 表3.2

内容	气象特征
气温	本地区为亚热带海洋性气候，历年最高气温38.2℃，历年最低气温－1.9℃，历年7月份平均气温28℃，历年1月份平均气温13.2℃，全年平均气温21.6℃，平均温差幅度20℃左右
湿度	年平均相对湿度79%～83%，历年最大月平均相对湿度91%，历年最小月平均相对湿度70%
雨量	年降雨量1619～1800mm，雨季是4～9月，占年降雨量的83%，年降雨量大于5mm的天数为64.3d，大于50mm的天数为6.7d
风速及风压	100年一遇的最大风速33m/s，相应的风压为680Pa，风向多为偏南、偏东风，是我省主要的台风灾害区之一，一般以7～9月份最为频繁

桥梁主要混凝土构件耐久性相关参数 表3.3

名称	桥梁名称	构件名称					
		桩基	承台	主桥墩身	主梁结构		防撞栏
					箱梁	T构	
混凝土强度等级	金马大桥	C30	C30	C50	—	C50	C30
	九江大桥	C25	C25	C40	C50	—	C25
钢筋保护层设计厚度（mm）	金马大桥	100	70	80	—	20	50
	九江大桥	80	50	60	20	—	30

(1)现场腐蚀介质检测。包括现场抽取江水、接岸部分土壤样本,测试其中 Cl^-、SO_4^{2-}、Mg^{2+} 等物质含量及 pH 值。

(2)混凝土结构腐蚀破坏情况检测。对主要承重构件如承台、桥墩、支座或梁结构、防撞栏进行专项检测,具体检测项目包括混凝土强度、保护层厚度、碳化深度、氯离子渗透情况(钻孔取粉,孔径约 10mm)、钢筋腐蚀电位、电阻率检测等,现场检测以抽检为主。九江大桥和金马大桥桥面调查如图 3.1、图 3.2 所示。

图 3.1　九江大桥桥面调查

图 3.2　金马大桥桥面调查

2)现场环境及桥梁外观调查

在不同时间取桥梁所在流域的水样以及桥梁接岸部分的土壤样本,测试其中 Cl^-、SO_4^{2-}、Mg^{2+} 等物质含量及 pH 值。检测结果见表 3.4、表 3.5。按照规范《公路工程混凝土结构防腐蚀技术规范》(JTG/T B07-01—2006)中对化学腐蚀环境分类及作用等级划分的相关规定(表 3.6),对照两座桥梁所在区域的水及土壤检测结果,可以看出两座桥梁所处的化学腐蚀环境作用等级低于 C 级。

从现场外观调查情况看,九江大桥的防撞栏外观基本完好,无明显的混凝土表面缺陷(如蜂窝、麻面、露石),但部分防撞栏有明显的修补痕迹,经了解大部分为防撞栏保护层净厚度不足导致露筋或混凝土早期裂缝。

水样分析结果　　表 3.4

取样流域	取样日期	Cl^- 含量(mg/L)	SO_4^{2-} 含量(mg/L)	pH 值
九江大桥	3 月 31 日	14.60	27.60	7.8
	4 月 1 日	16.70	27.99	7.6
金马大桥	4 月 8 日	13.92	25.73	7.8
	4 月 9 日	13.90	27.99	7.8

接岸部分土壤分析结果　　表 3.5

取样流域	取样区域	Cl^- 含量(mg/kg)	SO_4^{2-} 含量(mg/kg)	Mg^{2+} 含量(mg/L)	pH 值
九江大桥	护岸	63	80	762	7.9
金马大桥	护岸	46	73	750	8.5

化学腐蚀环境分类及作用等级　　表3.6

腐蚀作用等级		C	D	E
水中 SO_4^{2-}（mg/L）		≥200，<1000	≥1000，<4000	≥4000，<10000
土中 SO_4^{2-} 总量（mg/L）	强透水层	≥300，<1500	≥1500，<5000	≥1500，<6000
	弱透水层	≥5000，<15000	≥6000，<15000	≥15000，<50000
水中 pH 值	水或强透水层中	≥5.5，<6.5	≥4.5，<5.5	≥4.5，<5.5
	弱透水层中	≥4.0，<4.5	≥4.0，<4.5	≥3.5，<4.0

注：依据腐蚀程度由轻到重，将化学腐蚀环境等级依次划分为 A ~ F 六个等级。

大桥的主体箱梁结构外观完好，无明显的混凝土表面缺陷（如蜂窝、麻面、露石）。主桥墩外观完好，墩身局部有较为明显的锈迹，经观察是由于墩身外露的钢筋头及嵌在墩身的钢板锈蚀所致（图3.3），外露的钢筋头和钢板均存在不同程度的锈蚀现象。从现场调查情况看，九江大桥主桥墩承台、主桥墩以外的部分桥墩墩身均存在不同程度的表面缺陷（如蜂窝、麻面、露石），个别承台局部混凝土损坏、露筋。从混凝土配合比资料调查和现场观察看，构件的表面缺陷与水胶比偏大以及施工工艺有关。

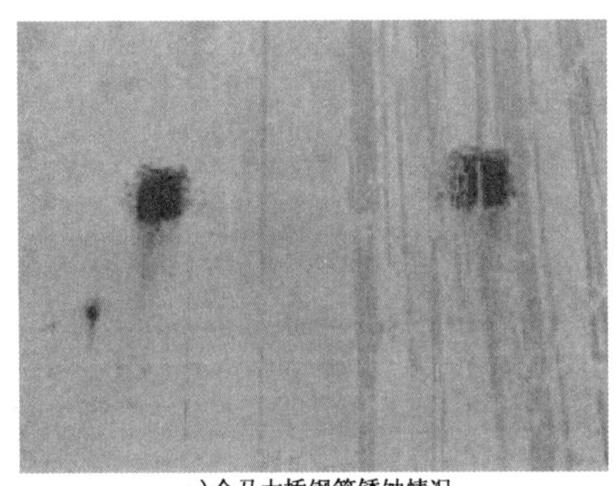

a）金马大桥钢筋锈蚀情况

b）九江大桥钢筋锈蚀情况

图3.3　桥梁混凝土结构表面钢筋锈蚀情况

而金马大桥的防撞栏、主体梁结构华润主桥墩墩身等混凝土构件外观都基本完好，类似的表面缺陷（如蜂窝、麻面、露石）较少，只有个别主桥墩承台局部存在上述表面缺陷。但金马大桥主桥墩墩身、承台、副桥墩/引桥墩均有明显的因保护层净厚度不足露筋或混凝土早期裂缝而重新修补的痕迹，修补时间为2009年1月（图3.4）。

3）混凝土结构现场检测

根据行业标准《回弹法检测混凝土抗压强度技术规程》（JGJ/T 23—2011），采用回弹法对构件的混凝土强度进行检测。检测方法为：在构件上布置200mm×200mm回弹测区若干，用钢丝刷、砂轮除去表面疏松层并磨平。在测区内弹击16个回弹测点，剔除3个最大值和3个最小值，以剩下的10个回弹值的平均值作为该测区的回弹值。同时选取一定数量测区测量碳化深度，根据回弹值、碳化深度与混凝土强度之间的换算关系得到测区混凝土强度值，检测结果统计值如表3.7所示(具体检测数据详见《西江沿线类似环境已建桥梁工程耐久性调查报告》)。

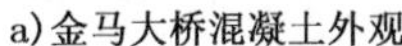

a)金马大桥混凝土外观

b)九江大桥混凝土外观

图3.4 金马大桥与九江大桥混凝土构件外观对比

混凝土构件回弹强度及碳化统计表 表3.7

桥梁名称	内容	承台	主桥墩	桥墩	防撞栏
九江大桥	设计强度等级	C25	C40	C30	C25
	实测强度(MPa)	19.3	55.7	21.3	22.9
	碳化深度(mm)	5.5	1.5	5.0	4.0
金马大桥	设计强度等级	C30	C50	C30	C30
	实测强度	40.2	56.3	49.1	33.2
	碳化深度(mm)	1.0	1.0	1.0	3.5

从表3.7的统计结果看,九江大桥主桥墩的混凝土设计强度等级为C40,普通桥墩及引桥墩的混凝土设计强度等级为C30,其余2类构件设计强度等级均为C25;各混凝土构件,除主桥墩以外,其他混凝土构件的强度均略小于设计值,且混凝土构件的碳化深度均较大,部分构件碳化深度超过6mm。金马大桥主桥墩的混凝土设计强度等级为C50,其余3类混凝土构件的设计强度等级均为C30;各混凝土构件的实测强度均满足设计强度等级要求,且除防撞栏以外,各类构件的碳化深度较小,碳化深度平均值为1.0mm。

由于九江大桥部分受检的混凝土构件回弹强度小于设计值,按照规范要求,对该部分构件进行钻芯取样,测试芯样的抗压强度,并按照《公路工程质量检验评定标准》(JTG F80/1—2004)附录D的评定方法对混凝土强度进行评定,测试结果见表3.8。从表3.8的强度等级评定结果来看,主桥墩承台和普通桥墩的混凝土设计强度等级分别为C30、C25,强度评定结果为桥墩43.8MPa,主桥墩承台为33.6MPa,均满足设计要求。通过相关数据的对比可见,九江大桥混凝土构件碳化深度较大,将影响混凝土的耐久性,应提高混凝土密实性或采取特殊防腐蚀措施提高混凝土耐久性。

混凝土芯样抗压强度评定表　　表 3.8

取样位置	设计强度等级	抗压强度(MPa)	抗压强度平均值(MPa)
7 号桥墩-3 柱	C30	43.1	43.8
7 号桥墩-4 柱		41.3	
9 号桥墩-1 柱		45.9	
9 号桥墩-2 柱		44.1	
1 号主桥墩承台	C25	30.7	33.6
2 号主桥墩承台		35.9	
3 号主桥墩承台		34.4	

使用瑞士产 PROFOMETER4 型钢筋保护层厚度检测仪,检测各主要混凝土构件的主筋和箍筋的保护层厚度,每根钢筋在有代表性的部位测量 5 次。表 3.9 列出了两座桥的钢筋保护层厚度检测结果。

钢筋保护层厚度检测结果统计表　　表 3.9

桥梁名称	内容	承台		主桥墩		桥墩		防撞栏	
九江大桥	主筋直径(mm)	28		28		28		12	
	保护层厚度设计值(mm)	50		60		50		30	
	保护层厚度实测值(mm)	最大值	57	最大值	87	最大值	46	最大值	67
		最小值	30	最小值	26	最小值	57	最小值	14
		平均值	48	平均值	54	平均值	51	平均值	41
金马大桥	主筋直径(mm)	32		32		25		12	
	保护层厚度设计值(mm)	70		80		40		50	
	保护层厚度实测值(mm)	最大值	82	最大值	86	最大值	54	最大值	56
		最小值	63	最小值	50	最小值	24	最小值	28
		平均值	73	平均值	64	平均值	40	平均值	45

从表 3.9 中可知,九江大桥各受检混凝土构件的钢筋保护层厚度实测平均值基本达到设计要求,主桥墩承台及墩身的钢筋保护层厚度实测值略小于设计值,其中承台实测保护层最大值为 57mm,最小值为 30mm,平均值为 48mm;主桥墩墩身实测保护层最大值为 87mm,最小值为 26mm,平均值为 54mm。而防撞栏的实测平均值大于设计值,实测最大值为 67mm,最小值为 14mm,平均值为 41mm,从现场检测情况看,当防撞栏一侧的钢筋保护层较大时,其另外一侧均较小,即防撞栏保护层厚度不均匀,判断主要是由于钢筋笼的定位出现偏差。

金马大桥各混凝土构件的钢筋保护层实测厚度除墩身以外,基本满足设计要求。其中承台实测保护层最大值为 82mm,最小值为 63mm,平均值为 73mm;主桥墩墩身实测保护层最大值为 86mm,最小值为 50mm,平均值为 64mm;防撞栏实测保护层最大值为 56mm,最小值为 28mm,平均值为 45mm。从现场检测情况来看,金马大桥主桥墩以及其他桥墩(含引桥),均存在不同程度的钢筋保护层净厚度不足的问题,墩身可明显看到因净保护层厚度不足导致开裂而重新修补的痕迹,结合检测结果和现场观察,判断产生钢筋保护层净厚度不足的原因是施工过程中钢筋笼的定位不准或固定不稳，导致浇筑时发生了偏移。

检测结果显示，混凝土构件的保护层厚度存在较大偏差，普遍无法满足设计要求，应采取特殊防腐蚀措施提高混凝土耐久性。

使用 DJXS-05 型钢筋腐蚀测定仪检测未开裂混凝土构件中钢筋的腐蚀状态。测量前用淡水喷淋构件表面，在构件表面以网格形式布置测点，各点间距为 300mm。用混凝土中钢筋腐蚀测定仪或按照《港口水工建筑物检测与评估技术规范》（JTJ 302—2006）的方法测定钢筋腐蚀电位，以评估混凝土中的钢筋腐蚀状况。

从表 3.10 的钢筋腐蚀电位测试统计结果可知，两座桥受检混凝土构件均未发现腐蚀概率大于 90% 的情况，大部分构件的腐蚀概率小于 10%，说明两座桥梁的混凝土中钢筋锈蚀的情况较轻，这也从一个侧面印证了两座桥所处的化学环境对桥梁的耐久性影响较小。

钢筋腐蚀电位测试结果统计表　　表 3.10

桥梁名称	构件名称	腐蚀概率小于 10%	腐蚀情况不确定	腐蚀概率大于 90%
九江大桥	承台	72.5%	27.5%	0
	主桥墩	100%	0	0
	防撞栏	98%	2%	0
金马大桥	承台	100%	0	0
	主桥墩	99.2%	0.8%	0
	防撞栏	97.5%	2.5%	0

氯离子侵蚀、硫酸盐侵蚀、碳化、盐类侵蚀、碱集料反应等是导致钢筋混凝土构件开裂破坏的主要原因。其中，氯离子侵蚀是指氯离子破坏钢筋表面的钝化膜使钢筋失去保护，从而在氧气、水分的作用下发生电化学腐蚀而引起混凝土结构开裂。通过测定混凝土中不同厚度层的氯离子分布情况，可推测钢筋的腐蚀状况。

根据目前对钢筋混凝土腐蚀破坏的描述，其过程可大致分为如下三个阶段（图 3.5）：

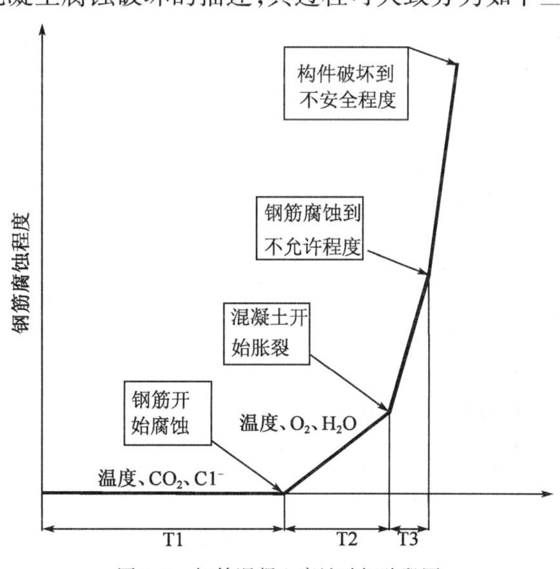

图 3.5　钢筋混凝土腐蚀破坏阶段图

第一阶段为起始期 T1：外界 Cl^- 渗透进混凝土，随着时间的延长，钢筋周围积聚量 Cl^- 不断增加，当钢筋表面 Cl^- 含量达到使钢筋致锈的临界含量 C_c 值时，锈蚀开始发生。

第二阶段为腐蚀发展期 T2：钢筋在周围氧气和水分供应充足的条件下，锈蚀顺利进行，随着腐蚀产物的增加，其体积膨胀，混凝土保护层产生与钢筋平行的顺筋裂缝。

第三阶段为破坏期 T3：混凝土保护层开裂破坏，钢筋直接与氯盐、水分、氧气接触，腐蚀急剧加速，构件有效截面减小，直到无法满足使用功能。

在混凝土构件不同区域钻芯取样，对混凝土试样进行氯离子含量滴定，以检测混凝土构件氯离子渗透情况。本次检测主要针对主桥墩承台、墩身以及防撞栏三类混凝土构件，取样深度为每 10mm 一层，承台和墩身各取 7 层，防撞栏取 5 层。采用酸溶法处理取得的混凝土试样，最后采用电位滴定法测量试样中的氯离子含量。滴定结果经过计算，可得出表 3.11 所示桥梁主要构件混凝土不同深度的 Cl^- 平均浓度分布情况。

不同深度混凝土氯离子检测结果汇总表 表 3.11

取样位置	混凝土氯离子浓度(%)						
	0~10	11~20	21~30	31~40	41~50	51~60	61~70
九江大桥主桥墩墩身	0.0269	0.0192	0.0118	0.0214	0.0154	0.0118	0.0181
九江大桥主桥墩承台	0.0282	0.0379	0.0268	0.0208	0.0166	0.0194	0.0216
九江大桥防撞栏	0.0204	0.0170	0.0192	0.0166	0.0142	—	—
金马大桥主桥墩墩身	0.0192	0.0148	0.0168	0.0164	0.0163	0.0165	0.0156
金马大桥主桥墩承台	0.0246	0.0235	0.0177	0.0179	0.0166	0.0164	0.0171
金马大桥防撞栏	0.0130	0.0133	0.0140	0.0128	0.0130	—	—

对于临界氯离子浓度 C_c（C_c 为引起钢筋锈蚀的氯离子临界浓度）的取值，根据我国华南地区海港码头调查结果，参考国外相关资料，浪溅区的 C_c 值约为 0.05%（Cl^- 占混凝土质量百分数），水变区、大气区的 C_c 值约为 0.15%，本次检测的桥梁均为内河桥，混凝土构件都位于水上区和大气区，故本次将 0.15% 作为引起钢筋锈蚀的氯离子临界浓度 C_c 的取值。由统计数据可见，两座桥梁受检的混凝土构件各层试样中氯离子的浓度均远小于临界浓度 C_c，这说明两座桥梁受检的构件受氯离子侵蚀而导致钢筋锈蚀的可能性较小，氯离子侵蚀并不是导致钢筋锈蚀的主要原因。

4）调查结果分析

通过工程资料调研和现场实体检测，对九江大桥和金马大桥的混凝土结构耐久性现状进行分析：

（1）从桥梁资料调查和现场环境（水、土）检测的结果看，两座桥所处的环境（气象、水、土）与研究对象——西江大桥基本相似，金马大桥位于拟建的西江大桥上游，九江大桥位于拟建的西江大桥下游。两座桥所处的化学腐蚀环境作用等级低于 C 级，即腐蚀程度较轻。

（2）从混凝土构件的强度检测结果看，九江大桥受检的各类混凝土构件的强度满足设计要求，但是在现场发现桥墩承台、引桥以及除主桥墩以外的部分桥墩墩身均存在不同程度的表面缺陷（如蜂窝、麻面、露石），间接反映了这些构件的混凝土密实程度较差，除主跨以外的箱梁均可以看到明显的因损坏重新修补的痕迹。从混凝土碳化情况看，两座桥防撞栏的碳化深度均较大，这也说明了汽车尾气是影响混凝土结构耐久性的重要原因之一。

（3）从混凝土结构钢筋保护层厚度检测结果看，两座桥梁的混凝土构件实测保护层厚度离散性较大,部分构件曾经出现因钢筋保护层厚度不足导致开裂、露筋的情况,说明施工过程中对保护层厚度的控制非常重要。

(4)从钢筋腐蚀电位检测结果看,两座桥梁大部分受检构件的腐蚀概率小于10%,混凝土中钢筋发生锈蚀的程度较轻。

(5)从混凝土中氯离子浓度检测结果看,两座桥梁混凝土中所有深度的氯离子含量均小于引起钢筋锈蚀的氯离子临界浓度 C_c,这说明这两座桥梁受氯离子侵蚀而导致钢筋锈蚀的可能性较小,氯离子侵蚀不是导致钢筋锈蚀开裂的主要原因。

(6)由于两座桥梁部分构件碳化深度较大,保护层离散大,建议及时采用混凝土涂层或硅烷防腐涂料提高混凝土结构的耐久性。

3.1.3 环境作用特性分析

从国内外最新研究成果、标准调研结果来看,导致混凝土结构材料性能退化的主要影响因素包括氯离子侵蚀、混凝土碳化、碱集料反应、冻融、硫酸盐侵蚀等。考虑到本工程所在区域为南方湿热地区,故不存在冻融及除冰盐对混凝土的影响。在分析本工程桥梁结构耐久性影响因素时,主要考虑氯离子侵蚀、混凝土碳化、碱集料反应等的影响。

1)氯离子侵蚀机理

氯离子侵入混凝土通常有两种途径:一种是"掺入",即在混凝土形成过程中,由原材料本身带入或在施工过程中随其他掺合料加入,比如使用含氯离子的外加剂($CaCl_2$)、施工过程中使用海砂和海水等;另一种是"侵入",即外界环境中的氯离子通过混凝土的宏观和微观缺陷,经过复杂的物理化学过程进入到混凝土中。

外界氯离子侵入混凝土是一个复杂的物理化学过程。目前已经了解到的氯离子侵入混凝土的方式主要有以下几种:

(1)毛细管作用,即盐水向混凝土内部干燥的部分移动。

(2)渗透作用,即在水压下,盐水向压力较低的方向移动。

(3)扩散作用,即由于浓度差的作用,氯离子从浓度高的地方向浓度低的地方移动。

(4)电化学迁移,即氯离子向电位较高的方向移动。

通常氯离子的侵蚀是几种侵入方式的组合,另外还受到氯离子与混凝土材料之间的化学结合、物理黏结、吸附等作用的影响。尽管氯离子在混凝土中的传输机理非常复杂,扩散被认为是最主要的传输方式。

环境中的氯化物以水溶氯离子的形式从混凝土构件表面向混凝土内部迁移,在钢筋的表面积聚的浓度不断增加,达到诱发电化学过程的临界浓度后可导致钢筋的锈蚀,氯离子引起的钢筋锈蚀发展速度比碳化锈蚀快,而且不容易控制,因为氯离子在参与钢筋锈蚀的电化学过程中起到催化和促进的作用,本身并不消耗。氯离子引起的钢筋锈蚀包括两个过程,氯离子从外界向钢筋表面的迁移过程和诱发的锈蚀过程。对于氯离子迁移过程,控制因素是外界的氯离子浓度、混凝土本身的致密程度、混凝土的饱水率(湿度)以及胶凝材料的种类。氯离子需要以混凝土中连通的孔隙溶液为迁移介质,因此混凝土越致密、饱水率越小,孔隙溶液的连通率越低,氯离子的迁移速度越慢;同时氯离子在孔隙溶液中迁移时会和孔隙壁发生化学和物理吸附作用,进一步降低氯离子迁移的速率。对于锈蚀过程本身,其影响因素主要包括氧气含量、孔隙含水率和阴阳极面积比等。

2）混凝土碳化机理

混凝土的碳化是混凝土所受到的一种化学腐蚀。空气中 CO_2 渗透到混凝土内，与其碱性物质起化学反应后生成碳酸盐和水，使混凝土碱度降低的过程称为混凝土碳化，又称作中性化，其化学反应为：

$$Ca(OH)_2 + CO_2 = CaCO_3 + H_2O$$

水泥在水化过程中生成大量的氢氧化钙，使混凝土空隙中充满了饱和氢氧化钙溶液，其碱性介质对钢筋有良好的保护作用，使钢筋表面生成难溶的 Fe_2O_3 和 Fe_3O_4，称为钝化膜。碳化后使混凝土的碱度降低，当碳化超过混凝土的保护层时，在水与空气存在的条件下，就会使混凝土失去对钢筋的保护作用，钢筋开始生锈。

可见，混凝土碳化作用一般不会直接引起其性能的劣化，对于素混凝土，碳化可提高混凝土的致密性，但对于钢筋混凝土来说，碳化会使混凝土的碱度降低，同时增加混凝土孔溶液中氢离子数量，因而会使混凝土对钢筋的保护作用减弱，出现钢筋锈蚀使混凝土开裂，从而降低结构强度和刚度。

3）碱集料反应机理

碱集料反应是混凝土中达到一定数量的可溶性碱性氧化物（如 Na_2O、K_2O）与混凝土中某些含有活性矿物的集料在有水分的条件下发生化学反应，生成的凝胶体体积膨胀，引起已硬化的混凝土开裂破坏。可见，促使这类反应发生必须具备三个条件：即在混凝土中同时存在活性矿物集料、碱性溶液（KOH、NaOH）和水。其中 Na_2O、K_2O 属于强碱，是水泥煅烧过程和水化过程的产物，混凝土的总碱含量等于水泥碱含量、外加剂碱含量、掺合料碱含量以及拌和水碱含量之和。另外，碱溶性集料分为两种，一种是硅酸类，指非结晶 Si 和结晶不完整的 Si，具有碱活性的硅酸盐类岩石矿物有蛋白石、玉髓、火山玻璃体；另一类是碳酸盐类，指结晶小的泥灰石灰石、白云石等，具有碱活性的碳酸盐类岩石矿物是细小菱形白云石晶体。因此碱集料反应一般分为碱—硅酸反应和碱—碳酸盐反应两种，其中又以碱—硅酸反应较为普遍。

碱—硅酸反应是水泥中的碱与集料中的活性氧化硅成分反应产生碱硅酸凝胶，或称碱硅凝胶，其体积大于反应前的体积，且有很强的吸水性，吸水后进一步膨胀，引起混凝土内部膨胀应力，而且碱硅凝胶吸水后进一步促进碱集料反应的发展，使混凝土内部膨胀应力增大，导致混凝土开裂，严重的可导致混凝土结构崩溃。其反应如下：

混凝土中的活性集料与混凝土中的碱集料发生反应：

$$2NaOH + SiO_2 = NaO \cdot Si \cdot H_2O$$

当 KOH 和 NaOH 浓度较低时，不足以引起混凝土的破坏，一般认为当含碱量小于 0.6% 时，可不考虑碱集料反应。碱—碳酸盐反应的机理与碱—硅酸反应的机理是一致的，只是反应速度比较缓慢。能与碱发生反应的溶性氧化硅矿物有蛋白石、玉髓、鳞石英、方英石、火山玻璃、结晶有缺乏的石英以及微晶、隐晶石英等，而这些活性矿物广泛存在于多种岩石中。因而迄今为止世界各国反映的碱集料反应绝大多数为碱—硅酸反应。

根据上述混凝土结构材料退化机理的分析结果，结合同地区类似桥梁的调研结果，可以判断：

（1）工程所处环境中的氯离子含量不高，氯离子侵蚀不是工程耐久性的主要影响因素。

（2）工程所在区域河流和土壤中的硫酸盐浓度较低，硫酸盐侵蚀不是工程耐久性的主要影响因素。

(3)混凝土碳化问题需要引起足够重视，可通过提高混凝土的致密程度和采取特殊防腐蚀措施来减缓外部环境对混凝土的侵蚀。

(4)碱集料反应引起的耐久性失效，可通过严格控制施工用混凝土原材料来避免，主要措施包括严禁使用碱活性集料、控制混凝土碱含量小于 $3kg/m^3$。

3.2　混凝土构件耐久性设计

对于耐久性的定义直接关系到对耐久性研究范围及对象的界定。耐久性影响因素众多，加之人们对于结构耐久性的认识是多种多样的，因此直到目前，也未有一个公认准确的定义。国内一般认为，结构耐久性是指结构在设计要求的目标使用期内，不需要花费大量资金加固处理而保持其安全、使用功能和外观要求的能力。国外对于耐久性的一个较为普遍的定义是：耐久性是指在正常维护条件下，经过一段时间，材料和结构的承载能力和使用性能没有大的变化的能力。我国建设部的《混凝土结构的耐久性及耐久性设计指南》中定义结构耐久性为结构在规定期限内，在各种作用下维持其应用功能的能力，这里的作用主要指大气、化学侵蚀等导致材料性能退化的环境作用，功能则主要指与结构承载力极限状态有关的安全性如足够的强度与稳定性，以及与结构使用极限状态有关的适用性如有限的变形、裂缝宽度以及美观要求等，即耐久性包括耐久的安全性与耐久的适用性。欧洲 Duracrete 定义耐久性为：结构应以这样的方式设计、建造及运作运营，在可以预期的环境影响下，结构在一个明确的或隐含的时间段内，在不需要超出预期的维护和维修费用的情况下，能够保持其安全性、适用性及可接受的外观，西江大桥耐久性极限状态将主要遵循如上常规定义进行确定。

3.2.1　耐久性极限状态确定

西江大桥主塔采用独墩式钢筋混凝土结构，截面为八边形，主塔高度为 30.5m；主梁采用预应力混凝土结构，主梁顶板宽 38.3m，悬臂长 8.15m，两侧设 5.15m 宽后浇带；主桥下部结构设置 4 个主墩(29 号～32 号墩)，其中 30 号和 31 号两个主墩采用单肢箱室主墩，外侧 29 号和 32 号两个采用双肢实心主墩；主墩下部采用圆端形承台，承台厚度 6.0m；过渡墩采用板式墩身，为实心矩形。表 3.12 为西江大桥构件组成及划分。

西江大桥构件组成及划分　　表 3.12

桥型	构　件	材料	功能	更换	制作
主体桥梁	预应力混凝土箱梁	混凝土	主要构件	不可	现浇
	桥面铺装	沥青混凝土	附属构件	可	现浇
	斜拉索	钢	主要构件	可	成品
	主墩	钢筋混凝土	主要构件	不可	现浇
	过渡墩	钢筋混凝土	主要构件	不可	现浇
	承台	钢筋混凝土	主要构件	不可	现浇
	索塔	钢筋混凝土	主要构件	不可	现浇
	锚锭	钢筋混凝土	主要构件	不可	现浇
	钻孔灌注桩	钢筋混凝土	主要构件	不可	现浇

续上表

桥型	构　件	材料	功能	更换	制作
引桥	预应力混凝土连续刚构箱梁	钢筋混凝土	主要构件	不可	现浇
	桥面铺装	沥青混凝土	附属构件	可	现浇
	墩柱	钢筋混凝土	主要构件	不可	现浇
	承台	钢筋混凝土	主要构件	不可	现浇
	钻孔灌注桩	钢筋混凝土	主要构件	不可	现浇

国家标准《混凝土结构耐久性设计规范》(GB/T 50476—2008)对环境的划分见表3.13，每种环境类别可能的作用等级划分见表3.14。

环境类别划分(GB/T 50476—2008　表3.2.1)　表3.13

环境类别	名　称	腐蚀机理
Ⅰ	一般环境	保护层混凝土碳化引起钢筋锈蚀
Ⅱ	冻融环境	反复冻融导致混凝土损伤
Ⅲ	海洋氯化物环境	氯盐侵入混凝土内部引起钢筋锈蚀
Ⅳ	除冰盐等其他氯化物环境	氯盐侵入混凝土内部引起钢筋锈蚀
Ⅴ	化学腐蚀环境	硫酸盐等化学物质对混凝土的腐蚀

环境作用等级规定　表3.14

环境作用等级 / 环境类别	A 轻微	B 轻度	C 中度	D 严重	E 非常严重	F 极端严重
一般环境	Ⅰ-A	Ⅰ-B	Ⅰ-C	—	—	—
冻融环境	—	—	ⅡC	Ⅱ-D	Ⅱ-E	—
海洋氯化物环境	—	—	Ⅲ-C	Ⅲ-D	Ⅲ-E	Ⅲ-F
除冰盐等其他氯化物环境	—	—	Ⅳ-C	Ⅳ-D	Ⅳ-E	—
化学腐蚀环境	—	—	Ⅴ-C	Ⅴ-D	Ⅴ-E	—

桥址区域环境条件和类似工程的现场调研表明，桥区氯离子、硫酸根离子 、镁离子等侵蚀性介质含量较低，由氯离子引起的钢筋锈蚀和硫酸根、镁离子等引起的化学腐蚀不是影响大桥混凝土结构耐久性的主要因素，处于大气区的碳化作用和水位变动区的干湿交替作用是影响大桥混凝土结构耐久性的主要因素。

西江大桥混凝土结构的环境作用类别划分和腐蚀等级如表3.15所示，考虑到大桥所处区域，常年雨水较多，混凝土结构干湿交替频繁，因此混凝土箱梁、索塔、部分墩柱等构件按照环境作用等级Ⅰ-C考虑，同时位于水位变动区的承台和部分墩身结构，同样按照环境作用等级Ⅰ-C考虑。

西江大桥环境作用类别划分与腐蚀作用等级　表3.15

环境类别	作用因素	作用等级	具体环境条件	具体构件
Ⅰ一般环境	大气中 CO_2、汽车尾气及干湿交替作用	Ⅰ-C	表面频繁接触淋雨或与水接触的室外构件；处于水位变动区的构件	索塔、箱梁、锚体、墩柱承台
Ⅰ一般环境	长期湿润环境	Ⅰ-B	长期与水或湿润土体接触的构件	桩基

混凝土构件(含素混凝土构件、钢筋混凝土构件和预应力混凝土构件)耐久性终结时对应的状态称为耐久性极限状态。根据西江大桥100年设计年限要求,以及工程混凝土构件所处的腐蚀环境、作用等级等因素,确定西江大桥混凝土构件的耐久性极限状态如表3.16所示。

混凝土构件耐久性极限状态　　表3.16

极限状态	环境作用类别	极限状态含义	应用范围
a.钢筋开始发生锈蚀的极限状态	Ⅰ-C	允许腐蚀性介质侵入混凝土内部,但不允许钢筋发生锈蚀	难以检测、维护的重要构件
b.钢筋发生适量锈蚀的极限状态	Ⅰ-C	允许腐蚀性介质侵入混凝土内部,允许钢筋锈蚀发生,但锈蚀量不得大于预定值	易于维护更换的钢筋混凝土构件

3.2.2 混凝土碳化深度计算

根据工程环境调查发现,碳化作用是影响本桥结构耐久性的主要原因之一,因此在混凝土结构耐久性设计时,应当重点考虑环境中CO_2对混凝土耐久性的影响,本项目借鉴fib Model碳化模型计算表层混凝土的碳化深度。

1)碳化模型

混凝土碳化模型根据Fick第一定律,假设CO_2在混凝土中的扩散系数为定值,具体如式(3-1)所示:

$$x_c(t_{SL}) = \sqrt{2k_e k_c (k_t R_{ACC,0}^{-1} + \varepsilon_t) \cdot C_{CO_2}} \cdot \sqrt{t_{SL}} \cdot W_t \tag{3-1}$$

如果将钢筋脱钝作为耐久性极限状态,并认为混凝土碳化脱钝等同于碳化深度达到钢筋表面,则设计方程可写作:

$$g[x_d, x_c(t_{SL})] = x_d - x_c(t_{SL}) = 0 \tag{3-2}$$

式中的各个参数的意义与单位见表3.17。

碳化极限状态方程参数表　　表3.17

参数	单　位	意　义
x_d	mm	混凝土保护层厚度
x_c	mm	碳化深度
t_{SL}	a	构件使用年限
k_e	—	湿度影响系数
k_c	—	养护时间影响系数
k_t	—	回归系数
$R_{ACC,0}^{-1}$	$(mm^2/a)/(kg/m^3)$	干燥混凝土抗快速碳化能力的倒数
ε_t	$(mm^2/a)/(kg/m^3)$	自然碳化与加速碳化回归误差
C_{CO_2}	kg/m^3	大气中二氧化碳浓度
W_t	—	气候影响函数

2）混凝土碳化参数确定

（1）保护层厚度 x_d

保护层厚度是指混凝土构件最外侧钢筋到表面的距离。

（2）湿度影响系数 k_e

考虑湿度对 CO_2 扩散性，以及对混凝土抗碳化能力的影响。以温度为20℃，相对湿度 RH 为65%的环境条件作为标准状态，湿度影响系数可写为：

$$k_e = \left(\frac{1-h^f}{1-h_0^f}\right)^g \tag{3-3}$$

式中：h——碳化层的相对湿度，可采用工程选址附近气象站的气象资料，取365d平均值，工程所在区域的相对湿度取80%；

h_0——参考湿度，取常值65%；参考湿度是测量混凝土抗碳化能力时的相对湿度，采用加速碳化法测量混凝土抗碳化能力的标准环境条件为温度20℃，相对湿度为65%；

f、g——试验拟合参数，取5.0和2.5。

计算得出工程的湿度影响系数 $k_e=0.50$。

（3）养护系数 k_c

考虑养护对混凝土抗碳化能力的影响而选取的系数，防止混凝土表面干燥所采取的措施均应综合考虑在养护系数中。在养护初期，养护条件对混凝土的抗碳化能力影响很大，根据大量试验数据和贝叶斯公式，得出养护系数与养护时间的变化规律为：

$$k_c = \left(\frac{t_c}{7}\right)^{b_c} \tag{3-4}$$

式中：b_c——回归系数，参考值为 -0.567；

t_c——养护天数，工程中混凝土构件养护时间一般为14d，k_c 取0.68。

（4）抗快速碳化能力的倒数 $R_{ACC,0}^{-1}$

抗碳化能力是在标准条件下（20℃，65% RH）采用加速试验（ACC）测得，具体计算见公式（3-5）。

$$R_{ACC,0}^{-1} = \left(\frac{x_c}{t}\right)^2 \tag{3-5}$$

式中：$R_{ACC,0}^{-1}$——加速抗碳化能力倒数[$(m^2/s)/(kg/m^3)$]；

x_c——28d碳化深度（m）；

t——时间常数[$(s \cdot kg/m^3)^{0.5}$]，取420。

加速试验和自然条件下抗碳化能力之间的关系为：

$$R_{NAC,0}^{-1} = k_t R_{ACC,0}^{-1} + \varepsilon_t \tag{3-6}$$

式中：$R_{NAC,0}^{-1}$——自然碳化的抗碳化能力倒数（mm^2/a）或（kg/m^3）；

ε_t——误差项（mm^2/a）/（kg/m^3），参考值取315.5；

k_t——回归系数，参考值取1.25。

表3.18 给出了 $R_{ACC,0}^{-1}$ 的参考值。

$R_{ACC,0}^{-1}$ 参考值　　　　表3.18

$R_{ACC,0}^{-1}$[(m²/s)/(kg/m³)]	W/C_{eqv}					
	0.35	0.40	0.45	0.50	0.55	0.60
CEM Ⅰ 42.5 R1	—	3.1	5.2	6.8	9.8	13.4
CEM Ⅰ 42.5R + FA (k=0.5, 22%)2	—	0.3	1.9	2.4	6.5	8.3
CEM Ⅰ 42.5 R + SF (k=2.0, 5%)3	3.5	5.5	—	—	16.5	—
CEM Ⅲ/B 42.54	—	8.3	16.9	26.6	44.3	80.0

注:1. CEM Ⅰ 42.5 R 为含有0%～5%掺合料的硅酸盐(CEM Ⅰ)、强度等级为42.5MPa 的早强水泥(R)。

2. 粉煤灰(FA)的含量为22%,计算水胶比 W/C_{eqv} 时计入胶凝材料的折减系数 $k=0.5$。

3. 硅灰(SF)含量为5%,计算水胶比 W/C_{eqv} 时计入胶凝材料的折减系数 $k=2.0$。

4. CEM Ⅲ/B 为含有66%～80%的矿渣粉、0%～5%其他掺合料的复合水泥。

根据表3.18 中水胶比0.35 的情况下 $R_{ACC,0}^{-1}$ 取 3.5×10^{-11}(m²/s)/(kg/m³),等于1104(mm²/a)/(kg/m³),此时 $x_c=2.4$mm, $R_{NAC,0}^{-1}=1696$(mm²/a)/(kg/m³)。

(5)二氧化碳浓度 C_{CO_2}

对于暴露在大气中的混凝土构件,CO_2 浓度取大气 CO_2 浓度,按照 fib model code－2006 的规定,大气中 CO_2 含量符合正态分布,其均值和标准差分别为0.00082kg/m³ 和0.0001kg/m³。考虑到桥面车辆通行时的尾气排放,其浓度应稍大于大气浓度值,根据以往经验,建议该值取0.0010kg/m³。

(6)气候影响函数 W

主要是考虑混凝土表面干湿状态造成的细观气候条件,表达为:

$$W=(t_0/t)^{\frac{(P_{SR}\cdot T_{OW})^{b_w}}{2}} \tag{3-7}$$

式中:t_0——混凝土暴露在大气中的初始龄期(年),28d 龄期为0.0767 年;

T_{oW}——处于混凝土表面的湿润时间,一年内(365d)降水强度大于2.5mm 的天数占全年天数的比例,根据华南地区气象统计数据,取23%;

P_{SR}——风影响的降雨概率;对于竖向表面,根据当地的气象资料确定,华南地区取0.5;对于水平构件的表面取1;对于室内构件取0;

b_w——回归指数,参考值取0.446。

对于外露的混凝土水平表面 $W_t=(0.0767/t)^{0.26}$;

100 年内平均值为 $\overline{W}_{100}=\dfrac{\int_{0.0767}^{100}W_t\mathrm{d}t}{100}=0.21$;

对于外露的混凝土竖直表面 $W_t=(0.0767/t)^{0.13}$,指数为0.19;

100 年内平均值为 $\overline{W}_{100}=\dfrac{\int_{0.0767}^{100}W_t\mathrm{d}t}{100}=0.45$;

对于常年雨水不能浸润隐蔽混凝土表面 $W_t = 1.0$。

3)混凝土碳化计算

碳化控制的耐久性设计方程式见式(3-1)和式(3-2),即:

$$g[x_d, x_c(t_{SL})] = x_d - x_c(t_{SL}) = x_d - \sqrt{2k_e k_c (k_t R_{ACC,0}^{-1} + \varepsilon_t) \cdot C_{CO_2}} \cdot \sqrt{t_{SL}} \cdot W_t \quad (3\text{-}8)$$

上式中参数取值见表3.19。由于暴露环境不同,气候函数取值有所差异,为保证设计安全,气候函数取最大值进行计算,将表3.19参数代入式(3-8)得到保护层理论计算最小厚度,详见表3.20。28d碳化深度为13mm时,保护层厚度的计算值为40mm,因本工程最低保护层厚度为40mm,28d碳化深度值为13.0mm,即可满足100年的设计年限要求,因此,考虑到一定的安全储备系数,建议28d碳化深度控制值设置为10mm。

结构碳化控制构件计算参数列表 表3.19

参　数	条　件	单　位	数　值
湿度影响系数 k_e	—	—	0.50
养护条件系数 k_c	14d 养护	—	0.68
回归系数 k_t	自然碳化与加速碳化回归关系	—	1.25
混凝土抗碳化能力 $R_{ACC,0}^{-1}$	最大值	$(mm^2/a)/(kg/m^3)$	1104
气候函数 $W(t_{SL})$	外露水平面	—	0.21
	外露竖直面	—	0.45
	隐藏面	—	1.0
二氧化碳浓度	—	kg/m^3	10.0×10^{-4}

西江大桥混凝土构件碳化计算结果 表3.20

使用年限(a)	保护层厚度(mm)	满足100年寿命要求的28d碳化深度(mm)
100	40	13.0
	50	18.9
	60	24.0
	70	28.9
	80	33.7

3.2.3 耐久性设计指标确定

按照《混凝土结构耐久性设计规范》(GB/T 50476—2008),根据各构件所处环境、耐久性极限状态及设计使用年限,确定了构件的最大水胶比和最小保护层厚度以及28d混凝土碳化指标的控制值,耐久性关键参数如表3.21所示。

混凝土构件耐久性控制关键参数 表3.21

结构	构件	控制环境作用等级	最大水胶比	保护层最小厚度（mm）	28d混凝土碳化控制值(mm)
西江大桥主桥	箱梁	Ⅰ-C	0.36	40	10
	索塔	Ⅰ-C	0.36	40	10
	承台	Ⅰ-C	0.45	45	10
	墩柱	Ⅰ-C	0.45	45	10
	桩基	Ⅰ-B	0.50	40	10
引桥	箱梁	Ⅰ-C	0.36	40	10
	墩柱	Ⅰ-C	0.45	45	10
	承台	Ⅰ-C	0.45	45	10
	桩基	Ⅰ-B	0.50	40	10

3.2.4 混凝土配合比设计

西江大桥采用C60高强度混凝土，配合比设计是一个难题，结合本桥的特点，其性能应满足以下要求：

1）强度

根据《普通混凝土配合比设计规程》（JGJ 55—2011），配制强度$f_{cu,0} \geqslant f_{cu,k} + 1.645[\sigma]$，取$[\sigma] = 5.0$，混凝土28d的配制强度应大于68.2MPa。

2）工作性

（1）流动性。本桥箱梁为水上施工，与空气暴露面广，需要控制混凝土坍落度，即要控制混凝土单位用水量。用水量过大，混凝土气泡多，结构不密实，强度会受到影响；用量过小，不利于泵送和振捣，结构也易出现裂缝。根据以往施工经验，对双掺高强混凝土，坍落度控制在180～220mm，扩展度控制在460～480mm，便可满足泵送和振捣要求，结构早期出裂缝的概率较小。

（2）黏聚性。黏聚性通过扩展度来表征。黏聚性的检测采用扩展度的方法，试验方法同坍落度的方法，即在坍落度试验完成之后，在混凝土流动停止时，测试其扩展的直径。扩展直径越小，说明黏聚性越好，直径越大，黏聚性就差。扩展度试验还要观察混凝土扩展后的状态，如出现离析与泌水现象，说明黏聚性不好；如黏聚性非常好，混凝土扩展度应该就小，这样就不利于泵送。还有一种情况，坍落度较大，扩展度小，这也是混凝土黏聚性不好的表现，也不利于泵送。

（3）可泵性。可泵性体现在混凝土流动性和黏聚性上，一般来说，混凝土黏聚性较好、流动性好，对混凝土泵的阻力小，就容易泵送。在配合比设计时，根据以往经验可知，泵送受骨料级配和砂率影响较大。本桥采用5～20mm连续级配碎石，根据密度理论、体积稳定性和试拌结果，选定砂率为40%。

（4）抗坍损性。与普通混凝土相比，采用低水胶比配合比并双掺矿渣粉和粉煤灰的高强混凝土，其黏稠性大，易坍损；广东地区气候常年炎热，混凝土原材料温度高，混凝土出机温度高，也易坍损。混凝土新拌物还应具有抗坍损的能力，在室内配合比试验中，要求将混凝土新拌物 2h 坍损控制在 2cm 以内。

3）抗裂性

抗裂性是混凝土是否具有耐久性的前提，在施工中必须要处理好裂缝问题。空气中的水分、氧气和二氧化碳可通过裂缝和裂隙通道进入或渗透到混凝土结构中，钢筋发生锈蚀引起膨胀，导致混凝土开裂而危及结构安全和全桥结构承载受力，因此在 C60 混凝土配合比设计中要考虑混凝土的抗裂性（表 3.22）。

C60 混凝土配合比设计 表 3.22

编号 基本情况		水泥	粤秀 P. Ⅱ42.5R		粉煤灰	珠江电厂Ⅱ级		减水剂	
		碎石	珠海洪湾 洪达 5～20	河砂	MX	2.68	砂率	40%	坍落度
材料名称		水泥	砂	大石	小石	水	减水剂	粉煤灰	矿渣粉
C60	kg/m^3	376	710.1	829.1	276.4	145.7	5.64	47	47
	比例	1	1.889	2.205	0.735	0.388	0.0150	0.125	0.125

根据上述要求，按正交法进行了配合比设计，主要参数见表 3.23。经过计算、试拌、调整，得到本桥 C60 混凝土配合比，其工作性能均满足施工要求，其性能指标见表 3.23。

混凝土配合比性能指标 表 3.23

混凝土等级	坍落度（mm）	扩展度（mm）	7d（MPa）	28d（MPa）	4d 实际（MPa）
C60	220	450	69.7	72.3	62.4

为了保证混凝土的质量，在对配合比进行深入研究的同时，还提出了对于原材料、搅拌控制、现场控制的具体要求。

原材料控制方面，要求试验室加强对原材料的检测力度，提高抽检频率，按照项目技术规范的要求严格控制材料的技术指标，对每批马贝聚羧酸外加剂进行强度校核。另外，对原材料管理作了严格要求，特别是夏季混凝土施工，当最高日气温超过 36℃时，应对混凝土所用材料进行降温处理。

混凝土搅拌时间的长短对混凝土和易性有较大影响，所以根据实际情况，并通过观察和试验，将搅拌时间定为 110s。混凝土掺加了聚羧酸高性能减水剂，经施工抽检其减水率均在 26% 左右，而且在大掺量掺合料的混凝土拌和中对用水量非常敏感，用水量稍微增多，就容易发生离析，因此，单位用水量必须严格控制。在混凝土搅拌过程中，集料含水量往往因各种因素的变化而发生变动，现场试验检测人员应有高度责任心，严格控制搅拌楼的出料，否则，混凝土强度不易达到，抗裂性就难以保证，混凝土结构就不具备耐久性，当初的配合比设计理念就难以实现。

混凝土掺入了大量掺合料，在减水剂高减水率的作用下，混凝土黏聚性非常好，在气温较高时，混凝土坍损就大，当混凝土送到现场后，如果黏性太大，可根据现行桥涵规范，向搅拌车中加入适量经水稀释过的同等外加剂，并手动临时加速转动搅拌车后罐，便可适当降低。外加剂稀释比例应根据气候和混凝土状态进行调整。

3.3　桥梁高性能混凝土配制

针对依托工程的特点和要求,研究易于施工的、综合性能优良的桥梁高性能混凝土,并针对高性能混凝土特点,制定工程高性能混凝土耐久性设计、施工和质量控制准则。该部分研究内容主要包括两部分:

(1)高性能高强C60混凝土配制技术研究。

(2)工程高性能混凝土设计、施工和质量控制技术研究。

3.3.1　矿物掺合料对耐久性的影响

高性能混凝土与高强混凝土不同,高性能混凝土的重点是由非常高的强度转向特定环境下所需要的其他性能,包括高弹性模量、低渗透性和高抵抗有害介质腐蚀破坏的能力。高性能混凝土与普通混凝土的区别在于,高性能混凝土通常采用大掺量的活性矿物掺合料及高效减水剂,并且控制水胶比在0.38以下。常用的矿粉掺合料主要有粉煤灰、硅灰、矿渣粉等,它们对混凝土耐久性的影响不同。

1)粉煤灰

粉煤灰是配制高性能混凝土的重要组分,粉煤灰的作用有四种:

(1)"形态效应"。粉煤灰中含有70%以上的玻璃微珠,粒形完整,表面光滑,质地致密。这种形态对混凝土而言,无疑能起到减水作用、致密作用和匀质作用,促进初期水泥水化的解絮作用,改变拌和物的流变性质、初始结构以及硬化后的多种功能,尤其对泵送混凝土,能起到良好的润滑作用。

(2)"微集料效应"。粉煤灰中粒径很小的微珠和碎屑,在水泥中可以相当于未水化的水泥颗粒,极细小的微珠相当于活泼的纳米材料,能明显地改善胶凝材料的级配和增强混凝土的结构强度,改善混凝土的孔隙率和致密性,提高混凝土的抗腐蚀能力。

(3)"活性效应"。粉煤灰早期对强度的贡献较小,但28d后能继续水化,进一步提高混凝土的强度。

(4)"降温效应",粉煤灰水化速度很慢,通常在水泥水化之后释放出大量$Ca(OH)_2$后才进行水化,因此,这部分胶凝材料的水化可以有效避开混凝土内部的放热高峰,减小混凝土内部的放热峰值,从而减小温度收缩和裂缝,提高结构的耐久性。

虽然粉煤灰有诸多优点,如提高混凝土的施工性能、改善混凝土的孔结构、降低混凝土的水化温升,但对早期强度有一定不利影响。对于早期强度要求高的工程,粉煤灰掺量不宜过大,需控制在20%以内。

2)硅灰

硅灰对硬化水泥浆体微结构的影响机理主要体现在以下几个方面:

(1)提高水泥水化度,并与$Ca(OH)_2$发生二次水化反应,增加硬化水泥浆体中的C-S-H凝胶体的数量,且改善了传统C-S-H凝胶体的性能,从而提高硬化水泥浆体的性能。

(2)硅灰及其二次水化产物填充硬化水泥浆体中的有害孔,水泥石中宏观大孔和毛细孔孔隙率降低,同时增加了凝胶孔和过渡孔,使孔径分布发生很大变化,大孔减少,小孔增多,且分布均匀,从而改变硬化水泥浆体的孔结构。

(3)硅灰的掺入可以消耗水泥浆体中的 $Ca(OH)_2$,改善混凝土中硬化水泥浆体与集料的界面性能。由于以上原因,使得硬化水泥浆体及混凝土中掺入硅灰后的性能,特别是其耐久性得到很大改善。

硅灰虽然能够有效地改善硬化水泥浆体和混凝土微结构,但是由于硅灰的粒径小,比表面积大,随着硅灰掺量的增加,需水量增大,自收缩也增大。因此,一般将硅灰的掺量限制在5% ~8%之间,并用高效减水剂来调节需水量,同时,水泥、硅灰、外加剂之间存在一个相容性问题。掺加硅灰的混凝土一般是有特殊要求的混凝土,因此,在混凝土中利用硅灰对硬化水泥浆体和混凝土性能的有利作用的同时,必须尽量减少由硅灰带来的不利影响,解决这一问题的最有效的办法就是掺加硅灰的同时掺加其他火山灰材料或其他物质,使它们取长补短以取得更好的技术经济效果。

3)矿渣粉

矿渣粉的加入对混凝土的早期强度有一定程度的降低,尤其对混凝土早期(7d)强度降低的作用更加明显,表3.24给出了不同矿渣粉掺量的混凝土各个龄期相对空白混凝土的强度比例。

矿渣掺量对混凝土强度的影响 表3.24

龄期	矿渣掺量		
	<15%	15% ~35%	>35%
7d	约为100%	<90%	<85%
28d	>100%	约为100%	<95%
60d	>100%	>100%	约为100%

掺入矿渣粉能减少混凝土的脆性,在力学性能上表现为28d后混凝土的抗折强度有较大幅度的提高,折压比提高。这是由于矿渣粉的微集料效应,改善了胶凝材料体系的颗粒分布,使颗粒堆积更加紧密。同时,矿渣粉水化形成新的水化产物,消耗了大量的 $Ca(OH)_2$,限制了 $Ca(OH)_2$ 的取向生长,从而可以提高黏结力,降低微裂纹的数量,改善了过渡层的性质,提高混凝土的后期强度。

图3.6中说明了矿物掺合料对混凝土静弹性模量的影响,可以看出,掺30%矿渣粉和掺20%粉煤灰的混凝土的早期(28d前)弹性模量与纯水泥混凝土的弹性模量相当,60d的弹性模量比纯水泥混凝土的弹模高,但粉煤灰的掺量达到30%时,早期和后期的弹性模量都有较大程度的降低,采用大掺量粉煤灰的配合比方案需经试验室测试认证可行后方可采纳。

已有的研究成果表明,矿物掺合料对混凝土的干燥收缩有显著影响,如图3.7所示。由图可见,掺入粉煤灰和矿渣的混凝土的90d干燥收缩均比纯水泥混凝土小。掺入30%矿渣之后,90d干缩大约减小了15%;掺20%粉煤灰和掺30%粉煤灰的混凝土的90d干燥收缩量减小了约30%,从480με减小至350με;而掺入10%硅灰的混凝土90d干燥收缩量大约增大了10%,从480με增大至530με。从干燥收缩研究成果得出如下结论:硅灰的掺入量应小于10%,最好控制在6%以内,而且应尽量与粉煤灰或矿渣复掺,以平衡掺入硅灰带来的干燥收缩增大的问题。

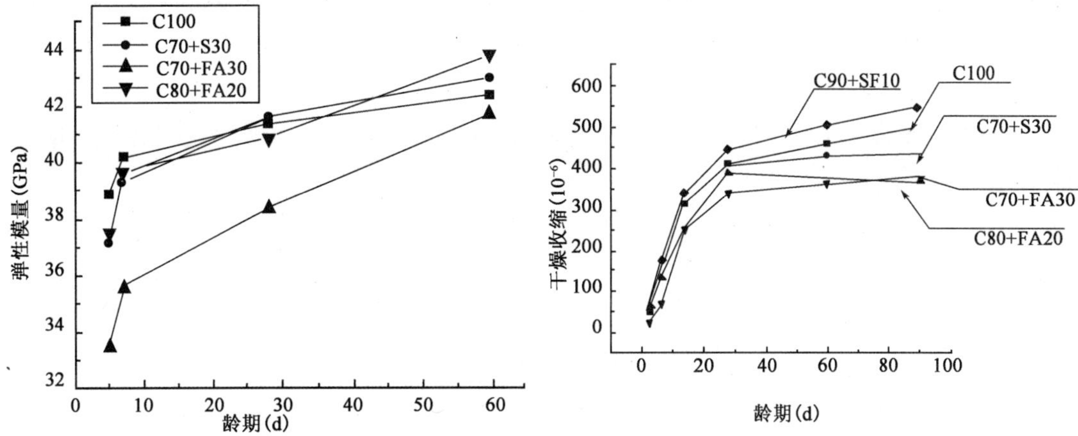

图3.6 矿物掺合料对静弹性模量的影响

注:C-水泥;S-矿渣粉;FA-粉煤灰;SF-硅灰。

图3.7 矿物掺合料对混凝土干燥收缩的影响

3.3.2 高性能混凝土配合比优化

1)优化思路

根据高性能混凝土的性能特点,通过研究原材料选择、混凝土配合比参数、活性掺合料选用等对混凝土力学性能、工作性、耐久性、体积稳定性等方面的影响,并根据拟采用C60混凝土的构件结构特点,配制出施工性能好、抗裂性能好、耐久性优良的高性能混凝土。高性能混凝土配制技术路线如图3.8所示。配合比设计基本要求包括如下几点:

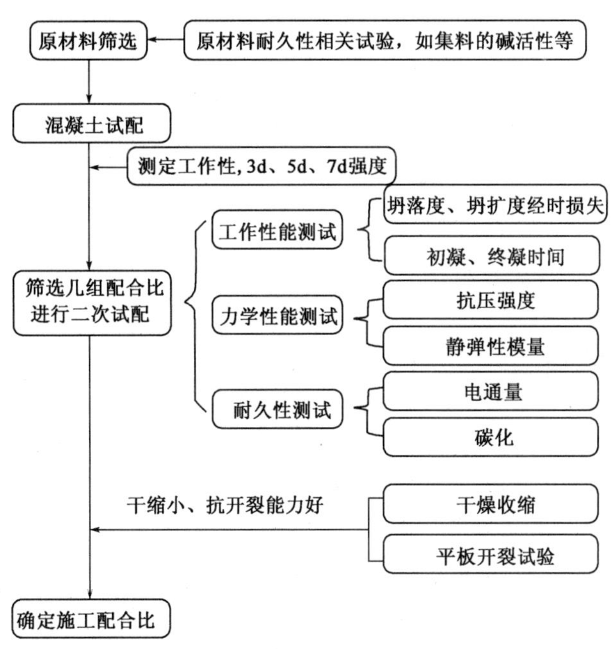

图3.8 高性能混凝土配制技术路线

(1)在满足混凝土单位体积胶凝材料最低用量要求的前提下,尽可能降低硅酸盐水泥用量,使用大掺量优质粉煤灰、磨细矿渣粉等矿物掺合料,以降低混凝土水化热温升,提高混凝土的密实性和抗侵蚀性能。

(2)在满足混凝土强度要求和工作性要求的前提下,最大限度地减少胶凝材料用量及浆体率,提高混凝土体积稳定性。

(3)对于箱梁(0 号、1 号块)、主塔等容易开裂的大体积混凝土,宜选用具有缓凝效果的高效减水剂,以推迟和削减水化热温峰。

(4)混凝土最大、最小水胶比和单位体积胶凝材料最低、最高用量宜满足表 3.25 规定。

水胶比和胶凝材料用量 表 3.25

构件类型	最小水胶比	最大水胶比	最低胶凝材料用量(kg/m^3)	最大胶凝材料用量(kg/m^3)
箱梁	0.30	0.35	420	500
主塔	0.30	0.35	420	500

(5)根据工程设计要求,所配制的 C60 高性能混凝土的主要技术性能指标见表 3.26。

混凝土的主要技术指标 表 3.26

性能分类	考察内容	技术指标	
工作性能	坍落度(mm)	初始	200 + 10
		60min 后	>180
	坍扩度(mm)	≥450	
	初凝时间(h)	≥15	
	终凝时间(h)	≥20	
力学性能	4d 抗压强度(MPa)	≥54.0	
	强度等级	C60	
	7d 静弹性模量(GPa)	≥35.0	
	28d 静弹性模量(GPa)	≥35.5	
耐久性能	28d 电通量(C)	≤1500	
	28d 碳化深度(mm)	≤30	

2)原材料调研和选用

为了配制出满足西江大桥箱梁、主塔等主要混凝土结构工作性能、力学性能、耐久性和抗裂性能要求的 C60 高性能混凝土,必须先对配制混凝土原材料进行调研、优选工作。原材料检测指标、检测标准及评价标准如表 3.27 所示。

对混凝土原材料取样检测分析,综合考虑各种原材料的品质、产量、价格等因素,对各原材料进行综合分析,见表 3.28。结果表明,产品品质较好,价格运距合理的混凝土原材料有:粤秀 P. Ⅱ 42.5 R、华润 P. Ⅱ 42.5R 水泥;珠江电厂、黄埔电厂粉煤灰;韶钢嘉羊、珠钢 S95 矿渣粉;“埃肯”硅灰;西江砂;珠海华实、珠海邦建、佛山高明松柏碎石;四航材料 HSP-V、西卡 Sika3350、富斯乐施佳 330D 聚羧酸减水剂。

原材料检测指标、检测标准及评价标准　　表3.27

原材名称	检测指标	检测标准	评价标准
水泥	比表面积	《水泥比表面积测定方法勃氏法》(GB/T 8074—2008)	《通用硅酸盐水泥》(GB 175—2007)
	抗折抗压强度	《水泥胶砂强度检验方法》(GB/T 17671—1999)	
	安定性、标准稠度用水量、凝结时间	《水泥标准稠度用水量、凝结时间、安定性检验方法》(GB/T 1346—2011)	
	Al_2O_3, SiO_2, Fe_2O_3, CaO	《水泥组分的定量测定》(GB/T 12960—2007)	
	氧化镁、烧失量、三氧化硫、碱含量、游离氧化钙	《水泥分析方法》(GB/T 176—2008)	
	氯离子含量	《水泥原料中氯的化学分析方法》(JC/T 420—2006)	
	密度	《水泥密度测定方法》(GB/T 208—2014)	
	水化热	《水泥水化热测定方法》(GB/T 12959—2008)	
粉煤灰	细度	《用于水泥和混凝土中的粉煤灰》(GB/T 1596—2005)	《高强高性能混凝土用矿物外加剂》(GB/T 18736—2002)
硅灰	活性 SiO_2 含量	《高强高性能混凝土用矿物外加剂》(GB/T 18736—2002)附录A	
矿渣粉、硅灰	比表面积	《水泥比表面积测定方法勃氏法》(GB/T 8074—2008)	
粉煤灰、矿渣粉、硅灰	烧失量、碱含量、SO_3 含量、氧化镁、游离氧化钙	《水泥化学分析方法》(GB/T176—2008)	
	需水量比、活性指数、含水率	《高强高性能混凝土用矿物外加剂》(GB/T 18736—2002)	
	Cl^- 含量	《水泥原料中氯的化学分析方法》(JC/T 420—2006)	
	密度	《水泥密度测定方法》(GB/T 208—2014)	
砂、碎石	细度模数(砂)级配、针片状含量(碎石)、压碎指标(碎石)、紧密堆积空隙率(碎石)、表观密度、吸水率、含泥量、泥块含量、Cl^- 含量	《普通混凝土用砂、石质量及检验方法标准》(JGJ 52—2006) 《公路工程集料试验规程》(JTG E42—2005)	《普通混凝土用砂、石质量及检验方法标准》(JGJ 52—2006)
砂、碎石	碱活性	《砂、石碱活性快速试验方法》(CECS 48—1993)	CECS 48—1993
聚羧酸减水剂	抗压强度比、泌水率比、凝结时间比含气量	《混凝土外加剂》(GB 8076—2008)	《聚羧酸系高性能减水剂》(JGT 223—2007)
	密度、固含量、减水率、Cl^- 含量、碱含量、水泥净浆流动度、硫酸钠含量	《混凝土外加剂匀质性试验方法》(GB/T 8077—2012)	
	减水剂与水泥的相容性	《水泥与减水剂相容性试验》(JC/T 1083—2008)	

主要混凝土原材料 表3.28

名称	生产厂家	型号/规格
水泥	粤秀	P. Ⅱ42.5 R
粉煤灰	珠江电厂	Ⅱ级灰
矿渣粉	韶钢嘉羊	S95
减水剂	上海马贝	聚羧酸高效减水剂
粗集料	珠海洪达	5～10m、10～20mm
砂	西江	中砂

从原材料的测试结果看，如表3.29～表3.34所示，各项原材料的检测结果均为合格，能够满足混凝土配制需要。对于高性能混凝土中使用的粉煤灰宜使用Ⅰ级灰，但考虑到珠三角地区Ⅰ级灰的产能较小，为保证工程进度，可采用细度（45μm方孔筛筛余）不大于12%、烧失量不大于5%、需水量比不大于100%的Ⅱ级粉煤灰。

水泥试验结果 表3.29

检测项目		标准规定（GB 175—2007）	检测结果
比表面积（m^2/kg）		≥300	398
密度（g/cm^3）		—	3.14
凝结时间（min）	初凝	≥45	100
	终凝	≤600（普硅）	166
碱含量（%）		≤0.6（选择性指标）	0.53
游离氧化钙（f-CaO）（%）		—	0.97
安定性		合格	合格
Cl^-含量（%）		≤0.06	0.012

粉煤灰试验结果 表3.30

检测项目	Ⅱ级粉煤灰标准（GB/T 18736—2002）	检测结果
细度（45um方孔筛余）（%）	≤25	15.7
烧失量（%）	≤8.0	1.92
碱含量（%）	—	2.48
SO_3含量（%）	≤3.0	0.5
流动度比（%）	≤105	97

矿渣粉试验结果 表3.31

检测项目	Ⅱ级粉煤灰标准（GB/T 18736—2002）	检测结果
比表面积（m^3/kg）	≥400	410
烧失量（%）	≤3.0	0.49
Cl^-含量（%）	≤0.06	0.0593
SO_3含量（%）	≤4.0	0.09
需水量比（%）	≥95	99

碎石试验结果(10~20mm 规格) 表3.32

检测项目	标准规定(JTG E42—2005)	检测结果
针片状含量(%)	≤8	0.3
表观密度(g/cm^3)	—	2.74
毛细体积相对密度		1.71
压碎值(%)	≤12	12.3
吸水率(%)	—	0.35
石料抗压强度(MPa)	≥120	195

砂子试验结果 表3.33

检测项目	标准规定(JGJ 52—2006)	检测结果
细度模数	2.3~3.0	2.9
堆积密度(g/cm^3)	—	1520
表观密度(g/cm^3)	—	2650
<0.075mm 颗粒含量(%)	—	0.32
Cl^- 含量(%)	≤0.02	0.0007
碱活性(%)	≤0.1	0.04

混凝土外加剂试验结果 表3.34

检测项目	标准规定(JG/T 223—2007)	检测结果
减水率(%)	不小于18	35.5
泌水率比(%)	不大于70	0
含气量(%)	≤6.0	2.3
凝结时间差(min)	初凝 > +120	115
固体含量(%)	生产厂控制值相对量3%内	27.2
氯离子含量(%)	生产厂控制值相对量5%内	0.01
水泥静浆流动度(mm)	不小于生产厂控制值95%	285(泌水)
pH值	生产厂控制值+1%内	6.6

3)混凝土配合比试配

在确定配制C60的原材料以后,按照表3.35的基本要求开展混凝土试配工作。在0.29~0.38的水胶比范围内,420~490kg/m^3的胶凝材料用量范围内分别研究不同胶凝材料体系组成的混凝土工作性能、力学性能(最佳水胶比范围及最佳用水量范围、胶凝材料用量范围、矿物掺合料用量范围、浆集比范围)。测试内容为坍落度、1h坍落度损失、扩展度以及3d、4d、5d、7d、28d抗压强度。根据经验,选择了两个胶凝材料用量方案,分别是470kg和490kg,将单方用水量控制在150kg以内,由于受原材料波动的影响,选择三个水胶比0.32~0.30进行混凝土试配。同时掺入不同种类和数量的掺合料进行配合比试验,其基本原则是:矿渣粉,30%左右;硅灰,掺量为≤5%;粉煤灰,≤20%。

表3.35 和表3.36 是所试配的混凝土配合比和基本性能测试结果，从测试结果看，除 M5 的早期强度略微偏低以外，其余配合比的性能都达到设计要求。优选了 M1、M2、U1 三组配合比提供给施工单位进行试拌，但工作性能均不理想（坍落度较小、浆体包裹性较差），经过现场调研并再次对部分原材料进行检测，对比分析出现较大差异的原因，判断为现场所使用的粉煤灰和砂的质量波动性较大，见表3.37。

混凝土配合比　　表3.35

部位	胶凝材料用量	水胶比	用水量	水泥	粉煤灰	矿渣粉	硅灰	砂率	减水剂
	kg		kg	%	%	%	%	%	%
M1	470	0.31	146.0	70	15	15	0	41	0.65
M2	490	0.31	152.0	70	15	15	0	41	0.65
M3	490	0.31	152.0	70	—	30	0	40	0.80
M4	490	0.31	152.0	60	—	40	0	40	0.70
M5	470	0.31	146.0	67	—	30	3	40	1.00
U1	470	0.32	150.4	70	10	20	0	39	1.10
U2	490	0.31	151.9	70	15	15	0	39	1.20
U3	490	0.30	147.0	70	15	15	0	39	1.30

混凝土基本性能　　表3.36

编号	抗压强度（MPa）				坍落度	扩展度	60min 坍落度
	3d	5d	7d	28d	mm	mm	mm
M1	60.5	66.8	70.7	83.3	210	480	—
M2	57.9	64.5	69.6	84.7	210	540	200
M3	55.9	62.9	67.4	81.2	205	475	—
M4	60.0	67.0	71.7	85.5	225	570	210
M5	47.8	53.8	59.9	75.6	190	320	150
U1	53.1	63.2	67.1	82.5	200	485	—
U2	45.2	59.2	65.6	77.2	190	470	150
U3	56.3	67.3	69.7	86.0	195	—	—

现场重新取样粉煤灰、砂检测结果　　表3.37

名称	生产厂家	型号/规格	检测结果
粉煤灰	珠江电厂	Ⅱ级灰	烧失量:3.18%;细度:15.7%;需水量比:96
砂	西江	中砂	细度模数:2.42

对比前后两次粉煤灰与砂的检测结果看，2010 年 10 月份所取的粉煤灰烧失量较大为3.18%、砂的细度模数只有2.42，由于粉煤灰烧失量大、砂的细度模数偏细，导致混凝土的用水量增大。针对上述问题，研究小组重新在现场取样进行混凝土试配，在原有配合比的基础上进行调整。调整后的配合比及基本性能测试结果见表3.38 和表3.39。由表3.39 的混凝土基本性能测试结果看，调整后的配合比都能满足设计要求，综合工作性和强度考虑，初步选定

D2、D4、D5、S2 作为候选配合比。由于使用 C60 高性能混凝土的箱梁和主塔钢筋均较密、泵送高程较高，为了使混凝土的流动性较好（较大的扩展度），因此本次试配的混凝土坍落度均较大（坍落度在 220～240mm）。

调整后的混凝土配合比 表 3.38

部位	胶凝材料用量	水胶比	用水量	水泥	粉煤灰	矿渣粉	硅灰	砂率	减水剂
	kg		kg	%	%	%	%	%	%
D1	490	0.31	151.9	70	15	15	0	40	1.40
D2	470	0.32	150.4	70	10	20	0	40	1.20
D3	490	0.30	147.0	70	15	15	0	40	1.50
D4	470	0.32	150.4	70	0	30	0	40	0.95
D5	490	0.31	151.9	70	10	20	0	40	1.10
D6	470	0.31	145.7	80	10	10	0	40	1.30
S2	470	0.32	150.4	67	0	30	3	40	1.00

调整后的混凝土基本性能 表 3.39

编号	抗压强度（MPa）					坍落度	扩展度	60min 坍落度
	3d	4d	5d	7d	28d	mm	mm	mm
D1	43.2	56.1	58.7	63.2	73.4	205	370	—
D2	46.4	59.9	62.3	65.4	76.7	220	520	225
D3	60.8	64.3	68.5	72.3	85.6	240	565	200
D4	51.3	62.4	65.1	69.7	82.1	220	550	180
D5	49.8	61.3	64.7	68.4	80.3	220	440	—
D6	50.8	62.3	64.8	69.3	81.2	220	450	—
S2	52.5	65.5	67.7	72.8	84.4	225	485	190

4）低热低收缩混凝土配制

对胶凝材料本体组分进行热性能、开裂敏感性、体积稳定性、耐久性优化，通过胶凝材料净浆小圆环约束开裂试验、混凝土早期干缩、静弹模等试验，综合开裂敏感性、体积稳定性方面的技术指标进行优化选择，并对一组或几组配合比进行重复试验测试，进一步确认所选配合比前期试验的可靠性，配制出低热低收缩的混凝土。具体见表 3.40。

低热低收缩混凝土配制主要试验内容 表 3.40

编号	试验项目	试验内容	试验目标
1	小圆环约束试验	测试不同配合比混凝土的开裂时间，比较不同配合比混凝土的抗开裂性能	选取开裂时间较晚的配合比
2	混凝土干燥收缩试验	测试不同混凝土配合比的 3d、7d、14d、28d、60d 的干燥收缩变量	选取干燥收缩量较小的配合比
3	混凝土静力抗压弹性模量试验	测试不同混凝土配合比的 3d、7d、28d 的静弹模量	$E_{28d} \geqslant 35$GPa

(1)胶凝材料水化热测试

按照试配混凝土的胶凝材料组成,测试胶凝材料体系水化放热性能,以评价不同胶凝材料体系的水化放热的性能。表3.41是拟定的几种不同掺量的胶凝材料体系,表3.42则是其相应的胶凝材料水化热测试结果。

几种不同掺量的胶凝材料体系　表3.41

序号	水泥(%)	粉煤灰(%)	矿渣(%)
C100	100	—	—
xl-1	85	15	—
xl-2	70	15	15
xl-3	60	10	20
xl-4	50	20	30

不同胶凝材料水化热测试结果　表3.42

序号	不同龄期水泥水化放热量(kJ/kg)			水化放热特点	
	12h	1d	3d	最高峰值速率[kJ/(h·kg)]	最高峰值出现时间(h)
C100	87.82	173.32	256.97	11.02	8.9
xl-1	75.46	150.12	221.12	9.54	9.6
xl-2	57.62	118.28	183.84	7.52	9.7
xl-3	62.18	131.29	202.25	7.87	9.7
xl-4	47.85	101.33	163.54	5.71	9.7

图3.9、图3.10分别是不同胶凝材料体系的放热速率和放热量随水化龄期的增长而变化的曲线图,从图中可以看出,随着掺合料掺量的增加,胶凝材料体系的放热速率和放热总量都在降低,当掺合料的掺量达到50%时,胶凝材料体系早期的放热速率和放热量都有明显降低,降幅超过40%。但考虑到混凝土早期强度要求较高,掺合料的掺量不宜太大,故粉煤灰、矿渣粉混掺的掺合料总量宜控制在20%~40%。

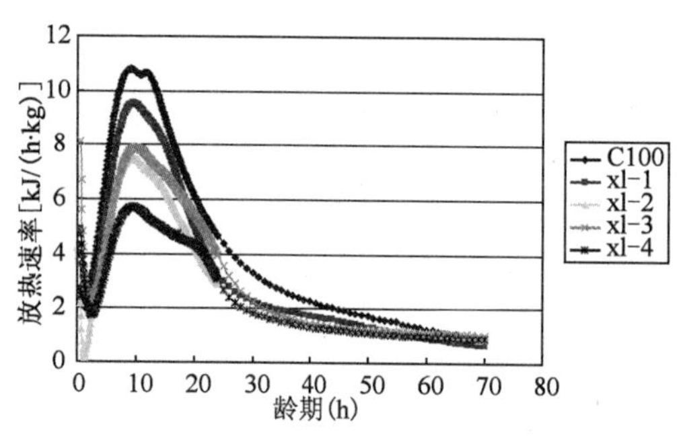

图3.9　不同胶凝材料放热速率

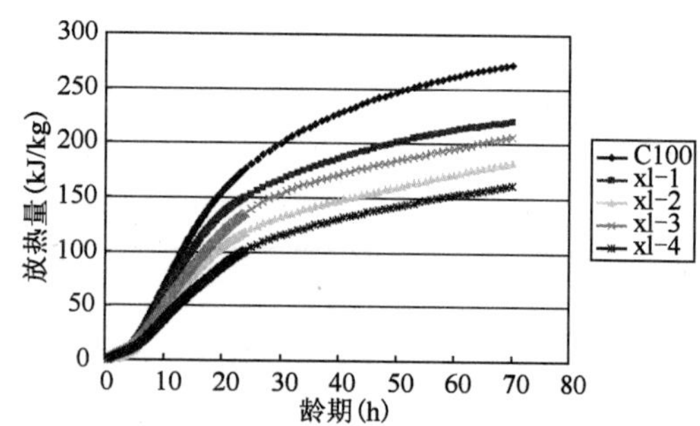

图3.10　不同胶凝材料放热量

(2)小圆环约束开裂测试

按照中国土木工程学会标准《混凝土结构耐久性设计与施工指南》(CCES 01—2004)中的

试验方法,采用净浆或水泥胶砂制成的圆环约束试件,测定其收缩过程中出现开裂的时间,用来相对比较抗裂性能,可为工程推荐抗裂性能相对更好的混凝土原材料(水泥品种、掺合料、外加剂)和浆体的配合比(掺量和水胶比)。本试验方法也可以改进,用以评价其他影响胶凝材料开裂的因素,例如养护时间、养护方法、蒸发速率和温度等。

表3.43是不同胶凝材料组成的小圆环开裂敏感性试验结果,从测试结果看,粉煤灰和矿渣粉的加入,能够大大延长胶凝材料体系的开裂时间,其中以粉煤灰、矿渣粉复掺的胶凝材料体系的抗开裂性能较优,圆环开裂时间较纯水泥体系晚了30h。因此在配制高性能混凝土时,使用掺合料对提高混凝土的抗开裂性能是非常有益的。小圆环装置的模具如图3.11所示。

图3.11　小圆环装置的模具示意图

胶凝材料小圆环试验结果　　表3.43

编号	水泥(%)	粉煤灰(%)	矿渣粉(%)	开裂时间(h)
K0	100	—	—	6.5
K1	70	—	30	14.2
K2	60	—	40	17.5
K3	80	20	—	20.0
K5	70	15	15	32.2
K4	70	10	20	34.1
K6	50	20	30	37.5

(3)混凝土体积稳定性试验

混凝土的体积稳定性是影响混凝土力学性能和抗开裂性能的重要因素,通过测试不同配合比、不同龄期的混凝土的干燥收缩和静力抗压弹性模量,比较其收缩变量和弹性模量,优选收缩量较小、弹性模量较好的配合比。混凝土干燥收缩试验、混凝土静力抗压弹性模量试验按照《公路工程水泥及水泥混凝土试验规程》(JTG E30—2005)的相关试验规程进行。

①混凝土干燥收缩。

根据混凝土试配初步确定的几组配合比，成型混凝土试件，按照《公路工程水泥及水泥混凝土试验规程》(JTG E30—2005)要求进行标准养护。混凝土干燥收缩的测试参照《公路工程水泥及水泥混凝土试验规程》(JTG E30—2005)中T 0566—2005的相关规定进行，试件尺寸为100mm×100mm×515mm，测试龄期分别是3d、7d、14d、28d、60d，混凝土干燥收缩测试结果见表3.44。从表3.44的数据可以发现，水胶比小的配合比对控制混凝土收缩有利；粉煤灰、矿渣粉双掺的配合比收缩率变化优于单掺矿渣粉或者矿渣粉、硅粉双掺的配合比。

混凝土干燥收缩测试(%) 表3.44

编号	M1	M5	D3	D4	S2
3d	0.0183	0.0204	0.0137	0.0078	0.0098
7d	0.0252	0.0269	0.0154	0.0221	0.0237
14d	0.0267	0.0280	0.0263	0.0263	0.0241
28d	0.0277	0.0305	0.0280	0.0297	0.0267
60d	0.0307	0.0335	0.0301	0.0321	0.0303

②混凝土弹性模量。

根据混凝土试配初步确定的几组配合比，进行混凝土的成型，成型试件静弹性模量的测试参照《公路工程水泥及水泥混凝土试验规程》(JTG E30—2005)中(T 0556—2005)的相关规定进行，试件尺寸为150mm×150mm×300mm，测试龄期分别是3d、7d、28d、90d，静弹性模量测试结果见表3.45。由表3.45的测试结果可见，混凝土各龄期的弹性模量均高于35.5GPa，完全能满足7d张拉的需要。

混凝土静弹性模量(单位:GPa) 表3.45

编号	M1	M5	D3	D4	S2
3d	39.6	39.2	41.5	41.1	41.7
7d	41.3	39.2	42.8	44.1	46.5
28d	44.3	46.2	46.7	47.1	46.7

3.3.3 混凝土耐久性测试

在完成低热低收缩混凝土配制的同时，还需要对所配置的混凝土耐久性进行测试，在考虑混凝土早期性能的同时兼顾混凝土的耐久性，主要通过混凝土电通量试验及快速碳化试验这两个耐久性测试来评价混凝土的耐久性能。电通量及快速碳化试验的试验内容及目标要求详见表3.46。

混凝土耐久性测试主要内容及试验目标　　　表3.46

序号	试验项目	试验内容	试验目标
1	混凝土电通量试验	对不同配合比的混凝土进行快速电通量测试(28d)	电通量≤1500C,选取电通量较小的配合比
2	快速碳化试验	测试不同混凝土配合比的3d、7d、14d、28d的碳化深度	选取碳化深度较小的配合比

1)混凝土电通量试验

通过电通量试验测试混凝土的密实程度,评价混凝土抗碳化、抗氯离子、酸雨等腐蚀介质的能力。电通量试验如图3.12所示。

图3.12　混凝土电通量试验

从表3.47的测试结果看,使用掺合料的混凝土电通量测试结果均小于1500C,这说明使用掺合料能够有效提高混凝土的抗氯离子渗透能力和混凝土的密实性。其中又以使用30%矿渣粉+3%硅灰(编号S2)所组成的体系电通量最小,这明在混凝土中掺入适量的硅灰对提高混凝土的密实性效果显著。

混凝土电通量测试结果(单位:C)　　　表3.47

编号	M1	M5	D3	D4	S2
28d	1079	673	1020	1183	567

2)混凝土碳化试验

从西江沿线已建特大桥耐久性现状调研结果看,碳化是影响混凝土结构耐久性的主要因素,因此,有必要在配合比优选过程中对混凝土进行快速碳化试验,以评价不同配合比的混凝土抗碳化能力。由于目前公路规范中尚未有专门的混凝土碳化试验规程,因此碳化试验可参照《普通混凝土长期性能和耐久性试验方法》(GB/T 5082—2009)以及《水运工程混凝土试验规程》(JTJ 270—1998)中关于混凝土碳化试验的相关规程进行。

在混凝土试块标养至28d后,将试块放入碳化试验箱中,分别测试3d、7d、14d、28d的碳化深度(图3.13)。通过混凝土的碳化深度对比不同配合比的抗碳化能力和对钢筋的保护作用。表3.48为优选的几组配合比所做的碳化测试结果,从测试结果看使用掺合料能够有效提高混凝土的抗碳化能力。

a)无碳化　　b)表面碳化

图 3.13　部分混凝土碳化后照片

混凝土快速碳化试验测试结果(单位:mm)　　表 3.48

编号	M1	M5	D3	D4	S2
3d	0.0	0.9	0.0	0.0	0.0
7d	0.3	1.0	0.0	0.0	0.0
14d	0.5	1.1	0.0	0.0	0.0
28d	0.5	1.0	0.5	0.5	0.0

3.3.4　最终配合比

通过原材料调研、混凝土配合比设计、低热低收缩混凝土配制及混凝土耐久性测试等一系列试验,并结合施工现场的施工工艺和作业要求,确定了最终推荐使用的混凝土配合比,具体参数为:水胶比 0.31,胶凝材料用量 470kg/m^3(其中水泥用量 80%,粉煤灰用量 10%,矿渣粉掺量 10%),砂率 40%,减水剂用量 6.11kg/m^3。并对该配合比的各项性能指标进行了测试,测试结果满足箱梁高性能混凝土的技术指标要求(测试结果见表 3.49)。箱梁高性能混凝土配合比设计见表 3.50。

混凝土主要技术指标测试结果　　表 3.49

测试类别	试验内容	技术指标		实测结果
工作性能	坍落度(mm)	初始	200+10	210
		60min 后	>180	205
	扩展度(mm)	≥450		520
力学性能	4d 抗压强度(MPa)	≥54.0		56.5
	28d 抗压强度(MPa)	≥60.0		76.7
	7d 静弹性模量(GPa)	≥35.0		50.4
	28d 静弹性模量(GPa)	≥35.5		54.7
耐久性能	混凝土抗渗透性(电通量法,C)	≤1500		1364

箱梁高性能混凝土配合比设计 表 3.50

<table>
<tr><td rowspan="3">构件情况</td><td colspan="8">技术设计参数</td><td colspan="12">施 工 条 件</td><td colspan="5">配制设计参数</td></tr>
<tr><td colspan="4">名称(环境条件)</td><td colspan="2">强度等级</td><td colspan="2">抗渗等级</td><td colspan="2">最小断面尺寸</td><td colspan="3">最小钢筋净距</td><td colspan="3">坍落度(mm)</td><td colspan="4">浇筑条件</td><td colspan="3">标准差(MPa)</td><td colspan="2">配制强度(MPa)</td></tr>
<tr><td colspan="4">现浇箱梁</td><td colspan="2">C60</td><td colspan="2">—</td><td colspan="2">—</td><td colspan="3">—</td><td colspan="3">200 ±10</td><td colspan="4">机械搅拌</td><td colspan="3">6</td><td colspan="2">69.8</td></tr>
<tr><td rowspan="9">原材料检验结果</td><td rowspan="2">水泥</td><td>样品来源</td><td>品种</td><td>强度等级</td><td colspan="4">生产厂家</td><td colspan="2">F 快(MPa)</td><td colspan="3">3d 抗折强度(MPa)</td><td colspan="3">28d 抗折强度(MPa)</td><td colspan="7">3d 抗压强度(MPa)</td><td colspan="2">28d 抗压强度(MPa)</td></tr>
<tr><td>施工现场</td><td>粤秀牌</td><td>P. Ⅱ 42.5</td><td colspan="4">广州市珠江水泥有限责任公司</td><td colspan="2">—</td><td colspan="3">—</td><td colspan="3">—</td><td colspan="7">32.0</td><td colspan="2">53.5</td></tr>
<tr><td rowspan="2">砂</td><td>样品来源</td><td colspan="4">产地</td><td colspan="4">级配区</td><td colspan="3">细度模量</td><td colspan="3">表观密度(kg/m^3)</td><td colspan="7">堆积密度(kg/m^3)</td><td colspan="2">含泥量(%)</td></tr>
<tr><td>施工现场</td><td colspan="4">西江</td><td colspan="4">中砂</td><td colspan="3">2.6</td><td colspan="3">2650</td><td colspan="7">—</td><td colspan="2">—</td></tr>
<tr><td rowspan="2">石</td><td>样品来源</td><td colspan="2">产地</td><td colspan="2">品 种</td><td colspan="4">规格(mm)</td><td colspan="3">针片状颗粒含量(%)</td><td colspan="3">表观密度(kg/m^3)</td><td colspan="7">堆积密度(kg/m^3)</td><td colspan="2">含泥量(%)</td></tr>
<tr><td>施工现场</td><td colspan="2">珠海洪湾</td><td colspan="2">花岗岩</td><td colspan="4">5～10、10～20</td><td colspan="3">0.3</td><td colspan="3">2740</td><td colspan="7">—</td><td colspan="2">—</td></tr>
<tr><td rowspan="3">混合材</td><td>品种</td><td>等级</td><td colspan="2">掺量及方式</td><td rowspan="3">外加剂</td><td colspan="4">名称</td><td colspan="3">掺量(%)</td><td colspan="3">浓度(%)</td><td colspan="2" rowspan="3">水</td><td colspan="7">来源</td></tr>
<tr><td>粉煤灰</td><td>Ⅱ</td><td colspan="2">等量取代 10%</td><td colspan="4">上海马贝 SX-16 聚羧酸高效减水剂</td><td colspan="3">1.3</td><td colspan="3">—</td><td colspan="7" rowspan="2">自来水</td></tr>
<tr><td>矿渣粉</td><td>S95</td><td colspan="2">等量取代 10%</td><td colspan="4">—</td><td colspan="3">—</td><td colspan="3">—</td></tr>
<tr><td rowspan="3">配合比</td><td rowspan="2">水胶比(W/B)</td><td colspan="4" rowspan="2">配合比(水泥: 砂: 石: 水: 粉煤灰: 矿渣粉: 减水剂)</td><td rowspan="2">含砂率(%)</td><td rowspan="2">坍落度(mm)</td><td colspan="2" rowspan="2">质量密度(kg/m^3)</td><td colspan="12">材料用量(kg/m^3)</td><td colspan="4">抗压强度(MPa)</td></tr>
<tr><td colspan="2">水泥</td><td>砂</td><td colspan="2">石</td><td>水</td><td colspan="2">粉煤灰</td><td colspan="2">矿渣粉</td><td colspan="2">减水剂</td><td>4d</td><td colspan="2">7d</td><td>28d</td></tr>
<tr><td>0.31</td><td colspan="4">1: 1.889: 2.940: 0.3875: 0.125: 0.125: 0.013</td><td>40</td><td>210</td><td colspan="2">2431</td><td colspan="2">376</td><td>710</td><td colspan="2">1106</td><td>146</td><td colspan="2">47</td><td colspan="2">47</td><td colspan="2">6.11</td><td>56.5</td><td colspan="2">72.3</td><td>76.7</td></tr>
<tr><td>备注</td><td colspan="25">本配合比采用材料为绝对干料状态，现场施工应考虑砂、石含水率，对其用量作适当调整</td></tr>
</table>

3.4 桥梁耐久性防护技术

通过桥梁所处流域腐蚀环境调查、类似结构桥梁耐久性调查,并结合桥梁主体结构混凝土耐久性试验研究,可以发现,影响本桥混凝土结构耐久性的主要环境因素是汽车、船舶废气引起的混凝土碳化以及雨水、湿热环境的影响。针对这种环境并结合本工程实际,可以通过在混凝土表面增加涂覆层的方式来提高桥梁混凝土结构耐久性。本项目利用研究院特有的暴露试验站工作平台,深入分析混凝土涂层与新型浸渍两种防腐蚀技术的防腐蚀效果;并从施工工艺、材料成本等方面进行综合分析。

3.4.1 混凝土涂层防腐蚀技术

1)涂层设计

混凝土表面涂层涂装适用于混凝土结构中的大气区、干湿交替区(桥墩)。应从涂层与混凝土表面的黏结力以及涂层的耐碱、耐老化性、耐磨损、耐冲击及抗氯离子渗透性能等方面考察所用涂料的性能。

涂层的使用年限与涂膜厚度有直接的关系,应该根据要求的防护年限,设计相配套的涂层体系以及涂膜厚度。涂层设计厚度及配套见表3.51。也可采用与表3.51相对应的,满足规范和设计要求的不同涂层体系。

涂层配套设计　　表3.51

设计年限	涂料配套		涂层干膜厚度(m)	
			干湿交替区	大气区
10	底漆	环氧封闭漆	无厚度要求	无厚度要求
	中间漆	环氧中间漆	250	200
	面漆	聚氨酯面漆	50	50

2)涂料的基本性能

涂层体系中各层配套涂料除应满足国家相应的涂料标准规定以外,根据其不同的使用功能,尚应满足下列性能要求。

底层涂料:要求能渗透到混凝土内起封闭孔隙和提高后续涂层附着力的作用,因此,采用的底层涂料应具有较低的黏度和较高渗透性。

中间层涂料:要求有较强的抗有害介质的渗透能力和足够的机械强度,因此,中间层涂料应具有漆膜致密、坚固、防腐蚀能力强和韧性好的特点。

面层涂料:要求不仅具有优良的防腐蚀性能和机械性能,更具有优异的耐久性和耐候性,起到保证整个涂层体系的长期保护效果。因此,面层涂料应具有优异的耐候性能,涂层耐紫外光照射性强,化学稳定性好,对中间漆和底漆有较好的保护作用。同时涂层保色、保光性能好,对大桥外观起到持久的美观装饰效果。

对处于干湿交替区的表湿混凝土结构,其混凝土表面常处于潮湿状态,除要求涂料具有大气区涂料的基本性能以外,还必须具有能在潮湿混凝土表面施涂、黏结和固化的性能,即必须采用湿固化防腐蚀涂料。涂层应具备的基本性能详见表3.52。

涂层应具备的基本性能　　表3.52

序号	试验项目	涂层性能
1	涂层施工性	易施涂、涂层均匀、不流挂、无气泡、无裂缝、无色差、无脱落
2	涂层耐老化试验1000h	不粉化、不起泡、不龟裂、不剥落
3	耐碱试验30d	不起泡、不龟裂、不剥落
4	涂层与混凝土基底的黏结力	表干和干湿交替区均不小于1.5MPa
5	涂层抗氯离子的渗透性(30d)	小于5.0×10^{-3}mg/(cm^2·d)

3)涂层对混凝土耐久性的影响

根据置于华南海工码头工程材料暴露试验站内的长期暴露试件,研究了在华南地区高温高湿的海洋条件下涂层对混凝土耐久性的影响,涂层配套见表3.53。

暴露试件的涂层配套　　表3.53

涂层配套	涂层厚度(μm)	涂层配套	涂层厚度(μm)
H801环氧漆	273	无涂层混凝土	—
H801+753氯化橡胶面漆	285	SW-012湿固化环氧漆	235

暴露试件的氯离子渗透情况测试是通过用冲击钻钻取混凝土构件不同深度的试样,按照《水运工程混凝土试验规程》(JTJ 270—1998),用硝酸将试样全部溶解,然后在硝酸溶液中,采用瑞士万通公司生产的785DMP自动电位滴定仪,测定氯离子的含量。涂层混凝土暴露试件的氯离子渗透情况如表3.54所示。对浪溅区暴露的混凝土试件的碳化深度进行测试,其测定结果见表3.55。

涂层混凝土暴露试件的氯离子渗透情况　　表3.54

涂层配套	混凝土氯离子含量(%)			
	SW-012湿固化环氧漆	H801环氧漆	H801环氧漆+753氯化橡胶面漆	无涂层混凝土
龄期 / 深度(mm)	9年	19年	19年	9年
0~3	0.0287	0.0256	0.0171	0.2056
3~6	0.0273	0.0188	0.0116	0.2116
6~9	—	0.0163	0.0105	0.1820
9~12	0.0180	0.0144	0.0097	0.1512
12~15	0.0182	0.0137	0.0087	0.1193
15~18	0.0134	0.0135	0.0097	0.1142
18~21	0.0157	0.0133	0.0078	0.0992
21~24	—	—	0.0079	0.0696
24~27	—	—	—	0.0823
27~30	—	—	—	0.0625

续上表

涂层配套	混凝土氯离子含量(%)			
	SW-012 湿固化环氧漆	H801 环氧漆	H801 环氧漆 + 753 氯化橡胶面漆	无涂层混凝土
深度(mm) \ 龄期	9 年	19 年	19 年	9 年
30 ~ 33	—	—	—	0.0739
C_s(%)	0.032	0.027	0.017	0.232
$D(\times10^{-6}mm^2/s)$	0.17	0.103	0.051	0.544

混凝土涂层暴露试件的碳化深度 表 3.55

涂层配套	H801 环氧漆	H801 环氧漆 +753 氯化橡胶面漆	无涂层混凝土
暴露时间(年)	19	19	9
碳化深度(mm)	0.0	0.0	4.0

由表 3.54 和表 3.55 可以看出 20 年内,涂层在完整无破损失效的情况下,能有效地阻止氯离子的渗透(其渗透深度和氯离子富集量都很小)以及能够有效地防止混凝土结构的碳化。

通过暴露试验,可以充分地说明涂层作为混凝土的一个覆盖层,能成功地使混凝土与外界腐蚀源隔绝,使混凝土与腐蚀源接触的时间延缓。从耐久性的角度来说,这种效果使得施加涂层保护的混凝土寿命延长的时间至少高于涂层的有效保护时间。

4)涂层涂装施工工艺

(1)表面处理

混凝土表面涂层的耐久性和防护效果,与混凝土表面涂层涂装前的表面处理关系很大,良好的表面处理,能使涂层经久耐用,防护效果显著。应严格规定正确的表面处理方法和验收程序。

按《公路工程混凝土结构防腐蚀技术规范》(JTG/T B07-01—2006)的要求,涂装前的混凝土表面处理应包括以下几步:用水泥砂浆或与涂层涂料相容的填充料修补蜂窝、露石等明显的缺陷;用钢铲刀清除表面碎屑及不牢的附着物;用汽油等适当溶剂抹除油污;最后用饮用水冲洗,使处理后的混凝土表面无露石、蜂窝、碎屑、油污、灰尘及不牢附着物等。

(2)涂料的涂装

各种涂料的使用应按产品说明书的方法进行。涂装方法应根据涂料的物理性能、施工条件、涂装要求和被涂结构的情况进行选择。宜采用高压空气喷涂,当条件不允许时,可采用刷涂或滚涂。

涂装前应在大气区、干湿交替区各找 $10m^2$ 面积的试验区,按要求先处理表面,按涂层系统设计的配套涂料的要求进行涂装试验。涂装试验应测定各层涂料耗用量(L/m^2)和湿膜的厚度,涂层经 7d 自然养护后用显微镜式测厚仪测定其平均干膜厚度和随机找三个点用拉脱式涂层黏结力测试仪测定其涂层的黏结强度。各种测定值应归档。

涂装试验的涂层黏结强度若不能达到 1.5MPa 时,应另找 $20m^2$ 试验区重做涂装试验。如果仍不合格,应重新做涂层配套设计和试验。

涂装应在无雨的天气进行。涂装过程中应做好施工记录。

(3)涂装过程中的质量控制

施工过程中,应对每一道工序进行认真检查。

应按设计要求的涂装道数和涂膜厚度进行施工,随时用湿膜随时检查湿膜厚度,以控制涂层的最终厚度及其均匀性。

涂装施工过程中应随时注意涂层湿膜的表面状况,当发现漏涂、流挂等情况时,应及时进行处理。每道涂装施工前应对上道涂层进行检查。

涂装后应进行涂层外观目视检查。涂层表面应均匀、无气泡、裂缝等缺陷。

涂装完成7d后,应进行涂层干膜厚度测定。每$50m^2$面积随机检测一个点,测点总数应不少于30个。平均干膜厚度应不小于设计干膜厚度,最小干膜厚度应不小于设计干膜厚度的75%。当不符合上述要求时,应根据情况进行局部或全面补涂,直至达到要求的厚度为止。

涂层施工单价见表3.56。

涂层施工单价(每平方米混凝土表面)　　表3.56

项目名称	应用面积(m^2)	材料费(元)	施工费(元)	总单价(元)	备　注
干湿交替区涂层	1	50~60	15~20	65~80	不包括施工搭建平台费用
大气区涂层	1	45~55	15~20	60~75	不包括施工搭建平台费用

3.4.2　混凝土新型浸渍防腐蚀技术

硅烷浸渍是采用硅烷系液态憎水剂浸渍混凝土表面,即使这种憎水剂渗入混凝土毛细孔中的深度只有数毫米,但由于它与已水化的水泥发生化学反应,使毛细孔壁憎水化,能达到使水分和水分所携带的氯化物都难以渗入混凝土的效果。

硅烷浸渍主要适用于大气区的防腐蚀保护,由于其属于浸渍型涂层,是通过毛细现象渗透到混凝土中的,干湿交替或水下区的混凝土通常处于饱水状态,毛细孔吸附现象减弱,降低了硅烷保护渗透效果。通常混凝土表面处于表干的状态下,以及施工完后6h内保证不被水浸泡才可达到最理想效果,因此对本工程处于表面潮湿的干湿交替区混凝土不推荐采用硅烷浸渍,而在大气区域硅烷的实施可达到较理想的效果。硅烷浸渍防腐的年限应不少于15年。

由于硅烷浸渍施工简便、经济,防腐效果长效,因此近年来在我国得到广泛的应用,已成功地应用于各种桥梁、海港工程。如我国某港二期集装箱码头与护岸工程在浪溅区高性能混凝土梁体的侧面和底面上(4万m^2),浸渍异丁烯三乙氧基硅烷取得了优异的效果。近年来在国内的特大型桥、电厂、水厂、码头等均有采用。

硅烷的性能要求及选取应从以下几个方面来考虑:

(1)经硅烷处理的混凝土吸水率。经处理,混凝土吸水率平均值不大于$0.01mm/min^{1/2}$。

(2)硅烷的浸渍深度应达到2~3mm。

(3)使用硅烷后,氯化物吸收量的降低效果平均值不小于90%。

本工程推荐选用异辛基三乙基硅烷(膏状)作为防腐涂装的材料,主要做以下考虑:

(1)异辛基三乙基硅烷,渗透性优良;比异丁基硅烷挥发性小,减少浪费。

(2)膏状硅烷比液态硅烷浸渍时间更长、更深,保护能力更强、更持久。

(3)经触变改性,可在构件底面或顶面无损失地施涂。

(4)无溶剂水性制品,无毒环保,直接使用,不需混合其他组分,施工简单、速度快。

同样通过暴露试验比较了硅烷浸渍对混凝土耐久性的影响。两种试件都在湛江港暴露试验站浪溅区暴露1590d。试验结果见表3.57。

硅烷浸渍混凝土暴露试件的氯离子渗透情况 表3.57

深度	混凝土氯离子含量(%)	
	硅烷浸渍试件	无硅烷浸渍试件
0~2mm	0.2707	0.1599
2~4mm	0.0727	0.3318
4~6mm	0.0259	0.2122
8~10mm	0.0372	0.0479
12~14mm	0.0182	0.0196
14~16mm	0.0220	0.0303
18~20mm	0.0195	0.0298
扩散系数($\times10^{-6}mm^2/s$)	0.0530	0.2167

通过暴露试验,说明硅烷浸渍同样能成功地使混凝土与外界腐蚀源隔绝,使混凝土与腐蚀源接触的时间延缓。使得施加硅烷浸渍的混凝土寿命延长的时间,至少高于硅烷浸渍的有效保护时间。硅烷浸渍施工时应按照如下工艺要求进行实施:

1)混凝土表面要求

浸渍硅烷前应对混凝土进行下列表面处理:

(1)当混凝土表面存在明显缺陷时,应按规范用水泥砂浆进行表面修补。

(2)清除不利于硅烷浸渍的所有水泥浮浆、松散微粒、灰尘、油污和其他杂质。

(3)当混凝土采用脱模剂或养护剂时,通过喷涂试验确定脱模剂或养护剂对硅烷浸渍的影响,否则,在硅烷浸渍前,应充分清除。

(4)对于本工程,喷涂硅烷的混凝土表面应为面干状态,混凝土表面的含水量不大于10%。

2)表面清理工艺

宜采用高压水(压力不小于20MPa)清洁,并使用各种动力打磨工具等方法,彻底除去混凝土表面上的不牢灰浆、尖角、碎屑油污等污染物及其他松散附着物;如有必要时,使用适当溶剂抹除油污。使用饮用水冲洗后,残留在混凝土表面的水珠、水迹,用棉布、海绵等吸湿工具抹去,或用压缩空气吹干。硅烷浸渍前的混凝土表面应干燥,混凝土表面的含水量不大于10%。

3)硅烷喷涂环境要求

(1)施工场所的空气要流通,喷涂硅烷时不允许有其他作业。

(2)要选择晴朗天气,适宜气温及6级风力以下时段进行。

(3)现场施工时,大风、雾、雨等天气停止喷涂作业施工。

(4)作业时混凝土表面温度在5~45℃之间。

使用膏体硅烷喷涂,只需要喷涂1遍。一般喷涂量为200~400g/m^2。

4)硅烷浸渍成本分析

硅烷浸渍施工单价见表3.58。

硅烷浸渍施工单价(每平方米混凝土表面) 表3.58

项目名称	应用面积(m^2)	材料费(元)	施工费(元)	总单价(元)	备注
硅烷浸渍(膏体)	1	45~55	15~20	60~75	不包括施工搭建平台费用

3.4.3 防腐蚀措施比选

涂层可有效防止有害介质对混凝土结构的侵蚀,可适用于水下区、水位变动区、浪溅区及大气区等环境分区,使用范围广,且长期防护效果较好,根据华南地区20年涂层试件暴露试验可知,混凝土表面涂层可满足20年设计使用寿命的要求。

硅烷浸渍的防腐机理是通过在混凝土内部孔隙或孔隙壁形成憎水膜,抑制水分和有害介质的侵入,同时由于硅氧键突出的抗紫外线老化性能,使用寿命长,根据Zeebrugge港口硅烷浸渍混凝土耐久性的跟踪监测表明:经历12年工程实际服役周期,其防护效果仍然较好。但其本身并非完全封闭混凝土表面,尤其在水压作用下仍会有水分或其他腐蚀介质渗入,防护效果相对减弱,因此,不建议在水下区和水位变动区的工程结构中使用。

两种防腐蚀措施综合技术经济比较见表3.59。两种防腐蚀技术措施都具有施工简便、成本低且长期保护效果好的诸多优点,是混凝土结构非常有效的防腐蚀技术措施。相比硅烷浸渍防腐,表面涂层可根据需要选择不同的涂层颜色,可使工程整体效果更为美观。硅烷防腐蚀技术不改变混凝土的外观,在后期硅烷失效后可选择重新喷涂,但对于水下区和水位变动区的混凝土结构,其防护效果一般。

涂层、硅烷浸渍的综合技术经济比较 表3.59

防腐措施	防腐原理	防护年限(预计)	成本	维护、检测周期	优点	缺点
涂层	混凝土表层形成隔绝层	20年	涂料费45~65元/m^2,施工费20~25元/m^2,综合单价为65~85元/m^2	每10年进行局部修复,20年进行大修	施工简便,保护效果显著;可根据需要改变混凝土外观	因耐候性原因后期易粉化、脱落而影响外观
硅烷浸渍	渗入混凝土毛细孔中,使毛细孔壁憎水化,使水分和所携带的氯化物难以渗入	>15年	材料费45~55元/m^2,施工等其他费用为15~20元/m^2,综合单价为60~75元/m^2	每10年根据实际情况选择涂覆维修	施工方便,费用低;抗紫外线老化性能好;在平均水位以上部位的防腐蚀效果好;不改变混凝土外观;达到使用年限后重涂容易	对水下区和水位变动区的混凝土结构,其防护效果一般

因此,针对上述两种防腐蚀技术措施特点,根据现场环境、工程结构特点,优选满足混凝土结构耐久性要求的防腐方案。

根据西江大桥典型构件的特点和服役环境,结合防腐涂层和硅烷的防护机理、适用范围和经济性等,明确了桥梁典型构件推荐的防腐技术措施,见表3.60,其中对处于水下区的承台、墩身等构件,建议采用涂层防护,索塔、箱梁及墩柱(水位以上部位)采用涂层防护或硅烷浸渍防护。

具体构件的推荐防腐措施　表3.60

结　构	构件	控制环境作用等级	推荐措施
主桥/引桥	索塔	Ⅰ-C	涂层/硅烷
	箱梁	Ⅰ-C	涂层/硅烷
	承台	Ⅰ-C	涂层
	墩柱(水位以上部位)	Ⅰ-C	涂层/硅烷
	墩柱(水位以下部位)	Ⅰ-C	涂层
	桩基	Ⅰ-B	无

桥梁的耐久性病害和原因并不完全是一一对应的,往往一个因素是诱发病害的主要起因,其他因素则加速或促进病害的发展。现有的混凝土耐久性的研究成果与结构的设计、施工控制以及结构剩余寿命评估等存在脱节,即材料层面的研究成果未能与结构层次的研究有机结合,对实践中迫切需要解决的结构耐久性问题缺乏有效的指导。

事实上,过分强调混凝土材料自身耐久性能的重要性,而忽视材料耐久性能只是形成实际结构耐久性的要素之一,这样不但不能有效解决结构的耐久性问题,还可能在一定程度上误导人们的认识。耐久性研究较多地强调如何从材料和保护层的角度来增强结构的耐久抗力,而对于在建设阶段如何考虑后期养护和管理的问题则很少进行研究。实际上成桥耐久性能的提高不是无止境的,桥梁的耐久性不只依赖于前期的设计与施工。无论成桥耐久性多么优良,后期良好的维护管理是保证桥梁寿命及耐久性的不可或缺的重要因素。

第4章　季节性河流栈桥设计与施工

栈桥、水中施工平台是常用的桥梁施工临时结构，要求承载能力大、施工快捷、拆除方便、可重复利用。在桥梁施工、大坝施工、港口及渡船码头等工程中大量应用。由于荷载、环境条件不同，这类施工临时结构的设计可以遵循的规范较少，一般参考类似工程设计经验；基本主要考虑结构安全度的要求，很难做到经济性和安全性同时考虑。对于设计标准、参数取值的研究则更加少见。西江为季节性河流，河流水位高差变化大、河床摆动不稳定性、洪水期船舶失控概率高，如果按传统的临时结构施工方法，主要考虑最不利情况下的安全问题，可能造成临时结构投资的大幅度增加。

西江栈桥设计结合西江水文和大桥结构特点，充分考虑了季节性河流水位高差变化大、河床摆动不稳定性、洪水期船舶失控等因素对安全性的影响，引入了多因素概率分析方法，基于多层次设防设计思想，综合考虑临时结构施工期的便利性及经济效益间的关系，确定合理的栈桥及平台的设计标准，达到了安全性与经济性的平衡。

4.1　栈桥设计标准方法研究

4.1.1　桥梁栈桥结构的特点

近海或季节性河流的桥梁工程，可能面临着潮位变化大、水流急、浪高等不利影响，修筑便道或水上运输均有困难。临时施工栈桥可作为材料设备的运输通道，下部结构施工平台，使水上施工变为路上施工，减小了恶劣环境对施工的影响，保证工期，同时它还具有减少工程建设对环境的污染和破坏等优点。在施工中广泛应用。栈桥设计要求承载能力大、施工快捷、拆除方便、可重复利用，出于施工快捷及拆除方便的考虑，栈桥的上部结构一般采用便于拼装、拆卸的形式，如桁架梁、钢箱梁等；下部结构普遍采用钢管桩或预应力混凝土管桩。

东海大桥从上海芦潮港至小洋山岛，全长约31km。在该桥浅滩区域施工中，由于水浅且潮位变化大，施工船舶无法进入，修建了临时施工栈桥作为材料设备的运输通道以及下部结构的施工平台，如图4.1和图4.2所示。苏通大桥两岸引桥施工中，也修建了临时施工栈桥，栈桥上部结构采用贝雷梁。杭州下沙大桥桥址处于钱塘江涌潮河段，船舶难以进入墩位施工。为减少涌潮对施工的影响，搭设了钢栈桥作为各种材料、机具、人员等运输通道，变水上施工为陆上。以上这些栈桥上部结构均为贝雷梁，下部结构采用钢管桩基础。

杭州湾大桥南岸超长栈桥长达9.78km，处于独特的杭州湾潮流、波浪、冲刷环境，其建设规模和难度，在世界栈桥工程建设史上也是少见的，如图4.3和图4.4所示。在该栈桥设计中，除车辆荷载、施工荷载外，杭州湾海洋环境中的风、浪、潮流等产生的荷载也是控制栈桥设计的关键因素。栈桥采用多跨连续梁方案，跨径为15m，七跨一联。梁部采用8排单层“321”型贝雷桁架，下部结构采用打入式钢管桩基础。一般区段采用3ϕ800的桩基形式；考虑到深水区段中，海洋环境比一般区段的环境更为恶劣，因而对桩基形式提出了三种改进方案，最后经过充分研究比选，采用4ϕ800的桩基形式。

图4.1　东海大桥近岛段施工的大乌龟岛栈桥

图4.2　东海大桥施工栈桥

图4.3　杭州湾大桥落潮后的栈桥

图4.4　杭州湾大桥一般区段栈桥施工

在大坝施工中，亦常用到栈桥。在三峡大坝施工中，为设立各种运输通道，在泄洪坝段下游45m高程处、左厂坝下游82m高程处和连通厂坝120m高程处建造了三座施工栈桥，其中45m高程栈桥及120m高程栈桥的规模较大。表4.1为近年来国内部分长大临时栈桥的建设实例。

近年来国内外长大栈桥一览表　　表4.1

栈 桥 名 称	总长(m)	主跨(m)	上部结构形式	下部结构
三峡大坝45m高程施工栈桥	480	21.2	等截面全焊钢箱梁	钢管桩
三峡大坝120m高程施工栈桥	1228	21.2	钢板梁、预应力混凝土梁	钢管桩
三门峡黄河公路大桥施工栈桥	800	16	万能杆件	钢管桩
巴东长江公路大桥施工栈桥	108.5	30	2ϕ800钢管	钢管桩
武汉白沙洲大桥南岸施工栈桥	256	16	贝雷桁	钢管桩、预应力管桩
大辽河特大桥施工栈桥	329.1	12	56b工字梁	钢管桩
风陵渡黄河大桥施工栈桥	288	12	万能杆件	钢管桩

续上表

栈 桥 名 称	总长(m)	主跨(m)	上部结构形式	下部结构
厦门环岛路演武路至白城段跨海大桥施工栈桥	960	9	贝雷桁	钢管桩
杭州下沙大桥施工栈桥	1079	24	贝雷桁	钢管桩
妫水河大桥施工栈桥	796	16	万能杆件	钢管桩
东海大桥施工栈桥	578	—	贝雷桁	钢管桩
苏通大桥北引桥施工栈桥	1850	—	贝雷桁	钢管桩
杭州湾跨海大桥北岸栈桥	1570.5	—	贝雷桁	钢管桩
杭州湾跨海大桥南岸超长栈桥	9780	15	贝雷桁	钢管桩

国外也有很多施工栈桥的实例。美国加州的库柏河桥(Cooper River Bridge)穿过湿地,出于环境保护需要,在施工时修建了三座栈桥,其中最长的栈桥为Charleston栈桥,长为853m,上部结构采用钢桁梁,下部结构采用钢管桩。位于旧金山湾(San Francisco Bay)最北侧的里士满—圣拉夫桥(Richmond-San Rafael Bridge)的栈桥长达2km,穿过地震频发区,栈桥下部结构为钻孔灌注桩,上部结构采用预应力混凝土梁,场外预制,大型浮吊在水上逐孔架设,工程历时3年于1999年完成。

虽然栈桥工程实例很多,但功能、荷载及环境条件不同,因此,设计没有规范可遵循。设计一般参考以往经验,主要靠项目业主对经济性与安全性进行把握,这给栈桥的安全带来巨大风险,栈桥在施工中发生的事故也屡见不鲜。1933年开始的金门大桥工程修建了栈桥,但受到了太平洋的急流、大浪的影响,多次出现事故,造成巨大损失,修建金门大桥历时4年,而仅仅为了建设这个栈桥就耗费了一年多时间。响水水库导流洞施工中,修建了跨越响水河的临时施工栈桥。2003年6月15日投入使用,同年6月20日夜,由于连续降雨,响水河水高出临时栈桥0.2m,流速大,冲刷严重,栈桥被洪水全部冲毁,为此,不得不重新修建了一座更加坚固的栈桥,造成巨大的经济损失及工期延误。

对于桥梁施工临时结构,通常具有特殊的服务功能和临时性的特点,一般要求其承载能力大、施工快捷、拆除方便、可重复利用。对于桥梁施工临时结构的设计施工,由于服务功能不同,荷载及环境条件不同,设计没有统一规范可以遵循,一般参考相近的工程设计施工规范,关于设计标准、参数取值的深入研究进行较少。尽管部分研究中提出了考虑"安全性与经济性的统一"思想进行临时结构的设计,但主要仍是从结构安全度接受水平的角度出发,未考虑季节性河流水位高差变化大、河床摆动不稳定性、洪水期船舶失控概率等因素对临时结构设计和施工期的影响,季节性河流汛期水流湍急,紊流与临时结构物产生的共振问题也是必须予以重视的问题。

4.1.2 基于状态的设计标准确定方法

安全性与经济性是结构工程设计中的一对基本矛盾,这一矛盾在临时栈桥设计中因为没有规范可循,而显得尤为突出,矛盾焦点在于设计标准的缺失。西江栈桥设计中通过引入基于风险的概念,构建栈桥的设计标准,在标准构建中主要考虑如下:

考虑栈桥临时结构的特点,设计标准的确定主要考虑安全和经济的问题。"安全"原则要求栈桥具有足够的承载能力,不发生任何因栈桥问题造成的人员伤亡,不能延误主体工程的工期,并且在正常使用状态下要求栈桥能够正常运营。因此设计标准不可过低,必须留有足够的富余度。"经济"原则要求栈桥的设计应该通过各方面的优化尽量降低造价,而且要尽量利用可拆装构件,保证最大限度回收利用,要合理考虑在施工期间可能合作和作用水平。在以往的经验设计中,往往以直观的经验或直觉对栈桥的设计标准进行判断,很难保证结构真正达到"安全"与"经济"之间最优平衡的,应该基于相关设计理论,探索定量的方法。

栈桥设计除了考虑施工机械与车辆外,主要需要考虑波浪、潮流、风和船撞等作用。这些荷载具有"强度大,发生频率低;强度小,发生频率高"的特点。科学合理的设计方法应该是对不同等级的灾害区别对待,确定不同的设计和设防标准。这也就是抗灾结构多级设防的概念,已经为各国设计规范所采用。可以探索将其引入栈桥设计中去:将栈桥设计分为三种设计状态,即工作状态、非工作状态、灾难状态,如表4.2所示;不同的设计状态设定不同的设计标准,对于出现概率较大的状态赋以较高的设防标准,而对于出现概率较小的状态赋以较低的设防标准,从而实现"安全""适用"与"经济"之间的最优化。而设计取用的荷载水平则可根据设计标准确定。

栈桥三个设计状态分类 表4.2

栈桥设计状态	工作状态	非工作状态	灾难状态
遭遇概率	常遇	偶遇	罕遇
荷载作用大小	小	中	大
设防标准	结构不坏	结构可修	结构不倒

引入基于风险的方法,科学确定栈桥设计过程中荷载重现期,从而达到增加投入与减轻损失的最佳平衡。当栈桥结构的使用年限 T 确定之后,可通过风险分析来确定栈桥某设计状态所受环境作用的恰当重现期 T_d。

风险分析的主要组成部分是:评估栈桥失事的损失费用 C(这包括修理费用,主体工程完工延迟损失等);如果把环境作用的重现期增长,评估栈桥的增加费用 ΔC;最后是评估栈桥的失事概率 P_f。

在初始假定环境作用重现期的取值为 T_{d0} 时,每年原结构的风险为失事概率与损失费用的乘积,即

$$R_{J0} = P_f(T_{d0})C \tag{4-1}$$

式中:$P_f(T_{d0})$——对应 T_{d0} 时的栈桥失事概率;

C——栈桥失事的损失费用。

对于设计事件重现期的取值改为 T_d 后,加强结构后的风险为:

$$R_d = P_f(T_d)[C + \Delta C(T_d)] \tag{4-2}$$

式中:$\Delta C\ (T_d)$——结构加强后,增加的费用。

式(4-1)和式(4-2)中,年失事概率可取为:

$$\begin{cases} P_f(T_d) = \dfrac{1}{T_d} \\ P_f(T_{d0}) = \dfrac{1}{T_{d0}} \end{cases} \tag{4-3}$$

对于临时栈桥来说,如果 T_{d0} 是环境作用的参考重现期,则风险的减少 $\Delta R = R_{d0} - R_d$ 可由栈桥结构加强引起的增加费用来平衡,即:

$$\Delta C(T_d) = P_f(T_{d0})C - P_f(T_d)[C + \Delta C(T_d)] \tag{4-4}$$

把式(4-3)代入式(4-4),得

$$\Delta C(T_d) = C(1/T_{d0} - 1/T_d)/(1 + 1/T_d) \tag{4-5}$$

当 $T_d/T_{d0} \geqslant 1$ 时,可以认为重现期的相对延长 T_d/T_{d0} 与设计费用的相对增加 $\Delta C/C_0$ 之间符合图 4.5 所示的规律。C_0 是栈桥按重现期 T_{d0} 设计的投入费用。

相应的函数为:

$$\Delta C(T_d) = \frac{C_0}{T}\lg(T_d/T_{d0}) \tag{4-6}$$

根据式(4-5)和式(4-6),得到环境作用的最优重现期 T_d 的隐式方程:

$$\lg(T_d/T_{d0}) = \frac{C_0}{C}T(1/T_{d0} - 1/T_d)/(1 + 1/T_d) \tag{4-7}$$

式(4-7)是未知数 T_d 的隐式方程,其解可由方程左右两边的函数曲线交点坐标得到。

得出了使用年限 T 内,栈桥某设计状态环境作用的最优重现期 T_d 之后,就可知道该环境作用的超越概率。

1 年内设计事件不出现的概率为:

$$P_1 = 1 - \frac{1}{T_d} \tag{4-8}$$

T 年内设计事件不出现的概率为:

$$P_T = P_1^T = \left(1 - \frac{1}{T_d}\right)^T \tag{4-9}$$

则 T 年内设计事件的超越概率为:

$$P = 1 - P_T = 1 - \left(1 - \frac{1}{T_d}\right)^T \tag{4-10}$$

式(4-10)中的环境作用超越概率 P 与使用年限 T 的关系如图 4.6 所示,图中 T_{d1}、T_{d2}、T_{d3} 均为环境作用的重现期,且 $T_{d1} < T_{d2} < T_{d3}$。由图4.6可知,超越概率 P 随着使用年限 T 的增大而增大,T 较小时 P 值增大速度较快,当 T 很大后,P 值增大速度比较缓慢,最终无限接近1;环境作用重现期 T_d 的大小对 P-T 曲线的形状影响非常大,T_d 越小,则在 T 较小时 P-T 曲线就越陡,反之亦然。由此说明:为降低风险,应该缩短工期,工程中宜采取"速建速拆"的策略,同时应该设定较大的环境作用重现期。

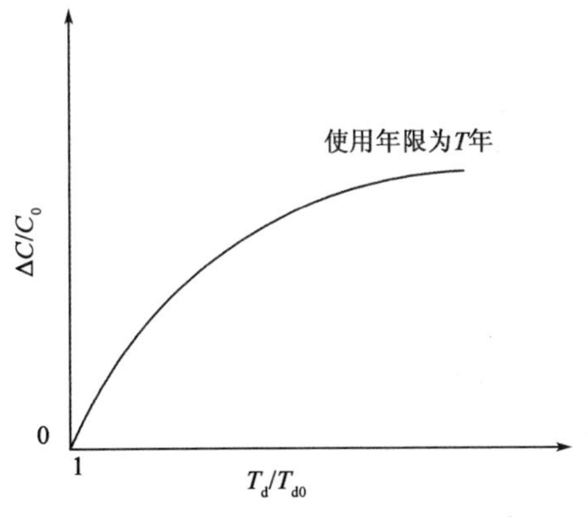

图 4.5　重现期的增加与费用关系

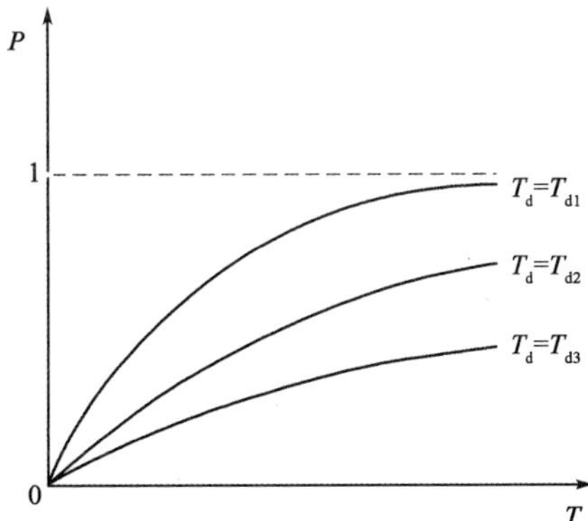

图 4.6　设计事件超越概率 P 与使用年限 T 的关系示意图

4.1.3 西江栈桥的设计状态与标准

以下将按照上述的方法,确定西江大桥栈桥的三种设计状态重现期。首先对栈桥三个设计状态进行具体明确。按照表4.2的分类方法,结合本栈桥的实际情况,得到如表4.3所示的栈桥三个设计状态。其中,“工作状态”是指:栈桥正常使用车辆荷载与对应工作状态标准的其他可变荷载(风、浪、流等)作用的组合;“非工作状态”是指:在恶劣海洋气候条件下,栈桥上不允许通行车辆,仅承担对应其他可变荷载(风、浪、流等)作用的组合;“灾难状态”是指:在台风、天文大潮同时到达的最不利极端状态。

栈桥的设计状态与最不利工况　　表4.3

设计状态	工况	荷载组合		
		恒载	基本可变荷载	其他可变荷载
工作状态	Ⅰ	结构自重	汽车荷载	对应工作状态标准的风、浪、流等
非工作状态	Ⅱ	结构自重	—	对应非工作状态标准的风、浪、流等
灾难状态	Ⅲ	结构自重	—	对应灾难状态标准的风、浪、流等

根据西江大桥工程的施工要求,施工栈桥的使用年限取值为3年。栈桥失事的费用 C 主要包括栈桥恢复和维修费用,以及由此引起的主体工程延误损失等。栈桥是基础工程施工的唯一通道,栈桥失事将造成重大损失。

栈桥预算造价1000万人民币,结合以往的工程经验,工作状态下栈桥失事时的维修费用约为栈桥造价的8%,非工作状态时为20%、灾难状态时为30%。工期延误的损失通过大桥运营期间的运营收费估算,按160万元/日估算。根据以上计算方法,栈桥失事损失费用计算如表4.4所示。

栈桥的设计状态与最不利工况　　表4.4

设计状态	延误损失(日)	延误	栈桥总造价 C_0	维修费用(%)	损失 C(万元)	C/C_0
工作状态	160万元	20日	1000万元	8%	3280	3.28
非工作状态		30日		20%	5000	5.00
灾难状态		60日		30%	9900	9.90

本栈桥的使用年限为3年,“工作状态”下环境作用的重现期 T_{d0} 不应小于栈桥的使用年限,所以先假设取值 T_{d0} 为3年,损失费用 $C=3.28C_0$,得出的 T_d 方程为:

$$\lg(T_d/3) = 3.28\times3\times(1/3-1/T_d)/(1+1/T_d) \tag{4-11}$$

求解得 $T_d=5.3$ 年,取 $T_d=5$ 年,相应的该环境作用在三年中的超越概率为48.8%。由于非工作状态下环境作用的重现期 T_d 必须大于工作状态下的环境作用重现期,所以先假设 T_{d0} 取值为5年,使用年限为3年,损失费用 $C=5.0C_0$,得出 T_d 的方程为:

$$\lg(T_d/5) = 5\times3\times(1/5-1/T_d)/(1+1/T_d) \tag{4-12}$$

求解得 $T_d=9.7$ 年,取 $T_d=10$ 年,相应的该环境作用在3年中的超越概率为27.1%。同样地,灾难状态下环境作用的重现期 T_{d0} 不应小于10年,使用年限为3年,损失费用 $C=9.9C_0$,得出 T_d 的方程为:

$$\lg(T_d/10) = 9.9 \times 3 \times (1/10 - 1/T_d)/(1 + 1/T_d) \tag{4-13}$$

求解得 $T_d = 19$ 年，取 $T_d = 20$ 年。相应的该环境作用在三年中的超越概率为 14.3%。因此，栈桥在各个设计状态下的设计标准见表 4.5。

栈桥在各个设计状态下的设计标准　　表 4.5

栈桥的设计状态	工作状态	非工作状态	灾难状态
实际使用年限(年)	3	3	3
环境作用重现期(年)	5	10	20

工作状态中有施工人员在栈桥上，必须保证绝对的安全，设防标准最高。要求各构件处于弹性，最大应力小于屈服强度；贝雷梁的允许跨中挠度按照桁架选取，为 1/400 的单跨跨径；桩顶的允许横向位移按照框架柱选取，为 1/150 的桩长；稳定因子应大于 4；桩基的竖向承载力安全系数大于 2；结构上的任何连接不破坏。

非工作状态由于出现概率较小、荷载值较大，且栈桥封闭，因而要求可以相对放宽，允许发生可修复性的破坏，栈桥经简单的修复后能够迅速地投入使用。进一步具体化：允许桩间剪力撑出现塑性铰，但桩身必须保持弹性状态；稳定因子大于 4；桩与桩顶横梁、桩顶横梁与贝雷梁以及贝雷桁与桥面板之间的连接均应保持完好；桩顶的允许横向位移按 1/75 的桩长；不得落梁。灾难状态的要求为不发生灾难性的整体倒塌。灾难状态中栈桥所承受的风、浪、流荷载非常之大，结构呈现出很明显的几何非线性及材料非线性特征。应通过对灾难状态下的栈桥进行极限承载力分析，得出灾难状态下结构的安全度，从而得以判断栈桥在灾难状态下的安全性。参照建筑结构的抗震设防标准，将栈桥的三种设防水准简称为“工作状态不坏，非工作状态可修，灾难状态不倒”。表 4.6 给出了用数值表达的设防要求。

西江大桥栈桥三水准设防标准　　表 4.6

栈桥设计状态	设 防 标 准
工作状态	桩身最大应力 < 200MPa，应力幅 < 110MPa
	稳定因子大于 4
	桩顶横向最大位移 < 60mm
	贝雷梁跨中挠度 < 37.5mm
	任何连接不破坏
非工作状态	桩身最大应力 < 200MPa
	桩顶横向最大位移 < 100mm
	稳定因子大于 4
	上部结构与下部结构之间的连接不破坏
灾难状态	不发生灾难性的整体倒塌

在具体的荷载取值方面将根据工程实际情况及业主提供的技术指标确定。栈桥所受到的荷载作用包括栈桥自重、车辆荷载、施工荷载以及相应设计标准的水流冲力荷载、风荷载等作用。水流力、风等作用参考设计文件取值；水流力根据永安站（1998—2008 年）水文资料确定，水流力标准值按《港口工程荷载规范》（JTS 144-1—2010）计算公式确定。工作状态参数取 5

年重现期,并参照现场实测数据进行调整;非工作状态参数取10年重现期,灾难状态参数取20年重现期。工作状态下的其他荷载主要包括结构自重以及栈桥上行驶的车辆,栈桥、栈桥加宽段、转车平台上行驶车辆最重按35t考虑,并考虑1.3的冲击系数。考虑便桥的稳定性,车速限制在15km/h以内。

4.2 西江栈桥设计与施工

4.2.1 栈桥设计需求

西江大桥主桥水中施工部分主要为4个主墩(29号~32号墩),根据施工的需要,施工期间拟采用单孔双向通航方案,即以31号孔作为通航孔进行通航。因此栈桥分成两部分:南岸(沙浦岸)、北岸(永安岸);4个主墩分别搭设主墩施工平台。西江大桥特殊的结构与环境特征,对栈桥设计提出了一些特殊的要求。

西江桥位处常水位为2.66m,常水位时河面宽度约800m,中轴水深1.4~21.5m,水底高程-20.0~0.2m。汛期在6~9月,100年一遇水位为14.90m;50年一遇水位为14.40m;20年一遇水位为11.50m。附近永安水文站(1998—2008年)水文资料见表4.7、表4.8。洪水流速:50年一遇1.614~2.876m/s,100年一遇1.688~2.94m/s,300年一遇1.90~3.00m/s。

肇庆市水位统计表(单位:m) 表4.7

年份	月份	3	4	5	6	7	8	9	10
1995年	最高	1.58	2.53	3.06	9.72	6.56	6.91	5.38	6.89
	时间	2号	14号	6号	11号	1号	26号	8号	16号
1996年	最高	1.6	5.86	3.98	7.23	10.8	8.15	4.38	1.63
	时间	20号	21号	31号	28号	22号	23号	5号	1号
1997年	最高	2.52	4.65	4.75	5.89	12.41	9.58	4.71	5.03
	时间	31号	7号	11号	26号	11号	14号	1号	10号
1998年	最高	3.55	2	6.37	13.29	11.29	7.56	2.21	1.22
	时间	11号	15号	26号	28号	1号	1号	3号	10号
1999年	最高	0.68	2.46	5.5	6.01	9.33	5.31	8.37	1.51
	时间	31号	30号	29号	28号	16号	31号	3号	1号
2000年	最高	1.37	2.49	5.65	8.95	6.5	3.91	1.75	3.88
	时间	21号	30号	31号	15号	1号	10号	3号	25号
2001年	最高	1.05	3.27	4.88	10.2	10.41	6.55	4.16	1.49
	时间	27号	26号	30号	15号	9号	6号	3号	20号
2002年	最高	1.1	1.06	5.96	10.37	9.88	10.06	3.29	2.42
	时间	17号	28号	18号	20号	4号	23号	1号	31号
2003年	最高	1.26	2.1	3.9	6.5	6.86	2.93	2.52	1.42
	时间	5号	22号	31号	30号	1号	1号	3号	2号

续上表

年份	月份	3	4	5	6	7	8	9	10
2004 年	最高	0.9	1.03	2.56	2.1	9.48	3.3	1.78	1.22
	时间	13 号	27 号	21 号	4 号	25 号	1 号	2 号	5 号
2005 年	最高	0.98	0.9	4	12.27	6.97	缺	1.68	1.5
	时间	31 号	28 号	28 号	24 号	1 号		25 号	6 号
2006 年	最高	1.1	1.65	3.57	7.15	9.25	7.05	1.57	1.25
	时间	3 号	30 号	29 号	11 号	20 号	9 号	14 号	1 号
2007 年	最高	1	0.6	1.45	7.62	3.03	2.6	2.95	1.83
	时间	22 号	24 号	22 号	11 号	1 号	28 号	14 号	2 号
2008 年	最高	1.35	1.11	3.6	11.39				
	时间	25 号	20 号	31 号	15 号				

永安站(1998—2008 年)水文资料　　表 4.8

年	月	洪峰水位(m)	具体水位情况	持续时间(d)
1998	6	10.66	22 日 7.5m,27 日 10.66m,7 月 2 日 17 时 7.71m	10
1999	7	7.12	15 日 7.11m,16 日 7.01m	2
2000	6	6.76	—	—
2001	7	8.42	8 日 7.36m,9 日 17 时 8.42m,11 日 17 时 7.58m	4
2002	6	7.94	19 日 7 时 7.27m,20 日 7 时 7.94m,21 日 7 时 7.3m	3
2003	6	4.87	30 日 4.87m	1
2004	7	6.82	24 日 6.82m	1
2005	6	10.12	21 日 17 时 7.08m,22 日 7 时 8.39m,24 日 18 时 10.12m,27 日 7.42m	7
2006	7	7.68	19 日 7.68m,20 日 7.3m	2
2007	6	5.94	12 日 5.94m	1
2008	6	9.27	14 日 16 时 7.5m,16 日 7 时 9.27m,21 日 7 时 7.17m	8

大桥所处河道平直,河面宽度约 800m,据水域地震反射波测量江水深度,桥位中轴水深 1.4～21.5m,水底高程 -19.9～0.2m。桥位所在地段两岸一级阶地的 1.5～2m,大堤顶面高程 12.6～12.9m。

河床覆盖层情况为:29 号～30 号主墩段,覆盖层主要为卵石层,厚度 18～20m,粒间充填物主要为砂、砾石,次为粉粒、黏粒;31 号～32 号墩段,覆盖层主要为细砂、粗砂、砾石及卵石层,31 号墩处砂层厚度 8～10m,卵石层厚度 10～15m;32 号墩处砂层厚度 18～20m,卵石层厚度 5～6m。栈桥设计主要考虑第一层、第二层的地质情况,各段地质情况见表 4.9。

栈桥设计首先要解决顶面高程问题。西江常水位变化大,如果栈桥、平台高程过高,枯水期整个结构犹如空中楼阁,造成施工不便;如果过低,一般高水位时将影响正常施工。因此,应尽量根据水文情况及两岸地形条件选择合适的栈桥及平台高度,从而既能满足施工,减小洪水对施工的影响,又能节省材料。

其次，要重点考虑洪水影响。西江为季节性河流，桥位常水位水深达23m，洪峰来时，水深可达35m，水位高差变化达12m，汛期水流湍急，流速达3.0m/s以上，其对钢管桩基础的冲击力可达数十吨。洪水还会带来大量、大块的漂浮物，水位涨至贝雷底面以上时，漂浮物将在栈桥上游侧堆积，加大了对栈桥的侧压力。水流还可能引起钢管桩的振动，甚至有可能形成与栈桥平台的共振，危及平台的安全。如何在栈桥设计时选取合适的结构形式来减小冲击力、漂浮物的堆积侧压力及水的紊流与临时结构产生共振对结构的破坏，保证结构能安全渡洪，是栈桥设计的关键所在。

栈桥桩基地质　　表4.9

桩　位	第一层	第二层
B2～B5号桩	9m粉细砂夹淤泥质土	17.0m卵石层(桩尖持力层)
B6～B20号桩	17.0m卵石层(桩尖持力层)	—
B21～B23号桩	5.6m粗砂	2.8m砾砂(桩尖持力层)
B 24～B32号桩	5.0 m细砂	6.0 m中砂(桩尖持力层)
B33～B44号桩	5.9 m细砂	15.0 m中砂(桩尖持力层)

特殊的地形也对施工提出了具体的要求。沙浦岸栈桥位于桥位上游，栈桥顶面与河堤路面平齐，河堤靠西江一侧采用片石和混凝土护坡，护坡宽度约28m。为保证河堤及堤外居民安全，不能在护坡上打设钢管桩或做扩大基础，栈桥需单跨跨过河堤护坡。同时需在河堤顶部开挖扩大基础基坑，基坑的开挖不能影响河堤的安全。沙浦岸29号～30号主墩段河床覆盖层主要是卵石层，管桩施工船舶施打仰桩时容易走锚，轻则导致钢管桩精度无法控制，重则桩锤落水损坏，影响施工进度。因此，需选择合适的施工工艺进行沙浦岸栈桥钢管桩施工。

最后需要对船撞问题有所考虑。桥位处通航水域宽度约800m，搭设水上施工栈桥及平台后，仅30号～31号墩之间设通航孔，通航净宽约150m。西江过往船舶众多，秋冬季节早晚有雾霾天气，能见度低，栈桥及平台被撞概率大。洪水期时急流更容易导致过往船舶失控，这就增大了栈桥、平台被撞击的概率。因此，需采取专门措施预防船舶撞击栈桥及平台，并考虑船撞后结构的损伤程度控制在合理范围内。

4.2.2　栈桥构造设计

1)主要构造

结合西江大桥结构特点，以及前述确定的设计标准，栈桥设计的主要构造如下：

栈桥分为沙浦段、永安段。沙浦段栈桥长295m，永安段栈桥长400m。栈桥桥面宽6m，标准跨径为15m和18m。每排墩采用两根支承钢管桩；桩顶纵桥向铺设两组双拼贝雷梁作主梁。每个主墩平台配一台60t龙门吊，平台钢管桩均采用165t打桩船插打，贝雷梁、工字钢及桥面板采用40t、80t浮吊配合施工。

南岸(沙浦岸)栈桥设置于主墩上游位置，从河堤处搭设到30号主墩，栈桥平均跨径18m，设置三个制动墩。钢管横向中心间距为3.5m，两组贝雷中心间距为3.5m。钢管桩(B1～B20)均采用ϕ122cm、δ10mm钢管桩；B2～B7，B18～B20为直桩；B8～B17上游为直桩，下游为斜桩，倾斜角度12°。上下游采用不同形式的桩，主要考虑施打上游的仰桩时，钢管桩对打桩船的反推力可能导致船舶走锚；而下游则不存在这种情况。B2～B9 桩，第一道横联设在桩顶下 1.5m 处，第二道横联设在桩顶下 5.5m 处；B10～B20 桩第一道横联设在桩顶下 1.0m 处，第二道横联设在桩顶下 3.7m 处。两道横联间加斜撑，横联采用 ϕ63cm、δ6mm 钢管，斜撑采用 ϕ42.6cm、δ6mm 钢管。栈桥钢管桩与平台钢管桩通过 ϕ42.6cm、δ6mm 钢管相连。

北岸（永安岸）栈桥设置于主墩下游位置，由 31 号墩搭设到 34 号墩附近，栈桥跨径 18m，设置两个制动墩。31 号～32 号段栈桥的钢管桩（B21～B32）采用 ϕ100cm、δ10mm 钢管桩；32 号～44 号段栈桥的钢管桩（B33～B43）使用 ϕ82cm、δ8mm 钢管桩；B21～B23、B33～B44 为直桩；B24～B32 为斜桩，倾斜角度 12°。B21～B43 桩第一道横联设在桩顶下 1.0m 处，第二道横联设在桩顶下 3.7m 处，两道横联间加斜撑，横联及斜撑采用 ϕ42.6cm、δ6mm 钢管。栈桥钢管桩与平台钢管桩通过 ϕ42.6cm、δ6mm 钢管相连。

钢管桩顶加设 2I25a 工字钢，然后架设两组贝雷梁，两组贝雷梁中心间距 3.5m，贝雷顶上横桥向方向铺设 6m/条 I25a 工字钢（间距 75cm），在 I25a 工字钢顶上顺桥向铺设 I12 工字钢（间距 30cm），然后在 I12 工字钢上铺设波纹板。钢管桩直、斜桩构造如图 4.7 所示。

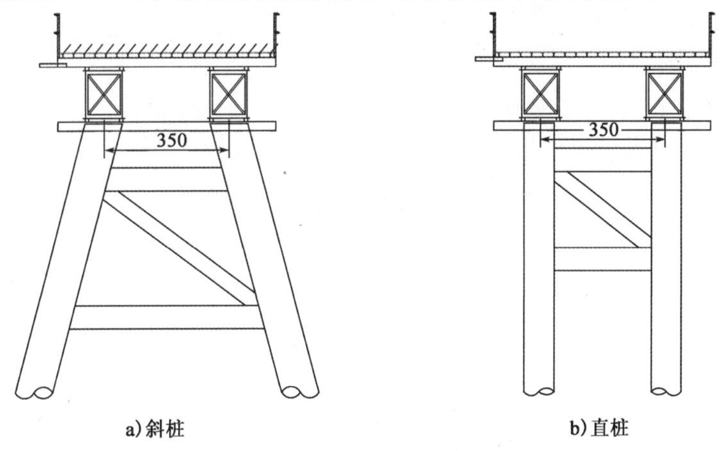

图 4.7　钢管桩直、斜桩构造（尺寸单位：cm）

主墩平台钢管桩采用 ϕ82cm、δ8mm 钢护筒，均为直桩；在钢管桩顶、贝雷梁底使用双拼 I36a 工字钢过渡，龙门吊轨道下使用四片贝雷梁。主墩桩基首选采用冲机施工，同时钻机配合。主墩平台上除了桩基护筒口以外，其余均以波纹板或者钢板网满铺。平台上需要行车的位置使用工字钢及波纹板铺设。栈桥、平台之间的钢管桩通过 ϕ42.6cm、δ6mm 钢管连接，增强整体稳定性。主墩全部采用单轨龙门吊，吊重 60t；每个主墩拟采用 3 台 15t 冲机及 1 台 KP3500 钻机施工。

2）平台高程

平台高程确定是西江大桥栈桥设计的关键点。栈桥及平台顶高程过高，基础钢管桩及桩基施工钢护筒长度增加，每增加 1m，将增加约 130t 钢材；高程过低，则增大了被洪水淹没、影响施工的风险，设计综合考虑施工便利及经济效益确定。

首先收集桥位处 20 年的水文资料，按水位高度分段统计各段持续时间。统计结果为：平均每年超过 6m 天数约为 10d，超过 8m 天数约为 8d；从对施工时间的影响上看，6m 和 8m 的区别并不显著。

桥头高程的确定需要考虑桥位处河滩高程情况,以求与便道的连接顺直,方便施工机械的行驶。南岸河堤高程12.9m,栈桥头设置在河堤顶,河堤到29号墩距离约70m,按3%坡度放坡,则29号墩平台高程约为10.8m,坡度再增加,将影响车辆行驶安全。北岸河滩段从33号墩处到35号墩处高程变化较大,33号墩地面高程约2m,35号墩地面高程7.5m,35号墩以后地势平缓,适合填筑便道。

综合考虑各方面的因素,栈桥及平台高程确定如下:

南岸栈桥:河堤至29号墩段栈桥设置3.1%的纵坡,桥头高程12.9m,29号墩处高程10.8m;29号~30号墩段栈桥不设纵坡,栈桥面高程10.8m。

北岸栈桥:从31号墩到34号墩段约367m长,栈桥桥面高程为8.5m,桥头33号段结合河滩地形条件按1.5%放坡,桥头高程8m。

南北岸栈桥高程差异化的设计首先考虑结合两岸地形特点,洪水来临时,也可集中人力、机械先对北岸栈桥、平台进行抢险,之后再对南岸栈桥、平台进行抢险,避免人力、机械冲突造成不必要的经济损失。

4.2.3 栈桥施工

栈桥施工由下至上,共分为测量定位、振动锤沉桩或打桩船打桩、焊接横联、桩顶调平并开槽、架设系梁与剪刀撑、架设贝雷梁、铺设工字钢及行车道板、安装护栏八个环节。施工流程如图4.8所示。

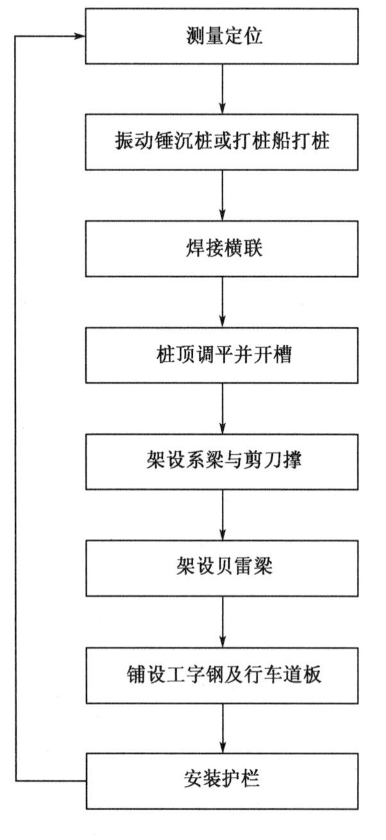

图4.8 施工流程

针对西江大桥栈桥使用中的环境特点,栈桥施工中特殊工艺如下:

(1)施打钢管桩时,钢管桩入土深度是根据地质情况分段计算,同时考虑1m的冲刷深度。

(2)焊接横联时,由于第二道横联高程较低且主要起栈桥抵抗洪水作用,施工时可暂不焊接,待水位下降到具有实施条件以后再焊接。

(3)架设贝雷梁时,为保证贝雷梁稳定性,在每跨跨中部分,每隔6m,两组贝雷梁之间加三道大的横联,横联用10号槽钢制作。

(4)焊接护栏时,考虑挂设电缆等构件,在便桥下游方向、栏杆外侧水平焊接75cm长槽钢。

(5)每18m设置一个路灯,按封航方案设置警戒灯及信号灯。

(6)在平台周围焊接护栏,安装照明灯、航道警示灯等。

(7)河滩地部分钢管桩需要使用50t吊车和60t振动锤施工。

(8)水中部分栈桥、平台钢管桩需要使用打桩船施工。

栈桥施工如图4.9~图4.11所示。

a)

b)

图4.9　桩基与平台施工

a)

b)

图4.10　贝雷梁的安装

a)

b)

图4.11　水中打桩

栈桥施工完毕后的全景及局部如图 4.12 ~ 图 4.14 所示。

图 4.12 各桥墩处平台及栈桥总体布置图

图 4.13 钢管桩及贝雷梁构造

图 4.14 西江大桥栈桥(夜间)

4.3 栈桥防洪性能检验

4.3.1 计算概况

西江大桥栈桥在不同区段采用了直桩、斜桩,以及上游直桩下游斜桩的设计(图 4.15)。主要设计参数见表 4.10。按基于状态设计的要求,需要按前述三种设计状态分别进行检验。

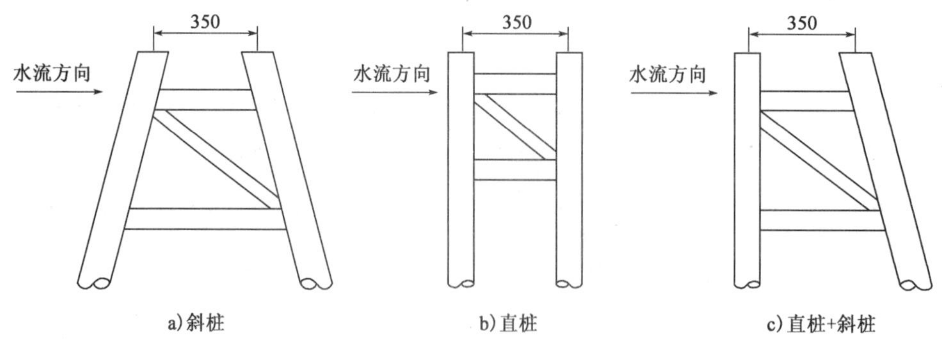

图 4.15 栈桥管桩基础布置形式(尺寸单位:cm)

设计计算采用大型通用有限元程序 ANSYS，建立空间梁单元模型。根据河床底情况，计算选取的最不利钢管桩长为30m；钢管桩固结点取在河床面下4m处，并忽略固结点以上桩侧土的有利作用，建模及计算采用的单位均为国际制单位。栈桥管桩基础有限元计算模型如图4.16所示。

栈桥桩基形式及布置　　表4.10

桩位	编号	桩径(cm)	管壁厚度(mm)	桩型	入土厚度(m)
南岸	B1	122	10	斜桩	26
	B2 ~ B5	122	10	直桩	26
	B6 ~ B7	122	10	直桩	17
	B8 ~ B17	122	10	斜桩	17
	B18 ~ B20	122	10	直桩	17
北岸	B21 ~ B23	100	10	直桩	8.4
	B24 ~ B32	100	10	斜桩	11
	B33 ~ B44	82	8	直桩	20.9

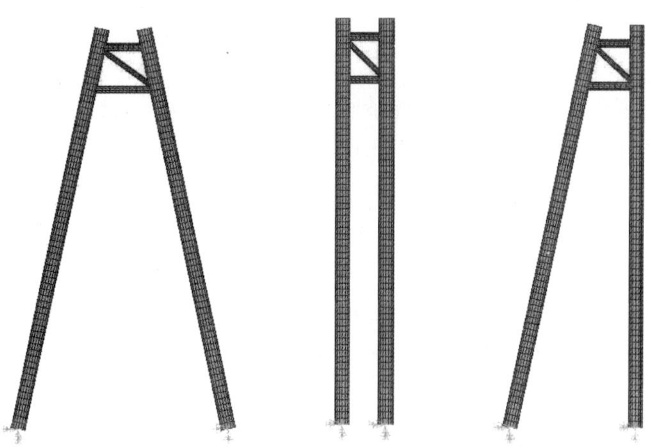

图4.16　栈桥管桩基础有限元计算模型

对于洪水期，以最前端深水区段为例，三个设计状态所对应的水流流速分别为2.88m/s、2.94m/s、3.1m/s。水流力标准值按《港口工程荷载规范》(JTS 144-1—2010)计算公式确定：

$$F_w = C_w \frac{\rho}{2} V^2 A \tag{4-14}$$

式中：C_w——水流阻力系数，并应考虑遮流、淹没深度、水深等因素影响。

对于漫水时，计算上部结构水流侧向力时，迎水面贝雷桁架 C_w 为2.27，背水面贝雷桁架 C_w 为1.25；计算钢管桩水流侧向力时，迎水面钢管桩 C_w 为0.584，背水面钢管桩 C_w 为0.32。

工作状态下的其他荷载主要包括结构自重以及栈桥上行驶的车辆，按35t计算，并考虑1.3的冲击系数。考虑便桥的稳定性，车速限制在15km/h以内。主要计算考虑未漫水工作状态、漫水非工作状态及灾难状态三大工况，各工况的荷载取值方式见表4.11。

计算荷载与工况组合表　　表 4.11

<table>
<tr><th>编号</th><th>荷载类型</th><th>荷载取值(kN)</th><th>计算工况</th><th>荷载组合</th><th>备注</th></tr>
<tr><td>①</td><td>自重</td><td>162</td><td rowspan="2">工况一:未漫水工作状态</td><td rowspan="2">①+②+③+④</td><td rowspan="2">正常工作最高水位,流速 2.88m/s</td></tr>
<tr><td>②</td><td>汽车荷载</td><td>175</td></tr>
<tr><td>③</td><td>前侧水流侧向力(未漫水)</td><td>98</td><td rowspan="2">工况二:漫水非工作状态</td><td rowspan="2">①+⑤+⑥+⑦+⑧</td><td rowspan="2">桥面漫水,流速2.94m/s</td></tr>
<tr><td>④</td><td>后侧水流侧向力(未漫水)</td><td>53</td></tr>
<tr><td>⑤</td><td>前侧水流侧向力(漫水)</td><td>102</td><td rowspan="2">工况三:灾难状态</td><td rowspan="2">①+1.05×⑤+1.05×⑥+1.05×⑦+1.05×⑧</td><td rowspan="2">桥面漫水,流速3.10m/s</td></tr>
<tr><td>⑥</td><td>后侧水流侧向力(漫水)</td><td>56</td></tr>
<tr><td>⑦</td><td>前排桁架水流侧向力(漫水)</td><td>78</td><td>—</td><td>—</td><td>—</td></tr>
<tr><td>⑧</td><td>后排桁架水流侧向力(漫水)</td><td>43</td><td>—</td><td>—</td><td>—</td></tr>
</table>

4.3.2 静力性能

根据前述荷载组合,计算得到斜桩、直桩以及直桩+斜桩组合布置形式钢管桩的应力情况,见表4.12和图4.17。由表4.12可见:斜桩布置形式在三种设计状态下的结构响应最小,而直桩布置形式的最大,在非工作状态时钢管桩应力为187MPa,灾难状态为207MPa,约为斜桩方案的2.4倍。可见,深水区单排双柱式钢管桩应避免采用直桩布置形式。对于直桩+斜桩组合布置形式,各设计状态下钢管桩应力介于前两种方案之间,均小于允许应力,满足设计要求。目前的这种设计较好地适应了西江大桥的特点,较为充分地利用了材料和结构的特性。

不同管桩形式钢管桩应力比较(单位:MPa)　　表 4.12

桩型	工作状态	非工作状态	灾难状态
斜桩	55.4	76.4	85
直桩	94	187	207
直桩+斜桩	78.5	112	123

不同布置形式管桩在三种设计状态下的桩顶侧向位移结果见表4.13,计算表明:斜桩布置形式的钢管桩结构体系横向刚度最大,各设计状态下桩顶侧向位移均较小,而直桩布置形式在灾难状态下的侧向位移为194mm,约为斜桩方案的4倍。对于直桩+斜桩方案,灾难状态下桩顶侧向位移为78mm,满足设计要求。

不同管桩形式钢管桩顶侧向位移比较(单位:mm)　　表 4.13

桩型	工作状态	非工作状态	灾难状态
斜桩	28	43	48
直桩	79	175	194
直桩+斜桩	47	71	78

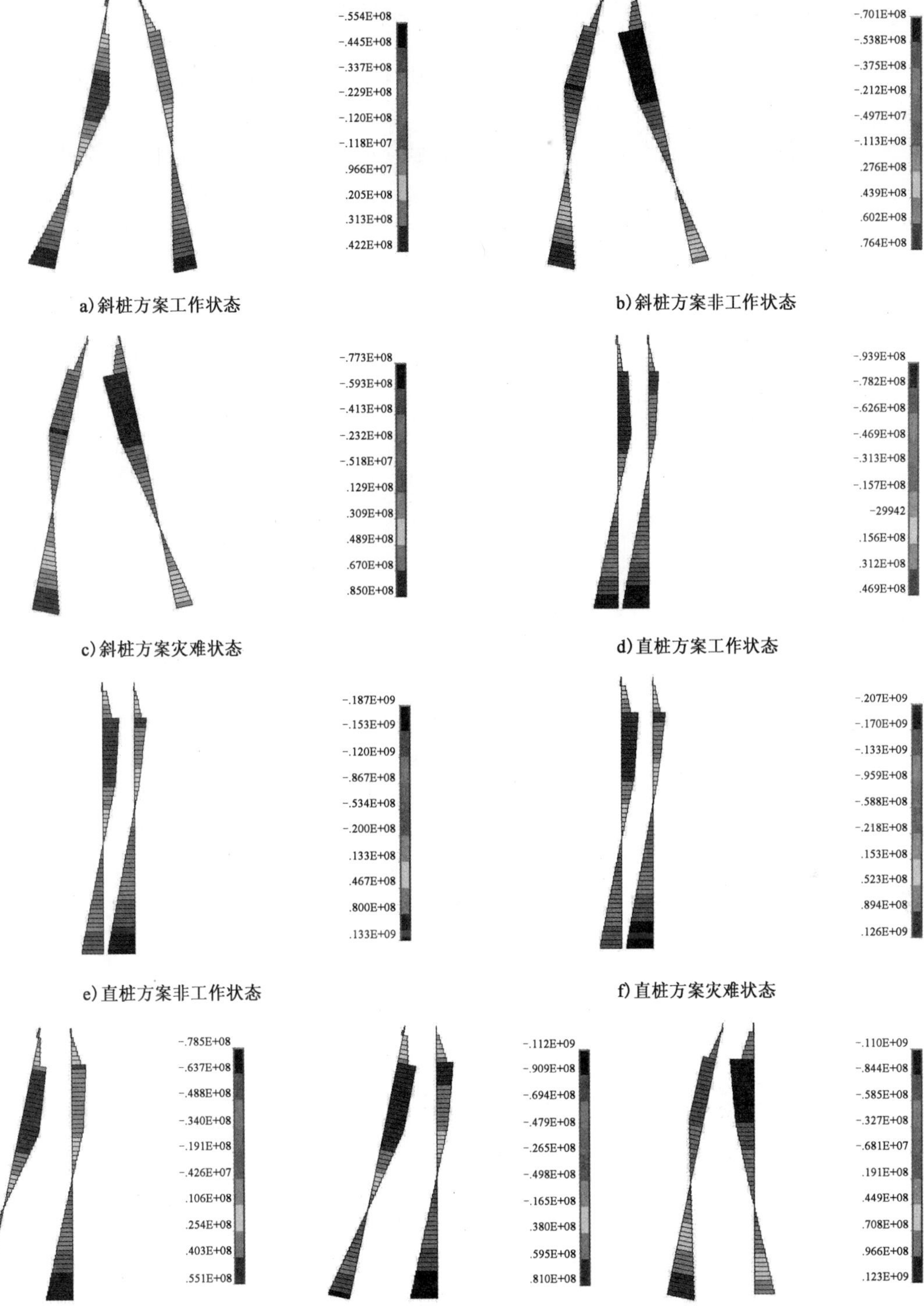

a)斜桩方案工作状态

b)斜桩方案非工作状态

c)斜桩方案灾难状态

d)直桩方案工作状态

e)直桩方案非工作状态

f)直桩方案灾难状态

g)直桩+斜桩方案工作状态

h)直桩+斜桩方案非工作状态

i)直桩+斜桩方案灾难状态

图4.17　钢管桩应力

4.3.3 稳定性能

斜桩、直桩以及直桩+斜桩组合布置形式钢管桩在不同设计状态下的稳定性均较高,其中斜桩布置形式抵抗以水流力为主的侧向力最为有效,而直桩布置形式的效果最弱。如在侧向力最大的灾难状态,斜桩、直桩以及直桩+斜桩组合布置形式钢管桩结构稳定系数分别为28、20.1和26.9。图4.18~图4.26分别为斜桩和直桩方案下失稳模态。

实桥使用也证明,本桥的栈桥管桩基础形式很好地满足了实际需求,取得了较好的经济效益。

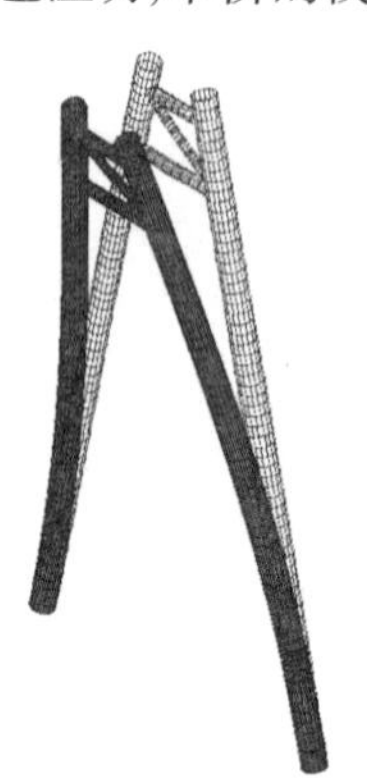
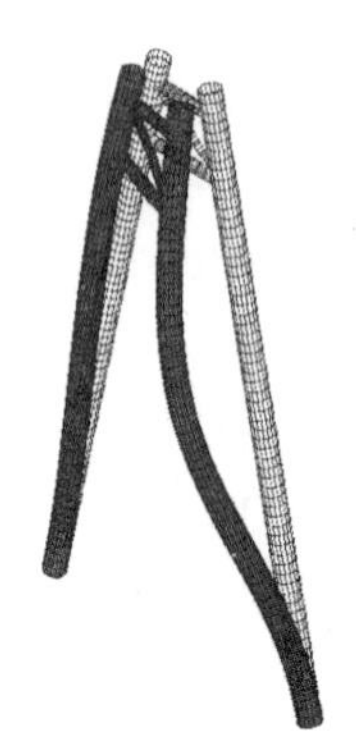
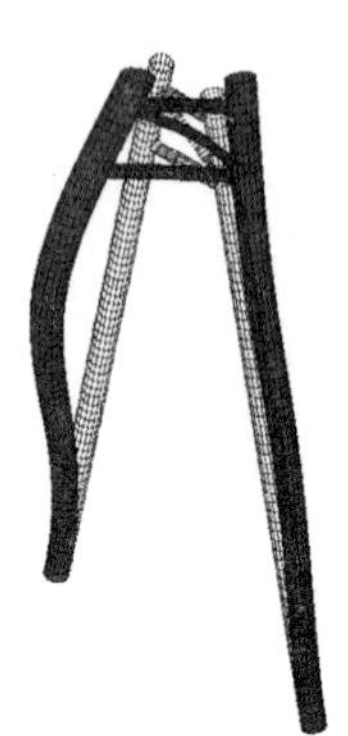

图4.18 工作状态斜桩方案前三阶失稳模态

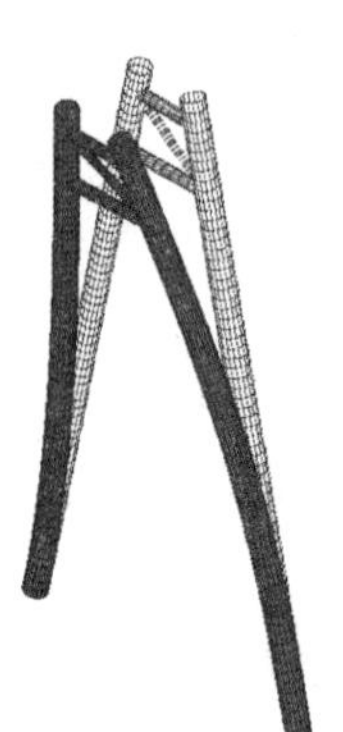

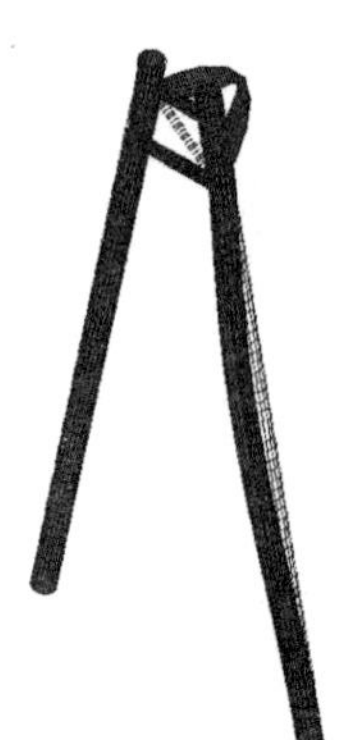

图4.19 非工作状态斜桩方案前三阶失稳模态

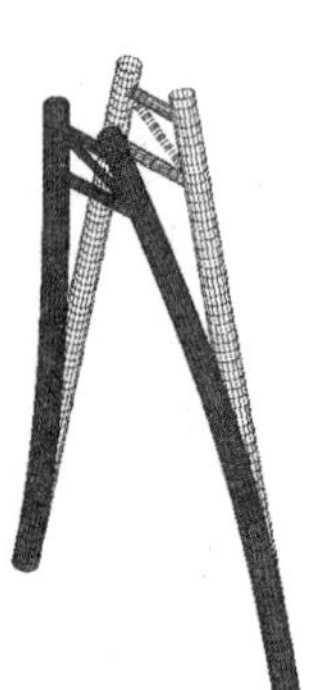

图4.20 灾难状态斜桩方案前三阶失稳模态

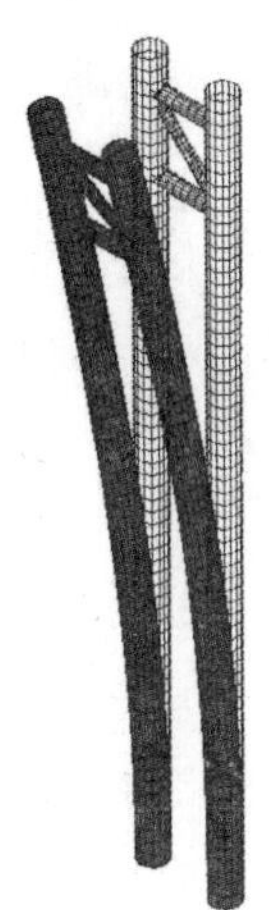
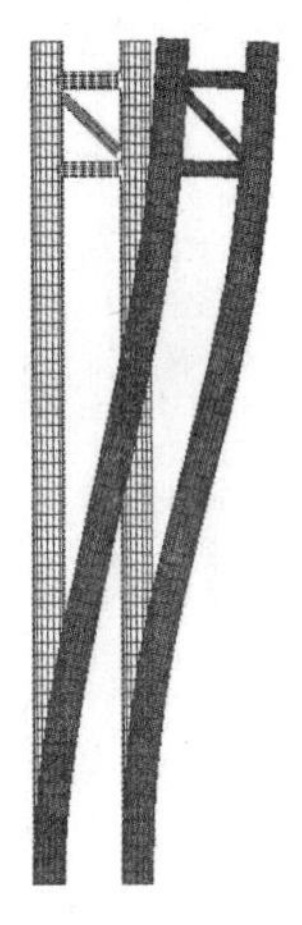
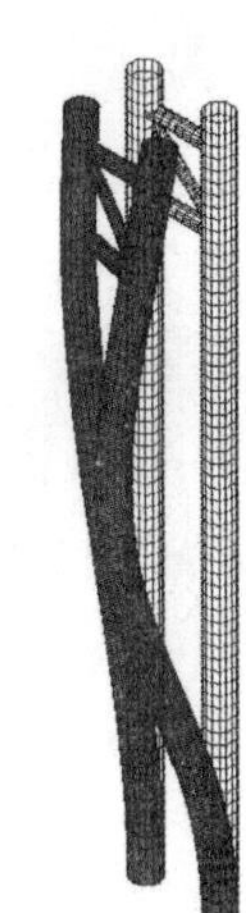

图 4.21　工作状态直桩方案前三阶失稳模态

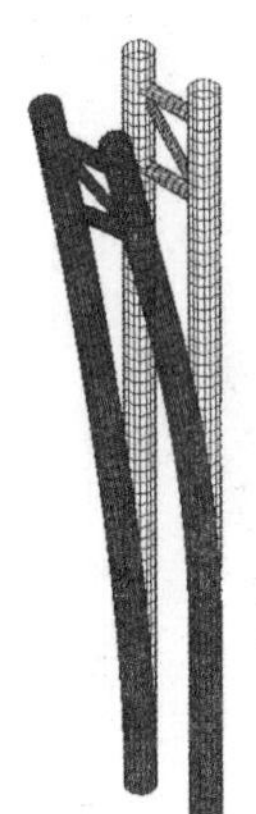
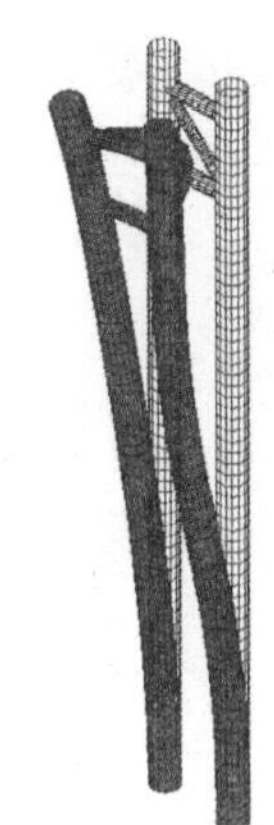
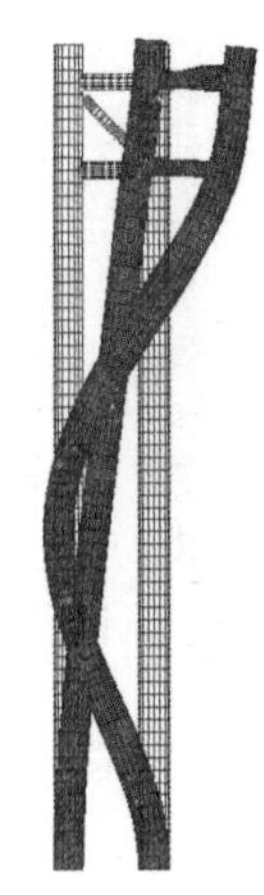

图 4.22　非工作状态直桩方案前三阶失稳模态

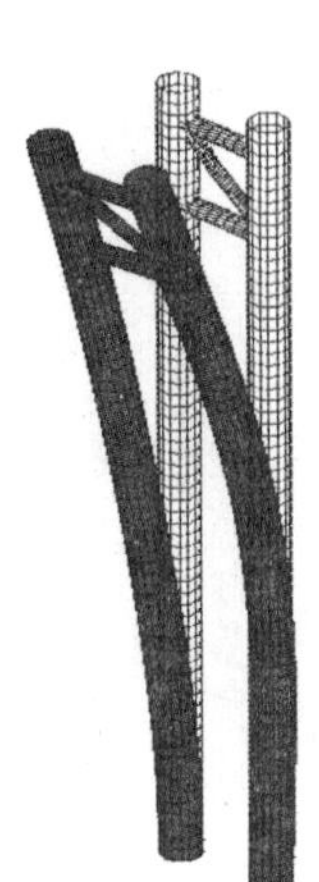
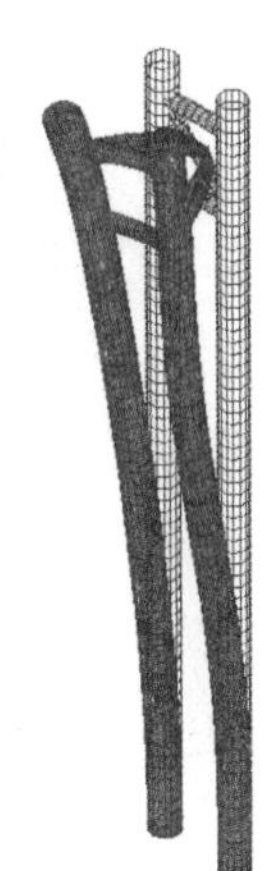
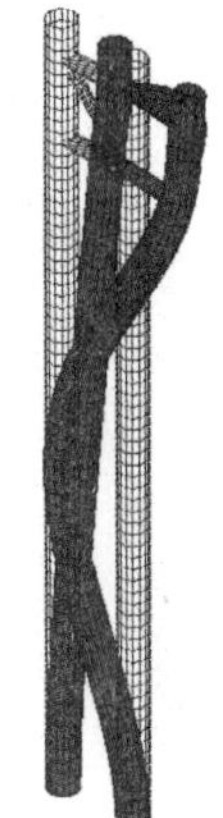

图 4.23　灾难状态直桩方案前三阶失稳模态

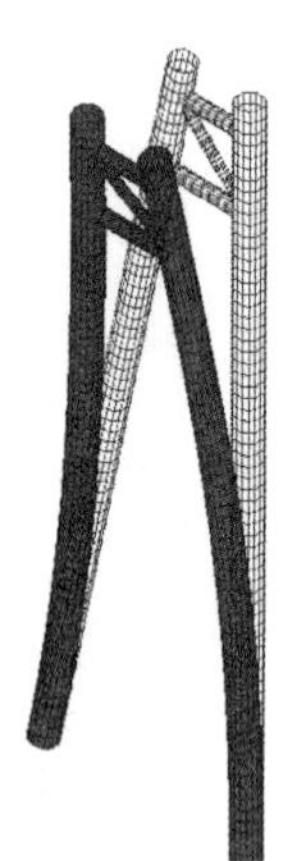
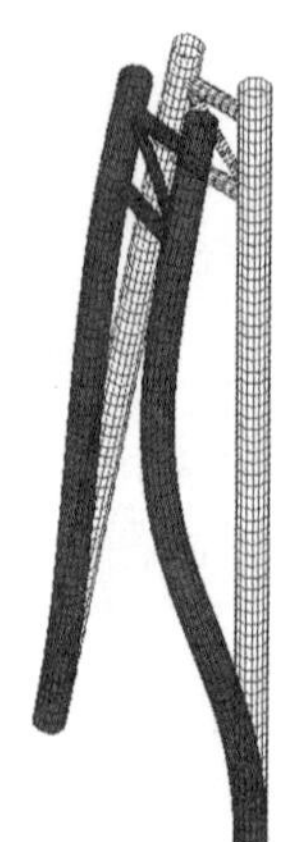
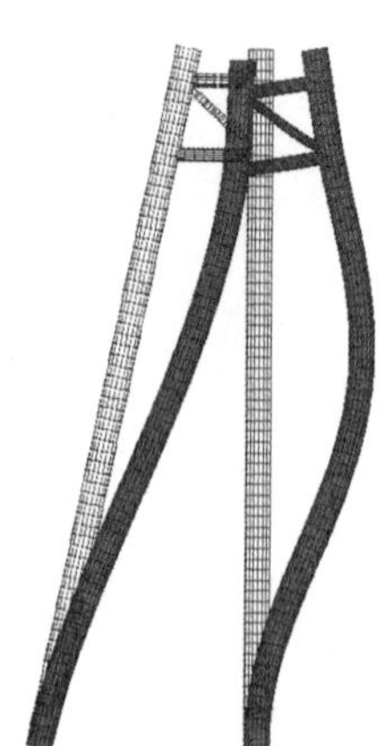

图 4.24　工作状态直桩 + 斜桩方案前三阶失稳模态

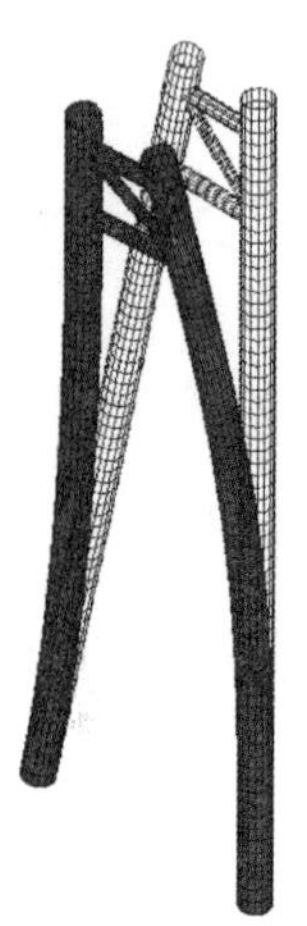
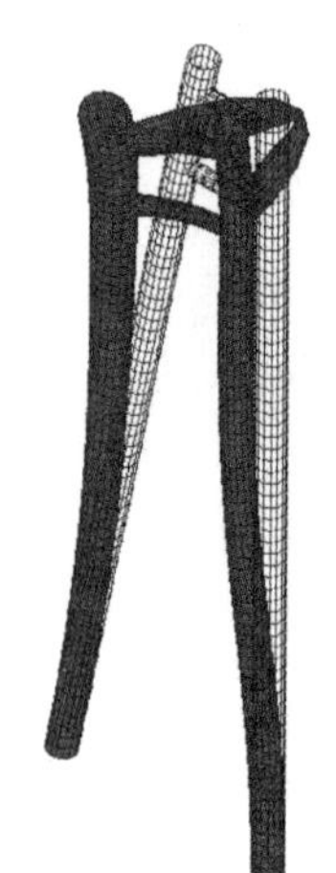
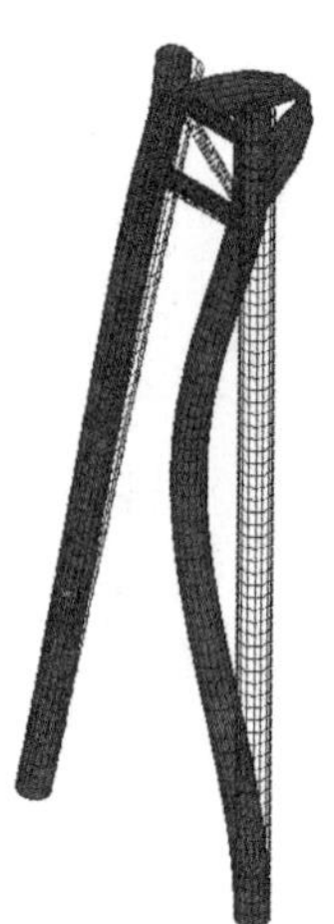

图 4.25　非工作状态直桩 + 斜桩方案前三阶失稳模态

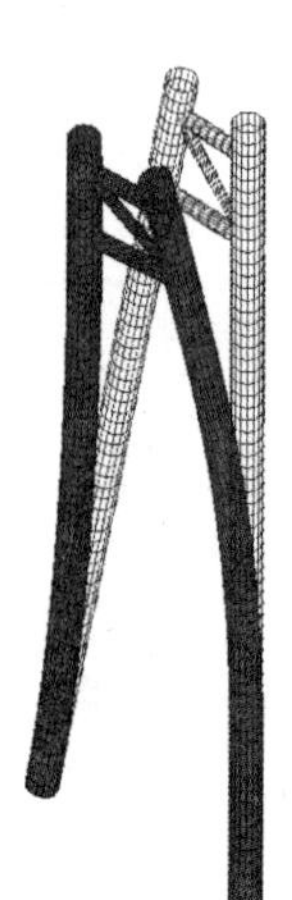
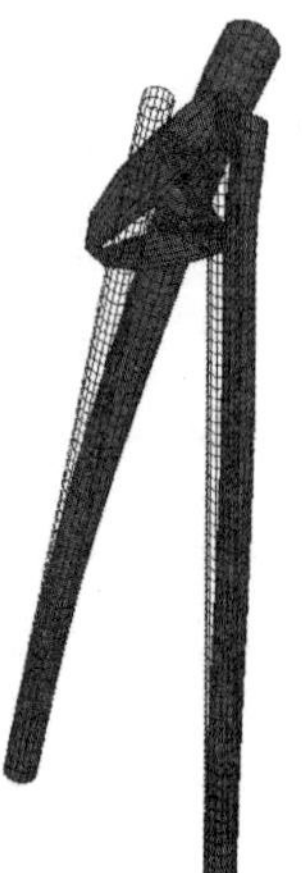
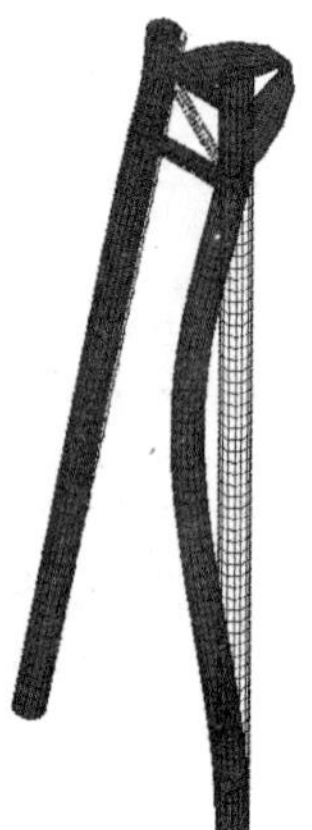

图 4.26　灾难状态直桩 + 斜桩方案前三阶失稳模态

4.4 栈桥防共振检验

4.4.1 计算概况

西江为季节性河流,常水位与洪水位的水位高差变化达12m,汛期水流湍急,流速达3.0m/s以上。位于深水区的桥梁临时结构,如栈桥平台钢管桩基础,所处的水深一般都在20m以上,而水下环境复杂多变,钢管桩除了要经受巨大的洪水侧向力的作用,还有可能在洪水作用下振动,并与水流相互作用,形成紊流。紊流层中水流振动频率不一,当由于某种原因产生的激振力引起栈桥某一个或几个谐调的共振时,栈桥可能会遭受巨大破坏,危及平台的安全。栈桥共振问题也是基于状态设计中一个需要重点检验的问题。

设计通过了计算验证。计算以水下钢管桩的动力特性为重点,利用空间有限元程序ANSYS,分析钢管桩在洪水期深水状态下的流固耦合效应,比较洪水期水流对结构振动特性的影响,并通过谐响应分析模块计算了可能引起结构共振的频率范围,最后提出了相关构造措施,从而实现对紊流与桥梁临时结构的振动控制。

计算采用通用有限元程序ANSYS的耦合分析模块,流固耦合一般采用耦合声场分析,包括对流体介质及周围结构的建模。计算选取位于深水区的钢管桩斜桩结构,钢管桩采用SHELL63单元模拟。根据本桥河床底情况,计算选取的最不利钢管桩长为33m。计算时钢管桩固结点取在河床面下4m处,并忽略固结点以上桩侧土的有利作用。流体介质选取Fluid30。根据计算原理,流体尺寸范围一般取固体结构尺寸的5倍即可满足要求,确定流场分布在钢管桩四周各10m的范围内。钢管桩模型参数按照常规方法定义,流体模型参数中,密度取$1000kg/m^3$,声速c取1460m/s。

边界约束条件如下:在固体底面施加三向约束,在流体底面施加Z向(沿结构轴向)约束,在流体外层沿径向施加压力为零的流体约束,即水平面上压力为零,最后在流体单元内侧与固体结构相邻的节点上标记流固耦合标签,并合并节点使两者成为一个整体。有限元模型如图4.27所示。

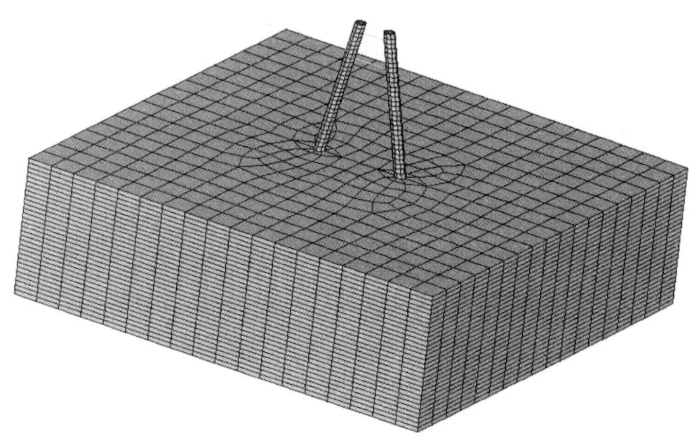

图4.27 斜桩方案流固耦合分析有限元模型

4.4.2 防振性能

利用ANSYS程序的模态分析功能，对钢管桩基础在不同水位下的结构自振特性进行了分析，比较的工况包括无水状态、常水位下的半水状态及洪水期的满水状态，计算结果如表4.14所示。可以看出，随着水位的升高，钢管桩的自振频率越来越小。以一阶自振频率为例，无水状态下的自振频率为2.1Hz，半水状态下的自振频率为1.86Hz，满水状态下的自振频率为1.15Hz。可见，水流对钢管桩的自振频率影响显著，在进行结构振动分析时需考虑其影响。洪水期满水状态下钢管桩的前两阶振型如图4.28所示。

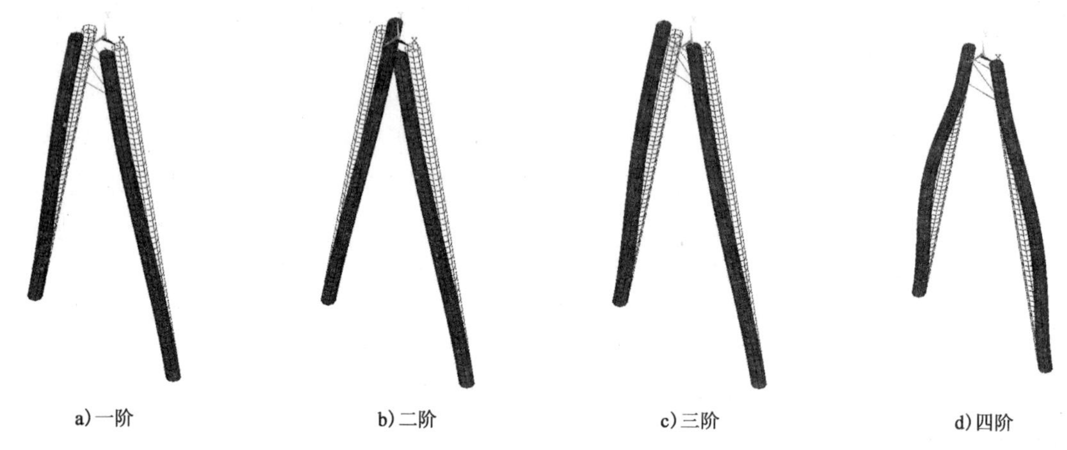

a)一阶　b)二阶　c)三阶　d)四阶

图4.28　满水状态下钢管桩振型

谐响应分析可以确定线性结构在随时间以正弦规律变化的载荷(简谐载荷)作用下的稳态动力响应最大值随载荷频率变化的规律，通过分析动力响应随频率的变化规律，可以了解结构的动力工作性能，以此作为验证结构能否避免共振、疲劳破坏等的参考依据。

不同水位状态结构自振频率　表4.14

阶数	无水状态自振频率(Hz)	半水状态自振频率(Hz)	满水状态自振频率(Hz)
1	2.1006	1.8579	1.1504
2	2.2462	1.9661	1.2083
3	4.6515	3.9229	2.6393
4	10.163	6.2053	5.5096
5	12.274	7.7966	6.5332
6	12.476	8.0095	6.6188
7	12.509	8.6951	7.0274
8	19.814	14.115	13.616
9	19.815	14.390	13.750
10	21.688	14.417	13.923

在对钢管桩基础模态分析的基础上，对洪水期满水状态下的钢管桩进行谐响应分析。在

钢管桩上下横联节点处施加单位简谐载荷,对横桥向和顺桥向分别进行分析。

由钢管桩顶部节点的横桥向及顺桥向的位移—频率响应曲线(图 4.29)可知,对于横桥向,响应曲线出现峰值所对应的频率与模态分析中的第 3 阶固有频率(2.14Hz)和第 7 阶固有频率(7.03Hz)一致;对于顺桥向,响应曲线出现峰值所对应的频率与模态分析中的第 1 阶固有频率(1.15Hz)、第 2 阶固有频率(1.21Hz)和第 7 阶固有频率(7.03Hz)一致,这几阶模态包含了横桥向和顺桥向变形,可能是使用中栈桥共振的主要振型。施工过程中应当尽量避免此种外界频率荷载出现或通过调整结构刚度分配来加以改善。

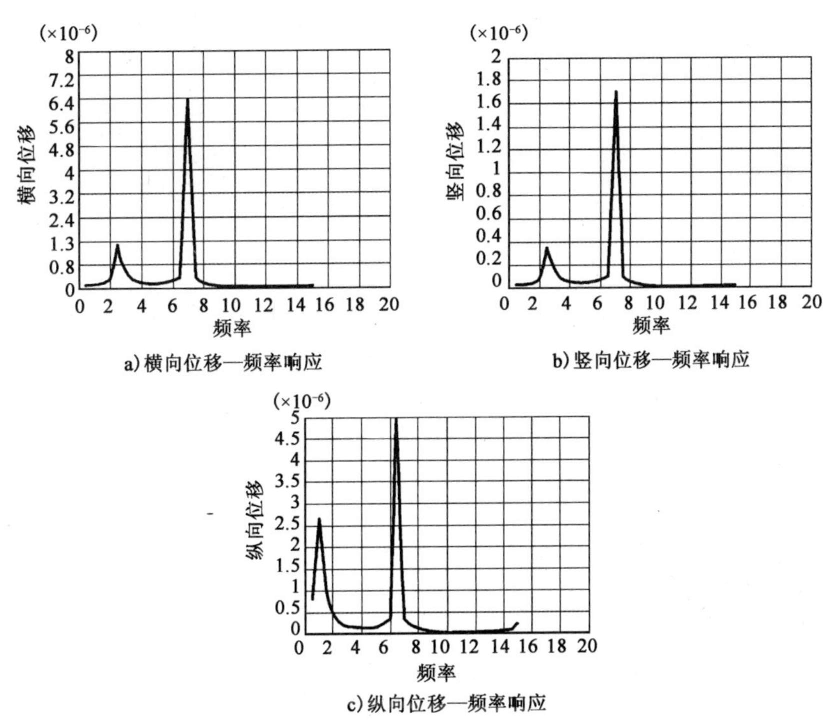

图 4.29　钢管桩顶的位移—频率响应曲线

考虑到上述施工期间的共振问题仅在洪水期间可能发生,因此考虑采用刚性连接及柔性固结相结合的形式及外力阻尼的方法进行控制。具体的做法是:在施工平台搭设完成、桩基础成桩前遇洪水时,采用外力阻尼的办法克服紊流与临时结构的共振;桩基础施工阶段,用型钢将平台钢管桩与成桩的桩基护筒进行连接,减小其自由度,增加平台结构整体稳定性。

桩基护筒割除前,平台钢管桩与桩基护筒进行连接。桩基护筒割除后,将平台与套箱相连。由于桁架结构(平台)与薄壁结构(套箱)振动频率不相同,采用刚性连接和柔性固结的方式将平台和套箱进行连接加固,就可以利用彼此互相抵消水流带来的振动,达到加固减振的效果。具体的措施为:

①用平联钢管或型钢将平台与套箱圈梁刚性连接,加固平台。

②用钢丝绳将平台与承台竖向钢筋柔性固结,减少平台与水流的共振。

洪水期间,将栈桥制动墩两侧贝雷主梁用手拉葫芦柔性连接,限制纵向位移。栈桥现场如图4.30~图4.33所示。

图4.30 洪水通过南岸栈桥(2009年7月6~9日)

图4.31 洪水通过北岸栈桥(2009年7月6~9日)

图4.32 手拉葫芦纵向连接贝雷主梁

图4.33　80t浮吊停靠31号墩平台北岸侧消除平台共振

第5章　岩溶地区超大直径桩基施工技术

地质情况复杂多变、事故多发、控制成本高是岩溶地区钻孔灌注桩基础施工的突出特点。西江大桥基岩溶洞及溶蚀裂隙集中发育，溶洞及裂隙多且连通，覆盖层为厚度17~37m的强透水性砂层，岩面倾斜，岩体强度高，地质条件非常复杂。桥位水深流急，水位变化大。其中主墩桩基为ϕ3.0m超大直径桩基，深水、覆盖砂层厚、溶洞裂缝发育组合在一起，施工过程中极易出现泥浆剧漏，造成孔内负压过大，引发大面积塌孔、埋锤等事故，甚至会造成主墩平台整体塌陷，危及人员及机械设备的安全，施工难度极大。以下将介绍西江大桥在岩溶地区强透水深、厚覆盖、超大直径桩基础施工方面的一些经验。

5.1　西江大桥地质概况

5.1.1　西江大桥地质和桩基施工概况

西江大桥主桥桩基础共60根，其中主墩有48根，直径3.0m嵌岩桩，桩长45~50m。最长的32号墩桩基为50.7m，单桩最大混凝土方量358.5m^3。过渡墩桩基12根，28号边墩位于岸上，桩基为4根ϕ250cm嵌岩桩，桩长45.164m；33号边墩位于水上，桩基为8根ϕ250cm嵌岩桩，桩长44.1640m。单桩最长长度为45.2m，单桩最大混凝土方量221.7m^3。主墩桩基平面布置如图5.1所示，主桥主墩桩基主要参数见表5.1。桩基全部为嵌岩桩。主墩要求进入单轴抗压强度大于12MPa的微风化岩石，嵌岩深度大于8m。28号过渡墩要求进入单轴抗压强度大于10MPa的微风化岩石，嵌岩深度大于5m，33号过渡墩要求进入单轴抗压强度大于10MPa的微风化岩石，嵌岩深度大于8m。

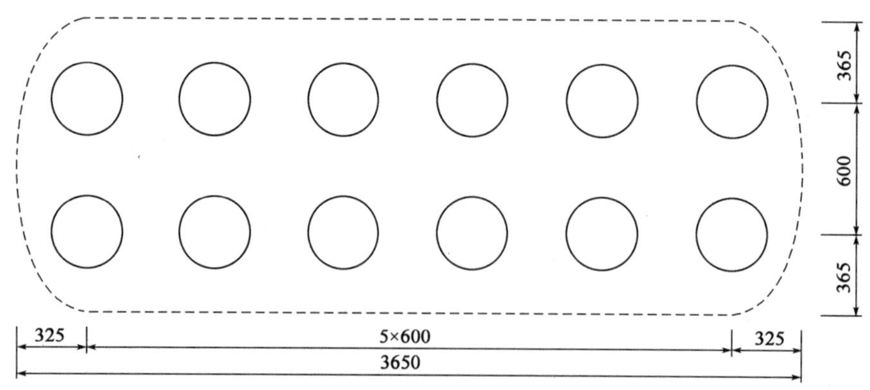

图5.1　主墩桩基平面布置图(尺寸单位:cm)

西江大桥桥位区域主要为低山丘陵，沿线地层岩性复杂多样、特殊岩土发育，工程地质条件复杂。桥位区在 K84 +150 以东地段处隐伏岩洞区，基底下石灰系石磴子组灰岩岩溶较发育。根据勘探资料，本次勘探共有 11 个钻孔钻遇岩溶，全部为溶洞，所揭露的溶洞多达 15 个，洞大小不一，洞高 0.3 ~3.3m。如何安全、高效地开展基础施工，是本桥施工需要解决的关键问题之一。

主桥主墩桩基主要参数表　　表 5.1

主墩编号	桩长(m)	桩基入土深度(m)	砂卵石厚度(m)	嵌岩深度(m)
29	48.6	34	22	12
30	45.1	30.5	20.8	9.7
31	46.1	34	25.5	8.5
32	50.7	45.1	27.1	18

岩溶(又称喀斯特，Karst)，是指水对可溶岩石(碳酸盐岩、硫酸盐岩、卤化物盐等)进行以化学溶蚀作用为主要特征(包括水的机械侵蚀以及物质的运移与再沉淀)的综合地质作用，以及由此产生的各种现象的总称。

“岩溶”是地学中的一个分支，其本质是“富钙岩石圈”(不连续，构成土壤的不可溶物质不超过 10%)通过碳、水、钙的物质能量交换而形成“地表和地下多重复合结构”，以及“成土条件极差”两大特点，从而引发一系列特殊的岩溶环境地质问题，如水源漏失、地面塌陷、岩溶渗漏、山体崩塌、滑坡、矿坑突水突泥、地裂等，构成类似于沙漠边缘一样的脆弱生态环境带(区)。因此，世界各国地质与环境科学家已把“岩溶”作为世界性难题给予极大的关注。20 世纪 70 年代以来，召开了多次与岩溶有关的国际会议，使世界各国的研究者有机会交流和商讨解决岩溶地质灾害问题的经验与方法。例如，1973 年，国际工程地质协会在西德汉诺威首次举行了“岩溶塌陷与沉陷：与可溶岩有关的工程地质问题”国际讨论会，重点讨论了欧洲地区特别是在蒸发岩地区的地面塌陷、分布规律、勘测技术和防治措施；1978 年，美国在宾夕法尼亚州的赫尔锡市召开了岩溶地区工程地质讨论会，重点讨论了岩溶地面塌陷发育规律问题；1984—2003 年先后在美国佛罗里达州、密苏里州、肯塔巷州和阿拉巴马州举行 9 届岩溶塌陷和岩溶工程与环境影响多学科国际讨论会，这也是目前国际上举办历史最长、影响最大的岩溶塌陷与岩溶问题的国际会议。1996 年，美国学者 GeorgeSowers 编写了《塌陷上的建筑物——岩溶区的基础设计与施工》，全面介绍了岩溶塌陷的机理和防治问题；2004 年，英国学者 Tony Waltham 等组织来自各国的 20 多位专家编写了《塌陷与沉陷——工程与建设中的岩溶与洞穴岩体问题》，系统介绍了工程活动中岩溶隐患的处治问题。

岩溶在我国是一种相当普遍的不良地质现象。长期以来，在岩溶地区的各项工程建设中，场地内的各种岩溶形态、岩溶地下水及其他不良地质作用等都是影响地基稳定、工程质量和安全使用的主要因素，也是使用过程中的主要隐患。我国的岩溶研究最早始于明代地理学家徐霞客，但作为科学进行大规模的系统研究则始于新中国成立以后。以《中国岩溶研究》一书的出版和《中国岩溶》这份国内唯一岩溶研究专业刊物的公开出版发行为标志，我国的岩溶研究进入了一个蓬勃发展的时期。近 40 年来，我国岩溶研究者利用得天独厚的自然条件，并密切结合国民经济发展的需要，以科学、求实的态度进行了大量深入、系统的研究，出版了以《中国岩溶学》为代表的几十本专著。曾举行过几十次与岩溶有关的学术会议，以袁道先院士为代表的中国岩溶研究者，积极参与国际交流，促成并领导了国际地质对比计划 IGCP229 项目“地质、气候、水文与岩溶研究”。1993 年 8 月在我国北京召开了第十一届国际洞穴学大会，向国外同行展示了中国岩溶工作者的丰硕成果。目前我国岩溶与工程问题研究主要注重以下几个方面：岩溶地质基础理论的研究、岩溶工程地质研究、岩溶工程地质分析方法及探测技术、岩溶塌陷灾害研究进展、岩溶区的地基基础研究。

在岩溶发育地区最常见的地质灾害便是岩溶塌陷。其表现形式主要为突然毁坏城镇设施，导致道路和建筑物破坏、通信中断、农田毁坏、水库渗漏、大量水溃入矿坑或隧道，以及使一些供水水源受到不同程度的污染，严重时造成人员伤死。据不完全统计，每年因岩溶塌陷造成的直接经济损失在 1.2 亿元以上。

岩溶对工程的影响有以下几方面：

(1)岩溶岩面起伏，导致其上覆土质地基压缩变形不均。在水平方向上相距很近(如 1 ~ 2m)的两点上，土层厚度相差可达 4 ~ 6m，甚至十余米。在土层较厚的溶槽(沟)底部，往往又有软弱土存在，更加剧了地基的不均性。

(2)岩溶洞穴顶板变形造成地基失稳，尤其是一些浅埋、扁平状、跨度大的洞体，其顶板岩体受数组结构面切割，在自然或人为作用下，有可能坍塌陷落造成地基的局部破坏。

(3)岩溶水的动态变化给施工和建筑物使用造成不良影响。雨季深部岩溶水通道连接地表的垂向通道(漏斗落水洞等)向地面涌泄；由于各种原因，使岩溶垂直通道堵塞而丧失消泄地面水流的功能，都可造成场地暂时性淹没。以分布不均为特征的岩溶水依存于裂隙洞穴体系而存在，常无统一水面，旱季时，在某一深度的岩体可能呈干燥状态，雨季可突发涌水，水位和水量骤变，如补给源位置较高，管状裂隙水流在巨大的动水压力下可冲毁建筑物地坪及地下室底板。

本桥桥位砂层、卵石层厚达 18 ~ 37m，表层覆盖层松散，地层岩性复杂多样，处隐伏岩洞区，基底下石灰系石磴子组灰岩溶洞及溶蚀裂隙集中发育且连通，四个主墩中溶洞严重的桩基有：29 号墩 10 条桩有溶洞，最大溶洞 4.6m；30 号墩 7 条桩有溶洞；32 号墩 10 条桩有溶洞，3m 以上溶洞有 5 个，最大溶洞为 9.12m，串珠状溶洞有 3 个孔，且溶洞高程基本在同一高程上，部分溶洞互相连通。代表性地质(以 29 号墩前 E 桩为例)如图 5.2 所示。

从以往的施工经验看，本桥基础施工过程中遇溶洞极易出现急剧漏浆，造成大面积塌孔、埋锤等事故，甚至会造成主墩平台整体塌陷，危及人员及机械设备的安全。

5.1.2 钻孔灌注桩基本工艺

钻孔灌注桩施工方法有反循环钻成孔法、正循环钻成孔法和潜水钻成孔灌注法。岩溶区的桥梁桩基多采用钻孔灌注桩施工，且以反循环钻成孔较为常见，下面主要说明反循环钻成孔施工方法和正循环钻成孔施工方法，施工步骤详见图 5.3。

1)反循环钻成孔法

施工前，在施工平台上安放好导轨，安装好轨道和钻机底座，把转盘和桁架吊放就位，将钻机调平并对准桩位中心。注意要使转盘水平(用水平尺调整)，使转盘中心、吊架中心和桩位中心三者位于同一垂线上；仔细检查电动机的电源线，防止错接，对供浆、供风系统等逐一检查，完善后方可开钻。

年代成因	地层编号	层底深度 (m)	分层厚度 (m)	层底高程 (m)	柱状图例 1:250	地层描述	标贯 动探 深度 (m)	标贯 动探 击数/类型 击	取样 样号	取样 深度 (m)	备注
		27.50	27.50	-16.31		水深+架空					
Q_4^{al}	4	28.00	0.50	-16.81		淤泥：灰黑色，饱和，流塑，主要为黏粒，含有一些粉砂,含有机质					
Q_4^{al}	6-9	43.00	15.00	-31.81		卵石：杂色，饱和，中密~密实，成分主要为硅质，直径2~4cm,含量占50%~80%，亚圆状，粒间充填物主要为砂、砾石等					
Q_4^{al}	6-8	48.48	5.48	-37.29		圆砾：灰色，饱和，中密~密实，颗粒级配差，成分主要为石英，卵石含量占20%~30%，亚圆状					
C_{1s}	13-4-16	48.80	0.32	-37.61		微风化灰岩：灰色，隐晶质结构，厚层状构造，岩质硬，裂隙较发育，岩芯较完整，主要呈柱状，个别饼状，节长5~36cm,顶、底部有强溶蚀痕迹，采取率95%					
	13-4-0	51.00	2.20	-39.81		溶洞：半边溶蚀，半边岩芯，有强溶蚀痕迹，孔口不返水					
C_{1s}	13-4-16	58.90	7.90	-47.71		微风化灰岩：灰色，隐晶质结构，厚层状构造，岩质硬，裂隙较发育，岩芯较完整，主要呈柱状，少量饼状、块状，节长5~40cm,方解石脉局部发育，并可见一些溶蚀小洞，部分裂隙面被铁锰质渲染，采取率99%					
	13-4-0	62.00	3.10	-50.81		溶洞：半充填，漏水，孔口不返水					
C_{1s}	13-4-16	71.50	9.50	-60.31		微风化灰岩：灰白、灰色，隐晶质结构，厚层状构造，岩质硬，裂隙较发育，岩芯较完整，多呈柱状，次为饼状、块状，节长5~25cm,方解石脉发育，局部可见溶蚀小洞，采取率85%			岩1	65.40-65.70	R_w=49.4MPa
	13-3-16	75.00	3.50	-63.81		中风化含炭质灰岩：灰~灰黑色，隐晶质结构，厚层状构造，岩质稍硬，裂隙发育，岩芯较破碎，多呈饼状、块状，次为柱状，节长5～18cm,方解石脉较发育，局部夹有薄层炭质灰岩，敲击易碎，在74.20~75.00m溶蚀裂隙发育，采取率70%					
	13-4-16	88.38	13.38	-77.19		微风化灰岩：浅灰、深灰、灰色，隐晶质结构，厚层状构造，岩质硬，裂隙较发育，岩芯较完整，主要呈柱状，少量饼状、块状，节长5~25cm，方解石脉较发育，在84.50～85.50m含炭质较多，在75.00～75.60m、84.50～85.30m溶蚀成裂隙发育，采取率95%			岩2	76.70-77.00	R_w=34.8MPa
	13-4-0	93.00	4.62	-81.81		溶洞：半充填			岩3	92.70-93.00	R_w=44.5MPa
C_{1s}	13-4-16	99.60	6.60	-88.41		微风化灰岩：灰色，隐晶质结构，厚层状构造，岩质硬，裂隙较发育，岩芯较完整，多呈柱状，次为块状、饼状，节长5~50cm,方解石脉局部发育，可见一些溶蚀小洞，采取率90%					

图5.2　29号墩前E桩地质断面图

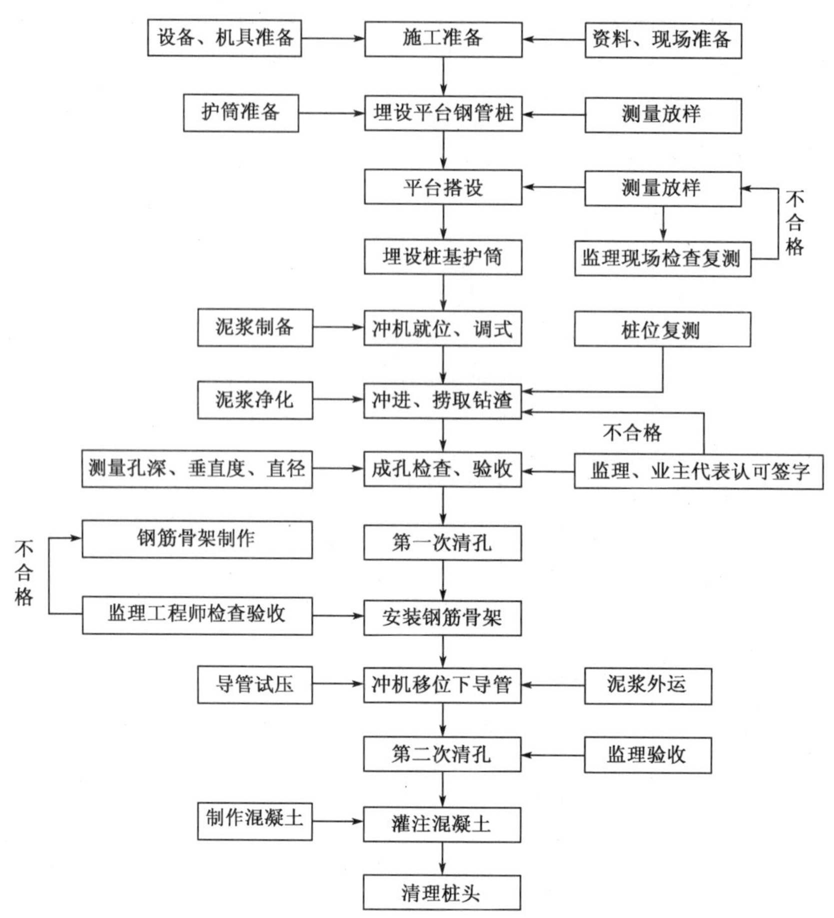

图 5.3　桩基施工工艺流程图

每台钻机要求在钻头以上第一根钻杆处安装 10t 配重(即 5 对),造浆完毕后低速开钻,待整个钻头进入土层后进入正常速度钻进。在护筒脚部位必须慢速钻进,仔细观察钻机运行状况,发现异常及时处理,防止钻头刮到护筒。刮到护筒时,应及时调整钻头位置,使钻头中心与护筒中心位置重合,方可继续钻进。钻进过程中,经常观察泥浆面和河水位变化情况,防止护筒内外压差过大导致护筒脚漏浆,若发现漏浆必须马上停止钻进,在孔内添加膨润土,再慢速开动钻机,使抛入的膨润土在孔内向孔壁四周扩散,塞住漏浆处。待处理完毕,确认钻孔安全后方可继续钻进。钻孔过程中,需要在钻头以上 20m 左右位置(护筒内)安装一个直径为 320cm 的导向环,减小钻杆的摆幅,提高钻孔垂直度,减少钻孔过程中的偏斜。

钻进过程中,要求严格按上述的泥浆管理制度做好泥浆的维护管理,根据泥浆成分的变化分析孔内、护筒脚等情况的变化而做出相应的处理措施。钻进时,保持泥浆面比河水面低 1m 左右,并密切注意河水位变化情况,及时调整泥浆面位置。钻孔作业必须分班连续进行,认真及时填写钻孔记录。

对砂层,为了防止塌孔和降低泥浆中的含砂量,采用低速钻进、比重为 1.07 ~ 1.15、黏度为 19 ~ 21s 的泥浆护壁,连续采用除砂器进行除砂,钻机采用Ⅱ档双泵双马达低速的档位进行钻进,钻速 6 ~ 9r/min,进尺速度控制在 1m/h 以内。

在卵石层中钻进时，除砂器连续工作，采用比重为1.07～1.15、黏度为21～23s的泥浆进行护壁，采用三泵双马达低速按钮档位进行钻进，转速同样控制在6～9r/min。进尺速度控制在0.2～0.5m/h。钻进过程中，特别注意泥浆面的变化，如有泥浆面突然下降的情况，必须马上补充优质泥浆，投黏性土以防止因漏浆而塌孔。

在岩层中钻进，采用三泵双马达低速按钮档位进行钻进，注意观察钻杆的跳动情况，切不可采用高转速钻进，防止卡钻头、断钻头的事故发生。

整个钻进过程始终采用减压钻进，避免钻头压力过大造成偏孔或垂直度不符合要求。钻头刚开始接触岩面到完全入岩时必须严格控制孔底承受的钻压，不得超过钻具重力之和（扣除浮力）的80%，进尺速度控制在5cm/h，确保钻孔过程不发生斜孔。完全入岩1m左右后，方可全速钻进。

2）正循环钻成孔法

在冲机就位前需进行各项检查工作，包括场地布置、冲机坐落处的平整与加固、轨道的稳定、主要机具的检查与安装、配套设备的就位及水电的供应等。就位时需安装平稳、定位准确，且对桩机和桩架进行水平和垂直校正。

开钻时应先在孔内灌注泥浆，泥浆相对密度等指标根据土层情况而定。如孔中有水，可直接投入黏土，以小冲程反复冲击造浆。开孔及整个钻进过程中，应始终保持孔内水位高出最高水位（施工期间）1.5～2.0m，并低于护筒顶面0.3m以防溢出。泥浆面最高不能超过低水位2m。通过护筒脚时应慢速进尺，当护筒脚为软弱土层时尤其应注意孔壁的稳定，防止漏浆及塌孔等现象。在砂及卵石夹土等松散层开孔或钻进时，可按1:1投入黏土和小片石（粒径不大于15cm），或回填袋装水泥，用冲锥以小冲程反复冲击，使泥膏、片石挤入孔壁。必要时须重复回填反复冲击2～3次。

冲程大小和泥浆稠度应按通过的土层情况掌握。当通过砂、砂砾石或含砂量较大的卵石层时，宜采用1～2m的中小冲程，并加大泥浆浓度，反复冲击使孔壁坚实，防止坍孔。当通过含砂低液限黏土的黏质土层时，因土层本身可造浆，应降低输入的泥浆稠度，并采用1～1.5m的小冲程，防止卡钻、埋钻。当通过基岩之类土层时，可采用2～3m的大冲程，使基岩破碎。当钻遇倾斜岩面时，应反复回填片石（厚度根据岩面倾斜程度确定）冲进使其成一紧密平台后，再进行正常冲击，同时泥浆密度可降到1.3左右，以减少黏锤阻力，但不能过低，以避免岩渣浮不上来。在任何情况下，最大冲程不宜超过6m，防止卡钻、冲坏孔壁或使孔壁不圆。在掏渣后或因其他原因停钻后再次开钻时，应由低冲程逐渐加大到正常冲程以免卡钻。

5.1.3　常见问题及处置方法

正常钻孔灌注桩施工中的常见问题有坍孔、漏浆、卡钻、埋钻、漏混凝土、孤石等，针对这些施工难点已经建立较为成熟的处理及预防措施。

1）坍孔

钢护筒过短，没有穿透砂砾和卵石层落在不透水层上，当冲击到溶洞后，突然漏浆造成水头高度急剧下降，砂砾和卵石层失去稳定，形成漏斗状的坍孔。预防坍孔的方法：

（1）在地下水可以控制的情况下，可优先考虑人工挖孔桩混凝土护壁，穿过透水层坐落在不透水的土层上，这种方法预防坍孔非常有效。如练屋中桥和横石水大桥，采用了人工挖孔桩混凝土护壁,并且坐落在亚黏土层,即使溶洞漏水很厉害,在回填片石和黏土反复冲击反复漏水的情况下,仍未出现坍孔现象,有的在孔外有坍塌也未造成孔口坍塌。

(2)采用冲击钻冲孔施工时,可将钢护筒坐落在不透水的土层上,再继续冲击成孔也可避免坍孔。

(3)发现漏浆应及时补水,及时抛片石和黏土以防止坍孔。坍孔的处理办法:

①当成孔深度不大时,可全孔回填黏土和片石,在暂停一段时间后,再深埋钢护筒至不透水层方可重新钻孔。

②当成孔深度较大时,可将钢护筒一直坐落在坍孔的喇叭口下缘的不透水层上,护筒周围回填干黏土,挤实后,再重新钻孔。坍孔后,由于回填土的密实度低于原来土体的密实度,致使桩周摩阻降低,对于摩擦桩应适当增加桩长以满足设计要求。

2)漏浆

漏浆是岩溶地层钻孔桩施工常见故障之一,主要是由于岩溶裂隙透水、桩孔与溶洞突然贯通,或钢护筒底部漏浆等原因所造成的。其预防措施有:

(1)穿透溶洞时,应密切注意护筒内泥浆面的变化,一旦泥浆面下降漏浆,应立即提出钻头,向孔内补充泥浆或注水,保持住孔内水头压力并投入黏土和片石混合物。

(2)当岩溶裂隙较大,因透水性强而发生漏浆时,应采取加大泥浆比重,改善泥浆稠度和控制钻进速度等措施进行处理。

(3)当钻头击穿顶板进入溶洞时,若能保持桩孔内水压力,可向桩孔内抛填封堵漏浆的混合料,经小冲程反复冲砸后,形成新的造孔壁。

(4)当钢护筒底部漏浆后,可继续下沉钢护筒,并用黏土封闭护筒周围缝隙,防止地表水继续渗入,然后向孔内填掷黏土块和碎石,填筑高度以高出钢护筒底1m为宜,最后用小冲程反复冲砸,达到加固钢护筒底部孔壁与堵漏的目的。

(5)若不能保持水压力,表明空溶洞较大或其他溶洞连通,此时应先停止钻孔,加大堵漏混合物的抛填,再按钢护筒底部漏浆处理措施进行封堵。

3)卡钻

使用冲击钻钻孔时,由于钻头的抖动往往会冲破孔壁,致使孔壁不圆,或形成梅花孔现象;此外,由于钻头磨损未及时补焊,钻孔直径逐渐变小,新钻头或补焊后钻头直径过大,以及在施钻过程中,由于冲程过大,突然击穿溶洞顶板,使钻头旋转不能提钻等均可导致卡钻。预防措施有:

(1)及时更换或补焊钻头,并向桩孔中回填片石,在钻进面先用小冲程钻进,然后逐渐加大到正常冲程,转入正常钻孔。

(2)在溶洞顶板施钻时应先用小冲程开孔,并注意旋转钻头,溶洞开口后,要及时抛填片石和黏土块填筑,逐渐进入正常钻孔。

4)埋钻

埋钻是钻孔中常见的而不易处理的故障,主要是由于孔壁塌陷造成的。在岩溶地层钻孔,钻孔穿越的溶洞顶板较薄、埋深较浅时,由于冲程过大,砸击溶洞顶板就可能出现溶洞坍塌、地表下陷,施工不慎便会发生掩埋钻头的情况。预防措施有:

(1)发现漏浆应及时提起钻头,向孔内补水注浆,保持水压力,采取相应措施,堵住漏浆。

(2)穿越溶洞时应改用小冲程钻进,防止击垮溶洞顶板,并准备好拖拉设施,系好滑车钢丝绳,做好钻机撤离准备。

5)漏混凝土

钻孔桩基础出现灌注混凝土泄漏的原因通常是由于混凝土的密度大于泥浆的密度。这是由于灌注水下混凝土时孔壁侧压力增大,冲破已形成的片石黏土孔壁封闭环而产生混凝土泄漏。预防措施有:

(1)对高度比较小的溶洞,在按照上述方法形成孔壁封闭环后,再次抛入黏土和片石混合物,并超过溶洞顶板底面一定的高度,重新成孔以增加孔壁的厚度和强度。

(2)对高度大且无充填物的空溶洞,应采用钢护筒跟进,并把不小于设计桩径的钢护筒跟进至溶洞底,在确保钢护筒与溶洞的下层坚硬围岩密接后,继续钻孔至设计高程。

6)孤石

冲击成孔过程中,若遇到孤石,可抛填硬度相近的片石或卵石,将钻机稍移向孤石一侧,然后用高冲程冲击,或高低冲程交替冲击,将大孤石击碎挤入孔壁。

若孤石非常坚硬,也可采用孔内爆破法。一般可采用孤石表面爆破(简称贴爆)和定向聚能爆破两种方法:遇一般性孤石,将炸药包吊放在孤石表面引爆,振裂孤石,以利钻进;遇坚硬孤石,采用定向聚能爆破的方式,根据孤石的大小及坚硬程度确定用药量,只要药量控制适当,不会影响孔壁及施工平台的安全。

5.1.4　基础施工方法和关键问题

针对上述地质特点,西江大桥拟定的基础施工方法为:四个主墩采用冲击钻和液压回旋钻成孔工艺施工。桩基护筒为 ϕ3.3m 钢护筒,壁厚 2.5cm,采用 V360 大吨位振动锤振入。桩基施工采用冲击钻和反循环回旋钻施工。29 号墩、30 号墩各布置 4 台冲机,31 号墩、32 号墩各采用 2 台冲机和 2 台钻机冲钻结合;冲机成孔采用正循环泥浆系统,黄泥造浆;回旋钻成孔采用气举式反循环泥浆系统,用膨润土、CMC、纯碱等造浆。主墩采用搭设栈桥平台进行施工。南岸栈桥由南岸河堤搭设至 30 号墩,栈桥长约 300m。北岸栈桥由北岸河滩地搭设至 31 号墩,栈桥长约 400m。南北岸栈桥之间留一个 180m 宽通航孔。33 号边墩采用筑岛施工。

从现有的工程实践看,虽然深水、超大直径桩钻孔施工近年已有很大的发展,施工技术日益完善;但对于强岩溶地区的深水、超大直径钻孔桩,一般是采取回避方式的,即通过桥位选择、结构设计避免这种情况的出现。西江大桥基岩溶洞及溶蚀裂隙集中发育,溶洞及裂隙多且连通,覆盖层为厚度 17 ~ 37m 的易坍塌、强透水性砂层及卵石层,岩面倾斜,岩体强度高,地质条件极其复杂。同时,桥位水深流急,水位变化大,桥位常水位水深达 23m,洪峰来时,水深可达 35m。主墩桩基为 ϕ3.0m 超大直径桩基,深水、覆盖砂层厚、溶洞裂隙发育、超大直径桩等组合在一起,目前的技术手段很难满足工程实际需要,必须进行针对性系统研究,避免可能出现的工程事故。从实际工程项目的施工情况来看,岩溶地区厚覆盖层、大直径桩基础成孔需要重点关注以下六大问题:

1)成孔过程中漏水漏浆

按有无填充物,溶洞可划分为部分填充溶洞、填充溶洞或空溶洞;按是否渗漏,溶洞可划分为漏水溶洞与不漏水溶洞。由于溶洞的大小、分布、走向等地质资料不十分准确,施工中常常是“摸着石头过河”。在钻进过程中,因漏浆导致孔内水头迅速下降,从而使护筒挤压变形或塌孔、垮孔、埋钻,甚至地面大范围沉降,危及水上钻孔平台安全及陆上埋钻机等,重大安全事故时有发生。

2)地质构造复杂

岩溶发育受到多种因素影响,随机性大,施工需时刻准备处理复杂地质构造问题。最常见的是多层溶洞和岩面复杂的问题。多层溶洞是指单桩穿越溶洞层数多。岩面复杂是指孔内有石笋、溶沟或溶槽、大块孤石、半边洞等,岩面呈斜面、陡异形等复杂情况。

3)孔内涌砂

在穿过覆盖层至钢护筒刃脚接合段时,易发生大量砂土涌入护筒、危及钻孔平台安全、无法钻进成孔的复杂情况。施工时采用常规的清孔、浇注水下混凝土封堵工艺,不易成功,分析主要有两种情况:岩面倾斜较大,一般情况下钢护筒直径较大,加之因溶蚀产生溶槽、溶沟或有大块孤石等情况,绝大部分护筒只有部分着岩,有些护筒因强行施打而产生刃脚卷口、变形;表层岩石裂隙极为发育、破碎,如同有 2 ~ 3m 的抛石层,回转钻机无法钻进。

4)成孔事故多

成孔过程中出现塌孔、埋钻、卡钻、掉钻、斜孔、弯孔等事故较普遍。

5)清孔难度大

当采用冲击钻机冲击成孔工艺,特别是 2500mm 以上大直径桩孔成孔后,怎样清孔,使沉渣厚度及泥浆性能同时符合规范要求是非常关键的环节。有时灌浆符合规范要求时,由于泥浆比重降低、黏度下降,又重新发生渗漏、塌孔的事故。

6)混凝土灌注过程中超方或塌孔

由于溶洞大小、分布、走向不清,无法预估超方量。当溶洞高度过大,在混凝土压力作用下,还易引起造壁充填物失稳坍塌,造成断桩。

5.2 岩溶地区大直径钻孔桩施工工艺

5.2.1 岩溶桩基成孔工艺

1)钻机选型

岩溶地区因其特殊的地质情况——溶洞发育的不规则性、分布的不确定性、溶洞孔壁的不稳定性、溶洞内充填情况的不确定性以及是否漏水等,给岩溶地区钻进成孔带来了巨大困难。特殊地质情况下选择何种类型的钻机,适应各种不同类型溶洞成孔问题显得至关重要。

对岩溶地质下的钻机选型,目前以回旋钻机为主,采用循环排渣的方法钻进成孔。主要原因是回旋钻机在钻进时易控制钻压和钻进速度,特别是对破除溶洞顶板有利,并且回旋钻机可采用导式长钻具、钻头,利于穿越溶洞,并因其钻具的导向定位作用,能保证成孔的质量。

采用回旋钻机钻进,在埋设护筒的工作中,能发挥其优势,有利于将大直径的钢护筒下沉到基岩面,但在岩后的继续施钻过程中,因岩溶地区的岩层浅表面均较为破裂,裂隙发育,在钻进岩石 1 ~2m 后,钢护筒刃脚下的破碎岩石易脱落,常常会发生整钻情况,并且护筒刃脚涌砂,无法继续钻进,致使桩基施工处于停滞状态。此时可以考虑两种解决方案:一是采用冲击钻,解决护筒刃脚破碎问题;二是用回旋钻机破除溶洞。

西江大桥根据现场施工的具体情况,对于存在溶洞的 29 号墩、32 号墩各采用 4 台 15t 冲机正循环施工。对于没有溶洞的 30 号、31 号墩根据自有机械设备的情况,考虑 30 号墩采用 15t 冲机正循环施工,31 号墩采用 KP3500 钻机反循环施工。

2)护筒的制作及下沉

根据试桩情况,对于永久结构的钢护筒,采用 ϕ330cm(护筒内径),δ25mm 护筒;对于非永久结构钢护筒,采用 ϕ330cm(护筒内径)、δ16mm 护筒;护筒最顶节采用一块 20mm 钢板。施工过程中,如遇溶洞需内套护筒时,内套护筒根据实际情况另作规定。

护筒按设计图纸制作,采用了 2.5cm 厚 A3 钢板卷制,在制作班用卷扳机卷成筒后,在焊接平台上焊接,护筒直径比桩径大 30cm,长度按入土 10m 计算。单节护筒长 9m。为加强钢护筒的整体刚度,钢护筒护筒脚 0 ~4.9m 范围内采用 2.5cm 钢板格状加劲。护筒进行开坡口双面焊,所有焊缝连续、密实,以保证不漏水。钢护筒在岸上制作场制作好后运至桩位处。

护筒下沉过程应首先在平台上精确测量,定出桥墩的纵横向轴线,桩基护筒的位置据此纵横向轴线用钢尺量取定出,然后安装护筒导向架,导向架的内净空比护筒外径大 5cm。第一节段护筒吊起并下放到导向架内,同时支承好后,接着吊起第二节段护筒并与第一节段护筒拼接,当护筒接长后,通过导向架缓缓下放,护筒依靠自重停止下沉后,即用单个 360t 振动锤振动下沉,并按需要焊接接长护筒,直至护筒脚埋深达到设计高程。护筒下沉时,各接头须不漏水、不漏浆,在振动下沉后无明显变形、卷口,焊缝无开裂现象,同时应测量其中心位置是否正确,护筒是否竖直,护筒中心偏差 ≤10cm,桩位中心偏差 ≤5cm。

3)泥浆循环系统及泥浆控制

钻孔泥浆由水、优质膨润土和添加剂组成,施工前在岸上、浅滩部分开挖泥浆池,水上利用桩基护筒、过滤筛、泥浆罐、泥浆处理器形成泥浆循环系统。施工开始前于泥浆池内按比例注水,投入黏土,必要时加入添加剂并调整泥浆指标符合要求。拌制好池浆后,从泥浆池向孔内供浆。而排出的泥浆则携带钻渣进入回浆池,经缓流沉淀后上层泥浆回到储浆池,如此反复循环直至成孔。在钻孔中,由于泥浆相对密度大于水的相对密度,故在静水压力的作用下,泥浆在井孔壁形成一层泥皮,阻隔孔内外渗流,保护孔壁免于坍塌。钻机泥浆循环系统如图 5.4 所示。

开钻前准备好膨润土及添加剂等材料,在准备开钻的桩基护筒和作为造浆池的桩基护筒内造浆。首先在空压机风管的端头接一条镀锌水管作为风管口,再将空压机风管接长到距离护筒内河床面处,开动空压机供气,按护筒内水的体积计算出膨润土的数量,慢慢进行添加,同时加入一定量的添加剂,使膨润土在空气的推动下,在护筒内与水交融形成泥浆。当膨润土和外加剂全部加入后,空压机应继续供气 1 ~2h,使膨润土颗粒能够充分的分散,提高泥浆质量。造浆完成后试验人员需要对泥浆性能进行检测并记录各项指标,静置 24h 后再进行检测并将各项指标进行对比,泥浆质量满足要求后方能进行钻孔。

施工期间,当桩基护筒内的泥浆性能指标下降到规定的极限值时,抽取造浆池的泥浆(造浆池内的泥浆要求膨润土参量稍微偏大)对桩孔泥浆进行补充,对泥浆的性能进行调整。当完成一定数量的桩基后,对泥浆性能和本桥处的地层情况有足够的了解后,可在进行钻孔施工的桩位处直接添加膨润土和添加剂进行泥浆性能的调整。桩基浇注混凝土时,必须将孔内优质泥浆抽到浮箱或相邻桩基护筒内,作为下次钻孔的泥浆的补充。

每台钻机配置一个直径 3m,高 3m 的泥浆罐作为泥浆处理器,上面设置斜面钢丝网将颗粒较大的钻渣分离,罐体下部设置排渣口用来清除沉淀下来的较小颗粒的钻渣。

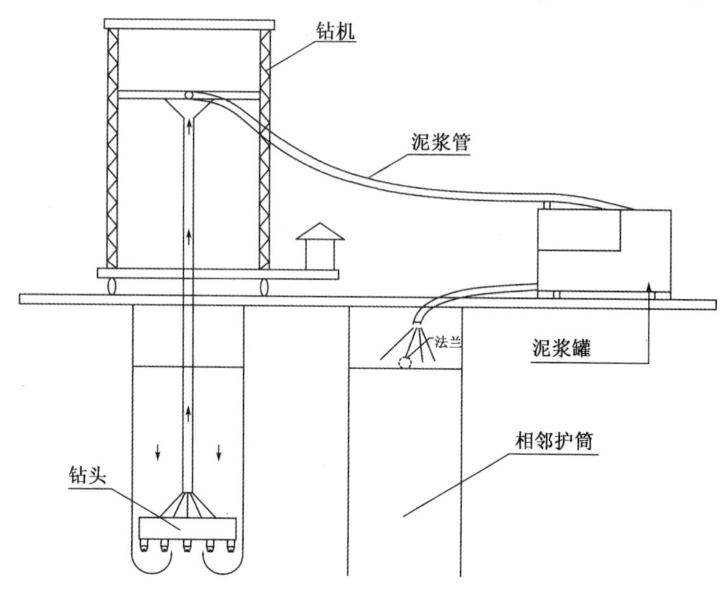

图 5.4 钻机泥浆循环系统

钻孔过程中,带有钻渣的泥浆由钻杆中心被吸出,通过泥浆罐和与之相连的护筒沉淀钻渣,分离出来的优质泥浆循环回桩孔内,重复利用,同时在泥浆循环系统中,增加一台泥浆除砂器进行除砂,确保泥浆质量。钻进过程中泥浆的各项性能指标见表 5.2。当泥浆性能不满足要求时,通过添加外加剂来满足要求。

钻进过程中泥浆的各项性能指标 表 5.2

钻孔方法	地层情况	相对密度	黏度(Pa·s)	含砂率(%)	胶体率(%)	失水率(mL/30min)	泥皮(mm/30min)	静切力(Pa)	酸碱(pH)
反循环	易坍地层	1.06~1.10	18~28	≤4	≥95	≤20	≤3	1~2.5	8~10
	卵石层	1.10~1.15	20~35	≤4	≥95	≤20	≤3	1~2.5	8~11

泥浆质量控制中应注意以下问题:

(1)根据不同地质情况合理选用合适的泥浆配比。

(2)在钻孔过程中认真测定和记录泥浆的性能指标,为泥浆性能的维护提供可靠依据。

(3)钻进时钻桩班每 2h 测定一次进浆口和排浆口泥浆的相对密度、黏度、含砂率、pH 值 4 项指标,试验人员早、中、晚各检测一次泥浆的主要控制指标,均留下详细的记录。停钻时每天测定一次泥浆面下 0.5m 处的全套泥浆指标。

(4)因为泥浆中的水分在压差作用下,不断地渗失,黏土和钻渣不断地分散,侵入泥浆,使泥浆中的固相物质含量升高，所以在钻进过程中，应根据泥浆性能和地层情况适当地补充失去的水分，以保持泥浆中固相物质的含量在合适的范围。加水时，必须慢慢加入，严禁在短时间内大量加水，使泥浆在短时间内性能出现大的变化，使孔壁不稳定。

(5)完善泥浆循环系统设备，减少泥浆流失和污染。

(6)当泥浆指标接近规定限值时必须及时处理。考虑到护筒内泥浆体积很大，要选择好的处理时机。反循环施工时加入处理药品的速度不能太快，数量应控制在室内小型试验得出的处理药品数量的50%左右，待泥浆进行一次彻底的循环，试验测定后决定继续加入还是暂停处理。

(7)泥浆性能指标原始记录完整，准确清晰。

4)穿越溶洞区特殊工艺

对于充填型溶洞，根据地质资料当钻进至溶洞顶部50cm左右时，应减缓钻进速度，同时投入片石和黏土，反复冲击，使黏土和片石充分挤入溶洞内壁，这样反复抛填片石冲挤，使片石往桩孔四周的溶洞区内排挤，直至桩孔外溶洞区内挤满片石且通过溶洞。

对于无充填溶洞，在冲进过程中，对照每孔的钻探资料，快接近溶洞顶板位置时，冲击钻头操作要平稳，尽可能少碰孔壁，进入溶洞顶板时严格控制冲程：溶洞顶板高度较大时，采用较大冲程，高度较小时采用小冲程，冲程小于1m。在进入溶洞顶板后(如顶板上一层为黏土、亚黏土层时，也可在进入岩面之前约1m时套护筒，用振动锤振到岩面)及时套用直径小一级的护筒，并辅以振动锤施打(尽可能嵌岩)。然后改用与所套用护筒相匹配的冲锤继续钻进，慢慢穿过顶板，在冲进过程中按一定比例投入黄土及片石来封堵裂隙。

对于复杂的大溶洞，可采用ϕ30cm的冲锤小冲程先击穿顶板(观察溶洞漏浆情况)，再改用原来冲锤钻进。在穿过顶板进入溶洞时，此时极可能发生急骤漏浆，应尽快投入袋装黄土和片石，使其以最快速度沉入孔底，用冲锤挤压，封堵裂缝或充填溶洞并及时补充优质泥浆。在溶洞内钻进时采用先回填再进尺，边回填边进尺，反复在此处每冲进60cm投入足够的片石、黄土挤密填筑溶洞并形成较为坚实的护壁，钻进时控制进尺和冲程，避免打空锤、掉锤、卡锤等现象。在遇到下一层溶洞时，及时套用更小一级的护筒，护筒刃脚是位于下一层溶洞的顶板还是直接穿过该层溶洞置于底板处由具体情况决定。

由于基岩内裂隙的存在，漏浆现象总会发生。根据地质勘探资料，在接近岩面处或进入岩层一定深度内预先按一定比例投入黄土和片石来封堵裂隙，且每冲进50~60cm左右投入一次，直至终孔。在发生急骤漏浆时，及时补充优质泥浆。在冲进过程中，采用间断循环浆清渣法，始终保持孔内留有一定量的沉渣，以沉渣来封堵裂隙。

为保证回填效果，片石与黄土比例控制在2:1左右，以冲挤到溶洞回填物中作骨架，稳定充填物，使孔壁趋于稳定、密实。为保证回填及时，必须预先将袋装黄土与片石一起屯积在桩基周围，随时准备应付突发事件的发生；对于水中墩，平台和浮吊上各备有一定数量的袋装黄土与片石，浮吊上的物资已装好，随时准备起吊。

造浆所需黏土尽量选用质量好的黏土，以提高泥浆性能。在钻孔过程中随时测定和控制泥浆的比重，试验室随时跟踪并记录泥浆性能等指标。需要套护筒时，最内层护筒直径须保证桩的设计直径，依此推算出其外各层护筒的直径，直至开口护筒。每层护筒直径相差15~20cm。对于有套多层护筒的，护筒间隙填充碎石和砂，然后通过预先埋设的水管压浆，将间隙填充密实。

5）入岩、终孔、检孔及一次清孔

当冲机或钻机施工到岩面后，根据地质资料和现场岩样的判断，认为桩基已经入岩，施工员必须及时通知质检员或质检工程师，由质检部门通知监理，现场确认入岩高程。

当达到设计终孔高程时，必须报监理工程师认可、签证后方可终孔，并应立即进行清孔。为防止冲孔的任何塌陷，清孔时应保持孔内水位在地下水位或河流水位以上1.5～2.0m；清孔时应将附着于护筒壁的泥浆清洗干净，并将孔底沉渣及泥砂等沉淀物清除。清孔后孔底沉淀厚度符合图纸规定值及规范要求。

制作探笼，探笼长按4*D*制作（*D*为桩基直径），直径比桩基钢筋笼大10cm。在钻孔过程中以及终孔时，都需要使用探笼来检测钻孔的垂直度，以确保钢筋笼的顺利就位。

桩基终孔后下钢筋笼前必须进行一次清孔，一次清孔符合要求后方可进行钢筋笼的下放。一次清孔必须采用空压机反循环清孔。清孔后的泥浆指标要求同二次清孔的要求，以缩短二次清孔的时间，保证桩基二次清孔的质量，降低桩基塌孔的危险。清孔后泥浆指标见表5.3。

清孔后泥浆指标 表5.3

清孔后泥浆指标（冲机）	相对密度：1.03～1.2；黏度：17～20Pa·s；含砂率：≤2%；胶体率：>98%
清孔后泥浆指标（钻机）	相对密度：1.03～1.10；黏度：18～23Pa·s；含砂率：≤2%；胶体率：>98%

5.2.2 钢筋笼制作及下放工艺

大直径钻孔桩的钢筋笼一般采用定位模具成型，在加工场地采用长线法制作。西江桥主桥主墩桩基钢筋笼共48条，外径283.2cm，单条主筋长12m，主筋采用直径ϕ36Ⅲ级钢筋；28号墩、33号墩钢筋笼共12条，外径232.8cm，主筋采用ϕ32Ⅱ级钢筋，单条主筋长12m。所有钢筋笼主筋采用滚压剥肋直螺纹套筒连接，桩周内侧均匀对称布置4根检测管。

1）基本流程和精度要求

钢筋笼制作和安装的基本流程如图5.5所示。钢筋笼制作完成后要求达到表5.4所示标准（参考规范JTG/T F50—2011中表10.5.4）。

钢筋笼制作时的验收标准及允许偏差 表5.4

序号	项　目	允许偏差（mm）	检查方法
1	钢筋骨架长度	±50	尺量检查
2	钢筋骨架直径	±10	尺量检查
3	主筋间距	±20	尺量检查
4	箍筋间距	±20	尺量检查
5	钢筋骨架垂直度	<*D*/200	吊线检查
6	弯起钢筋位置	±20	尺量检查
7	保护层厚度	±10	尺量检查

2）制作工艺

钢筋笼采用直螺纹套筒连接长线法制作。为确保钢筋笼的整体垂直度和主筋连接精度，结合加工场地空间，整条钢筋笼应一次性预制完毕（最底节必须根据终孔高程作适当调整，终孔高程确定后再制作)，每节钢筋笼分别对应每一有序编号。

定位模具采用厚10mm钢板制作成半圆型，定位模具具有方便主筋和加劲箍的定位，同时钢筋笼在加工过程中不需要转动等优点，可以起到方便施工并保证钢筋笼制作精度。模具必须固定牢固，安装纵向偏差不大于10mm。

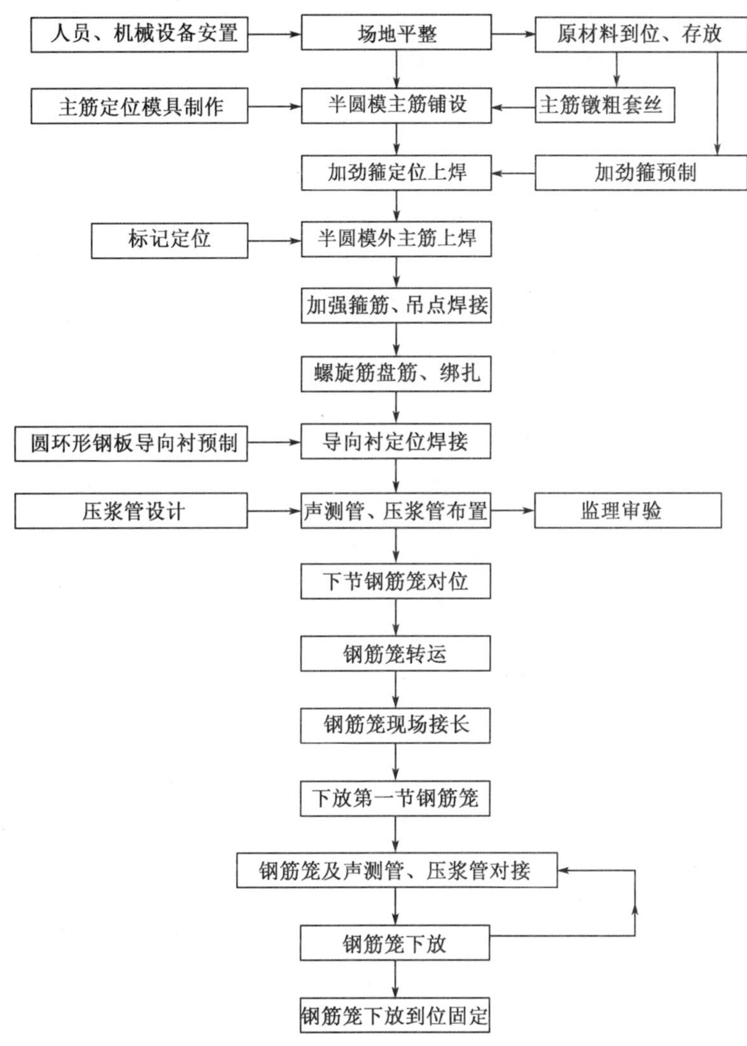

图5.5　钢筋笼制作及安装工艺流程图

主筋墩粗套丝前，长度要基本一致。主筋加工时必须用砂轮机将刚劲两端的变形部分切平后再开始套丝。必须严格控制套丝后钢筋的内径，严禁为了操作方便将钢筋丝头内径变小，过程控制中以试验数据为准。加劲箍Ⅱ级直径25mm钢筋使用切割机下料，螺旋筋需预先拉直，按箍筋周长及搭接长度下料，钢筋下料时要保持钢筋端面的平整，不得出现挠曲和马蹄形。

模具定位后，将下料主筋按设计尺寸要求往模具第一节的位置上摆放，待半圆部分钢筋主筋安装完毕，调整加劲箍筋位置，并焊上加劲箍，接着把上部分主筋摆放固定在加劲箍上，并焊接固定，然后盘上螺旋箍筋，螺旋箍筋与主筋采用梅花点焊方式固定。注意第一节钢筋笼前端要用挡板挡住，使前端平齐，声测管穿过挡板。桩基检测管均匀设置在钢筋笼内侧，四根通长，检测管与钢筋笼的主筋通过“U”形卡焊接固定。接着通过直螺纹套筒连接按同样方法进行下节钢筋笼制作。整体钢筋笼制作完毕后，绑扎混凝土圆环形保护层块，然后松开直螺纹套筒连接，将各节钢筋笼分解。钢筋笼加工过程中，确保钢筋笼垂直度及主筋直螺纹套筒连接的精度，以利于钢筋笼顺利接长下放。

为防止钢筋笼运输安装过程中的变形，在钢筋笼加劲箍设置六角撑，在钢筋笼吊入孔内垂直下放时再进行割除。为保证钢筋笼下放接长时相临主筋不会错位，每节钢筋笼靠顶端加劲箍采用两道并排。

制作好的钢筋笼，没有套筒的一端套上塑料保护帽保护螺牙，并按安装要求分节、分类编号，统一堆放。同一条桩钢筋笼堆在一起。分层堆放时，两层之间用枕木加垫。为保证钢筋笼下放时吊装方便，加工时要事先焊接吊环。

钢筋笼制作控制要点包括：螺纹接头的质量、焊接的质量、钢筋笼主筋的顺直、钢筋笼转运及下放时不变形、钢筋笼定位准确。

3）下放工艺

在钢筋笼半成品转运前，需通过内部“三检”以及监理的审查，保证成品质量的有效控制，然后分节出运到施工现场。

钢筋笼保护层分为两种，钢护筒以下钢筋笼用与桩基混凝土同强度等级砂浆制作，垫块为圆形，直径为 ϕ14cm，厚 5cm，中间开直径 ϕ14mm 孔，垫块用 ϕ10mm 圆钢筋穿过焊接在主筋上。在河床面以上的护筒位置，保护层必须预先根据桩基护筒的偏位情况制作，以保证钢筋笼的准确定位。钢筋笼下放前安装好保护层，保护层间距按设计图纸要求安装。

桩基成孔，经初次验孔合格，即可开始下放钢筋笼。钢筋笼采取两点抬吊方式，利用龙门吊辅钩进行空中翻身。为避免钢筋笼在吊装过程中变形，起吊时使用专用吊架，以加强钢筋笼顶端抵抗变形的能力。

钢筋笼下放时，按制作时既定的顺序，从底向上依次安装，对接需人工扭打钢筋直螺纹螺母；钢筋笼的对接利用手拉葫芦进行微调。每下放一节接长钢筋笼，可利用钢筋笼转置的空余时间，给声测管灌注淡水，以防其压裂、变形或渗浆。此措施可提前预检声测管及压浆管的安装质量，及时消除不良隐患。钢筋笼下放时速度放慢，防止碰撞孔壁，做到“提快、下慢”的相应措施。

钢筋笼安装到最后 1 节时，需先将钢筋笼转点临时固定在平台上，然后采用 8 条 ϕ36 三级螺纹钢筋加 4 道加强箍，下口与 8 根主筋焊接，上口通过 2 个吊环钢筋笼继续下放到设计高程，最后将钢筋笼固定在钢护筒的牛腿上，牛腿承受钢筋笼自重并确保钢筋骨架与孔中心线吻合，不会发生倾斜、移动及混凝土浇筑时上浮。

当灌注完毕的混凝土初凝时，即要割断定位钢筋，使钢筋笼不影响混凝土的收缩，避免钢筋的黏结力受损失。应注意对声测管出一个专门的检测和管理规定。

5.2.3 水下混凝土灌注工艺

钢筋笼下放就位后，即下放灌注混凝土的导管及风管。采用正、反循环方法，在浇注混凝土前应首先进行二次清孔，以达到孔底沉淀厚度要求，泥浆黏度、比重和含砂率等指标经监理工程师检查合格后，即可进行水下混凝土的灌注。

水下混凝土灌注需要准备的机具设备主要有导管、漏斗及储料槽，以及拌和及运输设备。导管可选用无缝钢管制作，其水密性和抗拉性能都需符合相关要求，以保证混凝土灌注过程中不漏水，不爆管。水密试验水压不小于1.3倍孔底水压且不应小于导管壁和焊缝可能承受灌注混凝土时最大内压力的1.3倍。导管接头用法兰盘配合全牙螺丝连接。导管长度根据护筒顶高程与终孔后孔底高程来确定。螺纹连接的导管经试验满足要求后方可使用。漏斗、储料槽可用钢板和型钢制成，其容积应结合工程特点确定。西江大桥最大桩径为 ϕ3.0m，每1m长的桩（扩孔10%）的体积为7.8m^3，以提管1m计算，按规范要求，首批混凝土灌注后需埋管1.0m以上，由此计算出首批混凝土数量：$(1.0+1)\times 7.8=15.6$m^3，因此储料槽容积确定为16 m^3，漏斗容积为3 m^3。现场还应设置拌和楼，配套电子计量配料机，并考虑适当的方法进行施工运送。

灌注水下混凝土前，先就位好储料槽、漏斗，下好导管。导管与孔底的离空控制在25～40cm。灌注水下混凝土时，混凝土由输送泵或者泵车泵送至桩位旁就位好的储料槽里。混凝土由储料槽放至漏斗、导管。第一次灌注时，把储料槽和漏斗中灌满混凝土，并在其他工作都完全准备好以后即可进行灌注。

当第一次灌注的混凝土下降以后，孔口的泥浆不再溢出时，测量人员应马上进行测量，看埋管深度是否满足规范要求（大于或等于1m）。测量组在测量混凝土面相对高程时，必须在桩基上选3个以上的测点进行测量，测量结果取混凝土面高程值中的小值进行导管埋深计算。第一次灌注后，等待输送泵将储料槽装满，即可进行第二次的混凝土浇筑，如此反复并控制埋管深度在2.0～6.0m之间，完成水下混凝土的灌注。

桩基混凝土顶面高程应比设计高0.5m以上，并在灌注结束后立即把高出部分的混凝土清除至比桩顶设计高程高20cm的位置，以保证桩头混凝土质量。高出的20cm混凝土在桩基强度达到设计强度后方可凿除。成桩的质量控制标准见表5.5。

成桩质量控制标准　　表5.5

项次	检查项目		规定值或允许偏差	检查方法和频率
1	混凝土强度（MPa）		在合格标准内	按规范检查
2	桩位（mm）	群桩	100	用经纬仪纵、横向检查
		单桩	50	
3	钻孔倾斜度		0.5%	灌注前检查
4	沉淀厚度（mm）		按设计要求（<50）	灌注前检查
5	钢筋骨架底面高程（mm）		±50	灌注前检查
6	孔深		不小于设计值	灌注前检查

5.3　岩溶地区桩基施工事故预防和处置

5.3.1　钻孔漏浆预防和处置

漏浆是桩基施工中常见的事故，本桥主墩为直径3.0m的深水超大桩基，桥位砂层、卵石层厚达18～37m，表层覆盖层松散，地层岩性复杂多样，处隐伏岩洞区，基底下石灰系石磴子组灰岩溶洞及溶蚀裂隙集中发育且连通，施工过程中遇溶洞极易出现急剧漏浆，造成护筒内水头差大，钢护筒下沉偏位，大面积塌孔、埋锤等事故，甚至会造成主墩平台整体塌陷的严重事故。

考虑到4个主墩地质情况都不完全一样，在施工平台搭设完成后立即进行了试钻，结果为：29号墩后B桩过护筒脚漏浆引发平台钢管严重下沉，造成龙门吊轨道变形、下弯；30号墩前A桩遇溶蚀裂隙时发生急骤漏浆，引发塌孔、埋锤，平台钢管桩下沉50cm，2条贝雷梁严重脱空；31号墩后B、后C桩在砂、岩层交接面发生漏浆引发塌孔；32号墩前B桩过护筒脚时漏浆导致护筒下沉并引发周围3条护筒偏位（图5.6）；冲后A桩时在进入岩层时遇表层溶洞漏浆引发轻微塌孔、护筒下沉2.5m，偏位82cm。

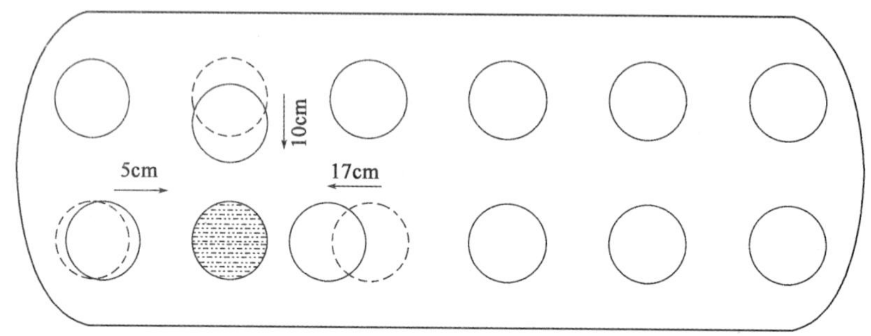

图5.6　32号墩前B桩护筒下沉引发其他护筒偏位示意图

注：阴影部位表示正在施工桩基，虚线表示原桩位，实线表示偏高后的桩位。

岩溶地区处置急骤漏浆问题的方法有以下几种：

（1）冲至岩面后在护筒内套入小一级护筒至岩面，将溶洞击穿后采取回填片石黏土方法进行施工。这样即使出现急骤漏浆，由于有护筒的隔离，不易出现塌孔事故。但是溶洞很可能连通成片，冲破溶洞后孔内泥浆面急剧下降，补浆、补水速度跟不上，内外水深相差二十多米，内外压差过大可能导致护筒变形。大、小护筒之间需要压浆填充处理但难以完全密实，桩基自由度改变较大，桩基受力可能偏离设计要求。这种方法工序繁琐，处理时间长。

（2）及时跟进护筒。这样即使出现急骤漏浆，由于有护筒的隔离，不易出现塌孔事故。但是大型振动锤的振动波对厚砂层扰动较大，可能对正进行钻孔的桩基造成不良影响，风险较大。这种方法工序复杂、繁琐，处理时间长。

（3）使用高压旋喷帷幕。这种方法不易出现塌孔事故。但是对砂层扰动很大。处理时间长，费用高。

（4）联合注浆。对护筒脚以下覆盖层、溶洞、溶蚀裂隙段进行联合注浆加固处理后再进行桩基成孔。广州市新机场、韶关乳源阳之光实业、广明高速富湾特大桥56主墩等类似工程的实践证明，采用联合灌浆法进行挤密性灌浆，能达到理想效果。而且联合注浆可以在桩基开冲之前进行处理，节约时间。

结合西江大桥的特点，在加强地质补钻工作，进一步探明地质情况的同时，采用了压浆方法控制漏浆问题。对于溶洞，钻孔至溶洞后采用砂浆和小碎石混凝土进行压浆。考虑到溶洞可能多个且不连通，对2m以上溶洞钻3个孔，压小碎石混凝土；对于2m以下溶洞钻两个孔，压砂浆。富余的孔可以起到检验压浆填充情况和补浆的作用。溶洞施工如图5.7和图5.8

所示。

图 5.7　溶洞压浆

图 5.8　静压注浆施工

由于覆盖层松散、渗透性强、层厚，为防止桩基因护筒脚漏浆、溶蚀裂隙或溶洞漏浆塌孔，每个桩基周边均匀布置 8～12 个钻探及压浆孔，对桩周覆盖层进行静压注浆。注浆压力与注浆量为：注浆压力不小于 0.5MPa，注浆量不小于 195kg/min。当压力大于 2.0MPa 时，可以终止注浆。压浆过程中宜采用双液注浆及时凝结。浆液由水泥＋水玻璃调制而成，采用普通硅酸盐水泥，水玻璃浓度为 40Be′，水玻璃掺入量为水泥量的 2%～4%。水灰比为 0.67，有利于浆液的有效渗透。浆液流量按每分钟注入 195kg 水泥计，压力大于 2MPa 时停止。注浆范围为岩面至护筒脚以上 3m，以 2～10t 水泥为一级，自护筒脚以上 3m 往下每米压浆一次。

联合注浆效果明显之后，成孔过程中过护筒脚时漏浆次数明显减少，即使出现小幅漏浆，处理也非常简单有效。过溶洞时大部分桩基都不会漏浆或只出现小幅漏浆，其中 30 号墩前 B 桩、29 号墩后 C 桩遇溶洞出现过多次急骤漏浆（降幅十多米），砂层也没有塌孔。注浆前，四个主墩的龙门吊轨道均因平台钢管桩的下沉而出现变形、下弯，通过联合注浆处理后，平台钢管桩都停止了下沉，龙门吊轨道通过处理后恢复正常使用，保障了施工的有序进行。

漏浆事故处置应结合具体事故发生的情况和引起的原因制定。这里以 29 号墩后 C 桩为例进行说明。29 号墩后 C 桩的地质极为复杂，砂砾与岩面之间存在 4.6m 土洞，岩面处溶蚀裂隙发育，－57.6m 处存在 0.9m 溶洞，岩面倾斜达 29°。该桩设计桩底高程为－63m，相比其他桩基深约 15m。这对于桩径 3m、水深、覆盖层厚、岩层坚硬、岩面倾斜，同时又存在土洞、溶洞的桩基来说施工难度极大。图 5.9 为 C 桩地质断面图。

29 号墩后 C 桩的成孔过程历时近 40d，处理过程相当复杂。施工冲孔至土洞地层时，出现急骤漏浆，泥浆面最高降达 10m，经过补水、补浆、回填片石黄泥后漏浆停止，反复回填黄泥片石后继续冲击顺利冲过了土洞。在冲孔至－54m（临近溶洞标高）位置时，发生严重漏浆，回填黄泥、片石无法从根本上防止漏浆。

经讨论后决定对溶洞进行压浆，但压浆套管因孔底泥浆稠度太大下不到溶洞高程。因此首先利用空压机反循环以清孔的方式来清掉沉淀的黄泥，但却发现在该桩附近冒气泡团，而且越来越大，方案受阻。然后改用泥浆泵正循环，但出现漏浆现象。进而采用静压注浆固结护筒脚。静压注浆后泥浆泵可以正常循环直至套管可以顺利下到孔底，由于孔深达 60 多米高，套管自由度太大，采用双层套管压浆，问题得以解决。

年代成因	地层编号	层底深度 (m)	分层厚度 (m)	层底高程 (m)	柱状图例 1:500	地层描述	标贯动探 深度 (m)	标贯动探 击数/类型 (击)	取样 样号	取样 深度 (m)	备注
		28.70	28.70	-17.51		水深+架空 粉质黏土：灰色，可塑，主要以黏粒为主，粉粒次之 卵石：灰黄色，饱和，中密~密实，卵石成分主要为石英，大小一般为2~4cm，最大11cm，含量占50%~80%，亚圆状，粒间充填物为砂,砾石，次为粉粒、黏粒，44.50~49.50m含粗砾砂较					
	5	35.10	6.40	-23.91			34.75/35.05	7/N(SPT)			
Q_4^{al}	6-9	53.50	18.40	-42.31		圆砾：灰~灰黄色,饱和，中密，颗粒级配较差，成分主要为石英，亚圆状，卵石含量占15%~20% 土洞：半充填，漏水 微风化灰岩：灰色，隐晶质结构，厚层状构造，岩质硬，裂隙较发育，岩芯较完整，多呈柱状，次为饼状、块状，节长5~40cm，方解石脉较发育，采取率70%	39.50/39.80 44.50/44.80	20/N(SPT) 19/N(SPT)			
	6-8	57.80	4.30	-46.61		架空：半边溶洞，漏水					
	13-4-0	62.40	4.60	-51.21		微风化灰岩：浅灰、灰色，隐晶质结构，厚层状构造，岩质硬，裂隙较发育，岩芯较完整，多呈柱状，次为饼状、块状，节长15~26cm，方解石脉较发育，部分裂隙面被铁锰质渲染等，采取率50%	58.10/58.40	11/N(SPT)			
C_{1s}	13-4-16	67.90	5.50	-56.71							
	13-4-0	68.80	0.90	-57.61							
		70.50	1.70	-59.31							
		74.00	3.50	-62.81		微风化炭质灰岩：深灰色，隐晶质结构，厚层状构造，岩质较硬，裂隙发育，岩芯较破碎，多呈柱状，次为块状、饼状，节长5~26cm，部分裂隙泥炭质充填，采取率75%			岩1	72.00~72.30	R_w=43.3MPa
C_{1s}	13-4-16	86.07	12.07	-74.88		微风化灰岩：灰、浅灰色，隐晶质结构，厚层状构造，岩质硬，裂隙较发育，岩芯较完整，多呈柱状，次为饼状、块状，节长5~30cm，方节石脉发育部分裂隙面被铁锰质渲染等，采取率98%			岩2 岩3	76.50~76.80 82.40~82.70	R_w=41.3MPa R_w=43.7MPa

图 5.9　29 号墩后 C 地质断面图

5.3.2　护筒下沉难点及对策

西江大桥主墩水深，常水位下水深达 10 ~ 23m；水流湍急，水流速度为 0.8 ~ 2m/s；桩基护筒直径 3.3m，壁厚为 2.5cm，下护筒时在水流的冲击下，护筒最大倾斜可以达到 3%，护筒的垂直度控制难度大。覆盖层为砂层、卵石层，局部为淤泥质土，厚 18 ~ 37m。整个覆盖层透水性很强，砂层有可能为流砂层，采用 360t 振动锤也难以一次性振穿过砂层，很难保证入土深度，在护筒入土深度不够的情况下，施工过程中护筒脚很容易出现漏浆，继而扰动砂层，造成平台钢管基础下沉，影响平台的稳定性。由于使用了大型振动锤，击振力大，易使护筒脚变形、卷边。因此，对护桶下沉制定了专门的对策。护筒下沉质量控制如图 5.10 所示。

a) 导向架　b) 165t浮吊下护筒　c) V360振动锤　d) 桩基护筒加工

图 5.10　护筒下沉质量控制

首先，利用导向架保证垂直度。钢护筒下沉时为防止护筒因水流力作用发生偏位，采用大刚度导向架来定位。根据钢护筒的长度、重量以及水流力作用，设计采用型钢焊接一个高 8m、内径为 3.45m 的导向架。然后，采用大吨位振动锤保证入土深度。下护筒采用 75t 龙门吊、165t 浮吊等大型吊装设备，护筒振入采用 V360 振动锤，选择合适的转速尽量振深护筒。为了防止护筒在振入过程中变形、卷边等，底部 0 ~ 2.45m 采用 2.5cm A3 钢板格状加劲的方式加强处理，加劲格状钢板数量多、沿护筒周边均匀布置，格状钢板在现场由人工调成圆弧形状。同时，在上游用卷扬机拉动护筒来调节垂直度，辅助定位。

通过采取以上措施，护筒下放过程中所有桩基护筒脚均没有出现变形，成功地保证了桩基护筒的中心位置偏差5.0cm以内，垂直度偏差0.5%以内，为桩基施工的顺利进行提供了良好的保障。

西江大桥32号墩后A桩成孔过程中发生了护筒偏位的事故。主桥32号墩后A桩在冲进到-37.8m，离钻探资料反映的溶洞顶还有4.5m的时候，击破溶洞顶板，泥浆突然下降11m，护筒突然下沉1.5m，顶面中心偏位约60cm；立即采取了提锤、拆除泥浆管的措施，检测孔内高程，再靠近前A方向孔深增加4.6m。随后护筒继续下沉，泥浆槽与河水连通，河水通过泥浆槽灌入孔内，护筒继续下沉至2.5m，顶面中心偏位增大到82cm；因此立即往孔内投入黏土片石。河水继续灌入孔内，约30min后孔内外水面持平；持续回填，将孔内回填至护筒脚高度。

护筒稳定后观测得到护筒偏位及变形情况为：护筒总长30.35，顶面偏位82cm，倾斜度2.8%。护筒内径3.3m，利用ϕ3.2m冲锤放入护筒内检测，冲锤上下顺利，变形不大。护筒周围河床布设测量点4个，有1个点下降1m；周围桩基护筒及平台管桩未发现异常。

随后的护筒纠偏及后续处理方案为：首先在护筒内进行加固，在河床面附近利用内撑框架对护筒进行加固，防止在纠偏过程中此处护筒变形；然后，布置手拉葫芦及振动锤，夹住护筒；开动120t振动锤，同时在三个方向收紧20t手拉护筒，对护筒进行纠偏。如采取上述措施未能实现纠偏，则采用高压水卸除单侧土压力的办法实现纠偏。纠偏完成后，对护筒顶利用钻孔平台进行限位，然后接长复振适度下沉。并将护筒固定牢固。最后，对溶洞压浆处理，静压注浆固结河床。事故发生前后32号墩后A桩纵断面、平面如图5.11、图5.12所示。护筒纠偏如图5.13、图5.14所示。

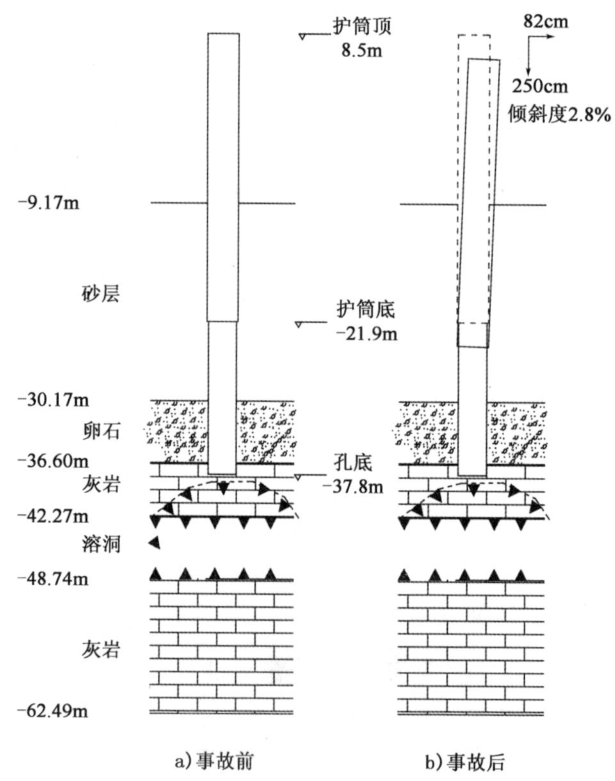

图5.11 事故发生前后32号墩后A桩纵断面示意图

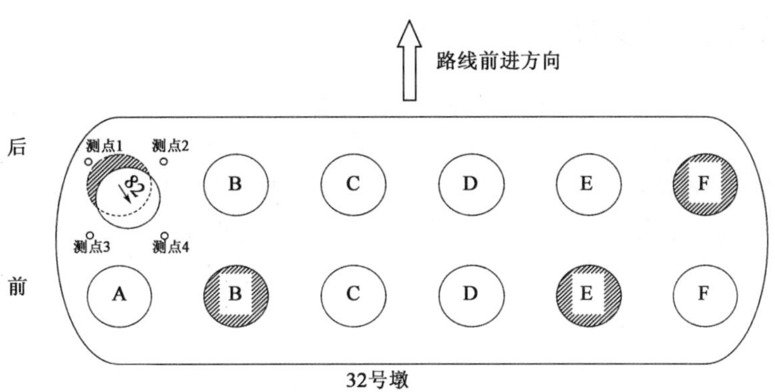

图 5.12　事故发生前后 32 号墩后 A 桩平面示意图

注:阴影部位表示正在施工桩基。其中前 B 离溶洞还有 7m,后 F 离溶洞还有 3m,前 E 已经入岩 9m。测点 1 河床下陷 1m。其他 3 个测点未发现下陷现象。

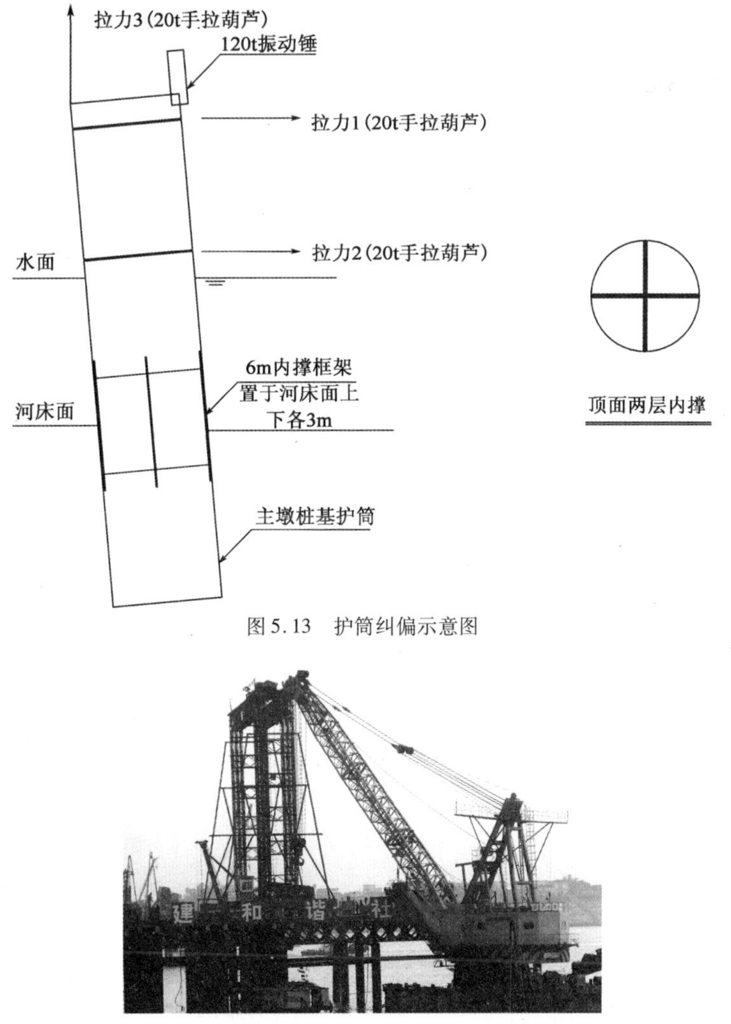

图 5.13　护筒纠偏示意图

图 5.14　32 号墩后 A 桩纠偏

5.3.3 倾斜岩面塌孔及对策

西江大桥主墩位于倾斜面上，施工难度很大。29 号主墩位于沙浦河堤堤坡斜面上，岩面倾斜角度较大，29 号墩最大达 29°，32 号墩岩面倾斜角度更大，最大达 37°。同时，29 号墩及 32 号墩溶洞桩基多，溶洞数量大，29 号墩表层溶洞有 3 个，32 号墩表层溶洞达 6 个。29 号墩和 32 号墩桩基溶洞详细分布见图 5.15 ~ 图 5.17。如果出现塌孔可能引发对河床的整体扰动，可能造成 28m 高的河堤垮塌，后果不堪想象。

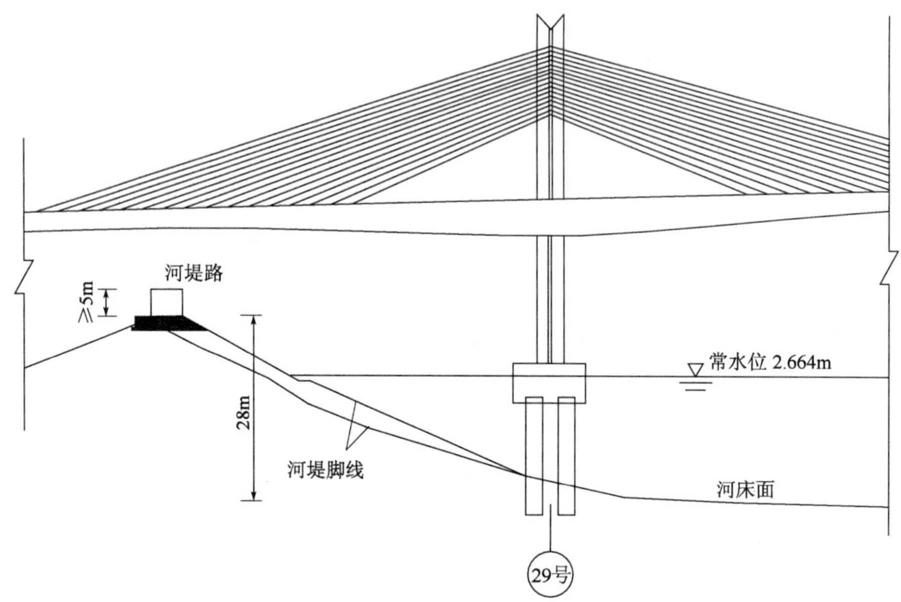

图 5.15 29 号主墩位于沙浦河堤堤坡斜面

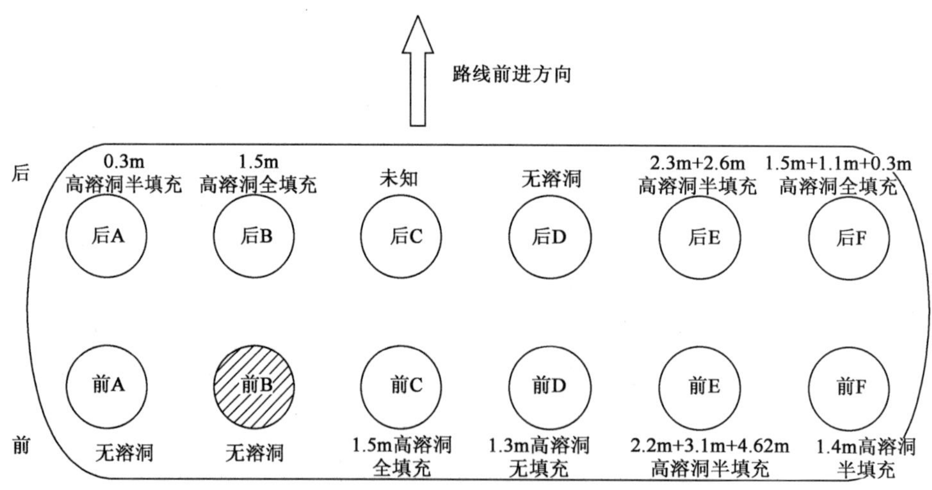

图 5.16 29 号墩溶洞分布平面情况（阴影部位表示正在施工桩基）

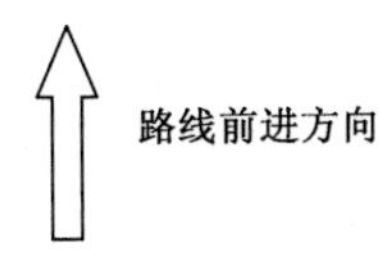

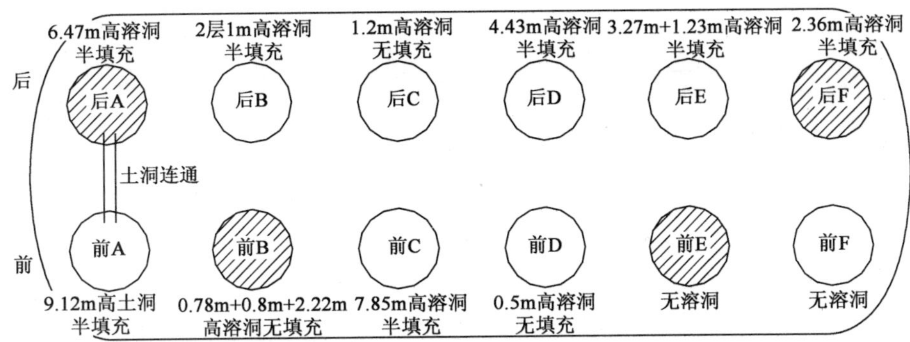

图 5.17　32 号墩溶洞分布平面情况(阴影部位表示正在施工桩基)

岩面倾斜容易导致钻孔偏斜。表层溶洞容易导致冲锥锤受力不均出现偏孔,打穿溶洞顶板时容易出现岩层一边软一边硬的情况,也有可能出现半边溶洞的情况,导致偏孔、卡锤。

对此,对于有溶洞的 29 号墩、32 号墩采用冲机钻施工。对于倾斜岩面采用反复回填片石(厚度根据岩面倾斜程度确定)冲进的办法,使其成一紧密平台后,再进行正常冲击,同时泥浆密度可降到 1.3 左右,以减少黏锤阻力,但不能过低,以避免岩渣浮不上来。29 号、32 号墩溶洞及溶蚀裂隙分布情况见表 5.6、表 5.7。

29 号墩溶洞及溶蚀裂隙分布情况表　　表 5.6

桩号	溶洞顶高程(m)	溶洞底高程(m)	溶洞高度(m)	溶 洞 描 述
29 号墩前 B	-40.51	-46.91	6.4	溶蚀裂隙发育段
	-55.91	-56.81	0.9	溶蚀裂隙发育段
29 号墩前 C	-37.54	-38.24	0.7	溶蚀裂隙发育段
	-38.34	-39.84	1.5	全填充,充填物为卵石及流塑状亚黏土
29 号墩前 D	-43.41	-44.11	0.7	多为半边溶洞,有强溶蚀痕迹
	-46.31	-47.61	1.3	溶洞:无填充
29 号墩前 E	-37.61	-39.81	2.2	半边溶蚀,半边岩心,有强溶蚀痕迹
	-41.71	-47.31	5.6	溶蚀裂隙发育段
	-47.71	-50.81	3.1	半填充、漏水
	-73.31	-73.81	0.5	溶蚀裂隙发育段
	-77.19	-81.81	4.62	半填充、漏水
29 号墩前 F	-41.61	-43.01	1.4	半边溶蚀,半边岩心,有强溶蚀痕迹
	-44.91	-46.41	1.5	溶蚀裂隙发育段
29 号墩后 A	-38.51	-39.81	1.3	溶蚀裂隙发育段
	-39.91	-40.21	0.3	充填有砂、卵石,漏水
29 号墩后 B	-41.4	-41.7	0.3	溶蚀裂隙发育段
	-41.7	-43.2	1.5	全填充,充填物为卵石

续上表

桩号	溶洞顶高程(m)	溶洞底高程(m)	溶洞高度(m)	溶 洞 描 述
29号墩后E	-40.01	-42.31	2.3	充填有砂、卵石,漏水
	-42.81	-45.41	2.6	充填有砂、卵石,漏水
	-45.91	-46.81	0.9	溶蚀裂隙发育段
	-49.51	-54.71	5.2	溶蚀裂隙发育段
29号墩后F	-39.68	-41.18	1.5	全填充,填充物为卵石及亚黏土
	-41.58	-42.68	1.1	全充填,充填物为卵石
	-46.58	-46.88	0.3	空洞、无填充

32号墩溶洞及溶蚀裂隙分布情况表

表5.7

桩号	溶洞顶高程(m)	溶洞底高程(m)	溶洞高度(m)	溶 洞 描 述
32号墩前A	-37.94	-47.06	9.12	上部掉钻,下部充填黏性土夹碎石、砂等
	-47.14	-48.44	1.3	溶蚀裂隙发育段
32号墩前B	-35.27	-39.47	4.2	溶蚀裂隙发育段
	-39.82	-40.54	0.72	无填充、漏水
	-40.77	-41.17	0.4	溶蚀裂隙发育段
	-41.42	-42.22	0.8	无填充
	-42.92	-45.41	2.49	半边溶洞,无岩芯
	-45.47	-46.57	1.1	溶蚀裂隙发育段
32号墩前C	-35.27	-41.87	6.6	溶蚀裂隙发育段
	-41.85	-49.7	7.85	半填充、漏水
32号墩前D	-34.87	-41.67	6.8	溶蚀裂隙发育段
	-45.17	-45.67	0.5	半边岩芯,半边溶洞,有强溶蚀痕迹
	-51.37	-52.37	1	溶蚀裂隙发育段
32号墩前E	-31.87	-34.67	2.8	溶蚀裂隙发育段
32号墩前F	-30.37	-32.97	2.6	溶蚀裂隙发育段
32号墩后A	-42.27	-48.74	6.47	半填充、漏水
32号墩后B	-37.87	-41.47	3.6	溶蚀裂隙发育段
	-41.97	-42.97	1	半填充、漏水
	-43.57	-47.97	4.4	溶蚀裂隙发育段
	-48.37	-49.37	1	半填充、漏水
	-49.97	-51.17	1.2	溶蚀裂隙发育段
32号墩后C	-41.57	-42.87	1.3	溶蚀裂隙发育段
	-43.41	-44.61	1.2	无填充、漏水
	-45.07	-46.57	1.5	溶蚀裂隙发育段
32号后D	-35.29	-35.52	0.23	无填充、漏水
	-44.83	-49.26	4.43	半填充、漏水
	-49.77	-57.07	7.3	溶蚀裂隙发育段

续上表

桩号	溶洞顶高程(m)	溶洞底高程(m)	溶洞高度(m)	溶 洞 描 述
32 号墩后 E	-30.94	-34.21	3.27	填充有卵石和黏性土,漏水
32 号墩后 F	-30.91	-33.27	2.36	充填有砂、卵石等,漏水
	-38.57	-41.17	2.6	溶蚀裂隙发育段

对于表层溶洞,施工过程中必须严格控制冲程,冲程小于1m。同时做好预防措施,焊接好打捞杠或打捞环等。万一出现卡锤,可用较粗的钢丝绳带打捞钩或打捞绳放进孔内,将冲锥勾住后,与大绳同时提动,或交替提动,并多次上下、左右摇摆试探,将冲锤提出。或者用其他工具,如小的冲锤等下到孔内冲击,将卡锥的石块挤进孔壁,或把冲锥棒活动脱离卡点后,再将冲锥提出等办法进行处理。

在实际施工中,采用联合注浆后,有效防止出现大的漏浆,降低了塌孔风险。通过静压注浆将岩面到护筒脚以上3m的覆盖层整体固结,确保砂层不会出现塌孔。即使29号墩后C等桩出现过急骤漏浆,也没有塌孔,有效避免了沙浦河堤堤坡塌孔等风险。

5.4　特殊地段溶洞处置

西江大桥位于广三断裂带和西江断裂带范围内,南引桥处表层覆盖层松散,其中粉(细)砂层深达30m左右,自稳性差,属于软弱易塌层;地层岩性复杂多样,处隐伏岩洞区,基底下石灰系石磴子组灰岩溶洞及溶蚀集中发育且连通,溶洞多且大,溶洞高度最高达到38m。大桥南岸主要地质钻探概况如下:

(1)0号台~18号墩:20~30m粉(细)砂层、2~10m中粗砂、风化岩、微风化岩;覆盖层砂层厚,自稳性差,岩层裂隙发育;溶洞桩基12条,个别溶洞超深:2号A溶洞深11.4m、10号B溶洞深10.3m、18号C溶洞呈串珠状分布,层深1~3m,扩散深度达37m。

(2)24号墩~28号墩:20m粉(细)砂层、15m卵石层,岩层;覆盖层砂层厚,自稳性差;岩层裂隙发育,溶洞较发育区;基本每条桩基都钻探发现存在溶洞,少则一两层溶洞,多则八九层溶洞,冲桩过程容易发生急速漏浆并引发大面积塌孔事故。

从地质钻探资料及施工情况分析,容易漏浆的位置集中于:

①砂层与卵石层接触面。

②覆盖层与基岩接触面。

③溶洞位置。

④地质钻探资料未揭示的基岩溶洞位置。

溶洞桩基施工至以上位置时,易发生严重漏浆,并短时间内引发覆盖层坍塌造成大面积塌孔,直接影响机械人员的安全,严重滞后施工工期。主桥复杂溶洞桩基的施工经验,在引桥桩基施工中应用的效果并不理想,因此采用了基岩持力层溶洞、溶隙进行旋喷注浆补压施工的施工方法。

5.4.1　持力层基岩溶洞注浆

在溶洞桩基振入15~25m钢护筒(钢护筒直径=桩径+30cm)保护软弱覆盖层后,在钢护筒内距钢护筒边 30cm 均匀布置 3 个溶洞注浆孔，钻穿覆盖层，钻至桩底设计高程或溶洞底板。下入高压喷射器至孔底，自下而上反复对溶洞进行高压喷射水泥浆液。2m 以下溶洞采用普通单管单喷法对溶洞进行喷灌水泥浆液；2m 以上较大溶洞或无充填溶洞可采取双管双液注浆法进行注浆处理；5m 以上溶洞除采用双管双液注浆法进行注浆处理外，并另钻三孔（与原三孔形成六孔均布形式）检验是否压实，未实的补压。双管双液注浆处理溶洞是近年来处理较大溶洞采取的一种新工艺，即一管喷射水泥浆另一管喷射速凝剂，两管喷出的液体在溶洞内混合后立即速凝，而起到堵漏、止水、节约水泥材料、降低成本、质量保证等最佳效果，此工艺在无充填溶洞内的喷射直径不小于 3m。注浆施工的主要工艺流程如图 5.18 所示。

主要的施工步骤为：

（1）注浆孔放样：振入钢护筒（钢护筒直径 = 桩径 + 30cm），在钢护筒内距钢护筒边 30cm 均匀布置 3 个钻孔。

（2）钻孔：钻孔直径 ϕ110mm ~ 130mm，表层 3m 下入 ϕ127mm 套管方便孔口压浆。

（3）下入双管双喷嘴喷杆到溶洞底板，连接双管导流器。

（4）高压清水或稀水泥浆喷射切割溶洞底部充填物、沉淀物，预防水泥固结体与溶洞底板胶结不良。

（5）双液注浆即水泥浆与速凝剂同时喷出，在溶洞底部驻喷 5 ~ 10min，然后自下而上旋转喷灌。

（6）现场工作人员根据孔内的水泥浆液面确定该孔的注浆时间及注浆量，终止喷浆后及时向孔内补浆。

（7）双液注浆第一孔结束后，待 6 ~ 8h 钻穿孔内水泥浆固结体，了解水泥浆的饱满程度，如不漏水则移机下一孔施工，如有漏水现象在原孔进行二次喷灌注浆，二次喷浆时加大水泥浆浓度、速凝剂用量。

（8）高 5m 以上溶洞除双管双液注浆法进行注浆处理外，另钻三孔（与原三孔形成六孔均布形式）检验是否压实，未实的补压。如图 5.19 所示。

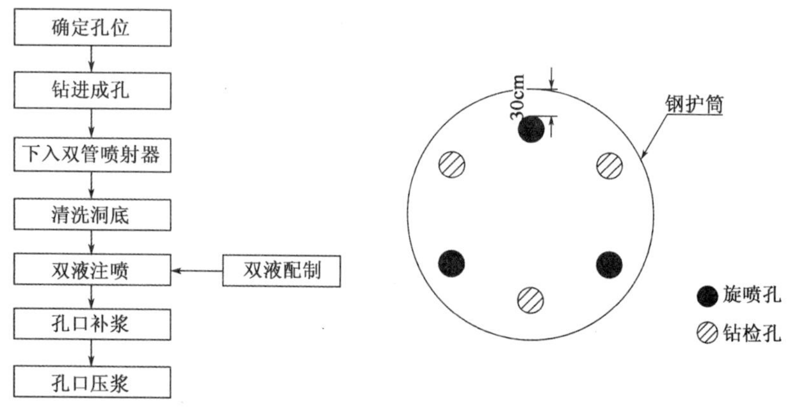

图 5.18　施工工艺流程图

图 5.19　三孔旋喷及三孔钻检平面图

溶洞注浆施工参数为：

（1）水泥浆采用 32.5R 水泥与清水配制，水灰比为 0.8:1。

（2）速凝剂与水泥浆配比（体积比）为 3% ~5%，使用前现场试验后确定。

(3)水泥浆泵压为24~26MPa,速凝剂泵压为5~7MPa。

(4)水泥浆流量为90~100L/min,速凝剂流量为3~5L/min。

(5)提升速度为8~10cm/min,转速为10~15r/min。

5.4.2　高压旋喷帷幕

高压旋喷帷幕工艺主要采用单管旋喷注浆法进行施工。利用旋喷钻机成孔后,将特制的单管及喷射器下到孔底(基岩面),然后利用高压脉冲泵把水泥浆液从喷射器高压喷出,形成高压射流,通过高压射流把土体切割搅动,同时将喷杆旋转和提升,使土体和水泥浆均匀混合,经凝固后形成圆柱状固结体,即旋喷桩。将每根旋喷桩顺桩周并排而紧密地胶结在一起,形成桩周帷幕,从而保证安全成孔。

1)高压旋喷帷幕施工工艺流程

高压旋喷帷幕施工工艺流程如图5.20所示。

2)施工工序及步骤

(1)旋喷桩桩(孔)位放样。

(2)移机就位,钻机引孔到设计深度。

(3)移开开孔钻机。

(4)旋喷钻机就位,下入喷射器、喷杆至孔底,连接导流器。

(5)受孔底沉渣、局部塌孔等因素影响喷射器未能下至孔底时,可用水泥浆或清水喷射。

(6)自下而上按有关设计参数进行旋喷注浆。

(7)按设计压力、提升速度旋喷到设计顶高程(深度)。

(8)终凝前孔口及时补浆,消除浆液收缩下沉。

(9)完成单桩旋喷,移机到另一旋喷位置进行旋喷施工。

3)施工参数

(1)水泥浆水灰比为0.8:1。

(2)泵压:22~25MPa。

(3)流量:70~100 L/min;

(4)提升速度:15~18cm/min;转速:15~18r/min。

4)旋喷桩设计要求

(1)旋喷桩直径不小于50cm,垂直度小于5‰。

(2)旋喷桩底深度为-35m,桩顶高程为4.87m,桩长约为40m。

(3)桩身强度达到5MPa以上。旋喷桩之间相互胶结紧密。

(4)水泥宜采用32.5R普通硅酸盐水泥,每米旋喷桩实桩水泥用量300~350kg。

5)旋喷孔位布置要点

(1)ϕ2.8m钢护筒外侧距护筒边10cm,等距离布置旋喷桩23根,旋喷孔间距0.4m呈圆形均匀布置。

(2)根据布孔位置做出旋喷孔位分布图并编制旋喷桩号。桩周旋喷帷幕平面示意图如图5.21所示。

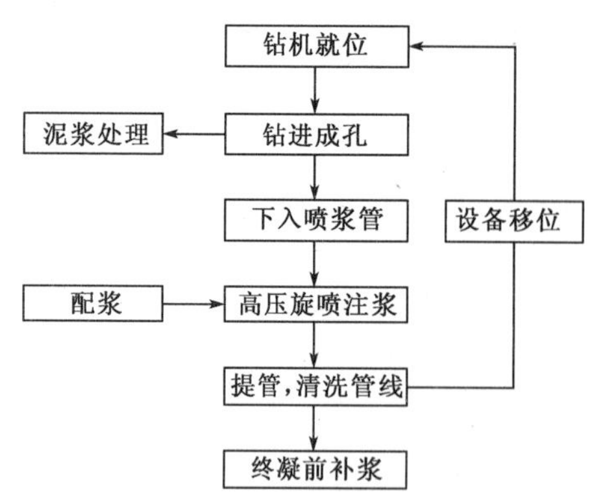

图5.20　高压旋喷帷幕施工工艺流程图

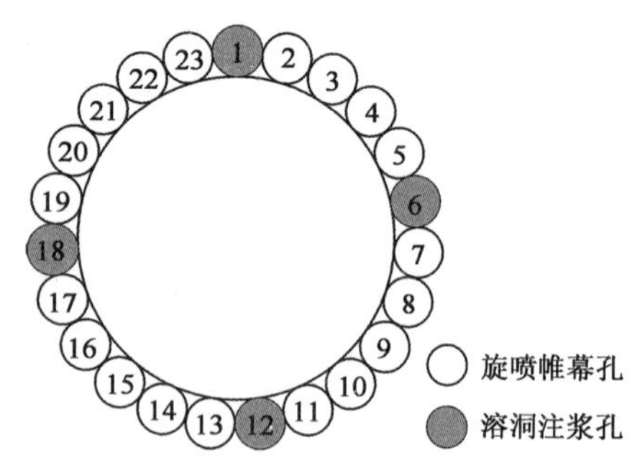

图5.21　桩周旋喷帷幕平面示意图

6)成孔要点

(1)钻孔直径 ϕ110mm，采用优质泥浆护孔钻进，钻孔深度要达到设计要求孔底高程(-35m至基岩面)，使用的岩芯管长度应大于2.5m，严禁使用三翼钻头扫孔钻进。

(2)钻孔时要轻压、慢钻、多提，保证成孔垂直度，偏差不得超过0.5%。

(3)钻孔顺序要跳钻，如1、3、5、7、9……

(4)钻孔深度至砂层卵石层，如有大量漏浆或塌孔，无法往孔内加钻杆，难以往下钻进时，必须采取自上而下分层分段逐层进行喷浆，喷浆6~8h后钻穿旋喷桩水泥固结体，继续往下钻孔施工，钻孔深度达到设计高程或基岩面终孔。

7)旋喷施工要点

(1)旋喷时压力未达设计压力控制范围不得开始向上提及旋喷。

(2)压力达不到设计要求值，要求查明原因，检查喷嘴、钻杆接头、导流器、高压管接头、水泵密封系统、水泵吸水管、吸水龙头及水泥浆浓度等。

(3)旋喷时每次拆杆要求搭接长度不少于0.20m。

(4)应严格按配比进行制浆，经常检查水泥浆比重，确保水泥浆的质量。

(5)配制浆液：浆液采用42.5R普通硅酸盐水泥配制。高压旋喷帷幕注浆水灰比采用0.8:1。水泥浆液的搅拌时间不少于5min。

8)质量保证要点

(1)高压旋喷帷幕应分序跳孔进行，相邻孔高压旋喷帷幕间隔时间不宜少于24h，保证不影响相邻孔的旋喷桩浆液固结成桩。

(2)下喷射管前，应进行地面试喷并调准。

(3)下入、拆卸喷射管时，应采取措施防止喷嘴堵塞。

(4)当喷头下至高压旋喷注浆设计深度，应先按规定参数送浆进行驻喷。

(5)高压旋喷帷幕注浆应全孔连续作业。每当拆卸喷射管后或因事故中断后恢复施工时，应进行复喷，保证搭接长度不小于0.2m。

(6)在高压旋喷帷幕注浆过程中，出现压力突降或骤增、孔口回浆浓度或回浆量异常等情况时，应查明原因，及时处理，恢复正常情况后方可继续旋喷。

(7)若发生串浆，应填堵被串孔。待灌浆孔高压旋喷注浆结束，应尽快进行被串孔的扫孔、灌浆或继续钻进。

(8)施工中应如实记录各项参数、浆液材料用量、异常现象及处理情况等。

(9)高压旋喷帷幕注浆应监测提升速度、喷射压力、流量和密度4个参数的功能。

(10)孔内严重漏浆可采取降低喷射管提升速度或停止提升采取驻喷、调整喷浆压力、流量进行原地旋转注浆、加大浆液浓度、不返浆部分进行复喷等。

西江桥南岸引桥基础施工中大量应用的这一工艺处置溶洞,具体处置措施可见表5.8。根据南岸引桥施工的经验,形成了用于本工程相关基础处置的基本原则如下:

南岸引桥溶洞桩施工处理措施统计表 表5.8

桩号	地质概况	处理溶洞措施	覆盖层振钢护筒
2号A	两层溶洞,最深为11.4m,另一个为3.5m	三孔旋喷、三孔钻检	振入护筒15~25m
2号B	两层溶洞,最深为2.9m,最浅为2.3m	三孔旋喷	振入护筒15~25m
2号D	一层溶洞,深为0.7m	孔内溶洞单孔静压注浆处理	振入护筒10.4m
4号C	裂隙发育	在施工冲孔至基岩面时发生严重漏浆,地表出现下沉并出现裂隙;跟进钢护筒、护筒脚静压注浆处理后施工成桩	振入护筒18.4m
5号A	一层溶洞,深为3.2m	三孔旋喷	振入护筒15~25m
5号B	一层溶洞,深为7m	静压注浆处理过溶洞、覆盖层与护筒脚,施工至溶洞位置时有发生漏浆,在施工穿过溶洞后发生严重漏浆并大面积地表塌陷;需三孔旋喷、三孔钻检	振入护筒15~20m
5号C	两层溶洞,最深为4.9m,最浅为1.1m	三孔旋喷,三孔钻孔钻检	振入护筒15~25m
5号D	一层溶洞,深为2.10m	三孔旋喷	振入护筒15~25m
10号A	一层溶洞,深为1.7m	孔内溶洞单孔压浆处理	振入护筒15~25m
10号B	两层溶洞,最深为10.3m,最浅为4m	三孔旋喷、三孔钻检	振入护筒15~25m
11号B	裂隙发育	未揭示基岩溶洞漏浆并大面积地面塌陷,需进行三孔旋喷处理	振入护筒15~25m
11号C	一层溶洞,深为2.5m	三孔旋喷	振入护筒15~25m
12号A	一层溶洞,深为1.5m	孔内溶洞单孔压浆处理	振入护筒15~25m
12号B	一层溶洞,深为3.2m	三孔旋喷	振入护筒15~25m
14号B	一层溶洞,深为0.8m	孔内溶洞单孔压浆处理	振入护筒15~25m
24号A	七层溶洞,最深为4.5m,最浅为0.3m	覆盖层与基岩接触面、护筒脚位置、孔内溶洞单孔静压注浆处理	振入护筒14.8m
24号B	九层溶洞,最深为3.6m,最浅为0.2m	孔内溶洞单孔压浆处理	振入护筒15~25m
24号C	六层溶洞,最深为1m,最浅为0.5m	孔内溶洞单孔压浆处理	振入护筒15~25m
24号D	四层溶洞,最深为4.3m,最浅为0.5m	覆盖层与基岩接触面、护筒脚位置、孔内溶洞单孔静压注浆处理	振入护筒21.3m
25号A	三层溶洞,最深为1.4m,最浅为0.5m	三孔旋喷、三孔钻检	振入护筒15~25m

续上表

桩号	地质概况	处理溶洞措施	覆盖层振钢护筒
25号B	七层溶洞,最深为4.2m,最浅为0.3m	三孔旋喷、三孔钻检	振入护筒15~25m
25号C	四层溶洞,最深为1.7m,最浅为0.9m	三孔旋喷、三孔钻检	振入护筒15~25m
25号D	六层溶洞,最深为10.8m,最浅为0.3m	三孔旋喷、三孔钻检	振入护筒15~25m
26号A	两层溶洞,最深为1.9m,最浅为1.2m	三孔旋喷、三孔钻检	振入护筒15~25m
26号B	一层溶洞,为1.72m	三孔旋喷、三孔钻检	振入护筒15~25m
26号C	一层溶洞,为4.01m	静压注浆处理过溶洞、覆盖层与护筒脚,施工至溶洞位置时有发生漏浆,在施工穿过溶洞后发生严重漏浆并大面积地表塌陷;需三孔旋喷、三孔钻检	振入护筒15~25m
26号D	裂隙发育	未揭示基岩溶洞漏浆并大面积地面塌陷,需进行三孔旋喷、三孔钻检处理	振入护筒15~25m
27号B	两层溶洞,最深为1.1m,最浅为0.9m	桩周帷幕、溶洞旋喷	振入护筒5m
28号A	一层溶洞,为0.5m	桩周帷幕、溶洞旋喷	振入护筒5m
28号B	裂隙发育	桩周帷幕旋喷	振入护筒5m
28号C	裂隙发育	桩周帷幕旋喷	振入护筒5m
28号D	两层溶洞,最深为2.78m,最浅为2.07m	桩周帷幕、溶洞旋喷	振入护筒5m

(1)无溶洞桩基(地质裂隙发育)处理方案

①振入长10~15m护筒(入土深度不够时,采用复振护筒的办法)。

②堆放黄泥包,预防漏浆。

(2)小溶洞桩基(2m以下的溶洞)处理方案

①振入钢护筒长10~15m护筒(入土深度不够时,采用复振护筒的办法)。

②钢护筒内钻一孔预先进行溶洞压浆处理。

③堆放黄泥包,预防漏浆。

(3)大溶洞桩基(溶洞大小为2m以上5m以下)处理方案

①振入钢护筒长10~15m护筒(入土深度不够时,采用复振护筒的办法)。

②钢护筒内对称钻进二孔,预先进行溶洞的压浆处理并利用压浆孔对钢护筒脚位置进行压浆固结。

③堆放黄泥包、片石,预防漏浆。

④储存约40m^3储泥浆,漏浆时及时补水。

(4)个别特殊桩基处理方案

个别超深溶洞,采取振入钢护筒并对覆盖层进行旋喷处理。

第6章　大体积混凝土温控技术

大体积混凝土结构温度控制,特别是早期温控,对控制大体积混凝土开裂情况,提高混凝土耐久性非常重要。西江大桥设计使用寿命100年,其承台、墩身、箱梁等大体积混凝土的耐久性要求较高。因此有必要通过研究、计算、监测等手段分析大体积混凝土的早期温度—应变发展趋势,降低出现温度裂缝的可能性;同时也通过理论分析和现场监测,改进和指导现场施工,并为后续类似结构提供借鉴。

6.1　混凝土结构温度控制的原理和标准

大体积混凝土结构温度控制,特别是早期温控,对控制大体积混凝土开裂情况,提高混凝土耐久性非常重要。西江大桥的主墩承台及主梁0号块属于大体积混凝土,需要开展结构温度控制。

混凝土结构水化温度应力效应主要由自约束及外约束两部分组成,各约束应力形成的原因及典型特征如下:

(1)自约束应力:指由于温度场变化,混凝土自身各位置纤维的伸长与缩短量值并不一致,导致构件本身相互约束产生拉压应力的情况;自约束应力一般与温度场的不均匀性有关,与温升绝对量值并无直接关系。

(2)外约束应力:指构件支承在其他构件或具有一定刚度的基础上时,结合面黏结刚度随时间逐渐增强,而构件由于升温逐渐伸长或者由于降温逐渐缩短,外部累计的嵌固约束产生外约束拉应力的情况;外约束拉应力直接受温升绝对量值影响。

自约束应力控制主要针对表面开裂情况,由于外表面散热条件较好,容易产生较大的内表温差,引起表面开裂,控制应当从控制表面散热入手,通过合理的内散外蓄措施,降低表面应力。

外约束拉应力在一次浇筑的结构形式固定的情况下,往往与最高温度、降温历程有关(图6.1),对于承台则表现为结合面位置内部开裂,具有较高的隐蔽性。应从原材、管冷等各项降温措施入手,降低内部温度、控制降温历程,避免内部开裂。

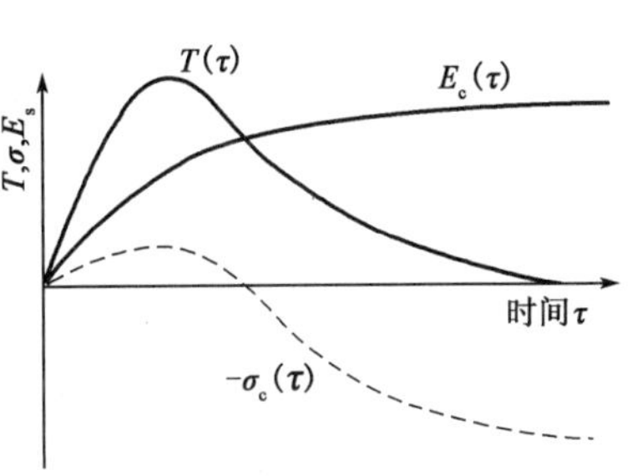

图6.1　混凝土水化温度、弹性模量及外约束应力变化典型曲线

混凝土结构的温度场计算,是控制混凝土出现温度裂缝的重要分析手段,通过分析温度场的计算结果,可为设计和施工时采取合理的温控措施、防止混凝土开裂提供依据。有限元法是目前最为常用的混凝土温度场树枝计算方法。

其基本假定为：

(1)假定混凝土为均质各向同性材料,结构在温度和静力作用下,材料处于弹性范围,结构构件的温度变形符合伯努利平面假定。

(2)本结构在温度场范围内,材料特性不随温度而改变。

(3)模板变形对混凝土体不产生影响,混凝土收缩变形均匀分布。

(4)热源的放热率是时间的函数,而与空间变量无关。

在这样的假设下,混凝土内瞬态温度场可用均匀、各向同性具有内置热源的固体三维热传导方程来描述：

$$\frac{\partial T}{\partial \tau} = \alpha\left(\frac{\partial^2 T}{\partial x^2} + \frac{\partial^2 T}{\partial y^2} + \frac{\partial^2 T}{\partial z^2}\right) + \frac{Q}{C\rho} \tag{6-1}$$

式中：T——温度；

α——导温系数；

Q——单位时间单位体积水泥发出的热量；

C——比热；

ρ——密度；

τ——时间。

现浇混凝土温度场的变化经历两个阶段：(1)水化热升温阶段；(2)成熟期。根据两个阶段的初始温度、周围环境温度、与外界热交换情况确定初始条件和边界条件。

混凝土水化热按下式计算：

$$H = Q_0 \times W \times \left\{1 - \exp\left[-0.93 \times \left(\frac{t}{24}\right)^{0.75}\right]\right\} \tag{6-2}$$

式中：t——混凝土龄期(d)；

Q_0——每千克胶凝材料28d总水化热量；

W——胶凝材料用量。

通过将水化热及外界条件带入导热方程,可以获得各单元各时间段的温度值,一方面对于规范的温度指标进行检验,另一方面在温度计算结果的基础上进行热力耦合分析,对应力状况进行核算,验证温控措施下的有效性。

选取了西江大桥主桥墩承台及主桥主梁0号块两个不同结构部位,通过混凝土物理性能参数试验、热力学性能参数试验、体积稳定性能参数试验、约束试验,利用有限元分析软件进行预测,利用现场大体积混凝土温度应变监测等技术对混凝土早期裂缝进行控制,防止混凝土内部约束引起的表面温度裂缝。根据理论预测,制定西江大桥的混凝土结构温度控制标准：

(1)混凝土中心与表面温差不大于25℃。

(2)混凝土内部最高温度不大于65℃。

(3)混凝土表面温度与环境温度之差不大于20℃。

(4)混凝土表面温度与养护水温度之差不大于15℃。

(5)混凝土最大降温速率不大于2.0℃/d。

(6)对大体积结构,当混凝土与外界温差较大时,采用保温养护,适当延长拆模时间,使混凝土内外温差控制在25℃以内。

6.2 主桥墩承台温度控制

6.2.1 承台温度预测和温控方法

主墩承台尺寸为36.5m(长)×13.3m(宽)×7m(高),采用C40混凝土,通过下放钢套箱,浇筑封底混凝土,将套箱内水抽尽后,以套箱为模进行浇筑,由于尺寸较大,浇筑分两次进行,承台构造及分层如图6.2所示。

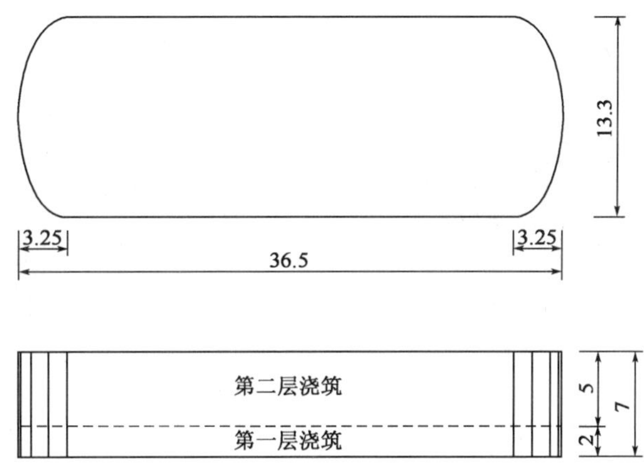

图6.2 承台尺寸与构造(尺寸单位:m)

根据混凝土温度场的计算原理,应用有限元分析软件,采用三维实体模型对结构进行分析,规定沿承台长、高及宽方向分别为x、y、z轴。根据承台结构对称性,取1/4结构进行温度场分析。分析选取热单元Solid70,单元取边长0.5m的四面体。考虑到承台下端与垫层连接,上端与桥墩柱连接,由于垫层、承台、墩身施工时间间隔较长,可认为温度场相互影响不多,边界条件取为下端固定约束、上端自由。计算侧墙温度场时,底部按绝热状态,上部和侧面与空气接触,承台两对称截面采用绝热状态。

承台施工期在6、7月份,环境温度较高,混凝土单元的初始温度为浇筑温度,第一层浇筑取为36℃,第二层为38℃,混凝土比热为0.97kJ/(kg·℃),导热系数为8kJ/(m·h·℃),水泥用量为420kg/m^3,拆模前混凝土表面有4mm厚的钢模,其比热为0.46kJ/(kg·℃),导热系数为163.3kJ/(m·h·℃),混凝土表面受外界温度变化的影响,浇水养护期C40混凝土表面放热系数为58kJ/(m·h·℃)。混凝土设计强度等级为C40。

承台第一层浇筑后1d、3d、7d、10d的温度场如图6.3所示,第二层浇筑后1d、3d、7d、10d的温度场如图6.4所示。分析表明:从浇筑混凝土开始,承台混凝土温度场经历了水化热温度升高、温度降低及随环境温度变化三个阶段。由图可知,由于承台体积较大,形状较为规则,承台断面温度等值线呈罗圈状分布。表6.1是对模拟结果中主要温度点的统计数据。

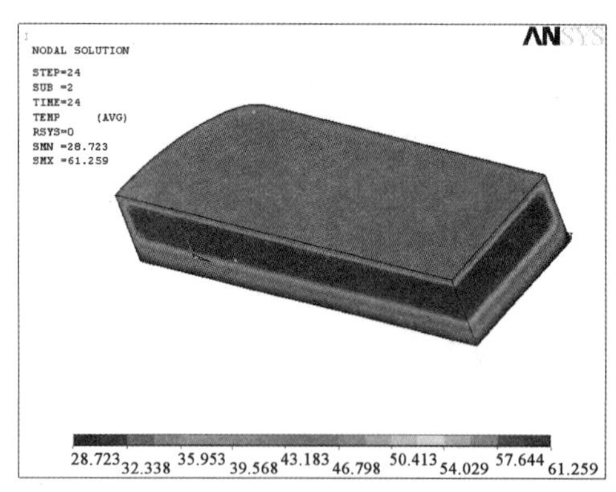

a) 1d

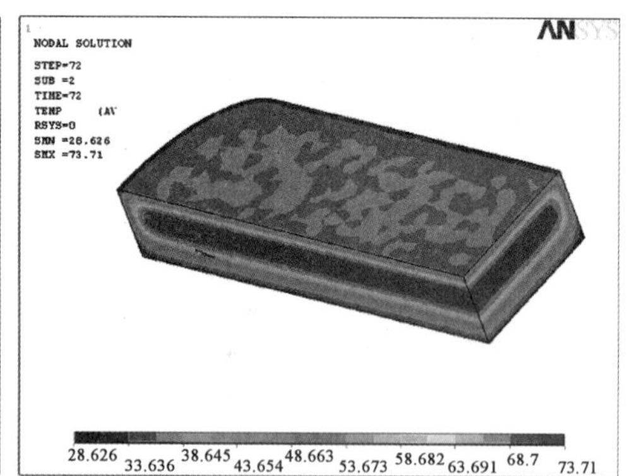

b) 3d

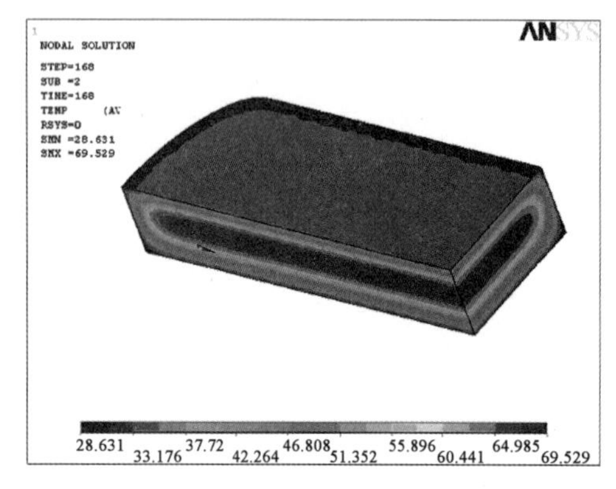

c) 7d

d) 10d

图 6.3 第一层温度场

温度场模拟计算结果统计(单位:℃) 表 6.1

层数	浇筑后第 1d		浇筑后第 3d		浇筑后第 10d		最高温度	
	中心温度	表面温度	中心温度	表面温度	中心温度	表面温度	温度	出现时间
承台第一层	61.2	42.0	73.7	39.0	64.2	35.0	73.7	第 3d
承台第二层	63.3	36.0	77.9	37.0	80.2	32.0	82.5	第 3d

承台内部温度场的变化呈现以下特点:

1) 温升阶段

混凝土浇筑后,由于混凝土水化过程释放出大量的水化热,且水化热产生的热量大于散失的热量,使得早期混凝土温度迅速升高,承台第一层在浇筑后 1d 中心温度已经达到 61.2℃,浇筑后 3d 达到最高温度 73.7℃;承台第二层在浇筑后 1d 中心温度已达 63.3℃,浇筑后 3d 达到 77.9℃,直到第 7d 才达到最高温度 82.5℃。从温度场模拟结果看,混凝土升温放热主要集中在浇筑后的前 3d,特别是浇筑后一天的升温速率、放热总量都是非常大(一天内的升温幅度达到近 30℃),这一计算结果与胶凝材料水化热的测试结果基本一致。因此,混凝土浇筑初期(前 3d)是做好承台混凝土温控的关键时期,一定要在这个时间段控制好混凝土的升温速率,降低混凝土的中心温度。从温度场图看,承台每层浇筑的中心混凝土温度梯度最小,温度峰值

最高。在温度上升阶段,混凝土中心温度受环境温度影响不明显。

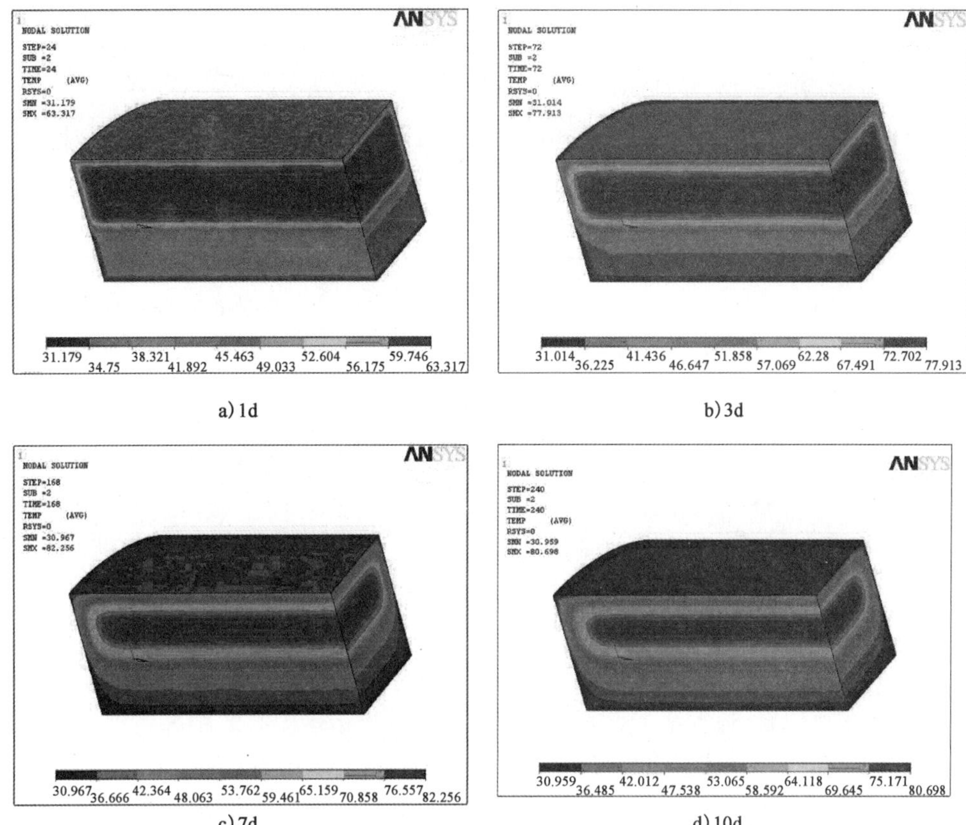

a) 1d　　b) 3d

c) 7d　　d) 10d

图 6.4　第二层温度场

2) 降温阶段

承台混凝土温度上升到最高后,温度缓慢下降,在未采取冷却管降温的情况下,降温过程尤其是承台中心区域的降温将持续相当长时间。按照有限元分析计算结果,承台第一层、第二层浇筑后 10d 温度场最高温度分别为 64.2℃、80.2℃,只比各自的最高温度低 9.5℃和 2.3℃,混凝土内部温度仍较高,而此时混凝土的表面温度只有 32℃左右,这时候混凝土中心温度与表面温度之差分别为 34℃,仍然无法满足"混凝土中心与表面温差不大于 25℃"的温控要求。一般来说,可通过适当延长养护时间来降低混凝土的内外温差,但由于受工程进度的影响,混凝土的养护时间有限制(最长 10d 左右),而以仿真计算的温度发展趋势来看,浇筑后 14d 混凝土的中心温度仍将高于温控指标的要求。因此,靠混凝土自然冷却无法达到很好的温控效果,必须通过降低混凝土结构的内部温度的方法,防止混凝土在硬化过程中因内外温差过大而出现裂缝,有必要在承台施工中采用内部降温法进行温度控制。内部降温即是在混凝土中埋设循环冷却散热水管的办法,通过循环水在水管中的流动带走混凝土内部部分热量从而达到降温的目的。其中对于混凝土中的冷却管布置还需进行专门的设计。

3) 关键位置温度时变特性

在温度场模型中取承台中心线上的一些关键位置,研究其温度的时变特性,节点位置见表6.2。

节 点 位 置　　表6.2

第一层节点号	667	1473	1500	1519					
距该层上表面距离(m)	0	0.41	0.83	1.25					
第二层节点号	611	1772	5104	1656	5513	1660	1661	1769	171
距该层上表面距离(m)	0	0.5	1	1.5	2	3	3.5	4	4.5

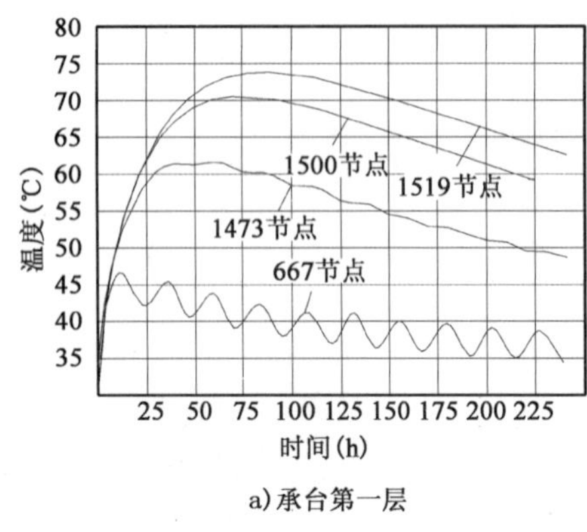

a)承台第一层

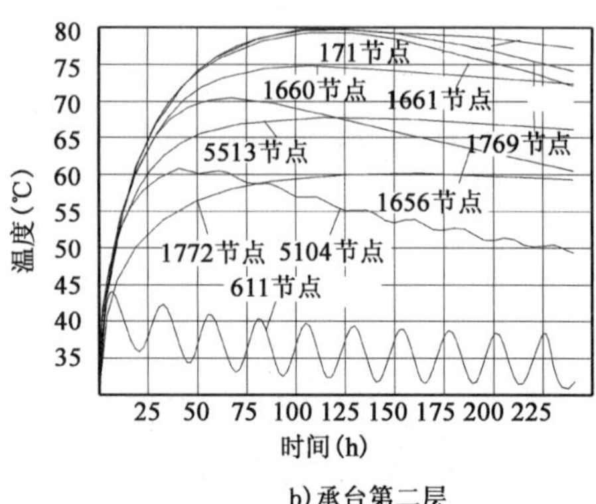

b)承台第二层

图6.5　承台各节点时间-温度变化曲线

从图6.5中可以看出,各个节点的温度随着与混凝土结构中心的距离远近而发生梯度变化,距离混凝土结构中心越近,温度越高,反之温度则较低。无论承台第一层还是第二层,混凝土放热速率较快,在浇筑后75h前后达到放热峰值;而在降温阶段,特别是承台第二层的降温速率非常缓慢。究其原因承台暴露表面温度较低,并随环境温度有较大变化;中心温度较高,热量散失缓慢,特别是第二层的大部分节点在降温过程中的降温速率较为缓慢,10d左右的降温幅度在3~8℃之间,降温效果非常不明显。在目前计算的情况下(未考虑采取冷却管措施),第一层的中心最高温度可达73℃,内外温差达37℃;第二层中心最高温度达82.5℃,内外温差达40℃。无论是中心最高温度还是内外温差均大大高于规范要求的"混凝土内部最高温度不大于65℃"和"混凝土内外最大温差25℃",存在较大开裂危险。因此,有必要采取降低入模温度、铺设冷却水管进行内部降温、减小分层浇筑厚度等措施来降低混凝土的中心温度,避免因温度过高而导致贯通裂缝出现的可能。

在上述分析结果中,对原设计中的冷却水管布置图进行修改,加密了冷却水管数量,加大冷却水管管径,优化了冷却方案。如图6.6所示。

6.2.2　承台温度监测

采用专门的控裂监测仪器对第一个施工的混凝土承台进行现场温控监测,对大体积混凝土浇筑温度、养护过程中混凝土块体升降温、内外温差、降温速度及环境温度、湿度、应变发展趋势进行跟踪监测。

根据分层浇筑顺序,分层进行温度监控。利用结构的对称性和温度变化的一般规律,在结构的1/4剖面上布置温度传感器。在高度方向的中心线上,温度传感器主要布置在每层混凝

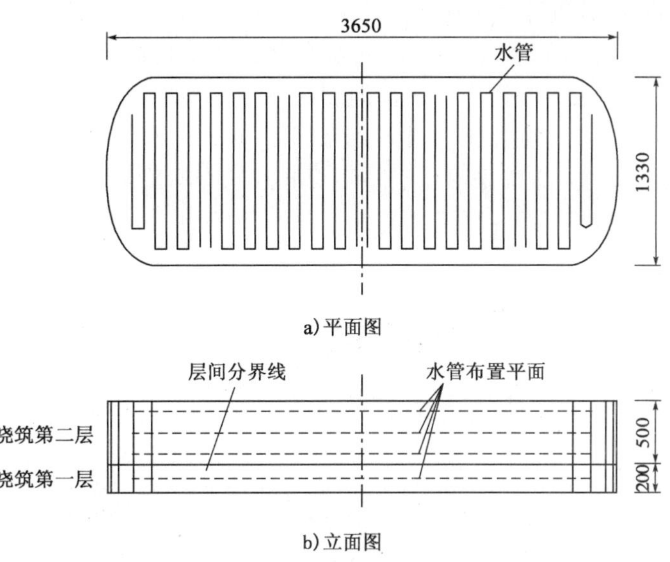

图6.6　承台水管布置图(尺寸单位:cm)

土断面中心及距离表面5cm处的位置上,该点能够代表整个混凝土断面在高度方向上的最高温度或者最低温度。在水平方向,沿温度递减方向,从结构中心至距离表面5cm处设置多个温度监测点。承台结构温度传感器设置方法如图6.7所示,图中空心圆点为温度监测点,实心点为温度/应力监测点。各传感器自浇筑起连续监测14d。

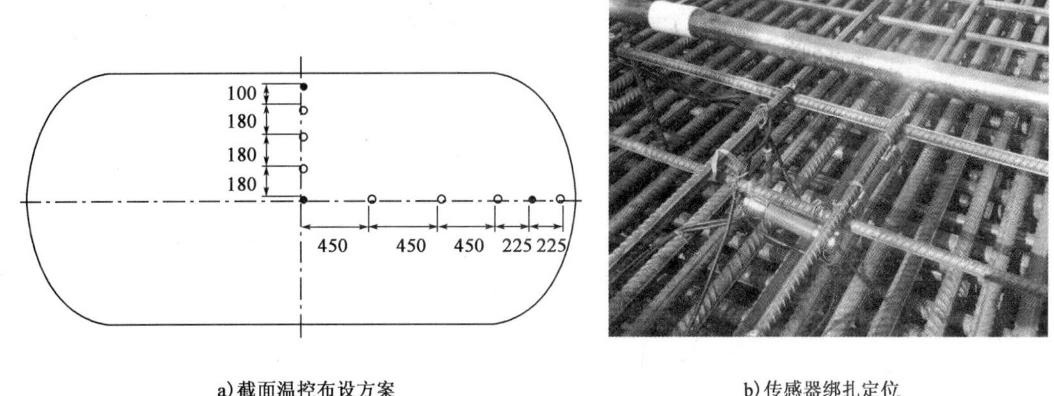

图6.7　温度传感器布设(尺寸单位:cm)

1)第一层承台监测结果分析

第一层承台浇筑厚度为2m,该层混凝土监测点主要布置在距离第一层承台底面1m的水平面上,共布置24个监测点。监测时间自2009年6月24日上午6时开始,但由于受西江洪水影响至7月5日提前结束,共监测11d。图6.8、图6.9分别是根据第一层的温度、应变监测数据绘制的温度、应变曲线。

从第一层承台温度监测数据看,所监测断面混凝土升温速率较快,混凝土内部温度在较短时间内大幅度升高,至浇筑完毕后17h出现放热最高峰,监测到的最高温度为65.6℃,该放热峰值位于监测点 T-2-9 位置即上水位方向距离承台中心 1350cm（承台长度方向约 1/8 处）；在该监测时刻混凝土表面温度为 49.4℃，环境温度为 27.5℃。根据上述结果可以计算得到：该时间段混凝土中心最高温度与混凝土表面温度之差为 16.2℃；混凝土表面温度与环境温度之差为 21.9℃。另外，从监测数据看 7d 中环境温度介于 24 ~ 37℃之间，温度变化较大，一方面是由于昼夜温差较大，另一方面则是由于降雨而导致的突然降温。冷却水的进水温度基本保持在 28℃左右，出水温度在 29 ~ 31℃之间。

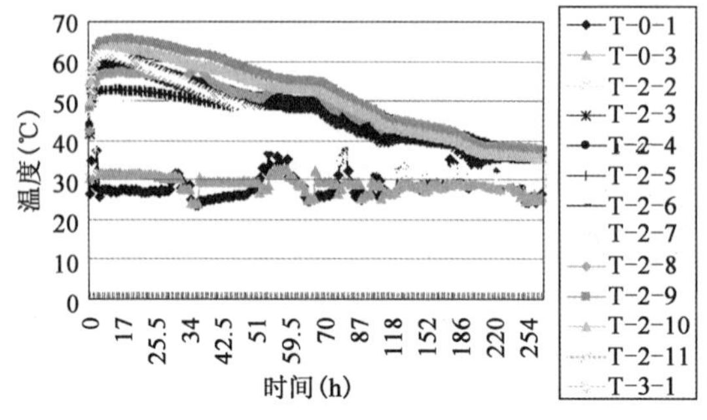

图 6.8　第一层承台第一层温度曲线

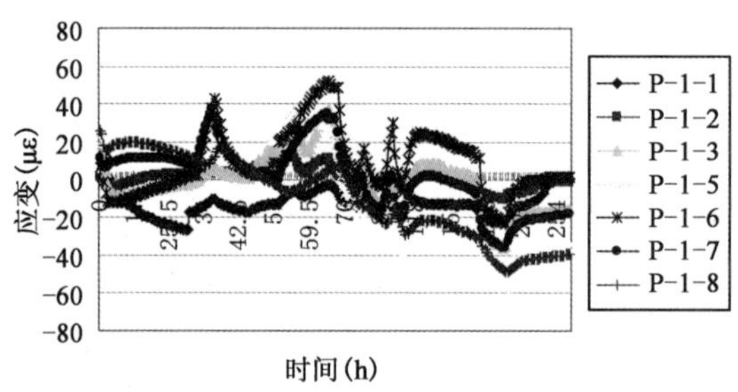

图 6.9　第一层承台第一层应变监测曲线

从图 6.8 可以看出，在浇筑后的 11d 时间里，混凝土经历早期一段较短时间的缓慢放热后开始以较快速度升温，升温到达最高值之后，开始缓慢的降温过程。从温度走向图看，从混凝土开始出现较为明显的升温，至混凝土内部温度升高出现放热最高峰（距离第一层混凝土浇筑完毕后约 17h 后），此时最高温度为 65.6℃。从浇筑完毕至出现温度最高值，在 17h 内温度上升了 17.3℃，说明在升温阶段混凝土放热快、升温速率快。混凝土内部温度达到放热峰值后即开始降温，从浇筑完毕后 30h 开始，降温速率逐步加大，监测点 T-2-9、T-2-11、T-3-1 三个点的降温速率最为明显，其中又以监测点 T-2-9 位置的混凝土降温速率最大，从最高温度的 65.6℃降至浇筑后 194h 的 39.6℃，平均降温速率大于 4℃/d，究其原因，与现场采用水泵直接抽取河水进行冷却，不易于控制冷却水流速有关系。

从图 6.9 的应变曲线图看出，各应变监测点应变值随温度的升高而升高，温度达到峰值，应变也达到最大值，而后随着温度下降应变也减小，恢复到初始值。这是物质的热胀性，是可恢复的应变形式，没有约束的情况下，难产生裂缝。但随着混凝土硬化，部分监测点应变出现了负值，此时混凝土收缩量已经大于由于温度升高引起的膨胀量，若收缩量过大则容易引起混凝土产生收缩裂缝。

2)第二层承台监测结果分析

第二层承台浇筑厚度为4.5m,由于该层厚度较厚,为更好掌握混凝土内部温度变化情况,在该层主要设置了2层水平监测点,第1层监测点平面距离第二层承台底面1.5m,第2层监测点平面距离第二层承台底面2.4m。第二层共布置了41个监测点。

为了更好地反映新旧两层混凝土间的温度、应变情况,在对第二层承台进行监测的同时,还保留了部分第一层浇筑时有代表性的监测点同步进行监测,保留点的布置如表6.3所示。图6.10~图6.12是根据第二层承台温度监测数据所绘制的温度曲线图,在升温阶段,各监测点的升温速率均较快,只是由于分层浇筑时上下两层时间间隔较长(约10h),因此各层监测点达到最高温度的时间略有不同。

承台第一层混凝土保留监测点位置　　表6.3

序　号	布点位置
T-2-5	第一承台中心,距离底面100cm
T-2-9	上水位方向,距离承台中心1350cm
T-2-10	上水位方向,距离承台中心1575cm
T-3-1	第一层承台中心,距离底面190cm
P-1-3,P-1-4	承台中心,距离底面100cm
P-1-5,P-1-6	上水位方向,距离承台中心900cm
P-1-7,P-1-8	上水位方向,距离承台中心1575cm

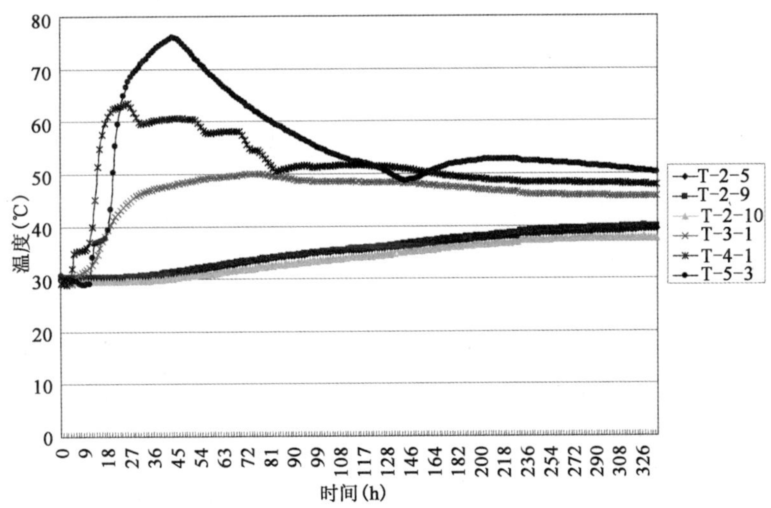

图6.10　第一、二层承台交界处监控点温度曲线

从图6.10可以看出,随着第二层承台底部混凝土温度升高,在热的传递作用下将一部分热量传递到第一层,第一层承台混凝土与之相连部分混凝土的温度随之升高,且第一层承台表面的最高温度较高,最高达到了50℃,而此时第一层承台内部温度只有30℃左右,导致第一层承台内外温差较大。

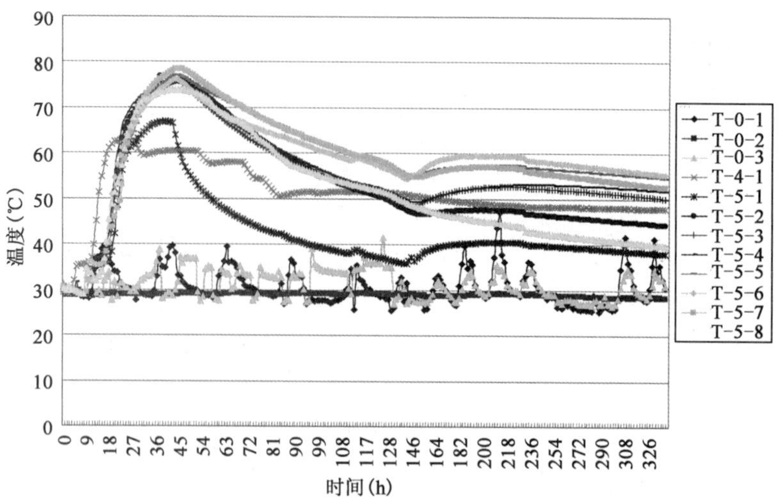

图6.11　第二层承台第1层监测点温度曲线图

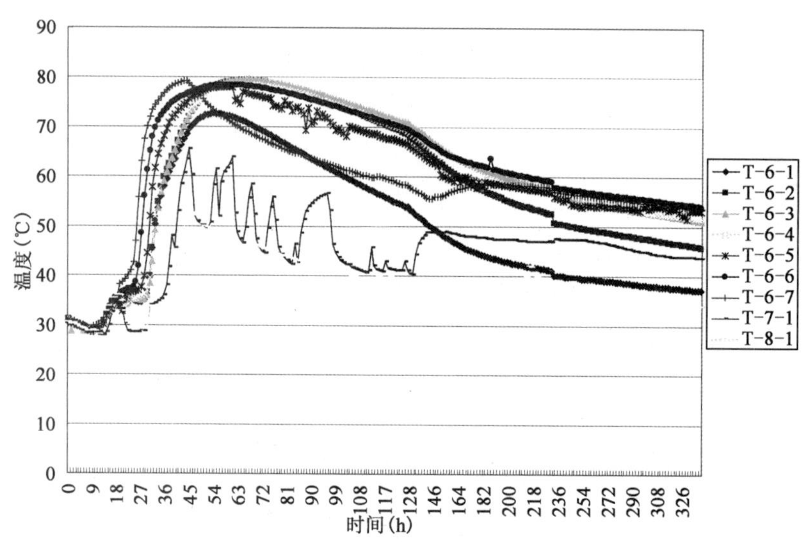

图6.12　第二层承台第2层监测点温度曲线图

从图6.11、图6.12可以看出，底层（T-4-1点）、上表层（T-8-1点）出现的最高温度较低（底层最高温度65.9℃，上表层最高温度55℃），而中间层（T-6-1～T-6-7点）的最高温度较高，最高中心温度达到79.6℃。究其原因，一方面底层最早浇筑，放热时间早，并最早开启冷却水对该区域升温速率的控制，同时该部分混凝土与第一层承台表面相接处，下部混凝土温度较低，利于传热、散热。另一方面上表层混凝土表面直接与空气/养护水接触，散热效果较好、降温速率较快。而中心区域的混凝土，由于受到上下两层较高温度混凝土的包裹，散热效果极差，降温速率缓慢，进而导致中心区域温度在一段时间内维持在一个较高位置。由于早期混凝土内部各区域升降温速率、最高温度差异较大，这种状况下混凝土内部极易因局部区域温差过大而开裂。为使混凝土内部温度趋于一致，应及时根据温度监测数据对各层冷却水管的通水情况进行控制（调整冷却水流速）。

6.3　主梁0号块温度控制

6.3.1　主梁0号块温度预测和温控方法

主梁0号块总长18m,块段高度6.5m,中间存在2m厚的横隔板,水化热效应显著,通过承台支架支撑立模的方式进行施工,分三次进行浇筑(图6.13)。

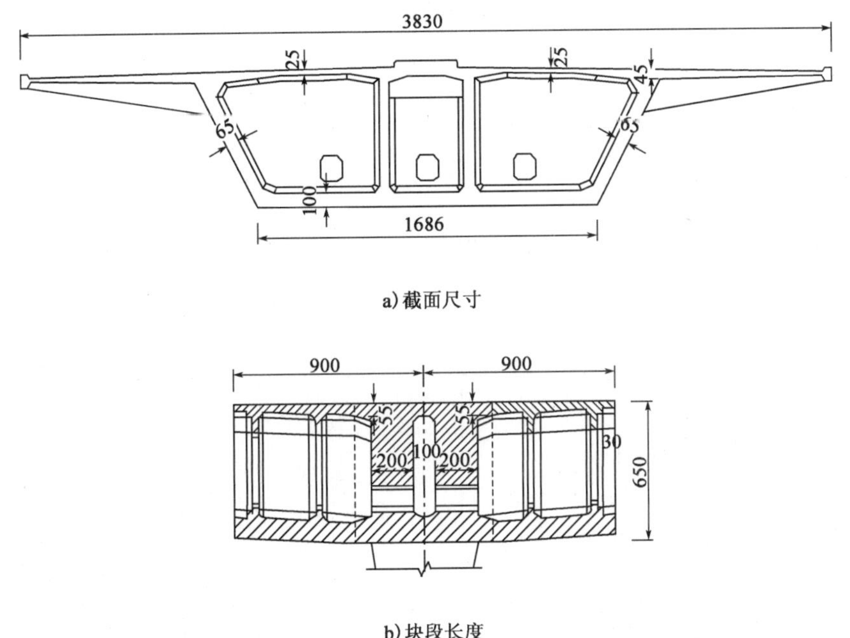

a)截面尺寸

b)块段长度

图6.13　主梁0号块(尺寸单位:cm)

计算梁段混凝土温度场时,混凝土单元的初始温度为浇筑温度,取为25℃,混凝土比热为0.97kJ/(kg·℃),导热系数为6.2kJ/(m·h·℃),胶凝材料用量为490kg/m^3,拆模前混凝土表面有4mm厚的钢模,其比热为0.48kJ/(kg·℃),导热系数为163.29kJ/(m·h·℃),5d后拆模,混凝土表面受环境气温的影响,浇水养护期C60混凝土表面放热系数为58kJ/(m·h·℃)。

模型计算采用拟定的配合比见表6.4。胶凝材料28d总水化热量,由胶凝材料水化热测定仪(英国Wexham生产)试验测定,结果见表6.5。环境温度为时间的余弦函数[式(6-3)],周期为24h。

混凝土配合比　　表6.4

设计强度等级	编号	胶凝材料(kg/m^3)	水胶比	水(kg/m^3)	水泥(%)	粉煤灰(%)	矿渣粉(%)
C60	xl-2	490	0.31	152	70	15	15

混凝土胶凝材料水化热试验结果　　表6.5

设计强度等级	编号	水化热量(kJ/kg)				绝热温升参数	
		1d	3d	7d	28d 取值	a	b
C60	xl－2	118.28	183.84	223.30	272	0.96	0.81

施工期为秋季,最高温度取为34℃,最低为20℃,平均气温28℃,相对湿度45%～60%。环境温度变化模拟曲线公式见下式。

$$T(i)=\frac{T_{\max}+T_{\min}}{2}+\frac{T_{\max}-T_{\min}}{2}\left\{\cos\left[\frac{\pi}{12}\times(i-7)\right]\right\} \tag{6-3}$$

式中:i——混凝土龄期(h);

$T_{\max}$——最高气温,取34℃;

$T_{\min}$——最低气温,取20℃。

分析得到0号块浇筑1d、3d、7d、10d的龄期中截面温度场如图6.14所示,选取典型节点研究其温度随时间的变化情况,典型节点位置见表6.6,典型节点温度—时间变化曲线如图6.15所示。

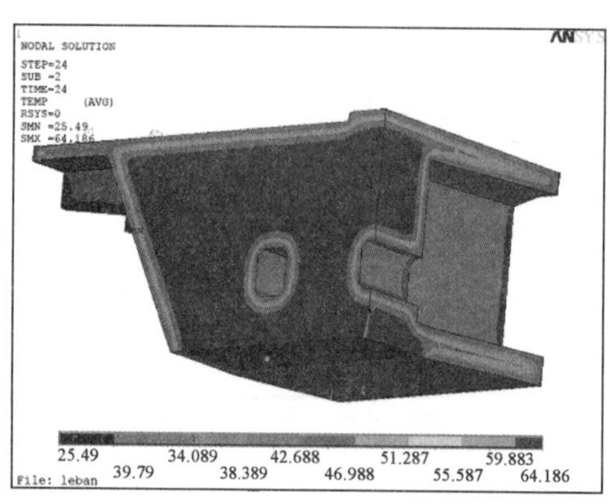

a) 1d

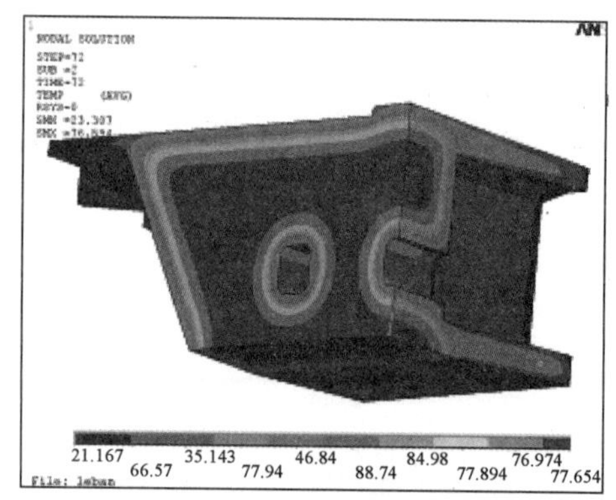

b) 3d

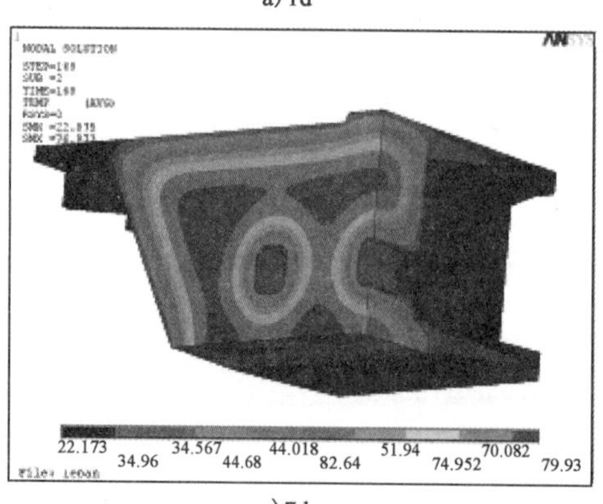

c) 7d

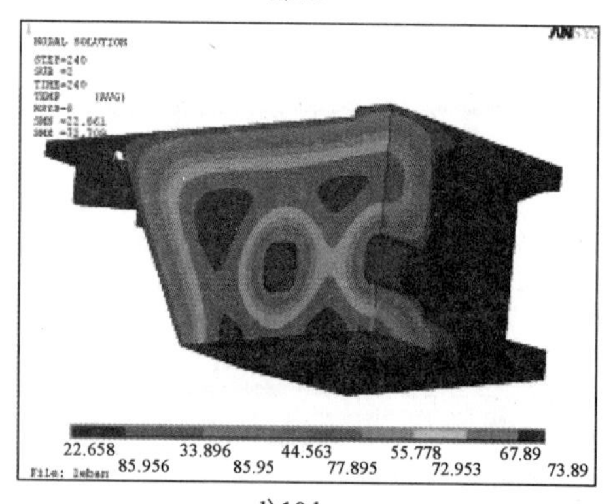

d) 10d

图6.14　箱梁温度场图

典 型 节 点 位 置　　表6.6

典型节点	A	B	C	D	E
所在截面	端截面	中截面	中截面	中截面	中截面
节点号	2568	33573	35468	6873	569
距表面距离(cm)	0	200	100	50	0

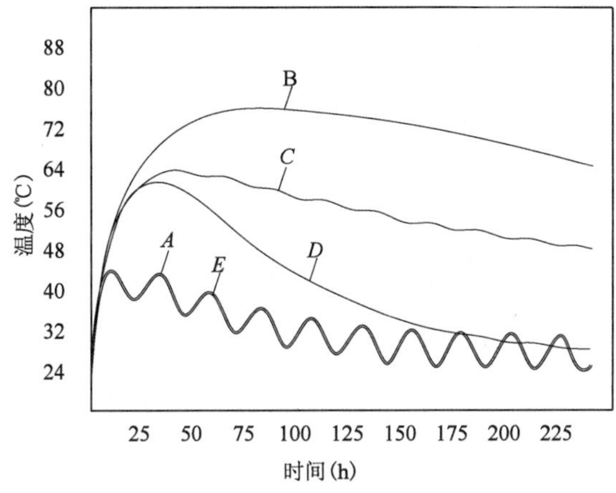

图6.15　0号块混凝土典型节点温度-时间变化曲线

计算表明:结构除端部小范围区域外,沿长度方向不同截面的温度变化不大,中间对称截面最具有代表性。结构受钢模板作用,表面散热较快,且温度分布大致均匀,略高于环境温度2~5℃。温度随厚度变化,厚度越大的板块温升越快,中心温度越高。最高温度出现在距外界半径最大的地方。钢模板散热性能较好,保温作用差,遇到气温变化较大的冬春季天气,应采取其他保温措施,避免钢模板拆模瞬间表面温度的突然降低导致的开裂。

结构厚度中间节点热量散失缓慢,混凝土持续升温至72h附近,最高温度达76.9℃。从10d计算的结果曲线看来,中间层节点已经达到最高温度,之后是漫长的降温过程,由于墙体厚度较大,如果不采取内部养护降温措施,自然降温过程可达数月之久。从截面温度场分布图来看,较大拉应力区域(图6.14中3d的黑色区域),主要集中在距表面最远处,应注意防裂。

6.3.2　主梁0号块温度监测

现场监测组根据梁段对称性特点,测点主要布置在0号块平面的1/4范围内,测点截面选取如图6.16所示。图6.17是截面温度计布置图,本次监测分别选取了边腹板、中腹板、横隔板、底板4个截面进行温度监测,共设置温度监测点28个。

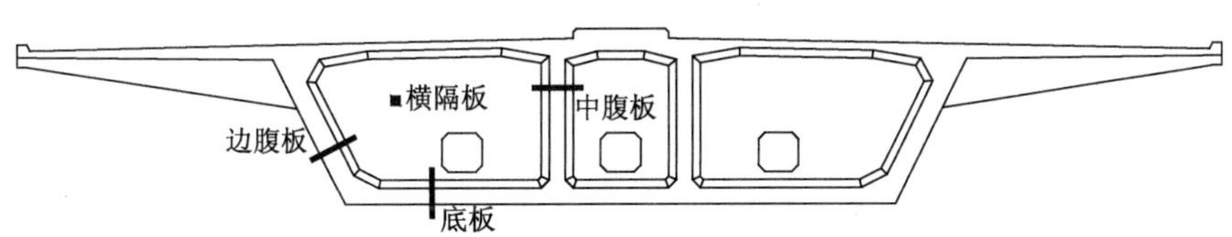

图6.16　温度计布置图

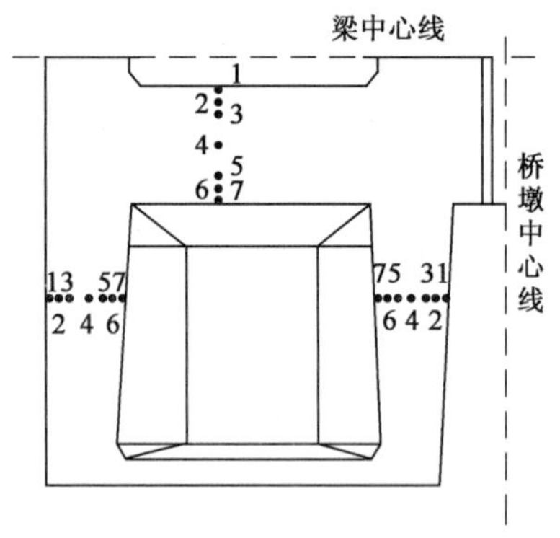

图 6.17　截面温度计布置图

整个 0 号块分三次浇筑，竖向分段将 0 号块沿纵向分为左中右三段，左右两段各 3m，中间段长 12m，再将中间段横向分层，第一层自墩身顶部往上 3.5m，第二层 3m。第一次浇筑中间段的第一层，第二次浇筑中间段的第二层，第三次浇筑左右两段，施工过程如图 6.18 所示。本次温度监测只对第一次浇筑的中间段第一层进行。

表 6.7 统计了三次浇筑过程中的温度数据。从表 6.7 的数据汇总情况可知，0 号块的中心最高温度为 65.3℃，该温度最高点出现在中腹板的中心位置（中腹板 4 号监测点），出现最高温度的时间是在浇筑完毕后的第 24.5h，对延缓混凝土早期开裂是有利的。从温度监测结果看，各监测断面的混凝土中心与表面温差在 9.5 ~ 22.2℃之间，但由于环境温度太低（环境温度最低 7.1℃，最高只有 18.1℃），混凝土表面温度与箱梁外表面环境温度之间的温差大。考虑到中腹板、横隔板位于箱梁内部，受到一定的保温作用，相对环境温度较高，降温速率较慢且 0 号块的拆模时间较晚，这对混凝土保温、控裂是有利的。混凝土上表面采用了蓄水养护的方式，有利于上表面混凝土养生、保温，在一定程度上能够对混凝土表面起保护作用。图 6.19 ~ 图 6.26 分别是边腹板、横隔板、中腹板、底板 4 个监测截面各点的温度曲线图。

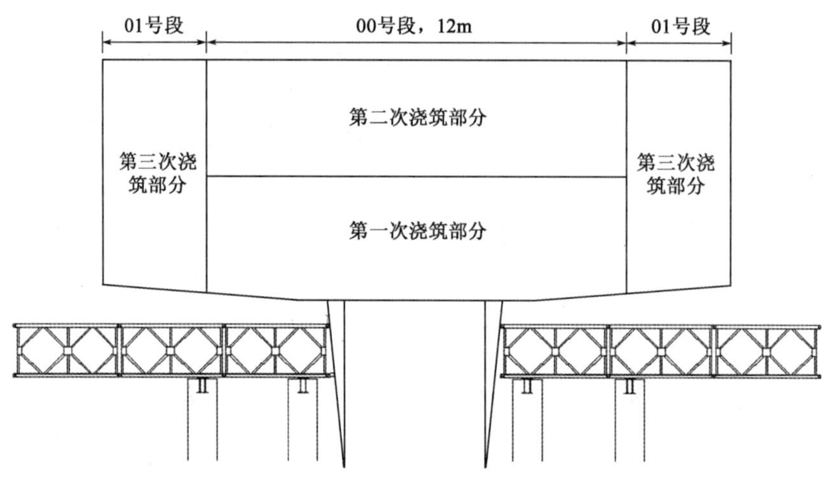

图 6.18　0 号块分块浇筑示意图

0 号块温度监测数据统计表　　表 6.7

时间(h)	0	12	24	48	72	96	120	132
4 个截面测点温度范围(℃)	19.4 ~ 39.0	36.3 ~ 57.5	36.3 ~ 65.2	30.5 ~ 59.6	26.0 ~ 54.8	23.8 ~ 48.3	21.9 ~ 43.1	23.5 ~ 41.2

续上表

<table>
<tr><td>时间(h)</td><td>0</td><td>12</td><td>24</td><td>48</td><td>72</td><td>96</td><td>120</td><td>132</td></tr>
<tr><td>外侧环境温度(℃)</td><td colspan="8">温度范围 7.1 ~ 18.1℃，平均温度为 10.7℃</td></tr>
<tr><td>混凝土入模温度</td><td colspan="2">19 ~ 22℃</td><td colspan="3">混凝土养护方式</td><td colspan="3">上表面蓄水养护</td></tr>
<tr><td colspan="9">不同监测断面混凝土监测温度(℃)</td></tr>
<tr><td colspan="5">构件部位</td><td>边腹板</td><td>横隔板</td><td>中腹板</td><td>底板</td></tr>
<tr><td colspan="5">中心最高温度(℃)</td><td>62.7</td><td>63.1</td><td>65.3</td><td>58.9</td></tr>
<tr><td colspan="5">出现最高温度的时间(h)</td><td>24.5</td><td>35.0</td><td>24.5</td><td>17.5</td></tr>
<tr><td colspan="5">混凝土中心与表面温度之差(℃)</td><td>19.8</td><td>11.9</td><td>9.5</td><td>22.2</td></tr>
<tr><td colspan="5">混凝土表面与环境温度之差(℃)</td><td>34.0</td><td>43.0</td><td>46.9</td><td>29.1</td></tr>
</table>

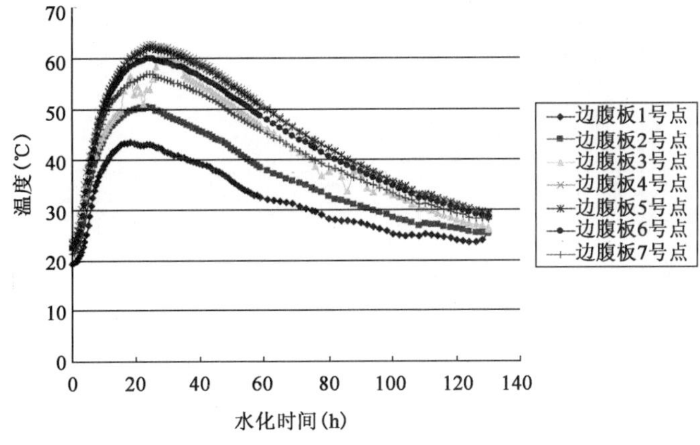

图 6.19　边腹板各监测点温度曲线图

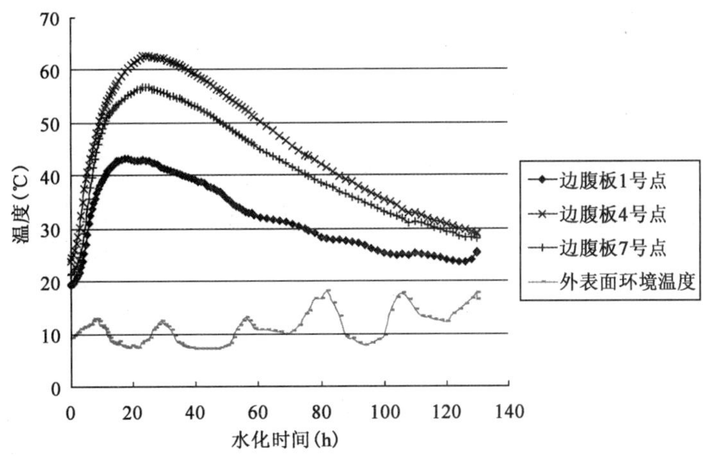

图 6.20　边腹板典型温度曲线图

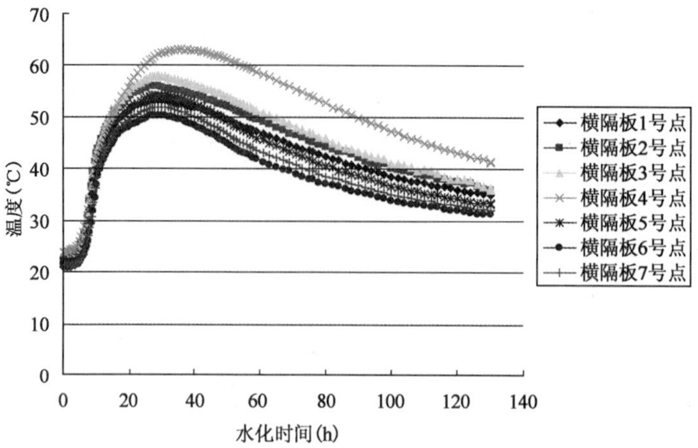

图6.21 横隔板各监测点温度曲线图

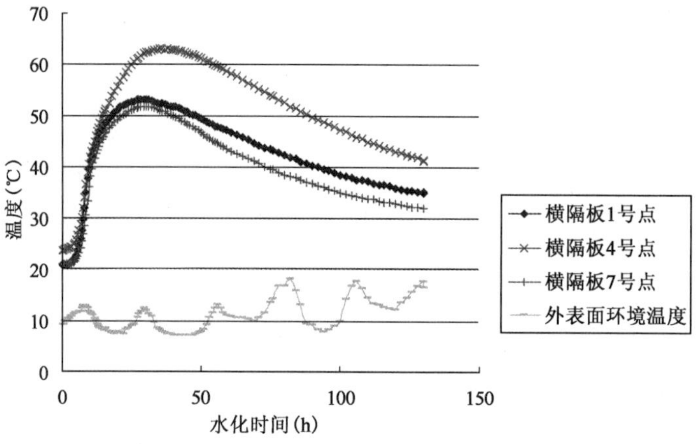

图6.22 横隔板典型温度曲线图

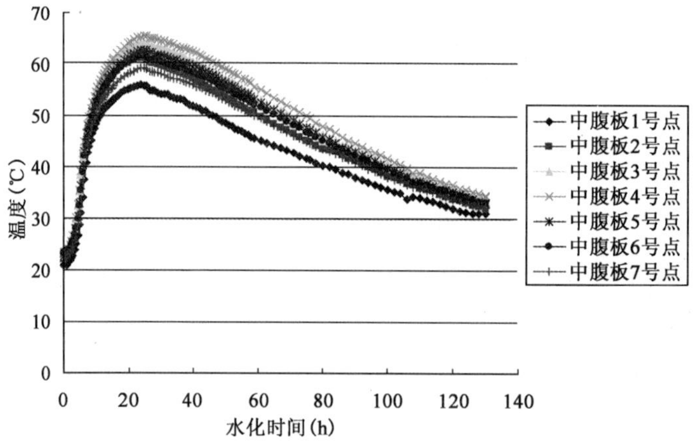

图6.23 中腹板各监测点温度曲线图

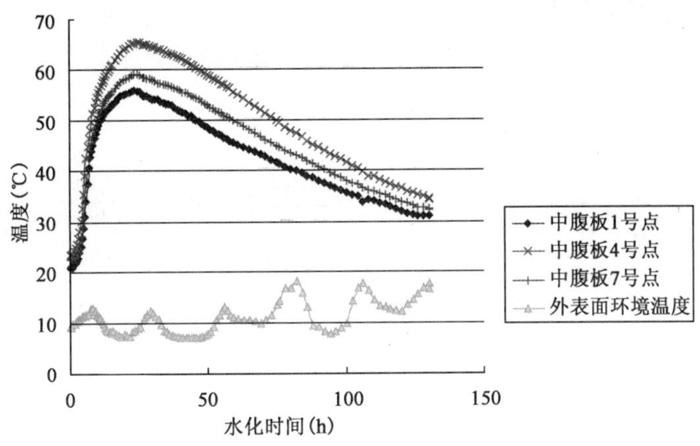

图 6.24　中腹板典型温度曲线图

从图 6.19、图 6.20 可以看出,由于边腹板较薄(1m 左右),环境温度对混凝土温度的影响较大,相邻监测点的温度变化较大。以边腹板 1 号、7 号两个监测点数据为例,边腹板 1 号监测点和 7 号监测点分别位于边腹板的两个外表面处(1 号点位于箱梁外侧散热快、7 号点位于箱梁内侧散热慢),但这两个点的温度曲线差异较大,边腹板 1 号点的混凝土最高温度为 43℃,而边腹板 7 号点的混凝土最高温度为 56.8℃。从结构特点来看,边腹板 1 号点所在的表面位于整个箱梁的外侧面,直接与冷空气接触,而边腹板 7 号点所在的表面位于箱梁的内侧面,相对而言保温性要好一些,所以靠近外侧面的混凝土散热较快,而内侧面散热较慢。从监测数据看边腹板的保温性较差、散热快,混凝土内部各点温度差异性较大,容易引起开裂,因此边腹板也是较容易开裂的结构部位,需予以重视,注意防风保温。

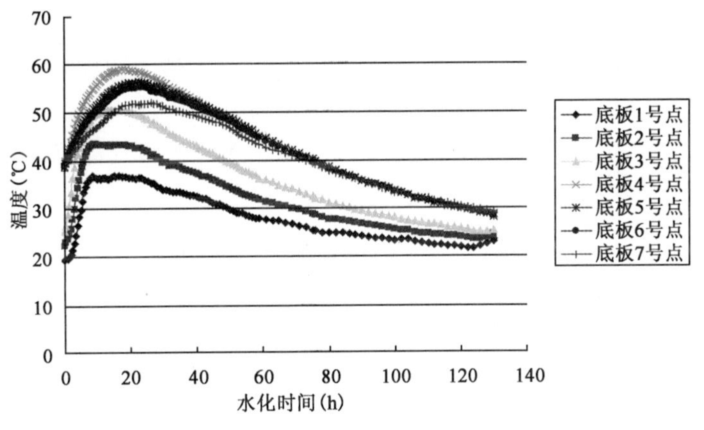

图 6.25　底板各监测点温度曲线图

而图 6.21、图 6.22 所示的温度曲线显示横隔板虽然也是薄壁结构(厚度约为 1m),但由于其位于箱梁内部,而箱梁内部相对于外部而言其环境温度要高一些,横隔板两个侧表面(1 号、7 号监测点)不与冷空气直接接触,散热较慢。横隔板 1 号、7 号两个监测点的温度曲线较为接近(最高温度分别为 52.5℃与 50.8℃),且除横隔板 4 号监测点外(位于横隔板中心),其余各点的温度曲线都较为接近,这说明横隔板混凝土内外温差较小,这对控制混凝土内外温差、减小混凝土开裂是非常有利的。从两个混凝土结构的温度曲线对比可以看出，对于厚度较薄的结构，从控制混凝土内外温差、降低开裂风险角度出发，做好混凝土的防风、保温工作是非常必要，也是行之有效的。

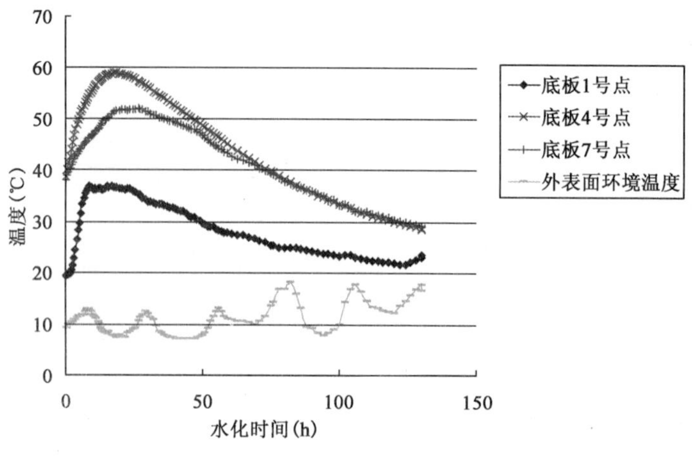

图 6.26　底板典型温度曲线图

图 6.23、图 6.24 的温度曲线显示中腹板各点的温度发展趋向基本一致，内外温差较小（中心最高温度与表面温差为 9.5℃），且由于中腹板位于箱梁内部，不与冷空气直接接触，其两个侧表面的混凝土温度均较高，这对减小混凝土内外温差是有利的。虽然中腹板各监测点的温差较小，但由于环境温度太低，而 0 号块也未采取较好的保温、防风措施，所以中腹板的降温速率较快，由最高温的 65.3℃，降至截止监测时的 34.3℃，日平均降温速率为 6.9℃/d，混凝土降温速率过快，容易引起温度应力突变导致混凝土开裂，应结合现场应力、应变监测情况加强保温养护。

图 6.25、图 6.26 是 0 号块底板监测点的温度曲线，该曲线与边腹板的温度曲线有所类似（底板厚度也是 1m 左右），区别在于底板最底部与主桥墩相连接，热传递速度较慢，而底板上表面是与大气环境接触的。所以位于底板底部的 6 号、7 号监测点的温度要显著高于位于底板上表面的 1 号、2 号监测点，且 1 号、2 号监测点的降温速率要大于 6 号、7 号监测点的降温速率，这也进一步说明了在环境温度较低情况下采取保温措施的重要性。

第7章　宽幅挂篮设计与施工技术

西江大桥箱梁采用挂篮整体浇筑，箱梁宽度达38.3m，悬臂部分达8.15m，重量达432t。对挂篮浇筑的宽度、悬臂长度、承载能力等都提出了极高的要求；同时由于采用斜腹板、横隔梁以及翼板挑臂加劲的存在，挂篮的设计难度进一步增加。常规挂篮形式已很难满足要求，必须对结构形式进行改进优化，解决好挂篮施工整体稳定性、扭曲变形、挂篮同步移机性、箱梁线形控制等一系列难题。

7.1　宽幅挂篮设计

7.1.1　设计参数与方案

根据目前挂篮技术发展的情况和西江大桥全断面浇筑的方案，拟采用菱形挂篮。结合本桥结构设计，挂篮设计的主要技术要求为：

(1)挂篮主体结构按浇筑混凝土块件最大重量为440t设计。

(2)挂篮适应浇筑混凝土块件长度2.5～5m，浇筑高度3.0～7.0 m，最大浇筑顶板宽度38.3m、底板宽度19.072m。

(3)挂篮起步长度规定：挂篮连体起步长度9m，分体起步长度14m。

(4)挂篮采用间歇式前移，每行程1.1m，时间约2min。

根据上述技术要求，设计的菱形挂篮主要由六大部分组成，包括底篮系统、提升系统、承重系统、锚固系统、行走系统及模板系统。主要技术参数为：自重130t，挂篮工作系数（挂篮总重与最大悬浇梁段质量比）为0.33；自锚安全系数2.6＞2；抗倾覆稳定系数2.5＞2；主桁最大挠度18.6 mm，底篮最大挠度7.9 mm。主桁前支点的最大压力为77t；后支点最大拉力为147t。各部分的构造和技术特点如图7.1～图7.3所示。

1)承重系统

承重系统由4片菱形桁架构成，位置与箱梁腹板对应，立杆采用箱形截面，其余杆件均采用双[32b格构式杆件。后拉杆承受最大拉应力为136.1MPa。前压杆承受最大压应力为152.1MPa。主桁前支点的最大压力为77t；后支点最大拉力为147t。主桁之间由上梁桁架片、压杆横联和前上横梁联系；主桁与轨道之间设有液压行走系统。

2)提升系统

提升系统主要由螺旋千斤顶、吊带吊杆、横梁承压梁、横梁顶升梁及顶升销钉和承压销钉等组成。具体结构如图7.4所示。前后各设置9个吊点，前部吊点重量由前上横梁承担，后部吊点端部两个吊点由后上横梁承担，其余7个吊点锚固在箱梁上。千斤顶全部采用50t螺旋千斤顶,吊带材料采用16Mn钢,最大变形量为3mm。吊带最大拉应力值为161MPa。

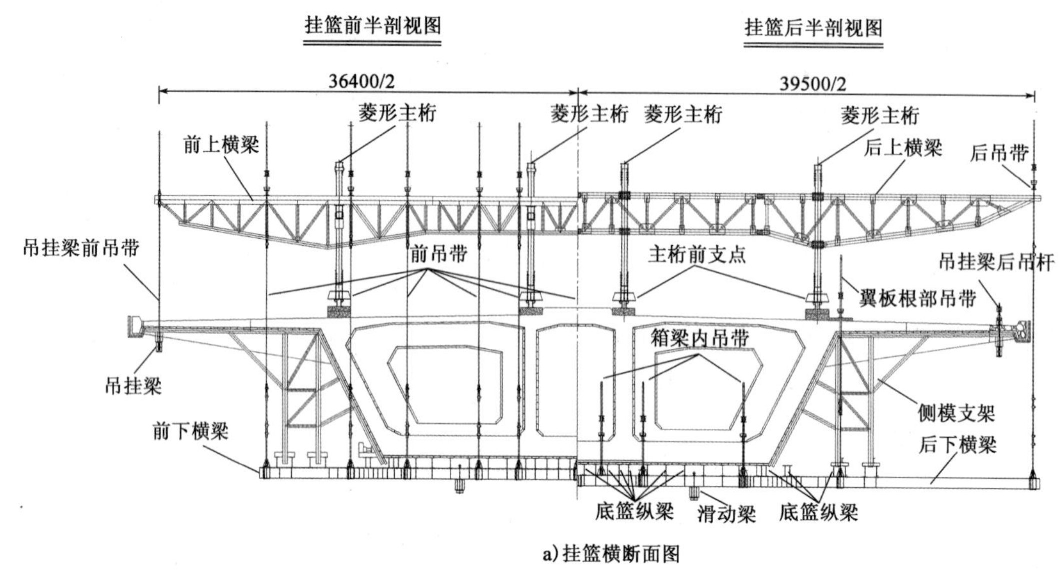

a)挂篮横断面图

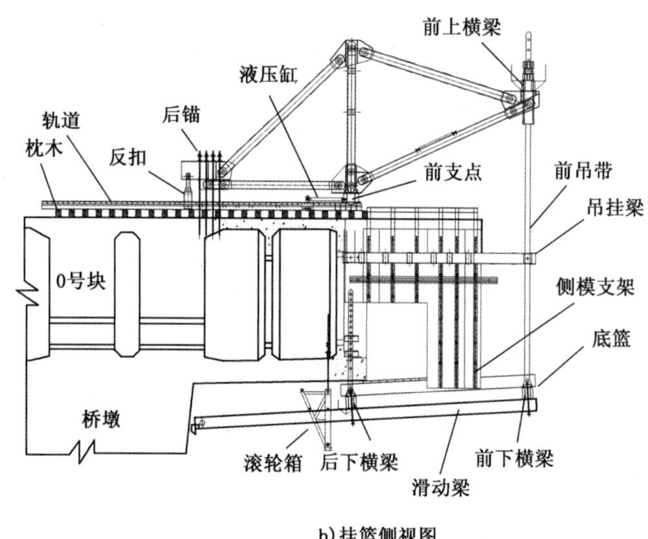

b)挂篮侧视图

图7.1 挂篮整体布置及主要构件名称(尺寸单位:mm)

3)锚固系统

锚固系统是整个挂篮的平衡装置,通过锚固系统锚固挂篮防止其倾覆。其包括主桁梁锚固系统及轨道锚固系统,主桁锚固系统由后锚反扣装置及锚压梁、锚杆等组成;轨道锚固系统由锚压梁(扁担梁)、锚杆等组成。通过轨道锚固系统将轨道固定在已浇梁段上,然后通过后锚锚固系统反扣锚固在轨道上,从而提供整个挂篮的倾覆平衡力,保证挂篮的稳定性。详细构造如图7.5所示。

a)前方视角

b)后方视角

图7.2 挂篮整体效果图

图7.3 挂篮施工

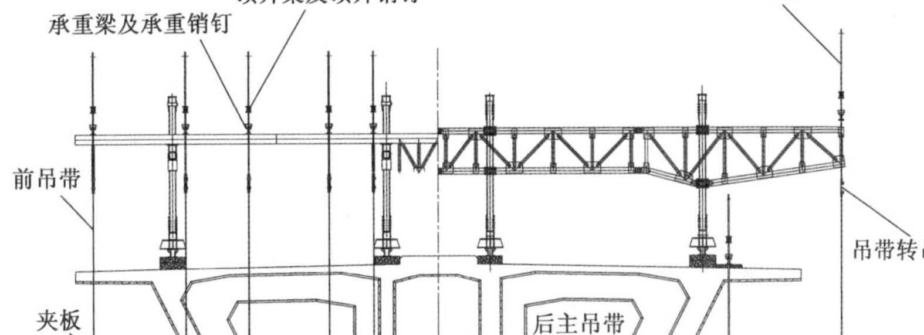

图7.4 提升系统图

4)行走系统

行走系统包括枕木、钢轨、顶推液压缸、反扣装置及锚固装置。具体结构如图7.6所示。在轨道移到位的情况下通过行走油缸提供行走动力,由油缸推着滑移装置在轨道上滑移,移动过程中靠后锚反扣装置提供抗倾覆力矩。在轨道上开有一系列销孔,当油缸走过一个行程后就通过拆装油缸铰座移动下一个行程移到最终位置。

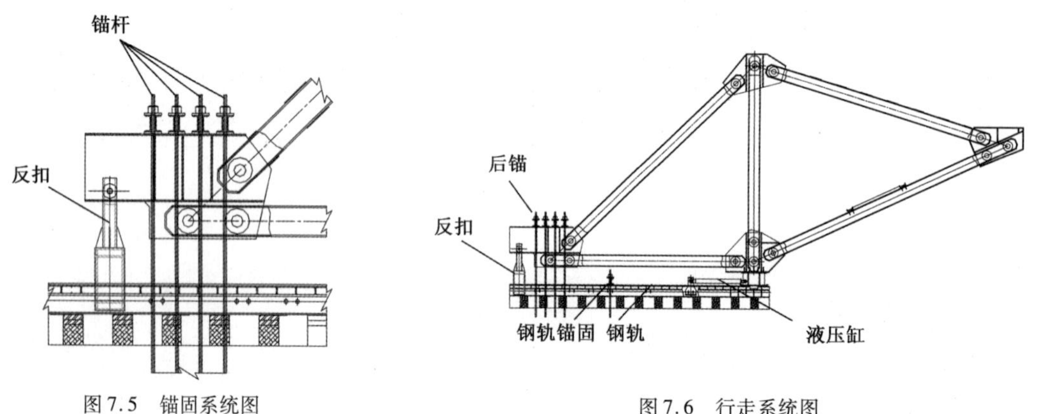

图7.5　锚固系统图

图7.6　行走系统图

5)底篮系统

底篮系统由前托梁、后托梁和纵梁组成,前后托梁各附有9个底篮支座,系统构造如图7.7所示。底篮纵梁采用热轧窄翼缘H型钢,纵梁采用HN(450×200×9×14)型钢,底板下采用HN(450×200×9×14)型钢,纵梁长6m,跨径为5.6m。

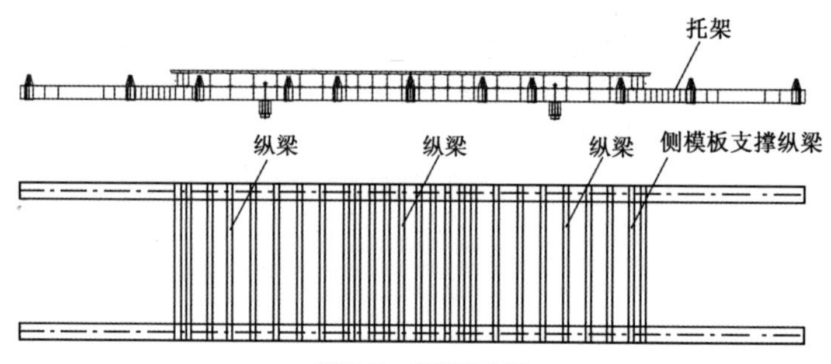

图7.7　底篮系统图

6)模板系统

模板系统主要由底模、外侧模及外侧模支架、内模和端模组成。外模利用桁架进行支撑。详细构造如图7.8所示。

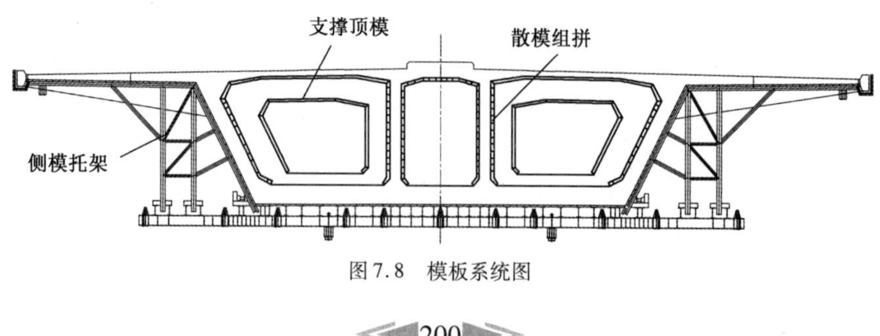

图7.8　模板系统图

本挂篮的基本工作原理为:尾端用高强度钢筋锚固于已施工的0号梁段上,其前端悬臂外伸,其下方通过后吊和前吊提着底模桁架和外侧模桁架,为悬臂灌注1号梁段提供支撑平台。初始悬臂梁段可通过在墩顶安装固定悬臂托架来施工。底模与外侧模均支撑于底模桁架上,与挂篮主构架连为一体。挂篮主构架作用于锚固在梁段顶板上的滑行轨上。在本梁段灌注完毕后松开后锚装置,挂篮前倾,设计锚固好的滑行轨前移,当挂篮滑动到指定位置时,重新锁定后锚装置,调整挂篮的方向、水平、高程,锁定前、后吊装置,即可开始下一梁段的施工。作为待浇梁段混凝土的支撑面,内外顶模支撑翼缘板与顶板的混凝土重量。模板以上的重量则由间隔分布的内、外纵滑梁承受。内、外纵滑梁则把力传递到已浇梁段的顶板和前上横梁上安装的吊杆上。待浇腹板和底板混凝土的重量则通过底模传递给底篮纵、横梁,通过前、后下横梁上安装的吊带传力给已浇梁段的底板和前上横梁。而前上横梁的所有荷载则都传递到菱形主桁架上,菱形主桁架的前支点和后锚点把力再传给已浇梁段的顶板。

相比其他挂篮,本挂篮具有以下特点:

(1)结构简单,受力明确,承载能力大,稳定性好。

(2)挂篮前端及中部工作面开阔,可以从挂篮中部运送混凝土和整体吊装钢筋骨架,有利于加快施工进度。

(3)挂篮主构架下滑行轨道安装简单,挂篮移动方便,外侧模、底模可一次就位,内模能整体挂拉。

(4)取消了挂篮尾部的平衡重,利用竖向预应力锚具锚固轨道,反扣轮沿轨道行走。

(5)可利用挂篮施工合龙段,无须另外加工合龙段模板。

(6)本挂篮主要构件由普通型钢制成,加工制作简单,可在工地制备。

(7)施工中挂篮的移动,无须特殊动力设备,只需人工倒链拉动滑移。

(8)利用菱形挂篮悬灌梁段,不仅可提高施工速度,而且由于其刚度大、稳定性好、灌注过程中弹性变形小,有利于梁体的线形控制,可提高混凝土的外观质量。

(9)挂篮承重能力大,安全性能好,可作为钢筋绑扎、安装及预应力张拉的作业平台。

7.1.2　挂篮安全性验算

本桥挂篮结构复杂,在对底篮及承重系统进行简化计算的基础上,还进行了挂篮整体结构的空间验算,全面保证了结构安全。

1)底篮系统简化计算

底篮系统主要需要计算纵梁和下横梁的刚度和强度。纵梁计算中需要考虑浇筑块件重量和长度的变化,取最不利的3号纵梁进行强度和刚度计算。底板下纵梁计算如下:底板下纵梁采用HN(450×200×9×14)型钢,单根型钢的截面特性为$I=32260\text{cm}^4$,$S=810.7\text{cm}^3$,$W=1500\text{cm}^3$,$d=9\text{mm}$,$A=93.98\text{cm}^2$。中室梁底板部分宽3.5m,3号梁块厚78.4cm,下设4根型钢纵梁;取为简支梁受到均布及集中荷载的受力模式,受力如图7.9所示,对剪应力和正应力的计算表明,结构强度满足规范要求。

$$\sigma_{\max}=\frac{M_{\max}}{W_x}=\frac{209.9\times10^3}{1500\times10^{-6}}=140.0\text{MPa}<215\text{MPa}$$

$$\tau_{max} = \frac{Q_{max}S_x}{I_x d} = \frac{122.2\times10^3\times811\times10^{-6}}{32260\times10^{-8}\times9\times10^{-3}} = 34.1\text{MPa} < 125\text{MPa}$$

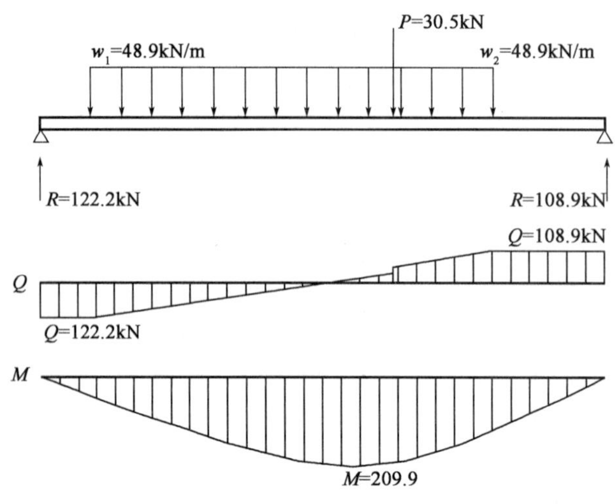

图 7.9 受力计算图

侧模部分由于有斜腹板问题,支架下纵梁需要单独验算。对 3 号梁块分析:侧模支架下采用 3 排纵梁承受,纵梁 1、2 为两根 I36a 工字钢用缀板连接,纵梁 3 为单根 HN450 ×200 型钢;MIDAS 建模分析如图 7.10 所示,计算结果见表 7.1。经计算满足设计要求。

前下横梁计算需要考虑浇筑前和浇筑时两种工作状态。浇筑前下横梁采用双拼 HN 型钢(450 ×200 ×9 ×14),长度为 28m。由于纵梁与横梁为螺栓连接,其净截面特性为:$I=62047\text{cm}^4$,$S=1499\text{cm}^3$,$W=2758\text{cm}^3$,$d=18\text{mm}$,$A=182.4\text{cm}^2$。浇筑时,前下横梁 9 个吊点受力。间距分别为 3m,3.5m,4m,2.5m,2.5m,4m,3.5m,3m。3 号梁块长 4m,体积为 154.9m^3,重 397t,为最重最长梁块,为最不利情况。后下横梁计算浇筑时,9 个吊点受力。吊点间距分别为 3.6m,4m,4.5m,5.4m,4.5m,4m,3.6m。采用双拼 H(450 × 200 ×9 ×14)型钢,横梁自重:0.74kN/m,相关截面特性相同。浇筑 1 号梁块时后下横梁为受力最不利情况,所以仅对 1 号梁块进行受力分析,见表 7.2。计算表明强度和刚度均满足设计要求。

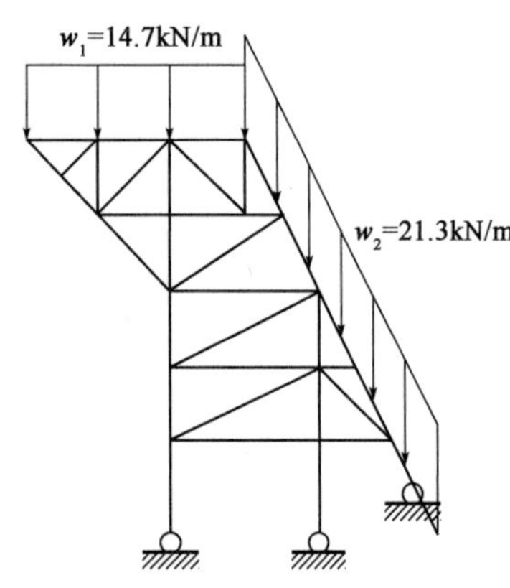

图 7.10 受力分析图

纵梁受力计算结果 表 7.1

内力与应力	纵梁 1	纵梁 2	纵梁 3	备注
受力 q	71.0kN/m	60.0kN/m	46.0kN/m	$[\sigma]=215$MPa $[\tau]=125$MPa
自重 q	1.44kN/m	1.44kN/m	0.89kN/m	
σ_{max}	147.6MPa	125.3MPa	111.5MPa	
τ_{max}	26.0MPa	22.1MPa	29.1MPa	

横梁受力计算结果　　表7.2

构件位置	$A(m^2)$	M_{max} (kN·m)	Q_{max} (kN)	σ_{max} (MPa)	τ_{max} (MPa)	f_{max} (mm)	备注
前下横梁	35.8	116.5	256.9	42.2	34.5	0.7	$[\sigma]=215$MPa $[\tau]=125$MPa $[f]=10$mm
后下横梁	42.3	206.8	362.9	75.0	48.7	1.7	

2)承重系统简化计算

承重系统的计算需要考虑前上横梁、菱形桁架等整体受力情况,以及销栓局部受力性能。

前上横梁计算可简化为受集中力作用的多跨连续梁计算,需验算构件的强度和刚度,经计算表明,本桥前上横梁在最不利组合下构件正应力 170MPa、剪应力 83 MPa,最大变形 13mm,强度和刚度满足设计要求。

菱形桁架是主要的受力部分,通过前面计算可知,当浇筑 3 号块时菱形桁架受力最不利,因此只对 3 号块分析。拉压杆均采用双[32a 格构式杆件,缀板间距为 70cm。菱形桁架结构形式如图 7.11 所示。

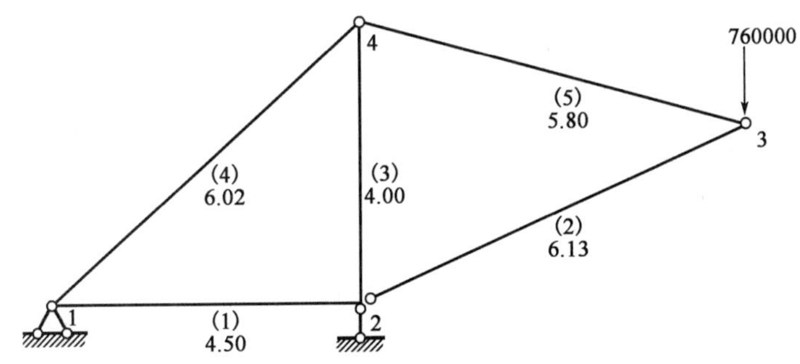

图 7.11　菱形桁架结构形式图

拉杆受力最大为 4 杆,其轴力 1325.8kN,计算得到正应力为 136 MPa,满足拉杆受力要求。受压力最大的为 2 杆,其轴力为 1164.2kN,其长度为 6.13m,考虑受压杆件有效长度折减后,正应力为 152 MPa,满足要求。其中 1 杆同时受到压力和弯矩,其应满足:

$$\frac{N}{\varphi_x A}+\frac{\beta_{mx}M}{\gamma_x W_{1x}\left(1-0.8\dfrac{N}{N'_{Ex}}\right)}\leqslant f$$

计算后得应力为 171MPa,满足要求。计算同时得到前、后支点的反力分别为:1563kN 和 803kN。

前述计算表明挂篮承重结构整体安全,但仍需验算桁架销、节点板等局部位置的受力状态。计算时应考虑节点处最不利的受力状态和实际的结构状态,这里不再赘述。

3)有限元计算与分析

考虑到本桥使用了宽幅挂篮,其受力行为较为复杂,在常规简化计算的基础上,也利用 ANSYS 对挂篮进行了结构计算,主要对挂篮结构强度及变形进行分析。

挂篮有限元计算模型如图 7.12 所示，挂篮主结构采用 Beam4 及 Link8 单元，共划分为 84 个节点，149 个单元。单元的计算参数按实际构件特性取用。挂篮前支点为全约束（即 x、y、z 方向），同理挂篮后锚点亦为全约束（即 x、y、z 方向）。荷载加在主桁前拉杆和前压杆连接点上，共 304t，平均分到挂篮横梁 4 个节点上（每个节点为 76t，见图 7.12）。

通过计算可知，西江大桥挂篮前支点的约束反力为 156.3t（压力），后锚点所需锚力为 80.3t（拉力）。挂篮在工作状态下，72 号节点处将产生较大的弹性变形值，其值为 14mm（竖直向下）。挂篮变形图见图 7.13。最大压应力为 152.1MPa，最大拉应力为 171.7MPa，由钢结构设计规范可知，挂篮在工作状态下能够满足设计要求。

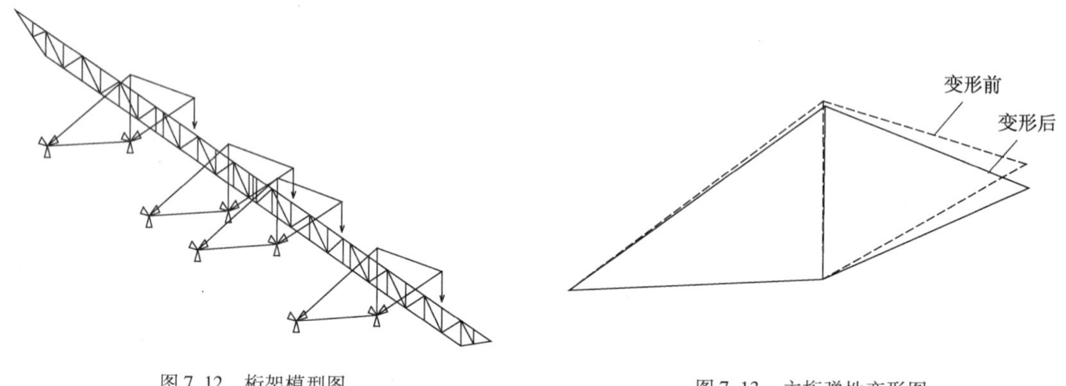

图 7.12　桁架模型图

图 7.13　主桁弹性变形图

7.1.3　针对宽幅特点的构造优化

箱梁浇筑宽度达到 38.3m，悬臂部分达 8.15m，重量达到 432t，同时由于箱梁的斜腹板存在横隔梁及翼板，挂篮浇筑的宽度、重量、悬臂长等都达到了一个前所未有的要求，挂篮的设计难度大大加强。为保证挂篮的安全、便捷，需要解决一系列与常规挂篮不同的难题。针对这些特点，对本桥挂篮进行了专门的优化。

1）挂篮横向及扭转变形性能优化

箱梁翼板悬臂 8.15m，翼板边缘距离斜腹板中心线为 8.8m，则挂篮前后上横梁悬臂较长，达到 9m 或以上，易发生扭曲变形。同时，箱梁底板宽度从 0 号截面处的 16m 变化到 16 号截面处的 19.072m，挂篮底篮宽度较大（后下横梁长达 39.5m），移机时也极其容易发生扭转及横向变形。

因此，在挂篮设计时将主要构件拉压强度应力控制在 170MPa 以内，剪切应力控制在 100 MPa 以内，以增强挂篮整体刚度、增强稳定性及抗扭能力。

整体全浇筑挂篮结构中，前上横梁悬臂为 7.8m，后上横梁悬臂为 9.25m，为了降低桁架整体挠度和防止桁架的平面外失稳，进行了专门的优化。首先根据受力情况分析，将传统的等截面桁架（上下弦杆平行）的设计调整为变截面形式，提高了截面刚度，同时降低了材料投入，相关比较如表 7.3，图 7.14a）、b）所示。其次，为提高桁架抵抗平面外失稳的能力，增加了桁架的高宽比；将单片桁架调整为双片桁架，并在两片桁架之间增加横向联系，形成箱形桁架。最后，在前上横梁悬臂端和后上横梁悬臂端增加纵向联系，增加其抵抗平面外失稳能力。

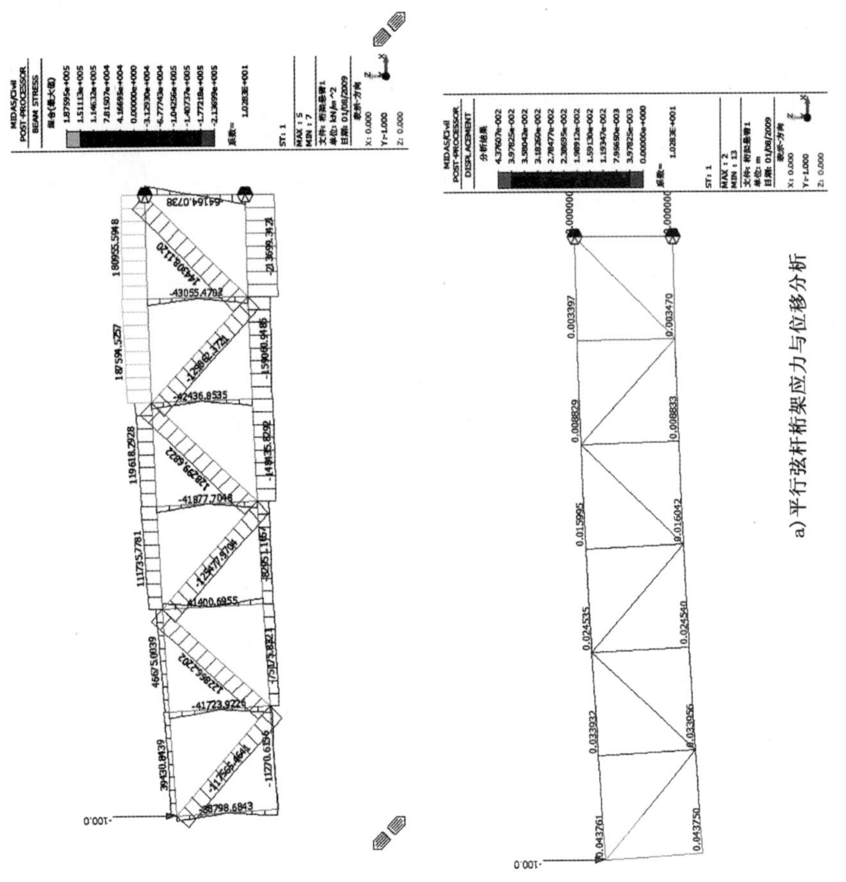

a) 平行弦杆桁架应力与位移分析

图　7.14

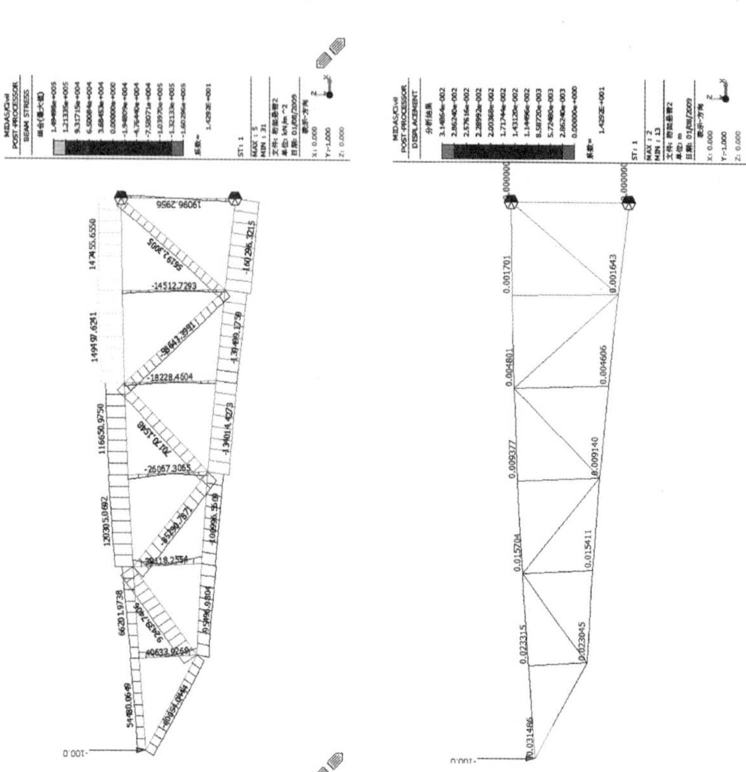

b)变截面桁架应力与位移分析

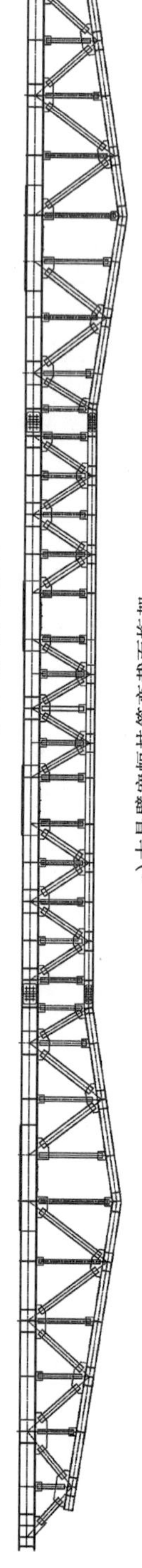

c)大悬臂宽幅挂篮变截面桁架

图7.14　变截面桁架的设计与分析

两种桁架的相关参数比较　　表7.3

名称	根部高度	材料消耗量	σ_{max}	δ_{max}
等截面桁架	1.5m	0.669t	213.7MPa	4.4cm
变截面桁架	2.0m	0.642t	160.3MPa	3.1cm

常规挂篮移机时，底篮后下横梁一般只有两端支承，底篮移机稳定性及安全性难以保证。本挂篮底篮长39.5m，宽6.6m，其中后下横梁长39.5m，前下横梁长27.2m，按常规方法设计底篮移机，稳定性及安全性更难保证。因此，本挂篮设计时，在底篮设置滑动梁和滚轮箱，挂篮移机时滚轮箱参与受力，有效降低底篮的挠度变形，使底篮不发生扭曲变形。滚轮箱采用3条螺杆锚固在箱梁底板上，结构稳固，挂篮移机安全性得到有效保证。挂篮下行走系统如图7.15所示。

图7.15　挂篮下行走系统

2）大悬臂翼板模板桁架受力及变形问题

本桥翼板为大悬臂结构，且设置有加劲肋，斜腹板与翼板施工难度大，模板桁架受力及变形难控制，设计时需要专门应对。

翼板悬臂大，混凝土重量达到37t，且间隔4m设有加劲肋梁，对模板桁架设计提出较高要求。经综合考虑，放弃了常规的双吊挂梁、翼板外侧斜拉支架等方法，而提出采用单吊挂梁消耗型桁架设计。

消耗型桁架最外侧采用单条吊挂梁，吊挂梁前端通过吊带与前上横梁联系，后端锚固于已浇筑翼板位置。桁架内侧支撑在底篮上，斜腹板水平力通过对拉螺栓、斜撑杆等消化，桁架只承受竖向力，受力明确、施工方便。随着施工进度推进，梁高会逐步变矮，施工时外侧模桁架支腿的横联会与底篮纵梁发生冲突。为此根据梁高变化，模板支腿逐步变矮，故称之为消耗型桁架。其施工工艺流程图如图7.16所示。通过提升或下放桁架来实现装拆模，简化施工流程。

3）挂篮移机的同步性优化

挂篮移机时，挂篮整机同步性包括上部结构的同步性和上部结构与底篮之间的同步性。若桥面上各主桁架之间、挂篮上部与底篮之间存在差异，将对挂篮的受力和安全性带来极大影响。因此，本桥设计中对同步性问题进行了专门的优化。

挂篮上部结构的同步性主要是控制四片主桁之间的同步性。主桁与轨道设有液压缸，挂篮靠液压缸将其推向新的施工阶段。液压系统选型要求液压缸可联动，亦可单动。移动过程

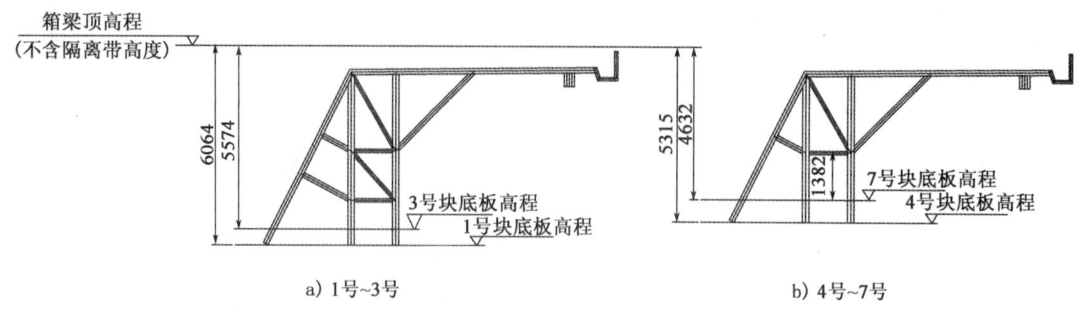

a) 1号~3号

b) 4号~7号

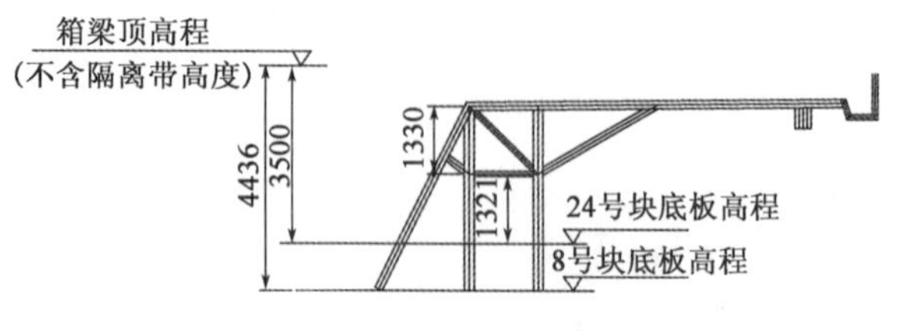

技术说明:

1.本图尺寸按毫米计;
2.4号~7号块浇筑时，割去相对图a)所示多余的撑杆;
3.8号~24号块浇筑时，按图c)移动侧模支架的撑杆位置，焊接要求与原焊接相同

c) 8号~24号

图 7.16　消耗型桁架施工流程图

中如有不同步现象,可通过单动微调四片主桁位置。

桥面以上的挂篮部分由液压系统向前推移时,下部底篮滑动梁由于和滚轮箱之间的摩擦,会滞后上部位移;随着推移继续,水平分力会继续增大,当增大到一定程度,底篮会以一定的加速度向前移动,会造成晃动。因此,在箱梁与底篮之间,设置手拉葫芦配合底篮运动,使挂篮的上部和下部运动保持一致。挂篮液压前移系统如图 7.17 所示。

图 7.17　挂篮液压前移系统

7.2　宽幅挂篮施工工艺

7.2.1　拼装工艺

1)制造与拼装总体要求

宽幅挂篮给制作、安装也提出了新的要求,为了使得挂篮顺利拼装,必须从加工制作、组装

试拼等环节就开始控制。

挂篮加工单位应严格按设计图上的技术要求及公差配合进行挂篮杆件的加工制作。主构架节点板及杆件，必须制作样板，精确加工，确保栓孔间距。外侧模竖框架，制作时应有工作平台及夹具，尽量消除焊接变形，确保连接模板后的面板的平整度。对于重要部位的焊接，如底模架前后横梁上的吊耳，应由有经验的焊工施焊，保证焊接质量。焊缝及加工件质量要求与验收办法应参照《钢结构工程施工质量验收规范》(GB 50205—2001)执行。出厂杆件应有专人进行检查验收，不合格者禁止出厂。

待所有杆件加工齐全后，应在试拼台上全面试拼。主构架要放样于试样台上，尺寸合格后，拧紧各节点板的螺栓，施拧时要均匀施力，防止松紧不一。底模架也应试拼，检查前后横梁及纵梁的连接，检查前后吊点的尺寸及外形尺寸。检查前后吊带销孔与销子的配合情况。所有杆件齐全及相互连接均满足要求后应分组编号，做出明确标记，准备运往现场正式拼装。挂篮组装图如图7.18所示。

图7.18　挂篮组装图

2)现场拼装

挂篮主体的安装分为行走系统拼装、承重和提升系统安装、底篮系统的安装、安装模板系统、挂篮拆除等几个环节。

(1)行走系统拼装

在挂篮主体拼装之前，首先安装行走系统，包括轨道枕木铺设和轨道铺设。箱梁在横向分四条轨道，在纵向又各分为两条轨道，即同一主墩共有8条轨道。轨道枕木采用20cm×20cm×80cm规格，间距设计为80cm(图7.19)，铺设在挂篮的前支点处。如轨道枕木位置与竖向预应力钢筋冲突，可以适当调整枕木的位置，保证竖向预应力钢筋外露。钢枕前铺设，应先用砂浆将该位置调水平。

利用塔吊将轨道起吊安装到已经铺设好的枕木上，采用精轧螺纹钢与扁担梁将轨道与竖向预应力钢筋锚固在一起，锚固过程中应注意调整轨道的中线位置，保证轨道中线位置与测量放样位置对准，同时调整轨道高程，保证轨道面水平。轨道调整完成后，按图纸要求装扁担转换锚固装置。随后，同法铺设其他几条轨道，铺设过程应注意利用水平仪统一调整轨道的高程。待轨道安装完成后将反扣装置安装在轨道后端离轨道末端3m的位置,并利用木楔将其与轨道塞紧,保证反扣装置不转动。

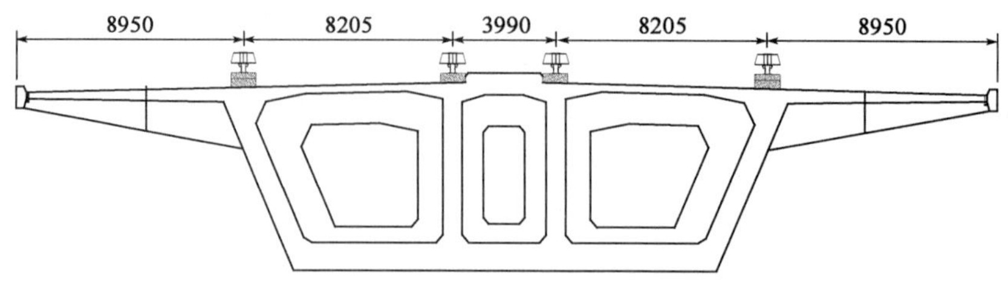

图7.19 承重系统在0号块的横断面布置图(尺寸单位:mm)

(2)承重和提升系统安装

主桁的安装按照由远及近的原则,先安装距离塔吊最远处的那片菱形主桁。最远处的菱形主桁距离塔吊中心约26m。塔吊无法整体起吊,须把桁架解体安装。利用塔吊将主桁的后三角(图7.20)安装于轨道之上,在安装过程中要始终保持主桁与轨道中心线重合,主桁定位后即加四道后锚钢筋。第二、三、四片主桁的安装采用整体起吊的安装方法,一次就位。主桁安装完成之后,利用塔吊安装主桁横联、吊带。承重和提升系统基本形成。

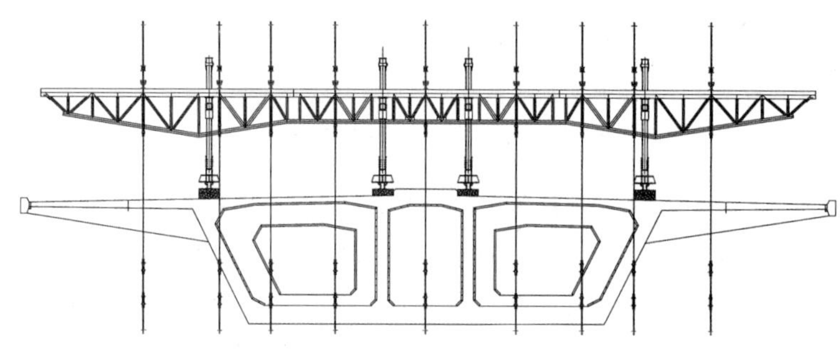

图7.20 前吊带布置图

(3)底篮系统的安装

底篮系统由40条纵梁横架于前后横梁上,以螺栓连接形式组成,其中前下横梁长27.2m,后下横梁长39.5m,总重量约50t(含模板)。底篮系统的安装采用整体吊装提升的模式。底篮系统在平驳船上拼装好之后整体吊装。平驳船采用80t浮吊,该平驳船(图7.21)长37.5m、宽17.5m,承载能力为800t。在平驳船上依次进行后下横梁的拼装、前下横梁的拼装、吊带铰座、吊杆铰座安装、纵梁安装、安全过道安装等工作,然后安装底模。底模吊装采用卷扬机起吊,设6个吊点:其中后下横梁2个吊点分别布置在梁的端头,前下横梁2个吊点与主桁架吊杆连接,另两个分别布置在导梁位置纵梁上(图7.22)。底篮提升到位后,应及时进行锚固。底篮吊装完成后的挂篮立面图如图7.23所示。

(4)安装模板系统

模板安装的顺序为:高边外侧模板骨架、翼板处吊挂梁、顶模托架、顶板模板、内侧模板。外侧模板桁架采取单片安装的方式,每侧共6片,装完后在每片桁架与桁架之间采用圆钢或角钢焊接使之固定。翼板处吊挂安装后,可以将外模桁架与翼板模板及外侧模板焊接在一起,将外模骨架与模板之间固定,同时将外模骨架与翼板模板固定。顶模托架采用钢管支架搭设。

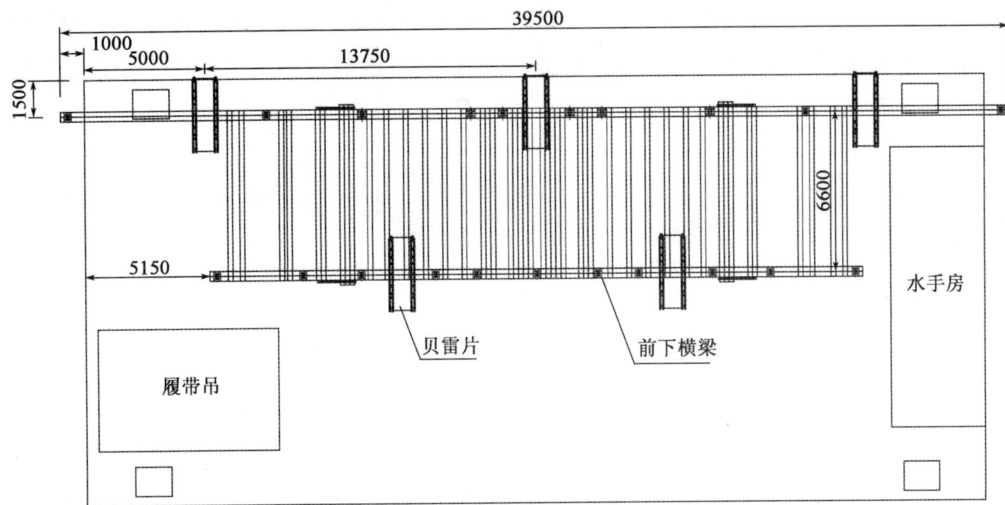

图7.21　平驳船上进行底篮拼装(尺寸单位:mm)

图7.22　挂篮底篮系统整体吊装

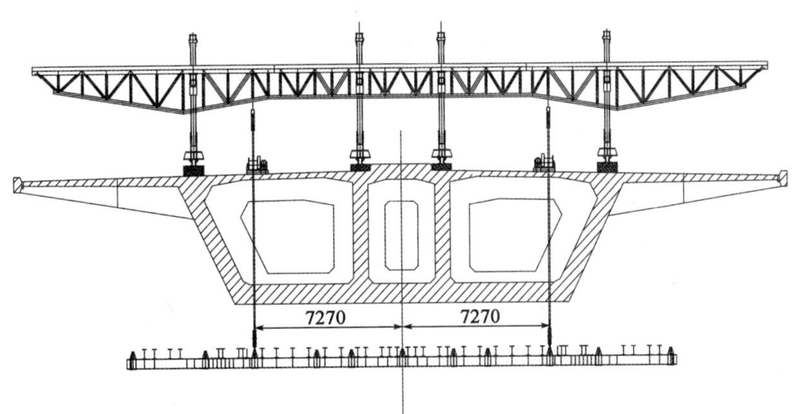

图7.23　底篮吊装完成后的挂篮立面图(尺寸单位:mm)

顶模板托架固定后可开始安装内顶模板。内顶模的安装从中间往两侧装,在模板上开两个吊装孔,穿好钢丝绳后利用塔吊进行安装。内侧模板首先在箱梁内组拼好,并将模板骨架焊接在模板上。待其他工作做完后安装内侧模板。内侧模板采用散拼方式,用钢管支架支撑,待内侧模板与内顶模板之间的螺栓全部上紧后,按照设计要求将内侧模板与外侧模板之间的对拉螺栓安装到位,同时将中间腹板内模之间的对拉螺杆按照设计要求安装到位。

(5)挂篮拆除

挂篮拆除的主要工序为:准备工作→安装卷扬机,滑轮并调试→底篮及外侧模板整体下放→回移挂篮主桁架→拆除前后上横梁及横联→拆除挂篮主桁架→拆除轨道→挂篮材料清理点数入库。其中底篮及外侧模板整体下放与施工挂篮移机过程中相似,后续详述。其余工序属于常规工序,但需注意安全。

7.2.2 移机工艺

挂篮移机主要工序为:底篮下放→轨道前移→挂篮前移→底篮提升、调整等。底篮整体下放时将侧模支架部分和模板部分一起下放。下放前,模板及侧模需固定,尤其是侧模部分的固定,同时把其他的吊带先断开。下放采用卷扬机下放。标准节段中先下放的底篮前下横梁布置2个吊点,吊点位于边腹板内侧的铰座位置;后下横梁布置3个吊点,2个位于侧模支架外侧支腿对应后下横梁位置,1个位于后下横梁中点位置(图7.24)。合龙施工的底篮下放时采用6吊点,前下横梁布置3个吊点,吊点位于端头及中间位置;后下横梁布置3个吊点,2个位于侧模支架外侧支腿对应后下横梁位置,1个位于后下横梁中点位置(图7.25)。

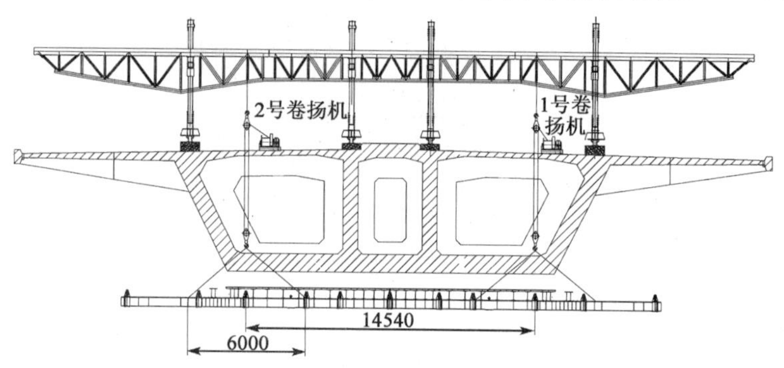

a)前横梁卷扬机吊装点

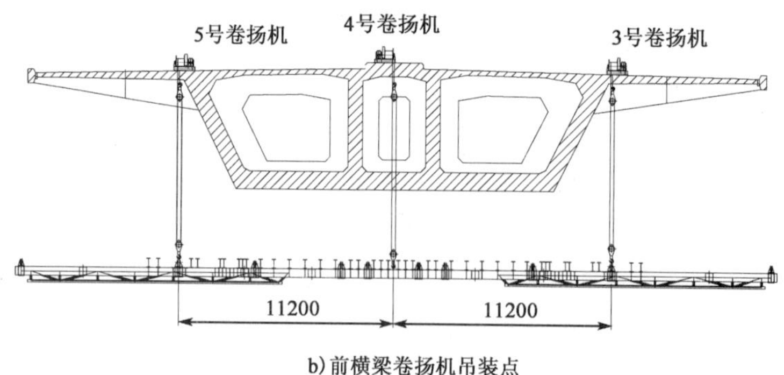

b)前横梁卷扬机吊装点

图7.24 标准节段卷扬机吊装点图(尺寸单位:mm)

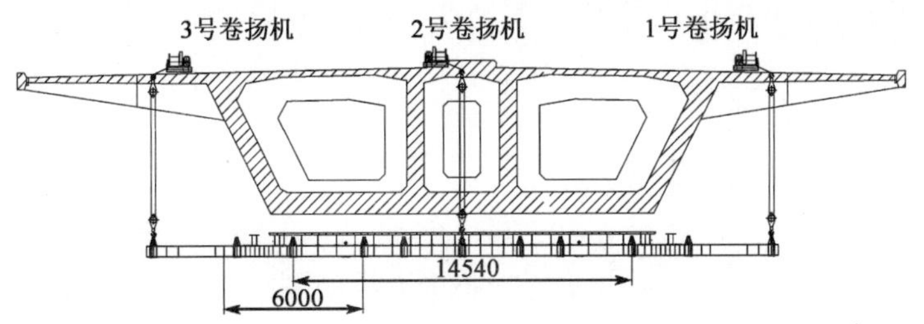

a)前横梁卷扬机吊装点

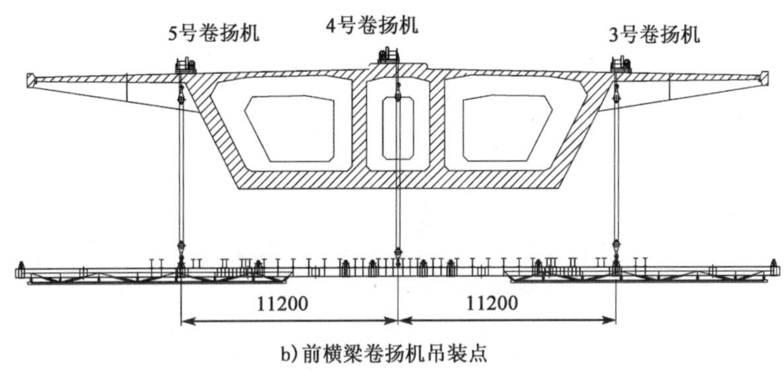

b)前横梁卷扬机吊装点

图7.25　合龙节段卷扬机吊装点图(尺寸单位:mm)

挂篮下放后,在轨道前端用枕木支垫平稳后,采用千斤顶将挂篮前支点顶起约2cm,利用前移液压缸把4条轨道同时拉起前移到下一梁段。挂篮前移时需锚紧轨道(每轨道锚紧不少于3道),调平4轨道且在同一水平高程位置;取出箱内所有后吊带,均匀松掉挂篮后锚;操纵前移液压缸平稳推动挂篮前移,直至前移到位;如前移过程中发现异常,应立即检查整改无误后再前移。挂篮到位后,锚紧挂篮后锚,将箱内吊带全部按要求插入相应位置连接好。

本挂篮体积庞大,施工难度高,挂篮移机需在施工中多次重复,是施工中的高风险项目。因此,除了详细编制施工作业标准外,也对施工管理提出了很多具体的要求,例如:必须认真组织进行全面细致的技术、安全交底;对操作人员实行定人定岗原则,明确责任分工;对挂篮主桁、前后吊带等部件进行编号;使操作简单化,挂篮整体前移、底篮下放及提升采用液压千斤顶,有效降低工人劳动强度;移机前组织相关人员对挂篮进行全面安全检查,并做好书面记录等。为了方便现场执行,制订了专门的挂篮下放专项安全检查方案,主要的内容包括:

(1)检查:下放之前,检查卷扬机、滑轮组等是否固定好,钢丝绳是否完好,绑扎点是否牢固,侧模板是否固定稳固。

(2)下放统一指挥,全程监控,同步下放;下放过程施工段长统一指挥,卷扬机同步下放,测量组全程监控底篮平稳状况及钢丝绳受力情况。

(3)侧模定位由段长组织检查,施工员、安全、机材等部门联合检查。

(4)绑扎点采用21.5钢丝绳6道绑扎、4个锁子固定,按规范距离10cm一个锁子固定。

(5)确保底篮下放过程中,底篮上方及下方不站人。

(6)封航、封路:对于中跨底篮下放时,封航半天。29 号墩南岸侧底篮位于河堤斜坡位置,下放封路半天,确保安全。

7.3 宽幅挂篮安全性测试

本桥挂篮属于特殊设计,必须经过荷载试验和安全性测试,特别是针对菱形主桁架和底篮铰座的试验。菱形主桁架是挂篮的主承重结构,其承重能力直接影响挂篮的稳定性能。加载试验可以检验主桁的承重能力、验证结构受力的合理性、检验挂篮的质量是否满足设计要求,减少挂篮的非弹性变形。同时,通过试验数据也可为挂篮施工和线形控制提供依据。底篮铰座负责底篮力的传递,为钢板焊接件,焊接部位存在局部应力,焊接质量直接影响其承重能力,铰座试验是保证局部安全的重要措施。

7.3.1 桁架对拉试验

菱形桁架对拉试验主要检验主桁的强度和刚度。试验通过将两片主桁在空地上对置,然后对拉前支点,并测定变形,从而明确主桁的刚度和强度。主桁前支点的设计荷载为 100t,试验荷载为 110t。试验过程中需记录的数据包括:加载前后菱形桁架前吊点、前支点和后锚点的高程值。试验装置搭设的基本过程为:

(1)平整地面,在设计位置点预埋短槽钢,浇筑混凝土(ϕ60cm、1m)。

(2)将 2 根双拼 I45a 工字钢横架于 4 个预埋短槽钢的点上并焊接固定,用[10a 槽钢将 2 根双拼 I45a 工字钢焊接起来。

(3)在设计位置铺设 4 根纵向双拼 I45a 工字钢。用短槽钢将上层工字钢的下翼缘与下层垂直方向上 I45a 工字钢的下翼缘焊接起来。

(4)将拼装好的菱形桁架吊装到上面搭设的平台上,先拧好前支点螺栓,再用精轧螺纹钢锚固好桁架的后端。

(5)在菱形桁架设计位置铺设 4 根纵向双拼 I45a 工字钢,工字钢之间用[10a 槽钢连接起来,将两片菱形桁架夹紧,然后用废旧槽钢将上下两层工字钢组焊起来。

(6)安装好前吊点位置扁担梁、张拉千斤顶、吊带及销,上好保险销。主桁图如图 7.26 所示。

将两片主桁对称置于已经调平过的工字钢平台上,后节点板处采用精轧螺纹钢锚固好,下节点板处采用高强螺栓紧密连接。为防止两对称桁架由于受力不均发生竖向失稳,出现类似书本折叠的高危现象,采用工字钢上下层包夹两主桁。加载试验步骤为:

(1)在两片菱形桁架的前端和后端布设坐标点,一共 4 个,测量出初始坐标。

(2)启动油泵开始加载,将千斤顶加载至设计荷载,荷载分 5 个阶段加载到位:30t、50t、80t、100t 和 110t,从 80t 开始,每次加载后需持荷 10min 再测量各点坐标。

(3)当荷载达到 100% 持荷 20min 后全部卸载,卸载后应再次测量各点坐标。

桁架对拉试验现场如图 7.27 所示。对拉试验结果见表 7.4。

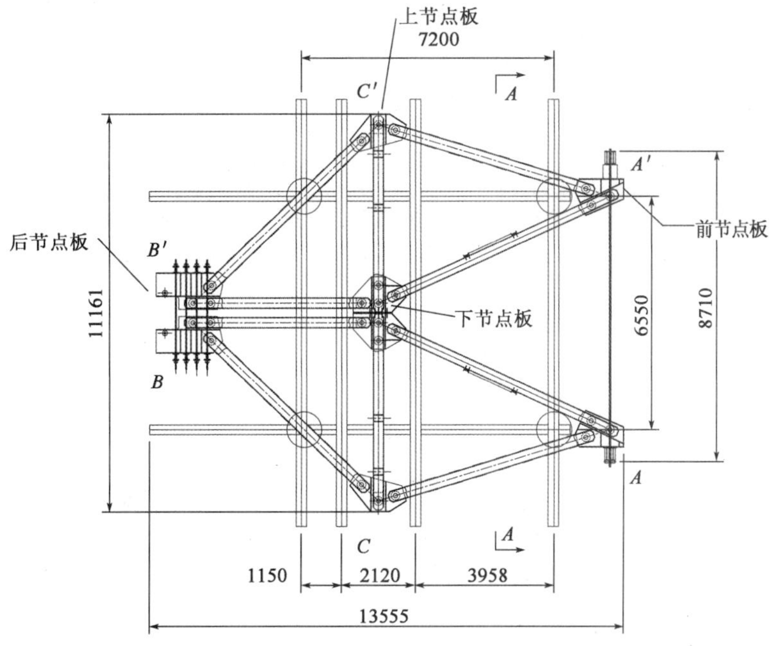

图 7.26 主桁图(尺寸单位:mm)

图 7.27 桁架对拉试验现场图

对拉试验结果表 表 7.4

加载工况		前吊点			后锚点			吊带伸长量(单根)
		A	A'	Δ_1	B	B'	Δ_2	
初始坐标值	X	84088.567	84088.065	-0.502	84091.742	84085.171	-6.571	0
	Y	-74.497	-74.514	0.017	-62.429	-62.361	0.068	
	Z	8.052	8.034	-0.018	8.034	8.044	0.010	
加载 30t	X	84088.568	84088.056	-0.512	84091.739	84085.172	-6.567	1.2mm
	Y	-74.504	-74.515	0.011	-62.429	-62.360	0.069	
	Z	8.033	8.029	-0.004	8.033	8.043	0.010	

续上表

加载工况		前吊点			后锚点			吊带伸长量（单根）
		A	A'	Δ_1	B	B'	Δ_2	
加载 50t	X	84088.570	84088.056	-0.514	84091.740	84085.185	-6.555	1.95mm
	Y	-74.507	-74.516	0.009	-62.431	-62.359	0.072	
	Z	8.033	8.033	0	8.033	8.043	0.010	
加载 80t	X	84088.573	84088.055	-0.518	84091.737	84085.186	-6.551	3.1mm
	Y	-74.510	-74.519	0.009	-62.419	-62.358	0.061	
	Z	8.034	8.033	-0.001	8.033	8.044	0.011	
加载 100t	X	84088.575	84088.055	-0.52	84091.683	84085.203	-6.48	3.9mm
	Y	-74.510	-74.520	0.010	-62.416	-62.358	0.058	
	Z	8.033	8.032	-0.001	8.033	8.045	0.012	
加载 110t	X	84088.577	84088.055	-0.522	84091.692	84085.208	-6.484	4.3mm
	Y	-74.511	-74.521	0.010	-62.418	-62.360	0.058	
	Z	8.033	8.031	-0.002	8.032	8.042	0.010	
卸载后坐标值	X	84088.542	84088.050	-0.492	84091.711	84085.162	-6.549	0
	Y	-74.492	-74.513	0.021	-62.421	-62.368	0.053	
	Z	8.050	8.034	-0.016	8.032	8.044	0.012	

7.3.2 挂篮整体试验

挂篮整体试验采用在 0 号块上预埋拉杆反拉加载，大大缩短试验时间，验证了结构的整体稳定性。试验地点选在某墩 0 号块上进行。布置图如图 7.28 所示。

(1)在 0 号块第二次水泥浇筑前预埋 $\phi32$ 精轧螺纹钢和预留孔。

(2)待 0 号块全部浇筑完成后，清理好 0 号块箱梁面上杂物。

(3)按要求拼装好挂篮上部结构。

(4)在设计位置放置反力梁，并接长精轧螺纹钢作为拉杆，上好锚板和锚固螺母。

试验加载思路：加载采取分工况对称加载形式，荷载为箱梁实荷载，从点到线。千斤顶加载路径：R2(R2′)→R3(R3′)→ R4(R4′)→R5(R5′)→R6(R6′)→R7(R7′)→R1(R1′)。试验步骤如下：

(1)布设好高程监测点，测量并记录好高程值(见表 7.4，称为初始值)。

(2)将两个千斤顶分别放至 R2 和 R2′位置处，启动油泵加载至设计值，拧紧锚固螺母，移开千斤顶；将千斤顶分别移至 R3 和 R3′，加载，拧紧锚固螺母，卸载；依次至 R7(R7′)加载完成。再按设计值重复上述步骤一遍。

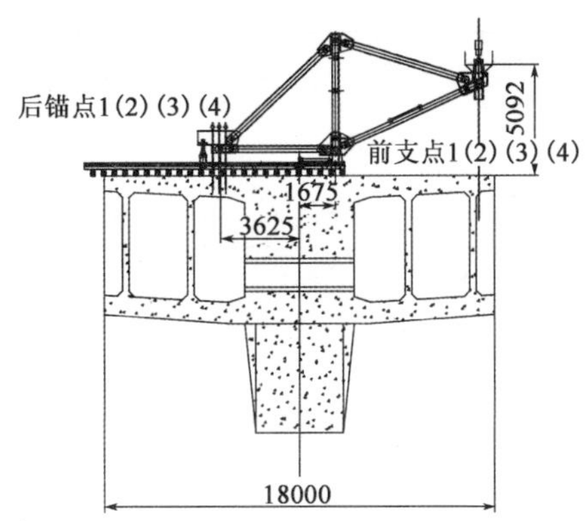

a) 试验布置侧面图

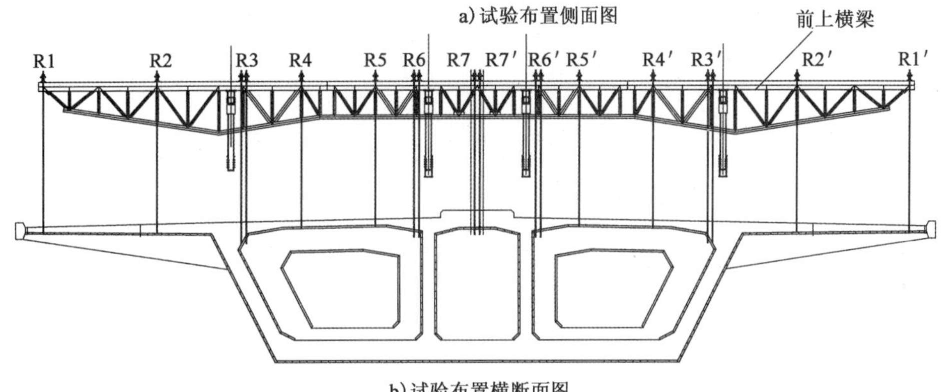

b) 试验布置横断面图

图7.28　试验布置侧面图(尺寸单位:mm)

(3)测量所布设高程点的高程值并记录数据于表内(第一次测量)。

(4)同理,完成 R1(R1′)→R2(R2′)→R3(R3′)→R4(R4′)→R5(R5′)→R6(R6′)→R7(R7′)加载并锚固。

(5)重复步骤(4)一次。

(6)测量所设计高程点的高程值并记录于表内(第二次测量)。

根据静载试验步骤,所得的菱形挂篮整体试验结果见图7.29和表7.5、表7.6。

图7.29　挂篮整体试验

挂篮整体静载试验结果 表7.5

测量点	初始值	工况一		工况二		卸载后值	
	Z(m)	Z(m)	ΔZ(cm)	Z(m)	ΔZ(cm)	Z(m)	ΔZ(cm)
R1	4.085	4.083	-0.2	4.062	-2.3	4.075	-1
R2	4.130	4.109	-2.1	4.102	-2.8	4.115	-1.5
R3	4.145	4.131	-1.4	4.128	-1.7	4.130	-1.5
R4	4.148	4.132	-1.6	4.131	-1.7	4.136	-1.2
R5	4.155	4.136	-1.9	4.133	-2.2	4.138	-1.7
R6	4.152	4.095	-5.7	4.093	-5.9	4.130	-2.2
R7(R7′)	4.145	4.140	-0.5	4.138	-0.7	4.139	-0.6
R1′	4.075	4.065	-1.0	4.054	-2.1	4.070	-0.5
R2′	4.116	4.110	-0.6	4.101	-1.5	4.105	-1.1
R3′	4.137	4.124	-1.3	4.123	-1.4	4.120	-1.7
R4′	4.138	4.092	-4.6	4.088	-5	4.125	-1.3
R5′	4.145	4.130	-1.5	4.123	-2.2	4.126	-1.9
R6′	4.147	4.134	-1.3	4.132	-1.5	4.133	-1.4
前支点1	0.210	0.211	+0.1	0.211	+0.1	0.211	+0.1
前支点2	0.213	0.212	-0.1	0.212	+0.1	0.212	-0.1
前支点3	0.215	0.215	0	0.216	+0.1	0.214	-0.1
前支点4	0.218	0.217	-0.1	0.217	-0.1	0.217	-0.1
后锚点1	1.028	1.037	+0.9	1.039	+1.1	1.036	+0.8
后锚点2	1.027	1.038	+1.1	1.038	+1.1	1.033	+0.6
后锚点3	1.032	1.038	+0.6	1.038	+0.6	1.035	+0.6
后锚点4	1.052	1.057	+0.5	1.057	+0.5	1.056	+0.4

挂篮整体静载试验结果 表7.6

测量点	上节点板1	上节点板2	上节点板3	上节点板4
X	83666.53	83666.53	83666.57	83666.58
Y	-10.105	-1.845	2.08	10.272
Z	46.379	46.405	46.421	46.41
X	83666.54	83666.55	83666.59	83666.59

续上表

测量点	上节点板 1	上节点板 2	上节点板 3	上节点板 4
Y	-10.102	-1.843	2.081	10.273
Z	46.377	46.397	46.415	46.407
X	83666.56	83666.56	83666.6	83666.6
Y	-10.101	-1.842	2.082	10.273
Z	46.372	46.393	46.411	46.401
X	83666.55	83666.55	83666.59	83666.58
Y	-10.103	-1.844	2.079	10.271
Z	46.374	46.396	46.415	46.405

7.3.3 铰座破坏试验

底篮连接铰座是挂篮关键受力点、挂篮施工安全控制关键点，必须保证 100% 为安全合格产品。因此，在使用前，全部铰座必须通过安全测试。

试验方法：对挂篮的一些关键部件（吊带铰座）做超载试验，以满足挂篮的承载要求，安全性达到 100%；对挂篮的主要承载部件（菱形桁架）采用两个对拉的方式做超载试验；任意选择一套拼装好的挂篮在 0 号块上进行整体加载预压，全工况实荷载模拟浇筑过程。

铰座试验采用千斤顶加压，通过吊带将力传递至铰座吊耳，逐步加大荷载，观察铰座的变化情况。

试验将铰座用高强螺栓固定到厚 40mm、平面尺寸为 900mm × 600mm 钢板上，安装好吊带，放置千斤顶和上盖板，打销固定。整套装置置于平坦坚硬的水泥面上，如图 7.30 所示。铰座安装完成后，铰座固定于底篮横梁上，采用两千斤顶顶升扁担梁的形式来实现加载。逐步加载至 120% 的实际受力，观察焊缝是否出现开裂情况、板材是否有变形等。

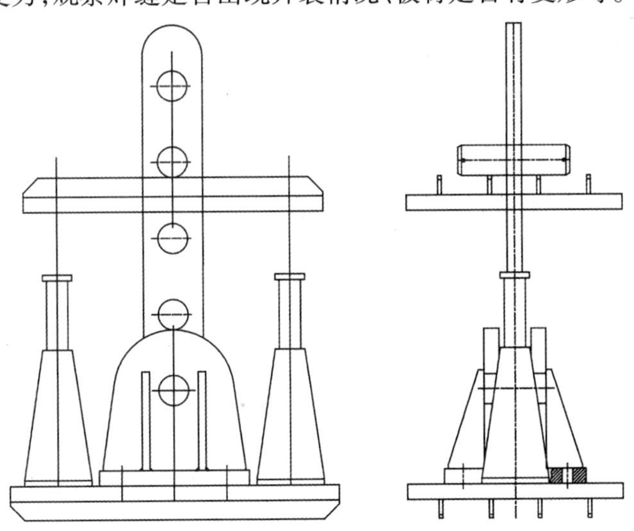

图 7.30　试验装置布置图

启动油泵开始加载，荷载从 20t 开始加载，每增加 10t 记录一次数据至铰座出现破坏现象。具体试验图见图 7.31。试验表明，在整个加载过程中均未发现明显破坏现象。

a)

b)

图 7.31　铰座安全性测试布置图

第 8 章　宽幅混凝土箱梁施工技术

悬臂施工工艺在国内外均较为成熟,能够有效地保障结构的成桥受力状态与设计一致。目前研究多集中在悬臂工艺细节上,即如何保障局部构件安全等,实际上,施工方式必须根据结构形式的改变而进行充分的优化。

西江大桥主梁为宽幅带肋梁结构,悬挑翼板的重量也远超出常规矮塔斜拉桥,如何保障挂篮翼板模板的安全、翼板成型后的线形以及分次浇筑混凝土的防裂性能也对挂篮构造与施工措施提出了较大的挑战。西江大桥主梁为预应力混凝土结构,采用挂篮整体浇筑,箱梁宽度达38.3m,悬臂部分达8.15m,重量达432t,采用C60混凝土。如此宽幅、大体积、高强度混凝土箱梁施工过程中极易出现裂缝。国内外相关研究及工程经验表明,大体积高强度混凝土结构的温度裂纹、结构刚度突变位置的收缩裂缝、宽幅箱梁顶板裂缝等是此类结构常见裂缝,应该结合设计、施工、材料等综合解决。以下将简要介绍西江大桥箱梁悬臂施工技术及相关抗裂研究。

8.1　宽幅箱梁悬臂施工技术

8.1.1　0号段施工

西江大桥主桥0号块长18m,箱梁顶板宽38.3m,底板宽16m,翼板悬臂长8.15m,翼板下设置加劲肋。主塔根部梁高6.8m(含中央带凸出厚度0.3m),边腹板采用斜腹板形式,中腹板为直腹板。箱梁混凝土采用C60普通混凝土,共1310m^3,重约3350t,其中墩顶部分约占1500t,单侧悬浇重量约900t。0号块截面图及侧面图如图8.1所示。

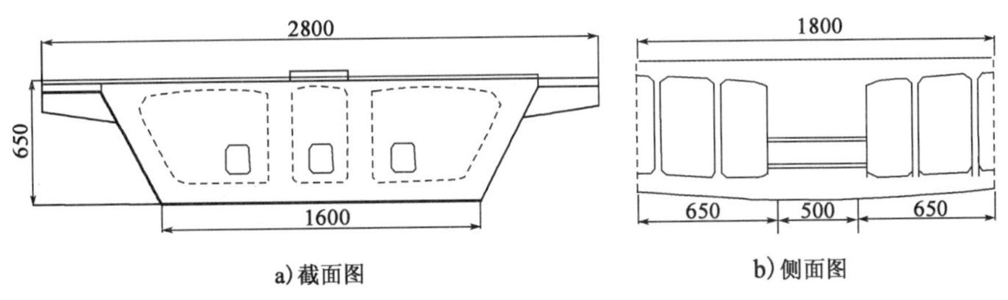

图8.1　0号块截面图(尺寸单位:cm)

0号块施工复杂,需对临时结构、流程及工艺进行专门研究,并针对可能的开裂问题进行专门的对策研究。

0号段的施工流程主要包括钢管支架搭设、水平托架安装、底模侧模安装等,主要流程如下:

图 8.2　0 号块钢管桩图

1）钢管支架搭设

主墩 0 号块采用落地钢管支架，共采用 18 根，ϕ82cm，$t=8$mm 钢管桩作为支撑。其中钢管最大支撑力为 150t，最大应力为 105MPa < $[\sigma]$ = 215MPa。每条钢管桩长约 25m，在高度为 10m 和 18m 的位置设 2 道水平横联（图 8.2），并与主墩墩身联结，以增强钢管桩的整体稳定性。横联采用 ϕ63cm，$t=6$mm 钢管桩焊接。钢管桩平面布置及水平横联布置图如图 8.3 所示。

为保证结构线形，需考虑预抛高。主墩 0 号块支架挠度主要包括贝雷的非弹性变形（贝雷销之间的挠度）和贝雷、钢管桩的弹性变形。钢筋安装完成后，将再次加固木楔，减小方木、木楔之间的缝隙。同时在底模安装时，考虑非弹性变形及弹性变形的压缩量，预抛高 13mm。

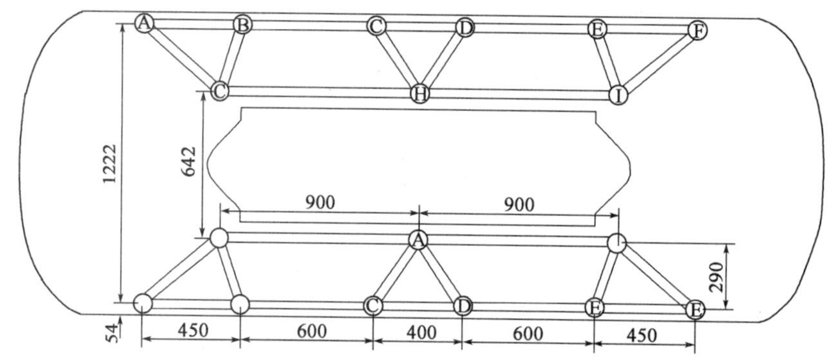

图 8.3　钢管桩平面布置及水平横联布置图（尺寸单位：cm）

2）水平托架的安装

0 号块采用钢管柱与贝雷、型钢相结合的施工托架，在托架上安装模板现浇施工。在主墩承台浇筑前放样钢管桩的位置，并安装好预埋钢板。安装托架时将钢管桩焊接在预埋钢板上，再在钢管桩上纵横向架设工字钢或贝雷，并连接，加固组成托架。在托架上安装钢筋、预应力筋、模板、预埋件，最后泵送混凝土现浇成型。墩身混凝土浇筑完毕后，使用塔吊或浮吊进行贝雷架和工字钢等的安装。翼板区门式支架上面用 10cm × 12cm 方木制作成三角撑作为横梁。

3）底模及侧模安装

0 号块底模采用大块钢模拼装，两端坡度用三角木架加垫板来形成。由于浇筑混凝土时贝雷弹性挠度和支架下沉，故底模高程需考虑该沉降量。之后在底板放出中线，复测高程。0 号块腹板外侧安装门式架作施工支架，用钢管纵横锁紧，然后安装腹板外侧模，用花篮螺丝和方木固定，外侧模板先在平板船上拼装成一整块，用槽钢作模板纵横骨架，外侧模板由塔吊吊装。模板要拉风缆绳，安装完成后由测量组复核，调整到符合要求。

4）底、腹板钢筋绑扎和管道布置

先绑扎底板底层钢筋，然后安装腹板钢筋，之后套装竖向预应力筋管道及竖向预应力筋。完成以后，开始绑扎底板顶层钢筋，之后绑扎横隔板钢筋，安装预应力锚垫板及其他预埋构件。

5）内模和腹板端模安装

底、腹板钢筋绑扎完后，安装腹板及模隔板内模，之后安装底板端模及腹板端模。内模及端模采用组合钢模和木模。最后安装顶板模板。内侧模与外侧模之间用对拉螺丝连接，同时内侧模之间也用钢管和花篮螺丝对撑固定。

6）顶板钢筋绑扎及管道布置

测量放样后，开始绑扎顶板钢筋，之后进行顶板预应力管道的布置。如图 8.4 所示。

图 8.4 绑扎钢筋

7）端模及翼板侧模安装

安装端模及翼板侧模，用方木条支撑牢固。安装有关预埋件和预留孔。

0 号块悬臂托架正面、0 号块支架侧面如图 8.5 所示。整个支架结构的力传递为：三脚架→工字钢→贝雷梁→I45 主承重梁→钢管桩。设计中需对工字钢、贝雷等进行强度和变形的计算。计算荷载取全部混凝土重量。取施工荷载、机具荷载的 1.2 倍进行验算。贝雷的工作模式按全部混凝土荷载计算。

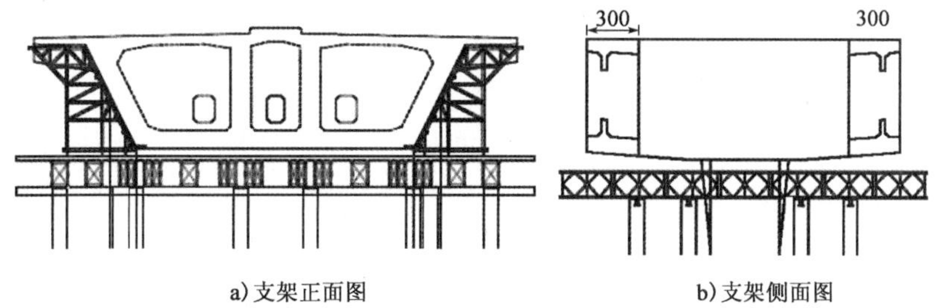

a）支架正面图　　b）支架侧面图

图 8.5 支架侧面图（尺寸单位：cm）

所有混凝土及其他荷载通过三脚架传递到 I25 工字钢上，I25a 工字钢可看作受几个不同大小的均布荷载：中心腹板可看作 1.2m 的均布荷载（669kN/m）；边腹板可看作是 3m 的均布荷载（316kN/m）；顶板可看作 2.8m 的均布荷载（81kN/m）；底板看作 16m 的均布荷载（q = 144kN/m）。荷载分布如图 8.6 所示。顺桥向截面变化较复杂，可按均布荷载考虑。计算表明，工字钢最大剪应力 108MPa，最大正应力 75MPa，最大变形 2.88mm；均满足设计要求。

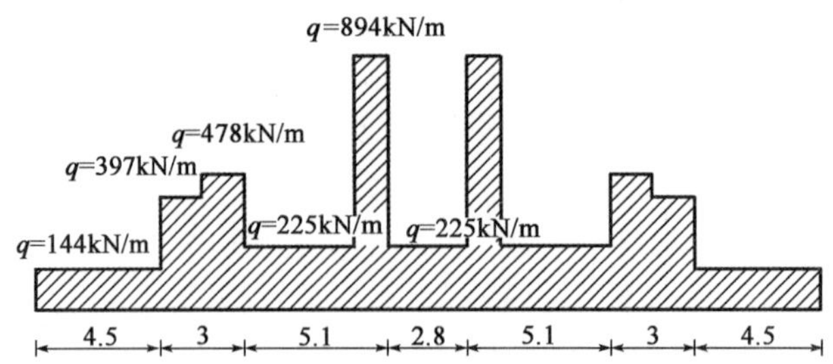

图 8.6　荷载分布图（尺寸单位：m）

贝雷梁顶部工字钢间距为 0.45m，将工字钢对贝雷的作用力视为均布荷载，计算模型如图 8.7 所示，可计算得到工字钢对贝雷梁的作用力，从而得到桁架的内力见表 8.1。各组贝雷梁的强度验算结果见表 8.2。

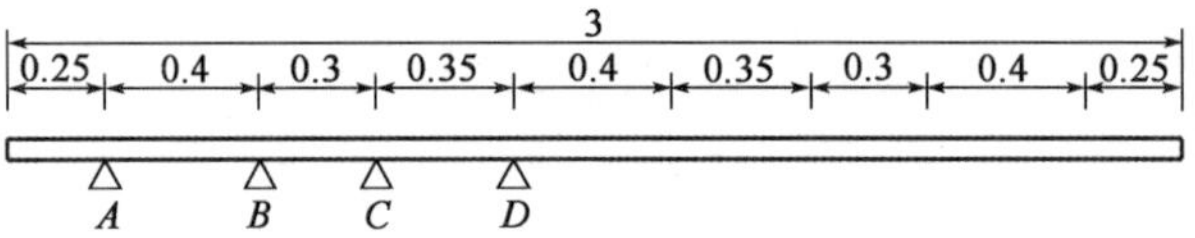

图 8.7　支反力求解图（尺寸单位：m）

0 号块混凝土的混凝土浇筑顺序为：箱梁底板浇筑横桥向由中间向两边对称浇筑，顺桥向先浇筑悬臂端，后浇筑墩顶位置及墩梁接合部；腹板混凝土浇筑由两侧对称分层浇筑，层高 50cm；顶板混凝土先浇筑中部，后浇筑两侧翼板，最后浇筑翼板根部处合龙。每次浇筑方量约为 400m^3，约需 12h，可保证在混凝土初凝前完成该次混凝土浇筑。所有混凝土浇筑安排在白天进行，以便于施工过程中的测量、安全监控。施工全过程须严格监控支架变形情况，包括：钢管桩顶高程沉降、钢管桩顶部及中部的侧向位移、箱梁端部处贝雷的高程变化、箱梁底板的高程变化、钢管桩焊缝、贝雷、三脚架等有无明显变形、受损情况。混凝土浇筑完成并初凝后，及时洒水养生。在混凝土浇筑完成后 3d 再拆除模板，可保持混凝土表面湿润，减少内外温差，减少温度裂缝及收缩裂缝。

桁架容许内力表（单位：kN · m）　　表 8.1

桥型 / 容许内力	不加强桥梁				
	单排单层	双排单层	三排单层	双排双层	三排双层
弯矩	788.2	1576.4	2246.4	3265.4	4653.2
剪力	245.2	490.5	698.9	490.5	698.9

贝雷计算结果（单位 kN · m）　　表 8.2

贝雷组别	A 组贝雷	B 组贝雷	C 组贝雷	D 组贝雷
支反力 F_i	97	1455	648	1631
均布荷载 q_i	15	224	100	251
$1.2\times Q_{max}$	52 < 490	779 < 1398 × 0.9	348 < 490	873 < 1398 × 0.9
$1.2\times M_{max}$	76 < 1576	1130 < 4493 × 0.9	505 < 1576	1267 < 4493 × 0.9

预应力筋张拉按照“左右对称，两端同时，先下后上，先中间后两边，先纵后横”的原则进行，为减少混凝土的收缩徐变对预应力的不利影响，避免由于混凝土收缩徐变过大造成永存预应力不满足设计要求，需要采取混凝土强度、龄期双控指标，在混凝土施工后3d且强度达到80%以上时方能张拉。张拉流程为先张拉本节纵向预应力钢束，然后张拉横向钢束，最后张拉竖向预应力钢筋。纵向预应力束在横向断面上应对称张拉，同时每根钢束应两端对称张拉。钢绞线束张拉采用张拉力与伸长值双控法，即在张拉力达到设计要求即实际伸长值与理论伸长值之间的误差若在±6%之间，本束张拉合格；否则，若张拉力虽已达到设计要求，但实际伸长值与理论值之间的误差超标，则应暂停施工，在分析原因并处理后，继续张拉直至达到设计应力。横向预应力钢束沿纵桥向交错单端张拉，施工流程及技术控制同纵向预应力钢束张拉。竖向预应力筋采用ϕ32的冷拉Ⅳ级精轧螺纹粗钢筋，张拉控制力采用0.9倍屈服强度。

张拉完毕卸下工具锚及千斤顶后，目视检查断丝情况，仔细查看工具处每根钢绞线上的楔片压痕是否平齐，若不平齐则说明有断丝；查看本束钢绞线尾端张拉前标注的平面是否平齐，若不平齐则说明有滑丝。当滑丝和断丝数量在规范内时，不需特别处理，即可进入下道工序；当滑丝和断丝数量超过规范允许范围时，则需经研讨后处理。预应力施工现场如图8.8所示。

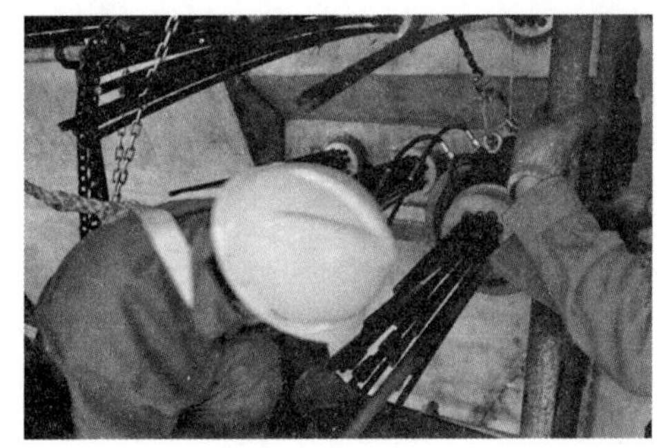
a)预应力张拉双控

b)张拉后灌浆

图8.8　预应力施工现场

预应力筋张拉锚固完成后，应及时（张拉完成后，24h内）进行孔道压浆工作（使用真空压浆机），以防预应力筋锈蚀。为保证孔道内水泥浆的密实，应严格控制水灰比，一般以0.4~0.45为宜，28d强度不小于设计要求所规定强度。事先需做试验确定配合比。水泥浆在拌浆机内按照先放水和减水剂后再放水泥，最后放膨胀剂的顺序。拌和时间不能低于2min，拌好的灰浆过筛后存放于储浆桶内。储浆桶要不停地低速搅拌并保持足够的数量以保证每根管道的压浆能一次连续完成。水泥浆自压浆泵到压入管道的时间不得超过40min。

8.1.2　标准段施工

1）基本施工流程

本桥箱梁混凝土标准段施工可分为有索区和无索区施工两种工艺流程。具体的工序包括箱梁外模、箱梁钢筋、预应力安装、内模安装、斜拉索锚管安装、混凝土浇筑施工、张拉压浆施工、斜拉索张拉施工、挂篮移机调篮施工等步骤，见图8.9、图8.10。

图8.9　主墩箱梁施工

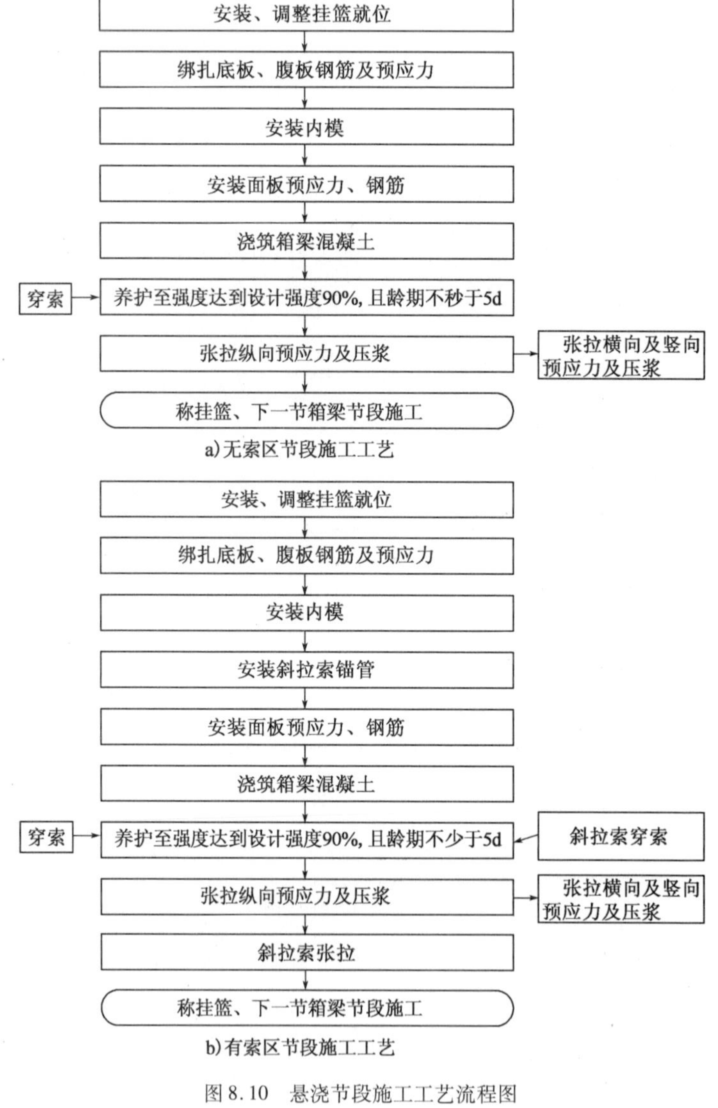

图8.10　悬浇节段施工工艺流程图

这些工序为常见工序，但结合本桥箱梁宽度大悬臂的特点，在各个施工流程中仍需进行许多优化。

2）模板施工优化

模板系统由箱梁底模、外侧模、内模及支撑架组成，箱梁底模直接支撑在底篮的纵梁上，外侧模由桁架体系支撑，箱梁内模由钢模与木模组成。模板施工中主要存在内模拆装、翼板脱模、翼板桁架设计等关键问题。

（1）内模拆装

箱梁每个节段中均设计了横隔板，从拉索节段（7 号块）开始，人洞大小缩小为 1.2m × 1.2m，内模需每节段散拆后再拼装，施工安全和进度控制存在一定难度。

从方便施工考虑，模板设计中所有内箱倒角模板、横隔板侧模、顶模采用木模，其余腹板侧模采用钢模。施工时，提前把内侧模拼装成 1.2m 宽、腹板高度长的模块，内侧模的组拼安装和拆除以模块作为基本单元进行，大大缩短内模安装、拆除时间。同时，根据箱梁顶板尺寸，提前制作特定大小的方木桁架，内顶模安装时将制作木桁架摆到钢管支架上后，便可直接铺设夹板进行封顶，加快了内模安装速度。内模施工如图 8.11 所示。

图 8.11　内模施工

（2）翼板脱模

本桥箱梁设计中每个节段中均有加劲肋，加劲肋根部高度为 1.5m，使得侧模脱模困难。根据以往的经验，底篮需要降低至少 1.5m 以上，挂篮在前移时才能顺利通过加劲肋位置，而将底篮降低 1.5m 会使得底篮下放施工时间长且安全风险大。

因此，在进行加劲肋模板设计时，将加劲肋上口模板比实际做大 5cm，即加劲肋模板截面形状做成倒梯形，有效降低了加劲肋模板与混凝土的摩擦力，减少了侧模脱模的难度，且在脱模过程中避免了加劲肋模板经常将加劲肋下端倒角碰坏的情况。将外侧模桁架通过 4 台 10t 手拉葫芦悬挂在挂篮上横梁来进行外模的升降、高程调整，同时使外侧模底篮独立开来，外侧模桁架支腿通过反力梁支撑在底篮的纵梁上（图 8.12）。在下放侧模时，将反力梁取掉，通过手拉葫芦将外侧模下放 1.3 ~1.4m，最后底篮只需下放 20cm，移机时侧模便可顺利通过加劲肋。这样大大减少了底篮的下放高度，减少了施工难度，缩短了施工时间，降低了施工成本和安全风险。

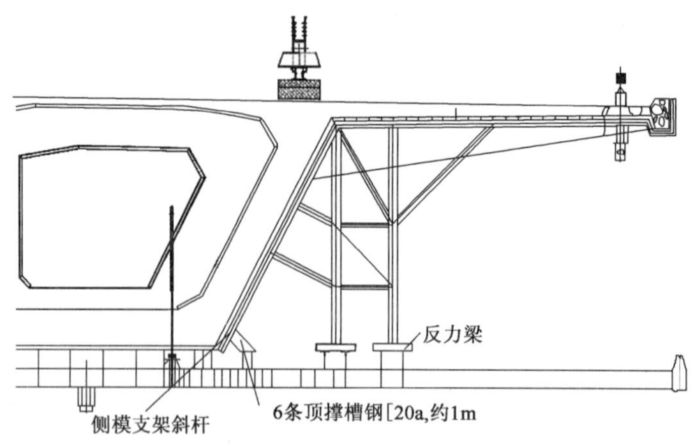

图 8.12　外侧模施工

(3)翼板桁架设计

箱梁翼板悬臂长度 8.15m,外模采用桁架支撑,如果翼板重量全部由侧模桁架承受,则侧模桁架需非常庞大,施工不便且不经济。如果翼板重量全部通过吊带由挂篮前后上横梁承受,则挂篮前后上横梁需要大大加强,且移机不方便,安全风险大。

经过反复论证,将侧模桁架或前后上横梁中任意一个设计很强大都是不经济、不科学的,也不是最优方案。为此,在翼板端部设置一条吊挂梁,吊挂梁的后端通过反力梁锚固在已浇混凝土翼板上,吊挂梁的前端通过吊带悬挂在前上横梁上。由于吊挂梁后吊点距翼板边缘的距离远小于前吊点距翼板边缘的距离,所以翼板大部分重量由吊挂梁后吊点传递至已浇箱梁翼板上,减轻了前上横梁的"负担",这样侧模桁架和前后上横梁都可得到最优化的设计。侧模下放和移机的过程中,可将吊挂梁后吊点解除,通过手拉葫芦将侧模桁架悬挂在后上横梁上,挂篮移机的问题也得以解决。

(4)底板变宽模板设计

箱梁底板宽度由 16m 逐渐变宽至 19.072m,每个节段底模的尺寸都将不一致,且底板的变宽使得边腹板的位置也随之向箱梁的两边移动,底篮结构受力状态也将随之变化。

设计中,将底模设计为由标准模板块和异形模板组成,标准模板块由 1.5m×1.8m 标准板拼装而成,异形模板块根据每一节段的底板尺寸制作分类,每一节段只需将异形模板块更换便可得到需要的模板尺寸,方便快捷。底模分块拼装图如图 8.13 所示。

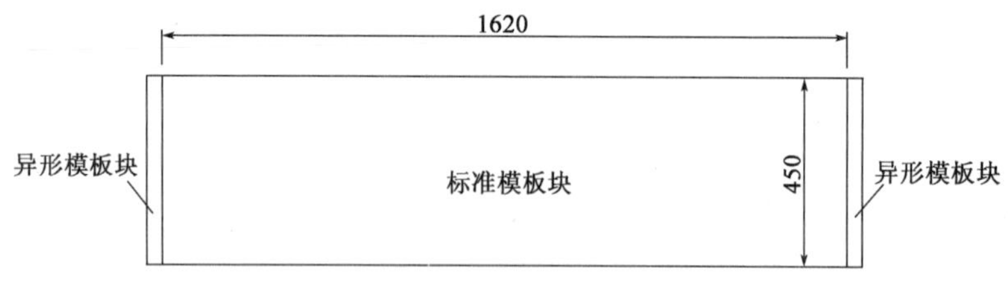

图 8.13　底模分块拼装图(尺寸单位:cm)

腹板位置处混凝土方量集中,特别是斜腹板厚度大,自重非常大,底篮的承压纵梁需要适当加密。而施工过程中底板宽度逐渐变宽,斜腹板的位置也随之改变。因此,在底篮加工时提前在前后横梁上安装滑动装置(图8.14),在滑动装置上安装5条承压纵梁,随着底板的逐渐变宽3m,该处纵梁也随之滑动调整位置,始终保证斜腹板下方的承压纵梁数量和间距满足底篮受力要求。

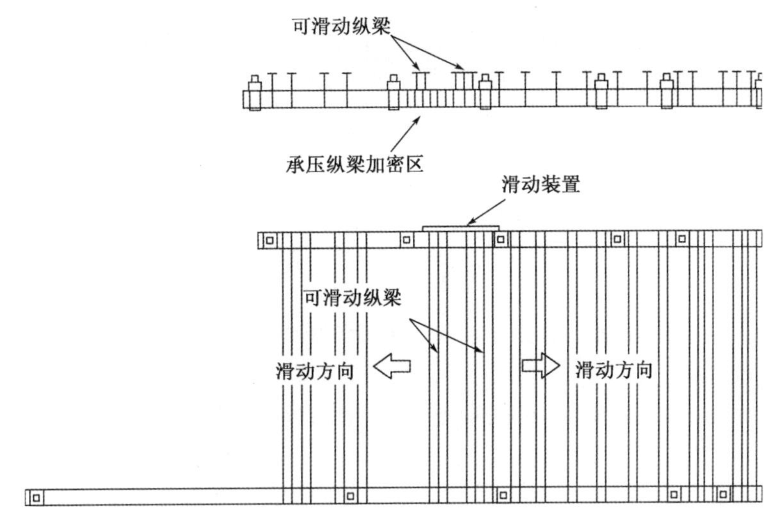

图8.14　滑动装置布置图

(5)模板施工效率改进

受箱梁节段横隔板影响,内模不能随挂篮一起前移,必须散拆散拼,因此内模施工的时间制约了箱梁节段施工时间,应采取措施加快立模的速度。

施工中优化了施工组织:将T构两边施工工序错开1~2d,人员和设备得以错开发挥了最大的效率。同时,将内模提前组拼好,摆放在卷扬机吊装点的附近,通过以上措施可以将内模安装时间控制在2d内,有效保证了挂篮施工周期。

3)混凝土和钢筋工程优化

(1)箱梁裂缝防治

本箱梁为宽幅脊梁断面,箱梁结构复杂、顶板宽度大,轴力滞后现象明显,若不采取有效措施将使箱梁局部位置产生应力集中,甚至开裂;同时,混凝土为C60高性能混凝土,浇筑难度大。这些都给浇筑质量控制提出了很高的要求。因此,从原材料、浇筑、养护等多个环节进行了有针对性的优化和控制。

首先,为了解决截面均匀受力问题,通过研究将原设计要求的横断面两次浇筑变为一次浇筑滞后连接,保证了质量,提高了工效,这部分内容将在后续专门叙述。

其次,在原材料选用方面,采用了专门研制的混凝土配合比,精选原材料,合理控制掺合料比例。在试验室研究的基础上,还在现场进行了混凝土的试配成型,制作了4组尺寸为100mm×100mm×515mm的试件,测试了龄期分别为3d、7d、14d、28d时混凝土干燥收缩情况,从试验数据得知此配合比的早期收缩率较小,收缩率在0.028%~0.033%的范围,能够有效预防混凝土开裂。在顶板新旧混凝土结合位置的混凝土中按一定比例掺入聚丙烯纤维,提高了混凝土的抗裂性能,避免裂缝的产生。

总体浇筑顺序上要求悬臂段混凝土采用地泵泵送混凝土一次性全断面分层灌注成型，T构两边严格对称浇筑，先灌注底板后再灌注腹板及顶板；每一水平层由端部向接缝方向灌注，按照前后左右均匀对称的原则，确保混凝土浇筑质量和挂篮平衡。

浇筑过程中采用原材料浇水、加冰、输送泵管覆盖麻袋浇水降温、夏天选择夜晚开盘等方法，最大限度地降低混凝土入模温度。养护期间，设置挡风设施；适当延长拆模时间。

同时，在桥面板混凝土强度达40%时，初张拉横向预应力30%，桥面板混凝土强度达100%且达到龄期时，张拉横向预应力至100%，以控制混凝土早期裂缝。

(2)箱梁斜腹板钢筋绑扎

本桥斜腹板外倾角达63°，由于钢筋骨架较大，高5～6m，钢筋绑扎保护层厚度难以保证；且斜腹板高度随节段逐渐变化，斜腹板箍筋长度都不一样，保证钢筋骨架上口高程的准确难度较大。

针对这一问题，斜腹板钢筋绑扎中通过CAD软件辅助放样，钢筋半成品根据不同规格进行编号；加大半成品的过程检查，确保用于钢筋百分百合格。在钢筋绑扎前先制作钢筋定位骨架，骨架中间加焊支撑筋，确保6a箍筋中间下凹，钢筋绑扎要牢靠，不能跳点，避免施工过程中骨架发生变形、走位；通过拉标线保证箍筋上口高程。要求保护垫块安装数量必须保证，垫块间距不得大于60cm，用扎丝十字形绑扎牢固；同时使用钢筋头套上钢筋保护帽将钢筋骨架与外侧模撑开至设计保护层，保证钢筋施工质量。

(3)长束预应力管道压浆质量

预应力管道压浆质量是后张法预应力钢束防腐系统的一个重要部分，压浆质量直接影响到桥梁安全和耐久。本桥箱梁中有纵向、横向、竖向预应力体系，预应力管道数量多、布置复杂，尤其是纵向预应力管道，长度达210m，预应力管道压浆质量较难控制。

首先，严格控制预应力管道布置位置，管道采用定位钢筋固定，使其牢固地置于模板内的设计位置；加强管道检查，确保管道完好无破损。混凝土浇筑前在管道内设置内撑管，混凝土初凝后方可将内撑管拔出，防止浇筑时漏浆堵管；另外，用管道检查器进行管道提前检查，发现管道存在堵管及时处理。同时，施工中设计了严密的压浆质量保证体系，每隔20m设置一个出气孔。采用真空压浆工艺，利用预应力管道内空气的负压，使浆体能更饱满、更密实地填满整个预应力管道，以减少预应力筋在使用过程中的腐蚀。竖向预应力筋采用了U形连通管的形式，确保压浆质量。

4)斜拉索施工

本箱梁斜拉索采用扇形布置，梁上间距4m，塔上间距0.8m，拉索通过预埋钢导管穿过塔柱，在主梁上张拉。斜拉索采用ϕ^s15.2mm环氧涂层钢绞线斜拉索，标准强度为1860MPa，斜拉索规格分别为43-ϕ^s15.2mm和55-ϕ^s15.2mm，采用钢绞线拉索群锚体系。斜拉索为单索面双排索，布置在主梁的中央分隔带处，钢绞线外层采用HDPE护套。减振装置及锚具采用斜拉索专用材料，全桥共128根斜拉索。斜拉索基本的施工流程如图8.15所示，斜拉索施工中主要有拉索定位、进度控制等关键问题。

(1)锚管的精确定位

锚管定位是斜拉索施工的关键工序。锚管为中空圆柱体结构，且重量较大，施工难度非常大，需采取有效措施保证锚管定位的精确、快速和方便。施工中优化了梁上锚管定位架和塔上定位测量方法。

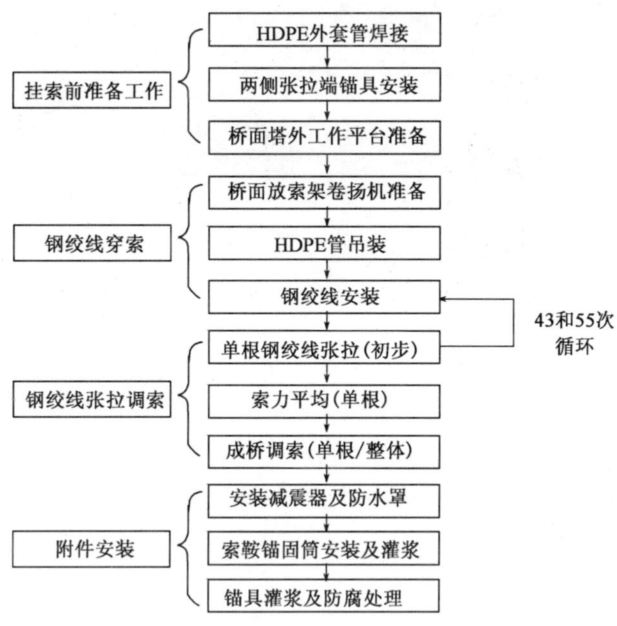

图 8.15　斜拉索施工工艺流程图

梁上锚管定位架常规做法是在箱梁底模上设置支撑骨架，此方法中，定位架需每节段安装、拆除，耗材耗时，且挂篮的沉降将会影响锚管安装精度。也有在已浇梁段混凝土上设置悬挑骨架，此方法同样需要每节段安装、拆除，且在没有塔吊吊装的情况下施工难度大。在本桥中，设计了在挂篮主桁上设立吊架来作为锚管定位架(图 8.16)，吊架分前后两片桁架分别固定锚管的前后端，桁架焊接在主桁上，既可以作为横联增加挂篮的稳固性，且又能随挂篮前移并重复使用，作为牢固的锚管定位架，节约了成本和施工时间。

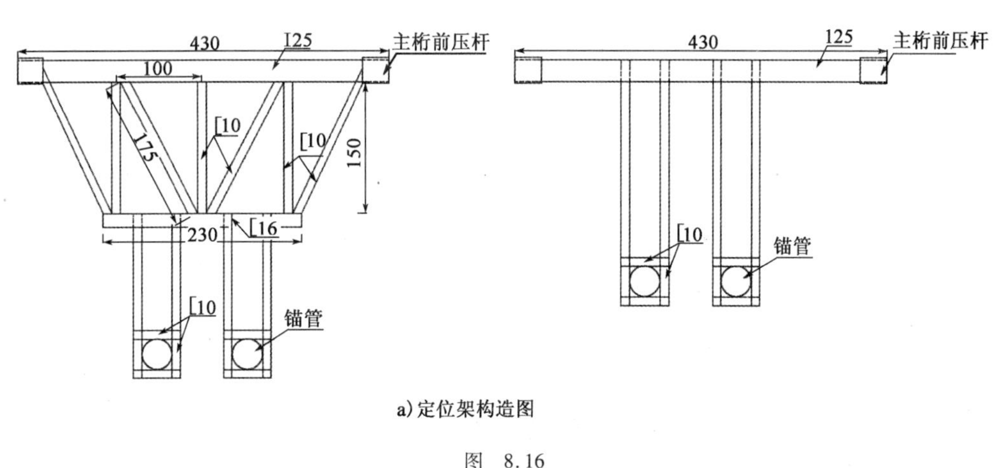

a)定位架构造图

图　8.16

b)定位架现场构造

图 8.16　锚管定位架

锚管的安装与定位,一般应首先把需定位的锚管放在支撑它的劲性骨架上,因此可在桥轴线附近的局部控制网点上设置全站仪,采用二测回极坐标放样的方法,在已经装好的劲性骨架上精确放出两个支撑点 *K*、*M*,并事先用小钢尺在要安装的锚管上自出口端底部点 J 向上量出 *LK*、*LM* 的距离,并在锚管上也标注出这两个标志点 *K*、*M*,然后把锚管吊装在劲性骨架上,使锚管上标注出的标志点刚好与劲性骨架上放样出的支撑点相吻合(图 8.17)。放样后还应进行检查。检查的方法是以整体和局部平面控制网为基准,采用单三角形或双三角形边角前方交会的方法测量锚管上出口 *H* 点的平面坐标;以局部高程控制网点为基准,采用精密水准仪悬吊钢尺水准测量方法测量 *H* 点的高程,这样就获得了 *H* 点的三维实测坐标,并与其设计坐标进行比较,若偏差值在允许限差以内,则该锚管安装定位完毕,否则应重新调整锚管的空间位置,直至检查结果达到要求为止。

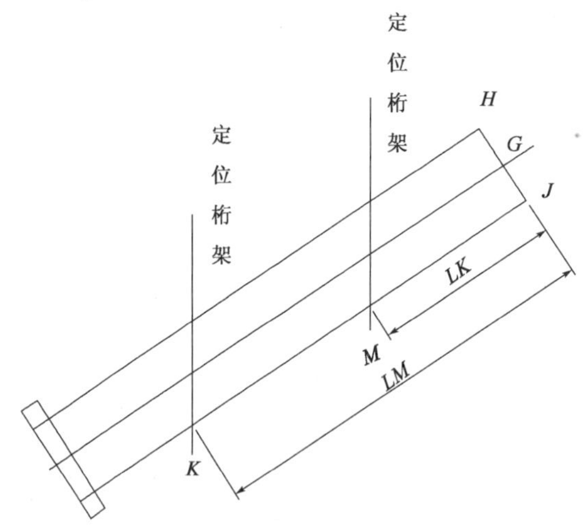

图 8.17　锚管安装定位原理

(2)斜拉索穿索装置优化

本桥斜拉索根数多、长度大、工序繁杂、施工难度大,且斜拉索张拉后才能下放底篮进行下一节段的施工,加快斜拉索的安装进度对施工工期的控制显得尤为重要。施工中,设计了

图 8.18所示的穿索装置,斜拉索采用机械方法穿钢绞线,通过卷扬机、滑轮形成一个闭环,可以连续穿索,穿索的速度得以保证,节省了施工时间。

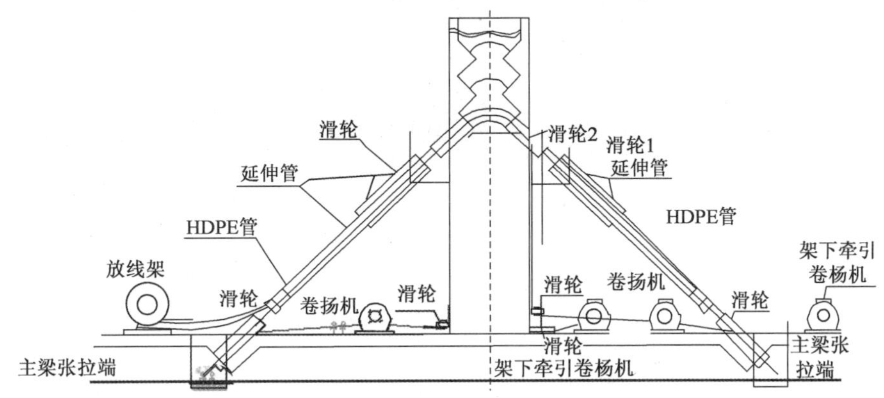

图 8.18　穿索示意图

(3)斜拉索与挂篮的移机的冲突问题

挂篮后拉杆横联使得斜拉索施工与挂篮移机存在空间位置上的冲突。为此,对横联进行简化,将后拉杆横联取消,而在主桁前支点处增加 I25a 工字钢联系 4 个主桁,即前支点横联。但前支点横联在 2 号、3 号主桁之间与斜拉索锚管冲突。为此,将前支点横联在 2 号、3 号主桁之间断开,将锚管定位架牢固地与 2 号、3 号主桁焊接,增加主桁之间的稳定性,替代前支点横联的作用。通过计算分析得出,上述方法将横联简化后挂篮各项性能仍能满足要求。

8.1.3　合龙块施工

1)合龙施工总体概况

西江大桥共有两个边跨合龙段、两个次中跨合龙段和一个正中跨合龙段,合龙段节段长 2m。合龙顺序为由边到中,即先施工边跨合龙段,再施工次中跨合龙段,最后进行正中跨合龙段施工。其中边跨合龙段采用贝雷吊架来施工,中跨合龙段利用挂篮底篮和侧模进行合龙段施工。合龙段施工时,需在悬臂端配置水箱,浇筑过程中采用同步卸载法消除附加应力。对于次中跨和正中跨合龙,需对悬臂端进行顶推,并焊接劲性骨架。西江大桥桥型布置如图 8.19 所示。

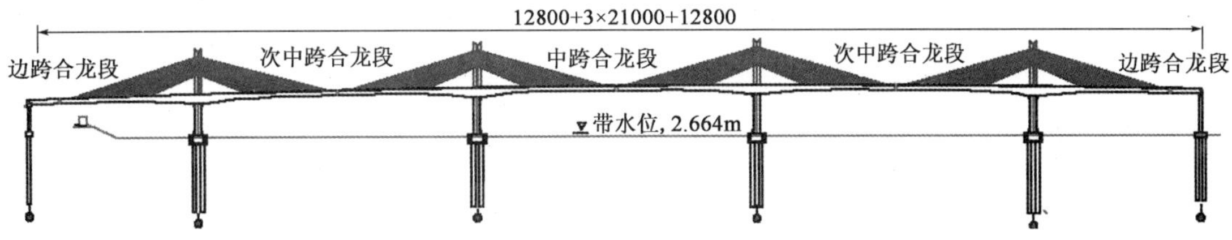

图 8.19　西江大桥桥型布置图(尺寸单位:cm)

2)施工工艺

本桥共有 5 次合龙,基本的合龙工艺如图 8.20 所示。施工过程中需要关注的注意事项如下。

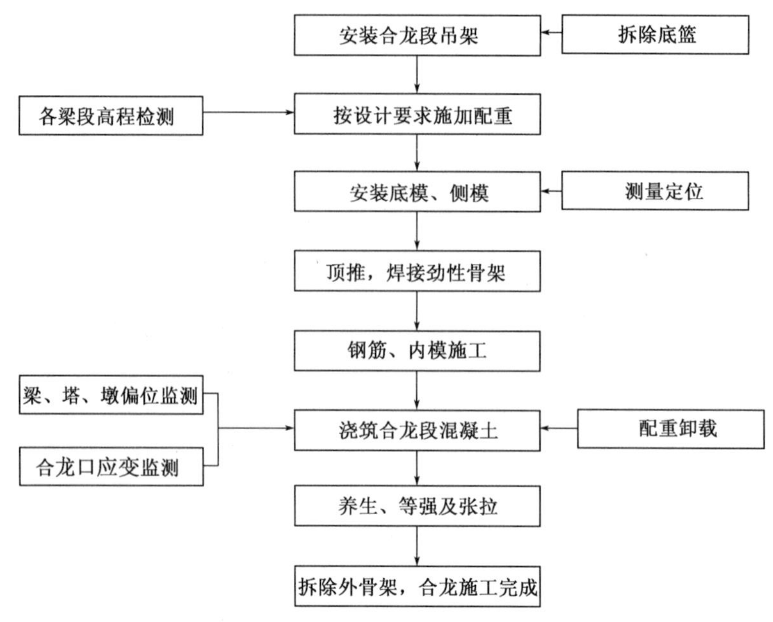

图 8.20　合龙施工流程图

(1)底篮拆除

中跨合龙施工只需要单个底篮即能满足施工要求，因此，在 24 号张拉完成后，要下放底篮。挂篮底篮采用卷扬机整体下放，共布置 5 个吊点，其中前横梁 2 个，后横梁 3 个。张拉完成后，将滚轮箱固定在导梁上，翼板支架与底篮纵梁牢固焊接，并加固焊接纵梁与下横梁。通过挂篮下放系统将底篮整体下放 30cm，下放过程各吊带要同步，使底篮保持平稳。下放后，绑好卷扬机钢丝绳，用卷扬机吊起底篮再次下放至平驳船上，29 号墩南侧挂篮直接下放至地面。底篮下放到位后，将同侧挂篮后退至 22 号块锚固。

(2)中跨合龙挂篮前移

次中跨和中跨合龙段利用挂篮底篮施工。24 号块混凝土张拉、压浆完成后，前移底篮至合龙段位置。为保证合龙段两侧悬臂端受力相同，前横梁需锚固在离 24 号块断面 2.3m 的地方。挂篮分三次前移，第一次前移至前吊带顶住混凝土断面；用钢丝绳承重分别在 4 个主桁前压杆位置吊住底篮，下放前吊带使钢丝绳受力，再次前移挂篮 60cm；穿好前吊带，顶起底篮使前吊带受力，将承重钢丝绳后退 1.6m 至混凝土断面，通过前吊带下放底篮，使钢丝绳受力，再次前移底篮至设计位置，锚固前吊带。

前移步骤为：下放后吊带使底篮落在滚轮箱滚轴上→将前吊带下放 30cm→前移挂篮至前吊带顶住端面混凝土→将底篮用钢丝绳挂吊前压杆上，并收紧钢丝绳→再次下放前吊带使底篮重量落在钢丝绳上→取掉前吊带→将挂篮前移 60cm→穿好前吊带并顶升底篮使前吊带受力→后退承重钢丝绳至混凝土断面→下放前吊带使钢丝绳受力→取出前吊带，再次前移挂篮至设计位置→提升底篮、锚固前吊带。

顶推施工完成后，方可锚紧底篮。底篮锚固后，为方便修葺配重水池，挂篮后退至 22 号块位置。图 8.21 为合龙段施工时吊架布置图。

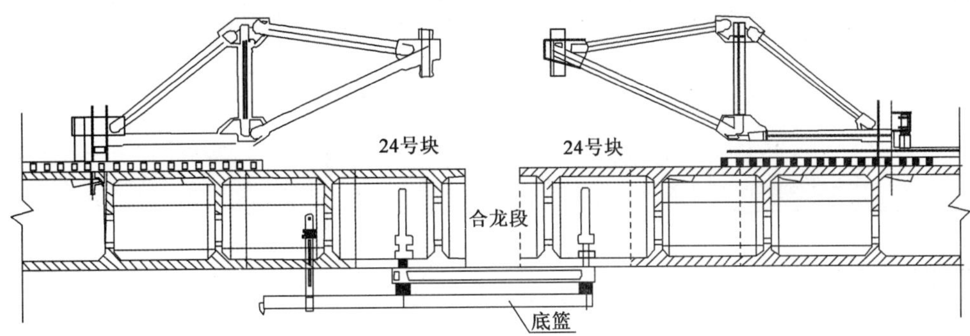

图 8.21　中跨合龙吊架布置图

(3)边跨合龙段施工支架搭设

边主墩 24 号块张拉完成后,下放底篮。底篮下放之后,纵向接长现浇段支架贝雷梁,将贝雷梁锚固在 24 号块混凝土,相邻贝雷之间应用剪刀撑加固。在贝雷梁上按照 75cm 间距铺设 25 号工字钢,工字钢用骑马螺栓固定于贝雷梁上。在 25 号工字钢上摆放大头木尖,双层木尖之间用铁钉固定,在木尖上摆放 10cm 方木,方木间距为 30cm,方木上面安装 2cm 厚黑夹板作为合龙段底模。在木尖、方木安装过程中,要拉线调直,保证各点受力均衡,沉降一致。边跨合龙施工外侧模和翼板采用水管支架或者门式支架搭设。边跨合龙吊架如图 8.22 所示。

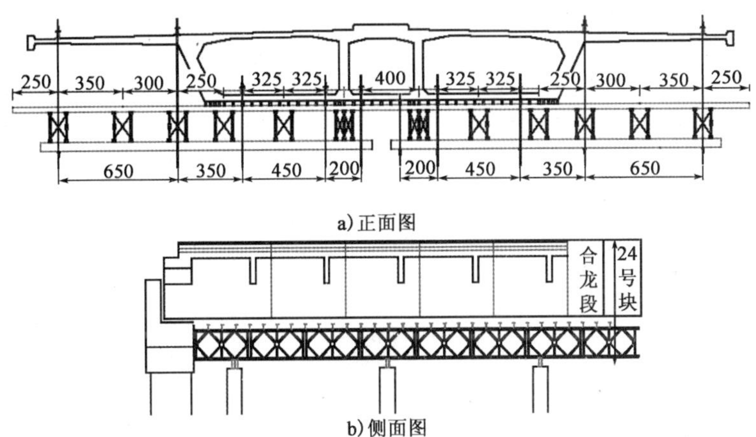

图 8.22　边跨合龙吊架布置图

(4)配重施工

配重包括基本配重和附加配重:基本配重是为等量代换合龙段混凝土重而施加的,附加配重是为调整梁体变形和高程而施加的。

合龙施工配重方法为:24 号块张拉完成后,下放底篮并将挂篮后退至 22 号块。在 24 号块~23 号块间桥面修砌水池,水池尽量靠近 24 号块端面,水池宽度 5m,长度 28m,高度根据各合龙段配重需要修葺。水池修葺采用 18 墙,每隔 5m 设置一道加劲墙,内外用砂浆批挡。修葺水池时,在池壁每隔 10cm 划个刻度。在池底埋设 PVC 管用于卸载配重,浇筑过程中,放出水的重量等于新浇筑混凝土的重量,且水要用软管接至桥底。各跨合龙配重情况见表 8.3~表 8.5。

边跨合龙配重表　表 8.3

合龙部位	部位	吊架质量(t)	挂篮上部质量(t)	水箱质量(t)	总重(t)
28～29 合龙	29 南侧	10	65	70	145
	29 北侧	—	65	80	145
32～33 合龙	32 南侧	—	65	80	145
	32 北侧	10	65	70	145

次中跨合龙配重表　表 8.4

合龙部位	部位	底篮质量(t)	挂篮上部质量(t)	水箱质量(t)	不平衡配重(t)	总重(t)
29～30 合龙	29 南侧	—	65	32	—	97
	29 北侧	32	65	70	—	167
	30 南侧	32	65	70	100	267
	30 北侧	—	65	102	—	167
31～32 合龙	32 南侧	32	65	70	—	167
	32 北侧	—	65	32	—	97
	31 南侧	64	65	38	—	167
	31 北侧	32	65	70	100	267

中跨合龙配重表　表 8.5

合龙部位	部位	底篮质量(t)	挂篮上部质量(t)	水箱质量(t)	总重(t)
30～31 合龙	30 南侧	32	65	—	97
	30 北侧	32	65	70	167
	31 南侧	32	65	70	167
	31 北侧	32	65	—	97

(5)模板施工

边跨合龙段底模、侧模、顶模均采用黑夹板作为模板，其中底模和顶模采用 10cm 方木做背肋，腹板采用 8cm 方木做背肋，背肋间距为 30cm。腹板模板采用 $\phi20$ 对拉螺丝锁紧，对拉螺丝间距为 80cm。木模板接缝要严密并用原子灰抹平。

次中跨、中跨合龙段底模为原挂篮底模，侧模在原挂篮侧模基础上改装。挂篮侧模下放后，将侧模拆成一段 2m 和一段 2.3m，挂篮移到位后，提升 2.3m 段侧模用来做合龙段侧模，另 2m 模板固定在底篮上。钢模板必须打磨干净并涂刷模板漆。模板调整应在配重施工、顶推施工完成之后进行。模板安装应满足要求见表 8.6。

模板的安装应满足要求　表 8.6

序　号	项　目	允许偏差(mm)
1	轴线位置	≤10
2	表面平整度	<5
3	高程	±10
4	相邻两板表面错台	≤2

续上表

序　　号	项　　目	允许偏差(mm)
5	模板缝隙	≤2(不漏浆)
6	模板内侧宽度误差	±10

(6)顶推施工

顶推施工是合龙段施工的关键工序,决定整个桥梁的线形好坏。在浇筑 24 号块时,应在箱梁端面按图 8.23、图 8.24 所示预埋好千斤顶垫板和劲性骨架预埋件。

模板拼装好之后,先焊好合龙段单侧劲性骨架,焊缝应饱满,无气孔,无裂纹。顶推前,安装好顶推架和千斤顶,千斤顶和顶推架要通过吊架或者托架固定。次中跨合龙时施加 6000kN 顶推力,中跨合龙时施加 18000kN 顶推力。在一天温度稳定且最低时开始顶推工作,接好千斤顶及油泵,由 8 名操作工人同时启动油泵,按照每 25t 一级进行顶推。顶推过程中,要全程监控主梁、主塔应变情况,如有异常情况,立即停止顶推,调整顶推力。顶推到位后,迅速焊接劲性骨架。如图 8.25 所示。

为了解顶推力与位移变化情况,在正式顶推前,需要试顶一次,复核实际位移情况是否与理论值一致,如有差异,需要调整顶推力。合龙施工前,应连续观测一个星期的温度,了解每天最低温度时间段,在最低温度时段顶推、锁定劲性骨架。在每个塔肢顶面沿纵横向中心轴设置 4 个反光片测点,实时测量顶推力对墩及墩顶偏位的影响。同时,对 0 号块根部截面进行应变检测,确保顶推施工时 T 构稳定性。

(7)钢筋、预应力施工及混凝土工程

顶推施工完成后,复测模板高程及平面位置,确认无误后,绑扎底腹板钢筋,安装底板预应力管道。再安装内模,最后绑扎顶板钢筋,安装顶板预应力筋。钢筋施工过程中,严格控制钢筋间距、保护层厚度。当钢筋与预应力筋或者合龙劲性骨架有冲突时,可适当调整钢筋位置,但不能随意切割钢筋。

预应力施工,要注意管道的连接要封闭严密,以防止混凝土浆渗入。管道采用 U 形卡定位,直线间距不大于 50cm,曲线间距不大于 25cm。

合龙段混凝土采用 C60,加入适量微膨胀剂以提高混凝土的密实性,增加混凝土的防裂及抗侵蚀性能。同时,在合龙段混凝土中增加聚丙烯纤维进一步提高抗裂性能。混凝土浇筑应选择在一天中温度最低时间段开盘浇筑。合龙段浇筑之前,管理人员和施工人员必须做好相关准备,保证搅 拌、运输、泵送设备,确保浇筑时间控制在 3h 之内。浇筑混凝土的同时要打开配重水池阀门放水,使合龙前后荷载分布保持一致。

(8)张拉、拆除外骨架及挂篮

合龙段预应力管道安装好之后,即可开始合龙段预应力的下料、穿索等工作。待合龙段混凝土强度达到 100% 后,及时张拉合龙段预应力,尽量避免由于温度和混凝土收缩等原因产生裂缝。张拉顺序为先张拉纵向钢束,再张拉横向预应力,最后张拉竖向预应力。预应力张拉完成后,拆除合龙段外骨架。

待所有合龙段施工完成后,拆除挂篮底篮及主桁。底篮直接利用转扬机下放至平驳船,浇筑合龙段时,要注意预留下放吊带孔。合龙段完成后,利用桥上 16t 汽车吊拆除挂篮主桁及上横梁,加工一台简易平车,将挂篮材料运至 0 号梁段,用塔吊吊下平台。

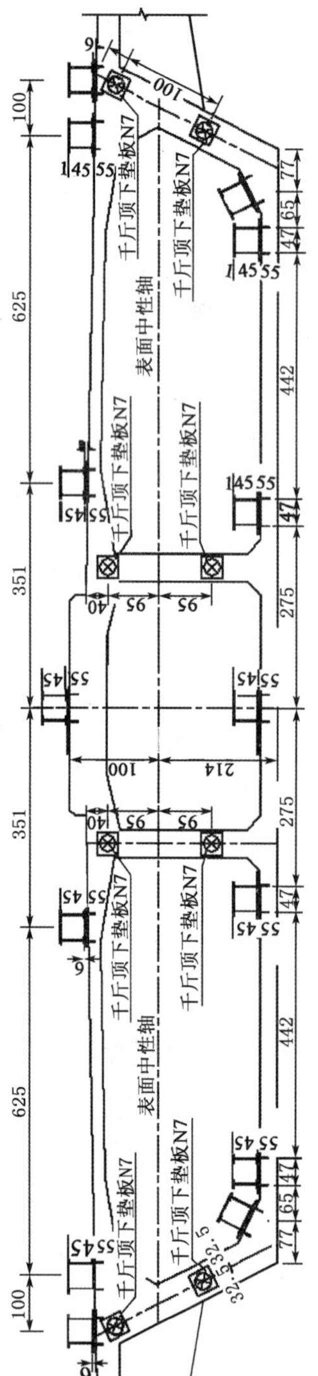

图8.23 “外”骨架及千斤顶横向布置图（尺寸单位：cm）

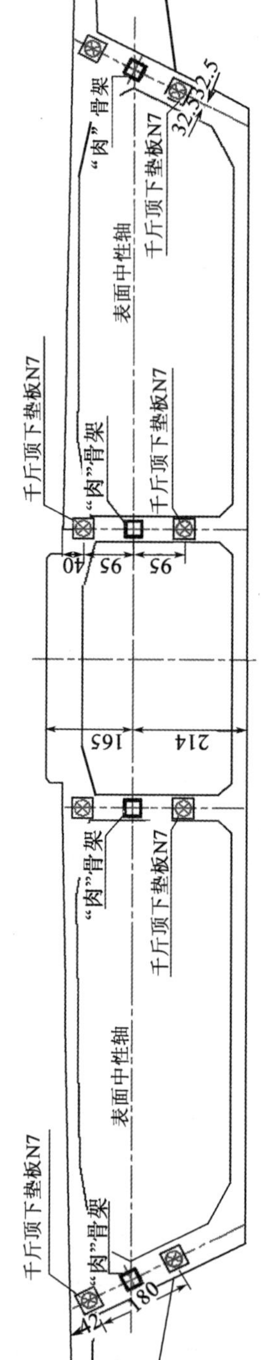

图8.24 “内”骨架及千斤顶横向布置图（尺寸单位：cm）

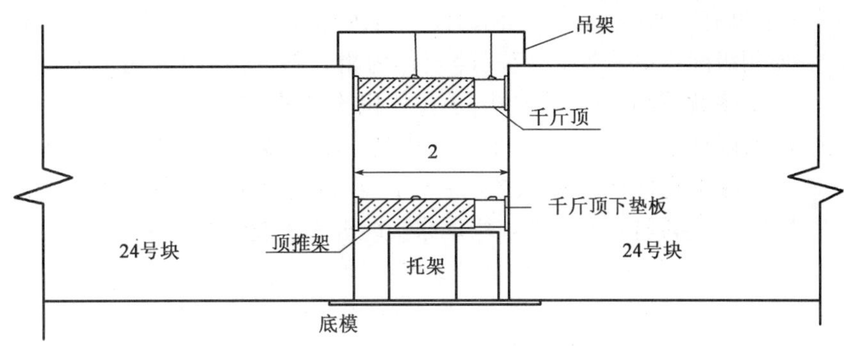

图8.25　顶推示意图(尺寸单位:m)

8.2　宽幅箱梁抗裂控制技术

8.2.1　主梁0号块开裂的控制

0号块施工面临着大体积混凝土温度控制、混凝土早期开裂、新旧混凝土结合控制等难题,为此,从施工工艺、材料等方面进行了全面优化。

1)针对龄期差及截面突变的裂缝控制

墩身与承台(图8.26)、墩身与0号块(图8.27)混凝土施工工序转换时间长,造成两种混凝土的龄期差较大。同时,在接合部截面突变,刚度突变,混凝土极易因龄期差过大及截面突变产生裂缝。因此,施工中要求加快施工速度,缩短龄期差。为尽量缩短龄期差,对墩身、0号块的施工工艺进行优化,如采取大块墩身模板以加快模板安装,在墩身施工的同时即开始0号块支架钢管桩安装等工作,加快了施工进度,缩短了混凝土的龄期差。同时,在墩身与承台(0号块)结合的1m范围及墩身与箱梁结合的1m范围内加入聚丙烯纤维混凝土,提高混凝土抗拉强度。经试验每方混凝土中掺入1kg聚丙烯纤维,其抗拉强度提高约20%,取得的效果较好。

图8.26　墩身与承台接合部

图8.27　墩身与0号块接合部

2)针对大体积高强度混凝土温度裂缝的控制

箱梁采用C60混凝土,单次浇筑方量都超过400m^3。高强度大体积混凝土的温度裂缝是控制的重点和难点。在这方面进行了专门的温度控制,利用温度监测数据指导现场的温控措施。相关内容请参见有关温控的章节。同时注意合理选择原材料，并对配合比进行优化。在原材料选择时，使用级配良好的“反击破”碎石作为粗骨料，细骨料采用级配良好的中粗砂。骨料级配越好，孔隙率就越小，总面积越小，单位体积的水泥用量就越小，再加上采用粉煤灰和矿粉配合水泥使用，降低了水泥用量，降低了水化热，对防止裂缝的产生十分有利。此外，顶板宽度达到38.3m，为减少宽幅箱梁顶板的裂缝产生，在顶板混凝土中加入聚丙烯纤维，并适当对顶板横向预应力进行初张拉，通过上述措施来预防混凝土裂缝的产生。

3）针对宽箱底板及0号块大悬臂根部开裂的控制

0号块底板宽16m，在进行混凝土浇筑时支架产生不均匀变形易导致底板开裂。同时，0号块全长18m，两端悬臂6.5m，箱梁根部开裂问题也值得关注。在进行支架设计计算时，通过适当增加用钢量以达到增大支架刚度效果，减少支架的混凝土荷载作用下的变形。

同时，将0号块总计为1310m^{3}的混凝土，分为三次进行施工（具体浇筑顺序如图8.28所示），使每次浇筑方量减少至400m^{3}左右。通过分块，减小了第一次浇筑的悬臂长度，减小了对0号块根部影响，防止了根部开裂。此外，分次浇筑减小了一次浇筑方量，支架的变形也减小。在浇筑顺序方面，要求第一部分浇筑由悬臂两端向中间进行，使得混凝土合龙在墩顶进行，保证了混凝土浇筑质量，减小因支架变形造成混凝土开裂的可能性。要求混凝土浇筑速度控制在约50m^3/h，这样浇筑时间约8h，而箱梁混凝土的初凝时间约10h，使得每次浇筑均在混凝土初凝前完成。

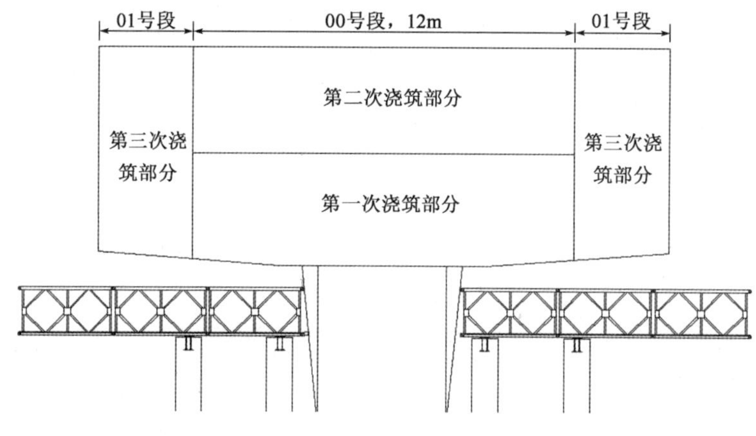

图8.28　0号块分块浇筑示意图

8.2.2　主梁标准段开裂的控制

区别于0号块实体大体积混凝土，标准段混凝土箱梁为薄壁结构，影响其施工期开裂的因素也更为复杂，主要有：

（1）箱梁结构复杂、顶板宽度大，且采用C60高性能混凝土，大体积混凝土在浇筑过程中产生较大的水化热，导致混凝土产生温度裂缝。

（2）箱梁为宽幅脊梁断面，轴力滞后现象明显存在，足以使箱梁局部位置产生应力集中，甚至开裂，严重威胁箱梁施工质量。

（3）箱梁采用悬臂浇筑，节段与节段之间混凝土由于龄期差异在新老混凝土接合面产生收缩裂缝。

(4)本桥箱梁截面尺寸大(宽度达38.3m,最大高度达6.8m,底板最大高度为1m,腹板最厚达1.2m);结构复杂;混凝土单节最大方量达339m^3;混凝土浇筑时间长达20h;混凝土在浇筑过程中出现施工缝。

(5)箱梁梁体高,斜腹板斜度大、钢筋密,振动棒难以下放,混凝土振捣不到位,产生裂缝。

针对标准段开裂的各项影响因素,分别制订裂缝的控制对策如下所示:

(1)温度裂缝的解决

①选择早期水化热低、收缩率小的混凝土。

通过试验得知,随着掺合料掺量的增加,胶凝材料体系的放热速率和放热总量都在降低,当掺合料的掺量达到50%时,胶凝材料体系早期的放热速率和放热量都有明显降低,降幅超过40%。但考虑到混凝土早期强度要求较高,掺合料的掺量不宜太大,故粉煤灰、矿粉混掺的掺合料总量选择为25%。

通过试配进行混凝土的成型,制作了4组尺寸为100mm×100mm×515mm的试件,测试了龄期分别为3d、7d、14d、28d时混凝土干燥收缩情况,从试验数据得知此配合比的早期收缩率较小,收缩率在0.028%~0.033%范围内,能够有效预防混凝土开裂。

②最大限度地降低混凝土入模温度。

采用原材料浇水、加冰、输送泵管覆盖麻袋浇水降温、夏天选择夜晚开盘等方式来降低混凝土入模温度。

③设置挡风设施;适当延长拆模时间。

(2)局部裂缝的解决

①优化结构形式,在截面变化处设置导角过渡,减少应力集中。

②变后浇为后联解决"剪力滞"效应问题。

箱梁原设计翼板后浇段滞后梁段浇筑,以弱化拉索轴力滞后影响。但采用后浇翼板后,在主梁的同一截面,将会出现2种不同龄期的混凝土;由于龄期不同而产生相对的差异收缩,易出现收缩裂缝。且后浇段后浇工序复杂,施工工期难以保证。

经过反复论证,将翼板后浇段后浇变更为翼板后联,全断面一次浇筑。即在箱梁翼板后浇段处沿横向每隔3个节段设置1条2~5cm宽的断缝,当第3个节段施工完毕且预应力(除后浇段纵向精轧螺纹钢外)与斜拉索张拉完成后,我们再将断缝用箱梁同强度等级混凝土浇筑封闭,待断缝处混凝土达到设计强度后再张拉后浇段纵向精轧螺纹钢。

改后浇为后联的优点:

①解决了原设计的现浇块与后浇块的龄期差问题,有利于保护横向预应力。

②全断面一次性浇筑有利于控制全桥线形及外观。

③简化了施工工序,加快施工进度。

④通过在后浇段设置施工断缝,成功地解决了箱梁的"剪力滞"效应。

(3)收缩裂缝的解决

①用聚丙烯纤维提高混凝土性能。

箱梁翼板为大悬臂结构;顶板宽度达38.3m,在新旧混凝土接合位置极易产生收缩裂缝。通过在顶板混凝土中按一定比例掺入聚丙烯纤维,提高了混凝土的抗裂性能,避免裂缝的产生。

②提前施加部分横向预应力。

为减少混凝土初期可能发生的收缩裂缝，在桥面板混凝土强度达 40% 时，初张拉横向预应力 30%，桥面板混凝土强度达 100% 且达到龄期时，张拉横向预应力至 100%。

(4)施工缝问题的解决

①严格控制分层厚度，尽量缩短其层间的间隔时间，在前层混凝土初凝之前将其次层混凝土浇筑完毕。

②混凝土的浇筑要连续进行，避免中途停留时间过长或中断。

③使与混凝土接触的物件充分湿润，宜在浇筑前 2h 对模板内部浇水，以创造一个不吸收拌和料水分的良好环境。

④优化设备、人员的组织，将混凝土浇筑时间由约 20h 压缩到 12h。

后联施工缝布置如图 8.29 所示。

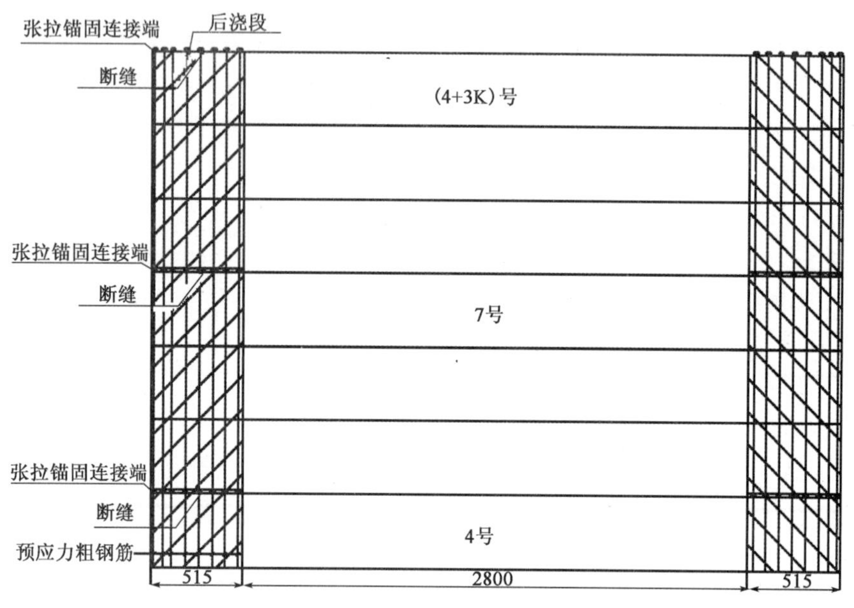

图 8.29 后联施工缝布置(尺寸单位:cm)

(5)预埋下浆管和振捣管、内模开振捣孔等措施解决斜腹板混凝土的振捣问题

斜腹板外倾角达 63°，且腹板钢筋密集，混凝土入模振捣难度大，难以保证混凝土的质量。

①在每个斜腹板提前预埋 2～3 个 ϕ200 下浆管和 ϕ70 振捣管，振动棒通过振捣管下放至混凝土内进行振捣，可根据混凝土浇筑高度换用不同长度的管，混凝土自由倾落高度不超过 2m 并减少对腹板模板(尤其是斜腹板)的污染，保证混凝土浇筑外观质量。

②对于不便于预埋振捣管的倒角位置，在内模上开设 2 排振捣孔，振动棒从振捣孔伸入斜腹板内进行振捣，振捣完毕后及时将开孔封闭。

(6)其他措施

①浇筑顺序从挂篮前端往后浇，左右对称，先中箱后边箱。

②底板浇筑：底板浇筑前在顶板模板先开好下料口，下料槽距已浇梁段 2.5m 处，利用串筒进行下料，待底板下料完毕后按规范连接割断的钢筋并封闭下料口。底板浇筑完后应及时

进行二次光面以防止裂纹的产生。

③腹板、横隔板浇筑：由于腹板、横隔板混凝土厚度较薄，中心高度大，且钢筋密集，混凝土入模振捣难度大，在每个腹板提前预埋 2 ~ 3 个 ϕ200 下浆管和 ϕ70 振捣管，根据混凝土浇筑高度换用不同长度的管，保证混凝土自由倾落高度不超过 2m 并减少对腹板模板（尤其是斜腹板）的污染，保证混凝土浇筑外观质量。

④顶板浇筑：顶板混凝土较薄，面积较大，浇筑顺序为先中间后两边。浇筑完后及时进行二次光面以防止裂纹的产生。

⑤通过对 0 号块混凝土进行内部温度检测，对易开裂的部位进行结构优化。

在 0 号、1 号块梁体预埋温度应变计，检测混凝土浇筑后箱梁内部温度变化情况，发现混凝土内部局部最高温度可达 80℃。而当混凝土内外温差超过 20 ~ 25℃时，混凝土很容易出现裂缝，为此对局部温度高、内外温差易超过 20 ~ 25℃的易开裂箱梁部位（如斜腹板与顶板交接处）进行优化设计，采取更改结构尺寸或调整钢筋布置、局部保温等措施来防止开裂。

8.2.3 新旧混凝土接合面开裂的控制

新旧混凝土由于界面结构的差异，形成了一个性质独特的过渡层，容易产生裂缝。从受力的角度看，一旦受力，新旧混凝土界面裂缝、缺陷较集中，加上界面比较平坦不能使裂缝扩散路径曲折，消耗能量，所以一旦从这一区域引发了微裂缝，裂缝尖端处应力集中，就会导致裂缝迅速开展和传播，新旧混凝土面承载能力会进一步被削弱，最后导致界面处首先破坏。若新旧混凝土的界面区处理不得当，将会极大降低混凝土整体的抗拉、抗剪强度以及耐久性能，新旧混凝土中的界面黏结能力已成为工程应用研究的热点问题。本桥中新旧混凝土分层、分段较多，需要重视新旧接合面的接合问题，以下通过试验方法进行研究。

选用现场承台配合比制作混凝土试件（详细配比见表 8.7），混凝土试件尺寸为 150mm × 150mm × 150mm，标准养护 28d 的混凝土强度为 63MPa。标准养护 28d，将试件取出并置于自然环境中放置，至龄期达到 6 个月后，将旧混凝土劈裂，再对劈裂后的混凝土断面进行表面处理。

旧混凝土配合比　　表 8.7

混凝土设计强度	水胶比	胶凝材料总量（kg）	水泥（%）	粉煤灰（%）	减水剂（%）
C40	0.40	420	80	20	1.8

进行新旧混凝土黏结时，旧混凝土的表面状况被认为是影响黏结性能的重要因素。因此，在浇筑新混凝土之前，应对就旧混凝土黏结面进行处理，使之形成坚固完整、干净、轻度粗糙的表面，以得到较好的黏结界面。目前在实际应用中较常见的界面处理方法有：人工凿毛、机械打磨、化学腐蚀、高压水清洗等。本次试验研究中所采用的界面处理方法为机械打磨（电动钢丝刷）、自然界面、人工凿毛、酸洗（10% 盐酸）、化学清洗（丙酮），处理后的混凝土界面如图 8.30所示。

常用的界面剂有水泥浆类、环氧类、聚合物类等，目前在工程上使用较为普遍的是水泥浆类界面剂。水泥浆类界面材料一般是在水泥浆中添加膨胀剂、粉煤灰等，通过其水化产物来改善界面性能，提高新旧混凝土界面过渡区的强度，施工方便、黏结性能较好、价格较为合理。

本次试验研究选用三种常用的界面剂，具体分类如表 8.8 所示。在对旧混凝土界面处理完毕后，采用刷涂的方式将界面剂均匀涂抹在处理过的混凝土界面上。为充分发挥刷涂的界面剂的黏结效果,刷涂的界面剂应该具有一定的厚度。从刷图效果看,水泥净浆和掺矿渣粉的水泥浆两种界面剂刷涂的较为均匀,流挂性较好,水泥砂浆由于砂子的颗粒相对较粗,刷涂过程中容易结团,涂覆效果不理想。

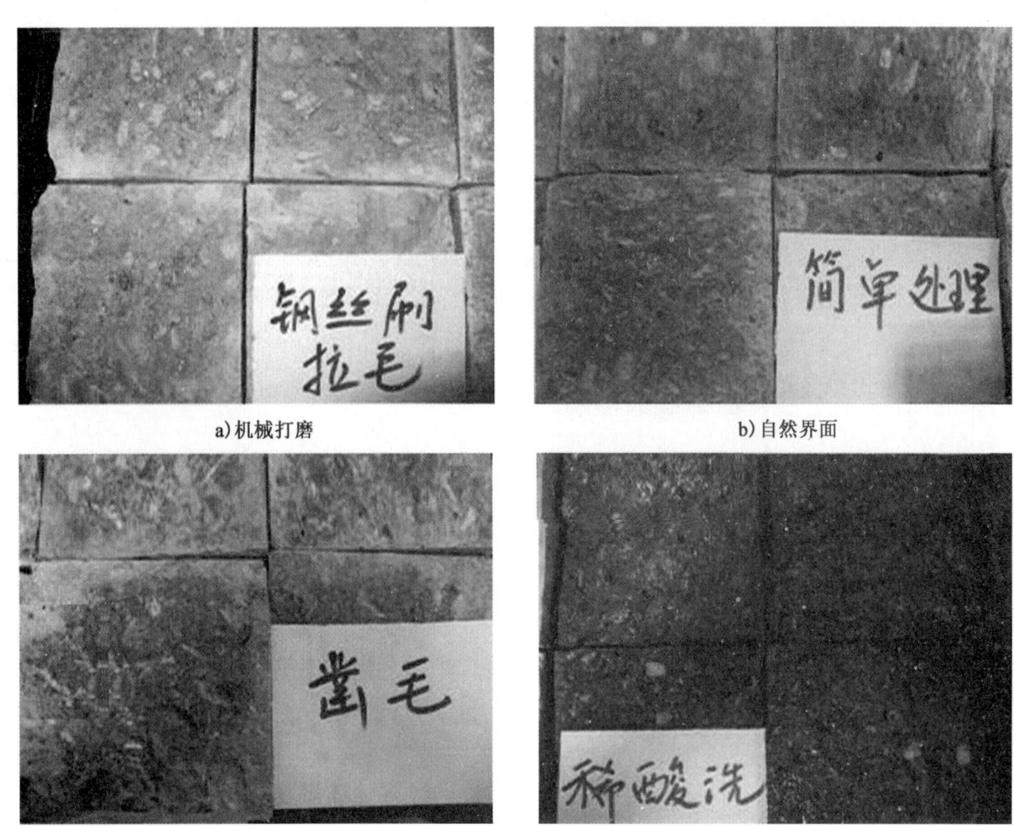

a)机械打磨　b)自然界面　c)人工凿毛　d)酸洗

图 8.30　不同方法处理的试件界面

界面材料及组成　表 8.8

界面剂类别	材料组成				
	水	水泥	砂	矿渣粉	减水剂
水泥净浆	150	500	—	—	0.5
水泥砂浆	150	500	500	—	0.5
掺矿渣的水泥浆	150	425	500	75	0.5

注:$w/c=0.3$,　$c/s=1:1$,外掺 15%。

将经过界面处理并刷涂了界面剂的旧混凝土试件放入一定模具中浇筑新的混凝土(成型效果如图 8.31 所示),混凝土配合比详见表 8.9。脱模后将混凝土试件置于不同的养护条件下(标准养护 28d、标准养护 14d + 自然养护 14d),至 28d 后对其进行劈裂试验以检验其黏结性能。破裂测试结果见表 8.10、表 8.11,劈裂后的效果如图 8.32 所示。

新混凝土配合比 表8.9

混凝土设计强度等级	水胶比	胶凝材料总量(kg)	水泥(%)	粉煤灰(%)	矿渣粉(%)	减水剂(%)
C60	0.31	470	80	10	10	1.3

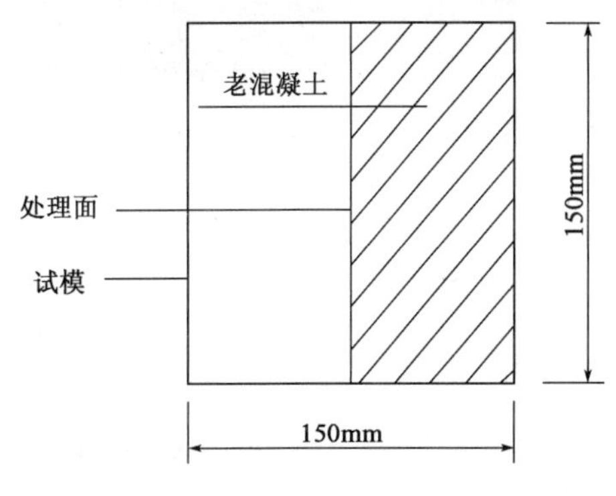

图8.31 新旧混凝土黏结成型示意图

从表8.10的测试结果看,采用界面处理技术和刷涂界面剂对提高新旧混凝土黏结性能效果较为明显。对于5种不同的界面处理方式,人工凿毛、酸洗和化学清洗处理的界面效果较好,提高了界面黏结强度,但是由于稀酸、丙酮等化学试剂对混凝土中的钢筋有一定的腐蚀作用,对于钢筋混凝土结构的新旧混凝土界面处理宜采用人工凿毛的方式。对于三种不同的界面剂,掺一定比例矿渣粉的水泥浆黏结效果最好,水泥净浆次之。

新旧混凝土黏结后劈裂强度汇总表(单位:MPa) 表8.10

界面处理方式	界面剂类型		
	净浆	砂浆	掺矿渣粉水泥浆
机械打磨	3.61	2.50	3.27
自然界面	3.11	2.86	3.72
人工凿毛	3.06	3.41	4.37
酸洗(%盐酸)	4.07	3.11	4.22
化学清洗(丙酮)	3.61	3.35	4.31
空白(未处理界面、未涂界面剂)	2.74		

从表8.11的测试结果看,新旧混凝土成型后在标准养护条件下养护28d的试件劈裂强度略低于标准养护14d后再置于自然条件下养护14d的试件,这说明在新旧混凝土黏结面形成一定的黏结力后,养护条件对黏结强度的影响相对较小,这样可以大大缩短现场实际施工中的养护时间,节约养护成本。

不同养护条件下新旧混凝土黏结后劈裂强度(单位:MPa) 表8.11

界面处理及界面剂	养护条件	
	标准养护28d	标准养护14d+自然养护14d
机械打磨+矿渣粉-水泥浆	3.27	3.41
人工凿毛+矿渣粉-水泥浆	4.37	4.52
酸洗+矿渣粉-水泥浆	4.22	4.34

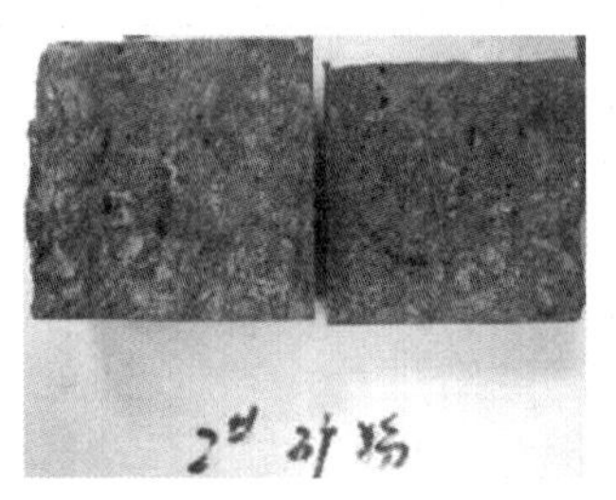

a)2号矿粉劈裂后界面

b)空白新旧混凝土劈裂后界面

c)4号净浆劈裂后界面

图 8.32　不同界面处理后劈裂的界面

8.3　施工监控方法与实施

西江大桥采用的多跨长联宽幅的结构形式,区别于常规矮塔斜拉桥,对于施工也提出了巨大的挑战,如何施工才能够保障成桥状态与设计状态一致,也是设计中无法规避、必须提前予以考虑的问题。在结构体系以及局部设计中即已经考虑配合高速公路建养一体化的宏观目标,提前预留了索结构维护更换的安全度。

体系以及局部在建设与养护周期中合理状态的实现或保持,是需要在理论层面上对可行性予以验证并提出具体措施的,本章通过理论研究,形成成桥合理受力状态施工控制方法、运营养护换索实施办法等关键技术。

为了确保主桥在施工过程中结构受力和变形始终处于安全的范围内,且成桥后的主梁线形符合设计要求,结构恒载内力状态接近设计期望,在主桥施工过程中必须进行严格的施工控制。大跨度桥梁设计与施工高度耦合,所采用的施工方法和安装顺序与成桥后的主桥线形及结构内力状态有密切的关系。

西江大桥主桥为塔、梁、墩固结体系的四塔五跨矮塔斜拉桥,浇筑块段数量大,施工周期长,且存在截面分次浇筑、体系转换、墩柱预顶推施工方式,结构体系影响因素较多,随施工的进展而发生变换多且复杂,结构受力和变形变化幅度大,使得实际桥梁在施工过程中的每一状态或多或少与设计状态产生差别,最终影响成桥受力状态。因此需对影响内力线形等因素进行详细论证分析,运用科学方式建立针对性的监控体系,以保障大桥的顺利完美实施。

8.3.1　控制目标及难点

结合西江大桥结构体系特点,对多跨刚构体系矮塔斜拉桥施工监控的意义以及监控的重点、难点进行了分析,并对施工监控的总体要求进行了介绍,确定了施工控制目标。

项目总体目标为通过施工现场的结构测试、跟踪计算分析及成桥状态预测得出合理的反馈控制措施,为施工过程提供决策技术依据,也为结构行为控制提供理论数据,从而正确地指导施工,确保施工成桥状态线形、内力与设计文件相符。

监控中的难点包括斜拉索的无应力索长确定、斜拉索挂张阶段的误差控制以及主梁施工阶段的立模高程、混凝土龄期差异可能带来的收缩裂缝、箱梁预应力张拉顺序等。

在此基础上，通过对斜拉桥设计细则和公路桥涵施工技术规范的相关要求调查、比较，并结合此类型桥梁施工控制经验，确定了本桥的施工控制精度要求。

1）控制指令执行原则与允许误差

①立模与最后一次张拉必须在一天中相对稳定、均匀的温度场（主梁、索、塔温差较小的时段）下完成。

②立模高程允许误差：≤ ±5mm。

③控制索力张拉允许误差：≤ ±2%。

④中间索力（第一、二次张拉索力）允许误差：≤ ±5%。

2）局部线形控制要求

相邻节段相对高程误差：≤ ±20mm。

3）已浇梁段系统控制误差

①高程最大偏差：$L/5000$（L 为跨径）。

②单根索力最大偏差：≤ ±5%，并且满足设计最大索力要求。

4）主梁重量控制要求

按要求对主梁横截面尺寸的误差严格控制，混凝土重量误差：≤ ±3%。

5）其他

主梁轴线、桥面平整度等参数允许误差按有关规范取用。

为满足如上控制目标的要求，需对影响线形与应力的设计参数误差进行细致分析，这往往是施工监控的难点，也是施工监控三大系统中相对最不成熟的部分，主要是测试数据较少而影响因素较多的矛盾引起的。例如，引起主梁高程较低的因素较多，诸如混凝土超方、挂篮变形较大、斜拉索的张拉力不够、预应力张拉力不够、结构刚度误差、临时荷载引起、混凝土收缩徐变、日照影响等，在诸多的因素中，仅仅通过高程测量或者应变测量是很难判断出原因的。为了得到更准确的分析，必须增加测点，增加测试工况，增加测试内容，这无形中就增加了监控的成本。在目前情况下，如何在保证结构安全、线形和顺的前提下节约成本是追求的目标。这就要求在监控过程中善于抓主要矛盾，忽略次要矛盾，既要满足设计要求，又要节约费用。

为了定性地判断不同误差变量对江肇西江大桥结构线形和内力状态的影响程度，选取了其中相对常见和重要的参数变量进行分析，包括混凝土超方、预应力钢束误差和斜拉索张拉误差等。如图8.33～图8.35所示。

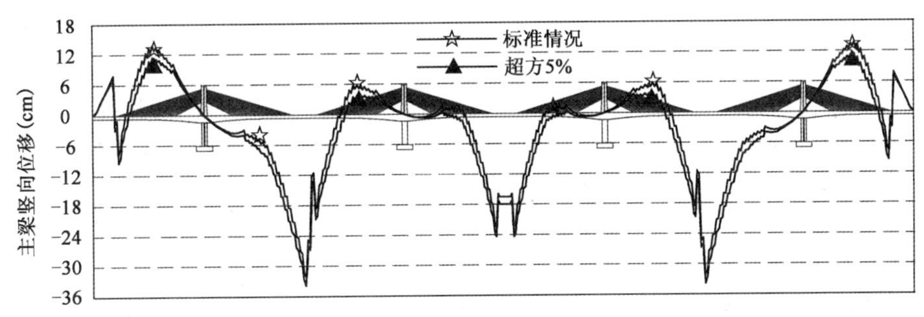

图8.33　混凝土超方结构自重作用下长期变形对比图

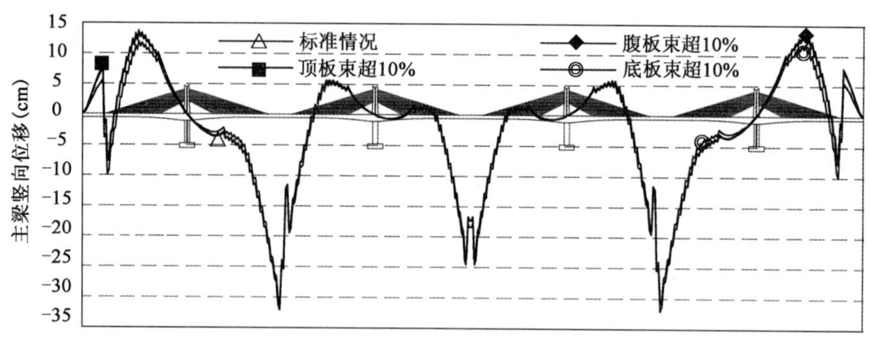

图 8.34　预应力张拉误差结构自重作用下长期变形对比图

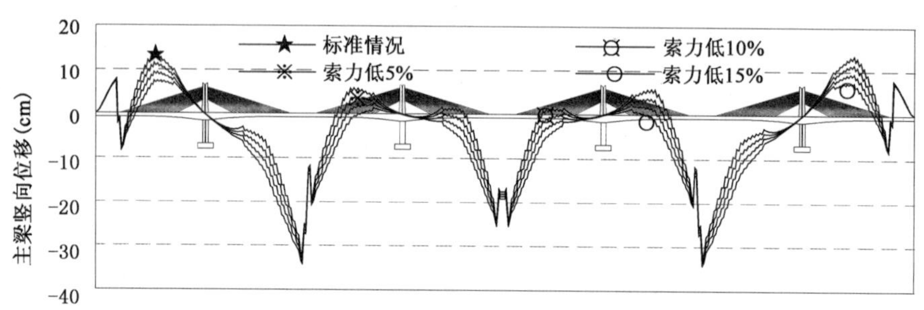

图 8.35　斜拉索张拉误差结构自重作用下长期变形对比图

关于混凝土超方、预应力张拉、斜拉索张拉对主梁高程敏感度研究表明：

(1)混凝土超方对于结构变形的影响是较为明显的，为了防止超方对结构变形的不利影响，一方面要严格控制混凝土的配合比，另一方面在施工过程中要严格把关，减少胀模现象的发生。

(2)不同类型预应力钢束张拉误差对结构最大悬臂状态挠度的影响相对较小，这主要与矮塔斜拉桥的结构刚度较大和斜拉索索力承担的内力比值较高有关。当然，为了控制结构长期使用性能，张拉过程仍应保证足够的张拉吨位。

(3)斜拉索张拉误差对 $L/4$ 区域附近主梁的线形影响显著，而对主梁跨中附近区域变形影响相对较小。同时，对主梁应力变化最为显著，施工中尤其应对索力张拉误差进行监测。

8.3.2　控制内容与方法

在施工监测内容确定和测点布置前，应进行必要的理论计算分析，从而为监测断面的选择提供依据，同时可以复核设计计算所确定的成桥状态和施工状态。按照施工和设计所确定的施工工序，以及设计所提供的基本参数，对施工过程进行正装计算，得到各施工状态以及成桥状态下的结构受力和变形等状态控制数据。与设计和设计监理相互校对确认无误后再作为斜拉桥施工控制的理论轨迹。

对于刚构体系矮塔斜拉桥施工过程常规监测内容，主要包括各施工状态下以及成桥状态下主梁高程(图 8.36)、主塔偏位(图 8.37)、索力以及控制截面应力应变。施工控制数据理论值包括初张索力和立模高程。

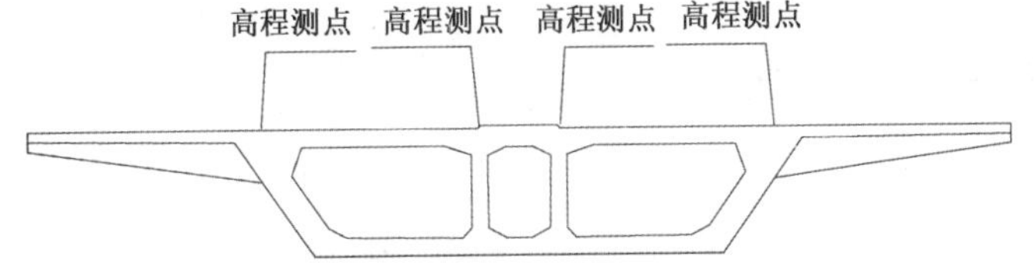

图8.36 主梁高程测试测点布置图

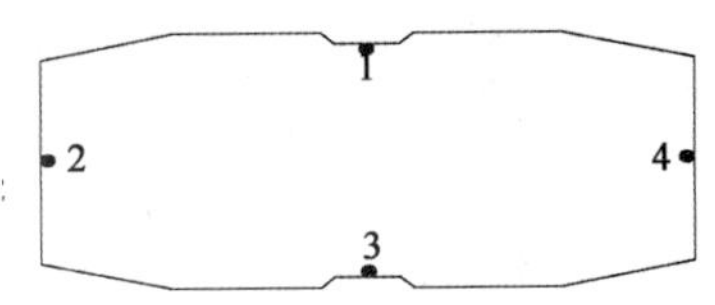

图8.37 主塔偏位测量测点布置图

索力的大小根据弦振动原理采用频率法进行测试,每一次张拉完成斜拉索后监测所有施工完成的斜拉索的索力以及在重要工况施工前后测试索力。为了提高效率,对斜拉索的施工,要求在每根斜拉索安装和张拉时,特别是张拉第一根钢绞线时要安装测力传感器,以便在张拉施工时,控制以后每根钢绞线的张拉力。

施工监测将选择10%的总斜拉索数安装索力传感器,以便复核施工单位的索力测试值,并为运营期健康观测提供索力采集。悬臂施工工况改变时,监测单位将直接测试施工单位安装的索力传感器。在斜拉索减振装置安装前后,对斜拉索索力(弦振动频率)分别进行测试比较,以掌握阻尼变化前后参数变化的规律,确定成桥后斜拉索索力测定的修正标定。

在每一个施工循环的主要工况作用前后,及运营期健康观测中,掌握主梁和主塔各控制截面的应力和应变变化,进而确定相应的内力值是监控工作的重点之一。西江大桥主梁与主塔的应变测点布置如图8.38、图8.39所示。

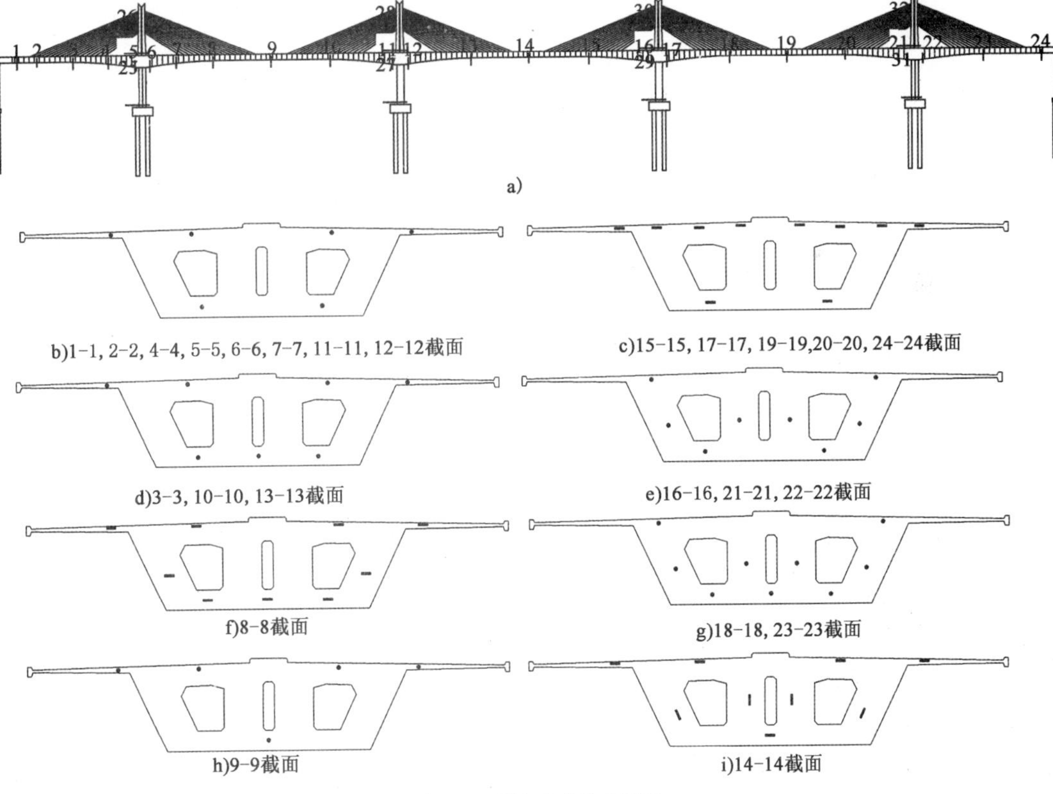

图8.38 梁上应变计布置图

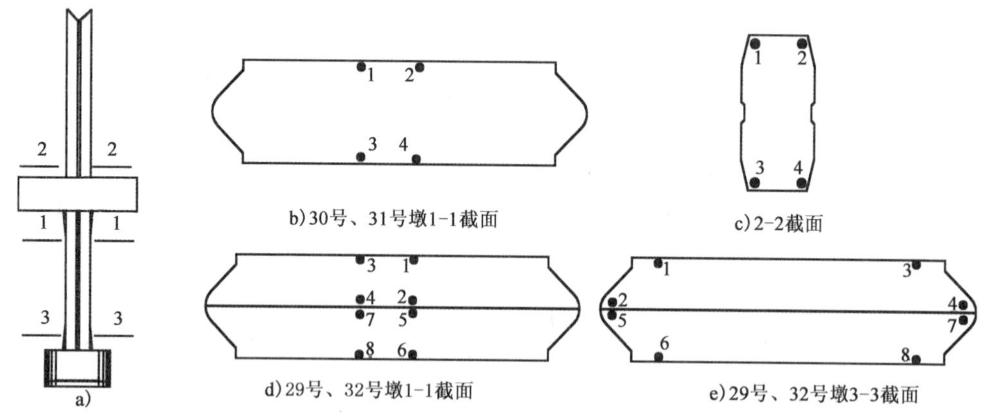

图 8.39　墩与塔上测点布置图

温度变化虽然随时存在，但其对施工控制的危害主要表现在挂篮定位时，选择夜间或者早晨进行挂篮定位比较合适。温度影响变化无常，每座桥都有各自特点，所以施工控制前必须加强观测，及时掌握规律，尽可能排除温度影响。如果能掌握温度引起挠度的变化规律，可以将挂篮定位安排在任意的时间进行，对于加快施工进度是有好处的。西江大桥在主梁的 1/4 处与塔高 2m 处截面内布置了温度传感器，以修正温度对应力的影响。

8.3.3　控制主要成果

1）主梁变形测试结果

在各施工阶段中，对每一截面进行立模、混凝土浇筑、预应力张拉和索张拉后的高程观测，以便观测各控制点的挠度及主梁曲线的变化历程，以保证主梁悬臂端的合龙精度。现以主桥 29 号墩各梁段挠度实测值与理论值的比较见图 8.40。

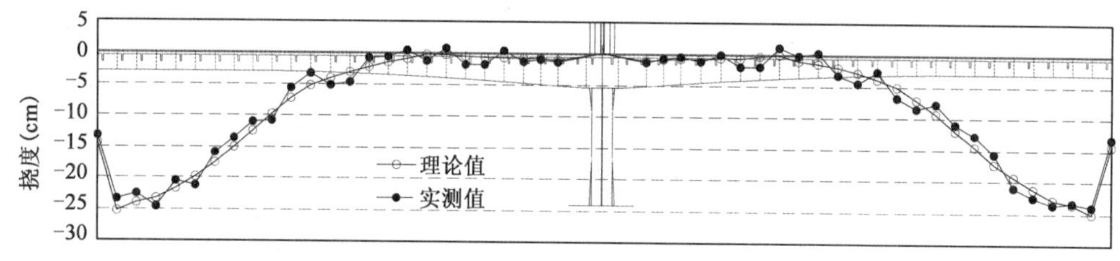

图 8.40　最大悬臂状态 29 号墩挠度对比图

2）主塔变位测试结果

测点位置选在塔顶便于观测的可靠位置处，各塔顶上下游各设 1 ~ 2 个测点。以 29 号主塔为例，示出中跨合龙时顶推荷载分五级施加时塔顶的纵向变位如图 8.41 所示。注：以各塔中心为原点，纵桥向由南往北为坐标轴正方向。

3）主梁应力测试结果

由于西江大桥采用挂篮悬臂施工，因此在关键截面处必须加强应力监测。应变计按预定的方向固定在钢筋上，测试导线引至混凝土梁体外侧。施工过程中部分截面应力实测与理论对比如图 8.42 所示。

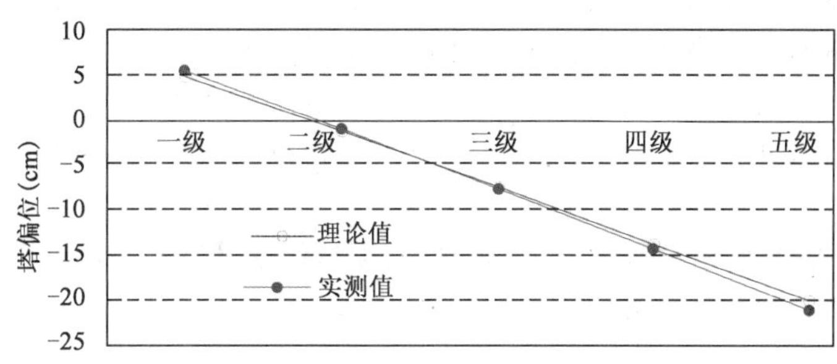

图 8.41　中跨合龙顶推过程中 29 号塔塔顶纵桥向偏位

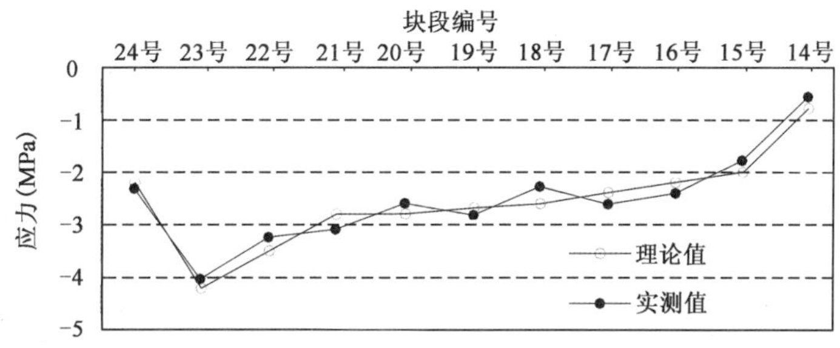

图 8.42　32 号墩 14 号 ~24 号块施工时某截面上缘实测与理论对比

4)索力测试结果

索力的误差主要考虑三方面的问题:其一是斜拉索本身的受力,一般索力均有一定的富余,但各索有一定的差异;其二是索力误差对主梁内力的影响,当悬臂较长时,通常在高程上有明显的反应,但在前几个梁段的施工中高程反映小,故通常开始以索力控制为主,后面以高程控制为主;其三是索力本身可以作为误差调整的手段,如发现梁段超重,则需加大索力,才能确保主梁的高程和内力满足要求。此外,应尽量减少索力量测误差,采用弦振法量测,由斜拉索的自振频率换算索力,其换算系数采用高精度的锚索计来进行现场标定,效果良好。施工过程中部分索力实测与理论对比如图 8.43 所示。

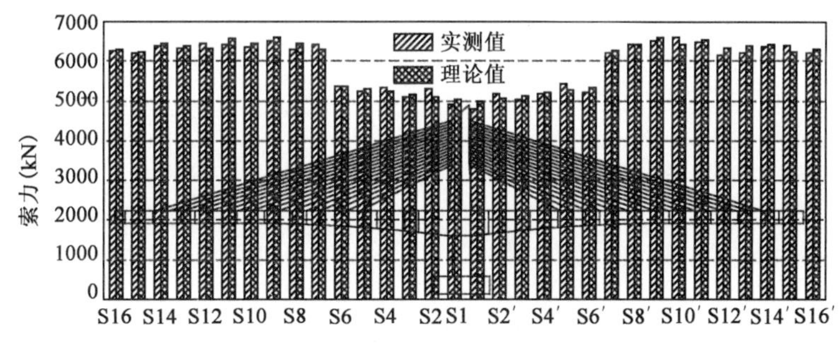

图 8.43　30 号墩拉索索力实测与理论对比

根据实测索力和理论索力的对比可以看出,在施工过程中索力控制得较好,误差都在控制范围内。良好的索力控制保证了主梁受力的合理性,也使得全桥的线形保持较好。

5)施工监控成果分析

西江大桥上部结构施工历时近三年零九个月,在施工过程中,根据制订的西江大桥施工监控方案，通过大量的实测数据及分析，对大桥各关键施工程序中的应力、挠度、索力、塔偏位进行有效跟踪测试，从监控实测数据和技术资料分析可见，主梁的挠度实测值、应力实测值与计算理论值吻合较好，桥梁线形较流畅，桥梁在施工阶段始终处于安全状态。索力的实测结果与理论值基本保持在3%的误差范围内，保证了斜拉桥内力状态的合理性，圆满地配合了大桥的顺利实施。

为保证大桥的安全营运，建议每隔一定时间对主桥线形、索力、塔偏进行观测，并根据实测结果采取相应的措施，保证大桥处于正常合理的运营状态。

参考文献

[1] 陈从春. 矮塔斜拉桥设计理论核心问题研究[D]. 上海:同济大学,2005.

[2] 城野. 西湘分干道世界初超剂量 PC 桥小田原港桥的设计与施工[J]. 桥梁(日),1994,(5).

[3] 王凯,陈亨锦. 漳州战备大桥设计——三跨连续预应力混凝土矮塔斜拉箱桥梁[J]. 桥梁建设,2001,(1):21-23.

[4] 蔡国宏. 斜拉桥的发展经验和展望[J]. 国外公路,1997,17(4):19-24.

[5] 梁鹏. 超大跨度斜拉桥几何非线性及随机模拟分析[D]. 上海:同济大学,2004.

[6] KatsuhikoTakmai, SumioHmaada. Long time behavior of extradosed composite bridges[A]. IABSE Conefrence on Cbale - supported Bridges - Challenging Teehnieal Limits[C]. Seoul Koera. June 2001.

[7] 陈兴冲,虞庐松,等. 部分斜拉桥箱形剪力滞效应[A]. 第十五届全国桥梁学术会议论文集[C]. 上海,2002,279-283.

[8] 郑一峰,黄侨,张宏伟. 矮塔斜拉桥的概念设计[J]. 公路交通科技,2005,(7):85-89.

[9] 尧云涛,肖汝诚. 宽箱梁独塔斜拉桥主梁正应力不均匀分布研究[J]. 结构工程师,2006,(5):25-28.

[10] 陈枝洪. 一座多塔宽幅脊梁矮塔斜拉桥的设计特色[J]. 公路工程,2011,04:115-118.

[11] 朱刚. 矮塔斜拉桥方案设计及分析研究[D]. 浙江:浙江大学,2008.

[12] 曹忠强. 矮塔斜拉桥全桥静动力计算和塔墩梁固结部位详细应力分析研究[D]. 成都:西南交通大学,2006.

[13] 刘沐宇,涂开智,孙向东,等. 基于疲劳可靠度矮塔斜拉桥拉索容许应力分析[J]. 武汉理工大学学报,2009,7(14):52-56.

[14] 熊志. 宽幅矮塔斜拉桥结构参数分析及宽幅箱梁剪力滞效应研究[D]. 长沙:中南大学,2011.

[15] 徐洪权. 矮塔斜拉桥结构受力特性研究[D]. 浙江:浙江大学,2008.

[16] 税彦斌. 基于板单元的矮塔斜拉桥运营阶段计算和地震与稳定分析研究[D]. 成都:西南交通大学,2005.

[17] 陈方. 矮塔斜拉桥结构合理成桥状态索力优化及参数研究[D]. 西安:长安大学,2011.

[18] 孙向东. 四塔单索面宽幅脊梁矮塔斜拉桥设计关键技术研究[D]. 武汉理工大学,2010,5.

[19] 杨国静. 塔梁刚接和墩梁铰接矮塔斜拉桥的比较分析研究[D]. 成都:西南交通大学,2005.

[20] 朱保华. 矮塔斜拉桥的动力特性及地震响应分析[D]. 成都:西南交通大学,2006.

[21] 孙向东,代希华,梁立农,等. 江肇西江大桥总体设计[J]. 公路交通科技,2010,11(11):261-264.

[22] 谷定宇.矮塔斜拉桥施工控制仿真分析[D].郑州:郑州大学,2006.

[23] 万晓明.独塔单索面曲线斜拉桥力学性能研究[D].大连:大连理工大学,2009.

[24] 孙向东.江肇高速西江大桥宽幅脊骨梁矮塔斜拉桥设计[J].公路,2010,5(5):46-49.

[25] 黎耀,郑凯锋,陈力波.大跨矮塔斜拉桥塔墩梁固结部位应力计算分析[J].广东公路交通,2007(3):14-17.

[26] 乔静宇,沈般,张国泉.矮塔斜拉桥索塔空间有限元分析[J].结构工程师,2008(2):52-55.

[27] 刘沐宇,孙文会,孙向东,等.宽幅矮塔斜拉桥最大悬臂阶段主梁受力分析[J].华中科技大学学报,2010,6(2):11-14.

[28] 陈从春.矮塔斜拉桥索梁活载比的特性研究[J].公路交通科技,2009(1):99-103.

[29] 刘沐宇,孙向东,涂开智,等.四塔单索面矮塔斜拉桥结构参数敏感性分析[J].华中科技大学学报,2009,12(4):10-14.

[30] 陈从春,傅工范,肖汝诚.矮塔斜拉桥箱型主梁空间应力分布研究[J].中南公路工程,2006(5):56-66.

[31] 吴俊强,戴祖生,陈庆华.多塔长联大悬臂宽幅脊梁矮塔斜拉桥施工技术研究[A].第十二届全国桥梁学术会议[C],2012,5:669-674.

[32] 樊启武,黄道全,钱永久.矮塔斜拉桥索塔非线性开裂分析[J].中外公路,2008(5):87-90.

[33] 孙向东.四塔矮塔斜拉桥宽幅脊梁空间设计方法研究[J].武汉理工大学学报,2010,5(9):340-343.

[34] 缪长青,王义春,黎少华.矮塔混凝土斜拉桥成桥索力优化 [J].东南大学学报,2012(3):526-530.

[35] 沈炯伟,杨沈红.宽幅脊骨梁矮塔斜拉桥活载偏载效应[J].土木工程与管理学报,2012,6(2):108-112.

[36] 杨国静,郑凯锋.矮塔斜拉桥三种墩梁连接形式的自振特性研究[J].工程结构,2008(2):116-120.

[37] 潘彪,郑凯锋.大跨矮塔斜拉桥合龙顶推力优化计算与分析[J].广东公路交通,2007(4):1-3.

[38] 李晓莉,肖汝诚.矮塔斜拉桥的力学行为分析与设计实践[J].结构工程师,2005(4):7-22.

[39] 刘志鑫,蔺鹏臻,刘凤奎.小西湖矮塔斜拉桥的动力性能分析[J].兰州交通大学学报,2007(4):62-65.

[40] 谢永彰,钟敏雄,高飞.矮塔斜拉桥索力在箱型主梁中分布规律研究[J].中南公路工程,2006(2):158-160.

[41] 税彦斌.大跨矮塔斜拉桥施工和运营弹性稳定计算分析[J].工程结构,2008(3):150-151.

[42] 魏春明,陈淮,王艳.矮塔斜拉桥参数敏感性分析[J].郑州大学学报,2007(3):178-182.

[43] 魏朝柱.矮塔斜拉桥结构及设计特点[J].广东交通职业技术学院学报,2011,8(3):

18-22.

[44] 吴玲正.矮塔斜拉桥的发展历程、现状及前景展望[J].黑龙江交通科技,2011(5):62-64.

[45] 蔺鹏臻,刘凤奎,张元海.单索面混凝土矮塔斜拉桥的动力特性[J].世界地震工程,2006(3):111-115.

[46] 刘子剑,郑凯锋.矮塔斜拉桥桥墩刚度优化研究[J].山西建筑,2007(32):299-301.

[47] 李继东.超宽桥面矮塔斜拉桥设计及施工概况[J].铁道建筑,2006(8):9-10.

[48] 赵晓萍,高翔.矮塔斜拉桥静力特性的对比分析[J].工程结构,2008(4):134-137.

[49] 陈伟胜.矮塔斜拉桥宽幅箱梁剪力滞效应研究[D].长沙:长沙理工大学,2012.

[50] 李海沙,唐怀平.连续弯箱梁静力特性与曲率半径关系的研究[J].路基工程,2008(3):140-142.

[51] 罗世东,绕少臣.四线铁路钢箱混合梁弯斜拉桥设计研究[J].中国铁道科学,2011(5):32-37.

[52] 栾海鹏.预应力混凝土连续弯箱梁扭转病害分析及加固方法研究[D].西安:长安大学,2009.

[53] 曲慧明.宽箱梁剪力滞效应分析[D].重庆:重庆交通学院,2003.

[54]]S. T. ehang. Prestress Influence on Shear Lag Effect in a Continuous BoxGiderBridge[J]. Journalof Structural Engineering, Vol. 118, No. ll, Nov. 1992.

[55] 陈小勇,孙学先.双线铁路连续刚构桥宽箱梁空间应力分析[J].兰州交通大学学报,2006,12(6):83-86.

[56] 程翔云,罗旗帜.箱梁在压弯荷载共同作用下的剪力滞[J].土木工程学报,1991,2(1):52-64.

[57] 贺拴海,等.斜拉桥的极限承载力分析[J].中国公路学报,2000(3):53-57.

[58] 沈炯伟.大跨度桥梁稳定安全过程分析与结构安全性研究[D].上海:同济大学,2011.

[59] Fleming, J. F. Nonlinear Static Analysis of Cable-stayed Bridge[J]. Comp. & Struct., 621-635, 1979.

[60] NAGAI M, XIE X, YAMAGUCHI H. Effect of inelastic behavior of cable on ultimate behavior and strength of cable-stabled bridge and the possibility of reduction of the safety factor [J]. Journal of Structure Engineering JSCE, 2000, 661(I-53):85-94.

[61] 苗家武,肖汝诚,裴岷山,等. 苏通大桥斜拉桥静力稳定分析的综合比较研究[J]. 同济大学学报, 2006,34(7), 869-873.

[62] 汪军. 大跨度钢管混凝土拱桥极限承载力研究[D].上海:同济大学,2007.

[63] 熊建波,潘峻,王胜年,等.两种硅烷浸渍剂功效性对比分析研究[J].水运工程,2010,04:11-14.

[64] 陈龙,高鑫,方翔,等.不同龄期涂覆硅烷对混凝土性能的影响[A].第六届全国腐蚀大会[C].2011.

[65] 徐兆全,詹广才,李超.动态法计算大体积混凝土中心温度[J].水运工程,2010,10:23-31.

[66] 王亮,叶景云. 江肇高速公路西江特大桥主桥大体积大悬臂箱梁0#块施工[J]. 公路交通科技(应用技术版),2010,11:270-272.

[67] 王迎飞,周丽美,李超,等. 混凝土抗裂能力评价模型的解析[J]. 中国港湾建设,2009,01:13-17.

[68] 范志宏,黎鹏平,苏达根,等. 胶凝材料组成对钢筋混凝土耐久性的影响[J]. 华南理工大学学报(自然科学版),2012,04:85-94.

[69] COWI Consultant. The design review on the preliminary stage ofSu-Tong project[R]. Nantong: Construction Commanding Department of Su-Tong project, 2002.

[70] NAGAI M, ASANO K, WATANABE K. Applicability of the Ef method and design method for evaluating the load-carrying capacity of girders in cable-stayed bridges[J]. Journal of Structure Engineering JSCE, 1995, 41A:221-228.

[71] 华孝良, 徐光辉. 桥梁结构非线性分析[M]. 北京:人民交通出版社. 1997.

[72] 龚曙光, 谢桂兰, 黄云清. Ansys 参数化编程与命令手册[M]. 北京:机械工业出版社, 2009.

[73] 赵雷,卜一之. 丫髻沙大桥施工阶段稳定分析的路径效应[C]. 第十三届全国桥梁学术会议论文集[A]. 1998, 698-702.

[74] 罗庆湘,闫化堂. 江肇西江特大桥矮塔斜拉桥主塔施工方案[J]. 公路交通科技(应用技术版),2010,11:265-277.

[75] 董锋,杨富发. 江肇高速公路西江特大桥季节性河流桥梁施工临时结构设计[J]. 公路交通科技(应用技术版),2010,11:284-286.

[76] 朱少冈,黄钊洪. 江肇高速公路西江特大桥主桥边跨现浇箱梁支架设计及施工[J]. 公路交通科技(应用技术版),2010,11:267-269.

[77] 戴祖生,陈庆华. 洪水期紊流与桥梁临时结构流固耦合效应分析[J]. 城市道桥与防洪,2012,08:211-219.

[78] 刘傲,林文强,宋军. 宽幅脊骨梁矮塔斜拉桥剪力滞效应分析及试验研究[J]. 城市道桥与防洪,2016,05:78-80.

[79] 刘傲,吴旭彪,宋军. 矮塔斜拉桥索塔锚固区局部受力性能[J]. 山西建筑 2016,20:164-166.

[80] 徐兆全. 大体积混凝土早期应变监测研究[C]. 第21届全国结构工程学术会议论文集[A]. 2012.

[81] 戴祖生,牟芸. 西江特大桥平台钢管桩涡激振动简析及对策[J]. 公路交通科技,2010,11:299-301.

[82] 戴祖生,陈庆华. 岩溶地区厚覆盖层钻孔灌注桩溶洞处理技术研究[J]. 施工技术,2013,05:75-77.

[83] 刘志峰,陈庆华. 多塔长联矮塔斜拉桥超宽幅挂篮安全性测试方法研究[J]. 施工技术,2012,12:23-31.

[84] 吴俊强,戴祖生,陈庆华. 基于性能的季节性河流栈桥钢管桩基础设计[J]. 城市道桥与防洪,2012,09:109-115.

[85] 赵雷,杨兴旺. 南京长江二桥斜拉桥施工过程稳定性分析[J]. 公路交通科技. 2005, 22(7), 79-81.

[86] Reissner E. Analysis of shear lag in box beam by principle of minimum potentialenergy [J]. Quarterly of Applied Mathematics, 1946, 5(3): 268-278.

[87] Shushkewich K W. Negative shear lag explained[J]. Struct. Engrg., ASCE, 1991, 117(11): 3543-3546.

[88] Michel Virlogeux. Recent Evolution of Cable-stayed Bridges [J]. Engineering Structures, 1999,(21):737-755.

[89] 中华人民共和国行业标准,JTJ D60—2004 公路桥涵通用设计规范[S]. 北京:人民交通出版社,2004.

[90] Norio Tarada, Toshiaki Mochizuki. The Designand Construction of the Miyakodagawa Bridgein the 2ndTomei Expressway. Proceeding softhe 15 FIB Congress, Session 2:71-80, JaPan.

[91] 王若林,张金武. 芜湖长江大桥的抗震设计[J]. 武汉大学学报(工学版),2003.

[92] 陈权,郑才富,欧阳永金,等. 厦门银湖大桥抗震分析[J]. 兰州铁道学院学报(自然科学版),2003,22(6):76-79.

[93] 陈兴冲,虞庐松,等. 兰州市小西湖部分斜拉桥抗震分析[J]. 兰州铁道学院学报(自然科学版),2003,22(3):42-44.

[94] Wbrsak Kanok-Nukulchai, et al, Mathematical Modelling of Cable-Stayed Bridges[J]. Structural Engineering International,1992(2):108-113.

[95] 范立础,等. 大跨桥梁抗震设计[M]. 北京:人民交通出版社,2001.

[96] 爱德华. L 威尔逊. 结构静力与动力分析[M]. 北京:中国建筑工业出版社,2006.

[97] Man-Chung Tang. Analysis of Cable-Stayed Girder Bridges[J]. Journal of Structual Divison, ASCE, May,1971,97(STS):1481-1496.

[98] 李国豪. 桥梁结构稳定与振动[M]. 北京:中国铁道出版社,2002.

[99] 范立础. 梁桥非线性地震反应分析[J]. 土木工程学报,1981(1).

[100] 哈鸿,朱乐东. 桥塔型式对斜拉桥动力性能的影响[J]. 同济大学学报,1999,27(2):216-219.

[101] 严国敏. 再论部分斜拉桥,兼论多塔斜拉桥[A]. 第十三届全国桥梁学术会议论文集[C]. 上海:同济大学出版社,1998. 178-182.

[102] 黄建富,叶景云. 江肇西江特大桥南引桥岩溶地质灾害后续处理方案[J]. 公路交通科技(应用技术版),2010,11:297-298.